LATEINISCHE GEDICHTE DEUTSCHER HUMANISTEN

LATEINISCH UND DEUTSCH

AUSGEWÄHLT,
ÜBERSETZT UND ERLÄUTERT VON
HARRY C. SCHNUR

PHILIPP RECLAM JUN. STUTTGART

Universal-Bibliothek Nr. 8739-45
Alle Rechte vorbehalten. © Philipp Reclam jun. Stuttgart 1966. Gesetzt
in Petit Garamond-Antiqua. Printed in Germany 1967. Herstellung:
Reclam Stuttgart

Einer freieren Weltansicht, die der Deutsche sich zu ver-
kümmern auf dem Weg ist, würde ferner sehr zustatten
kommen, wenn ein junger geistreicher Gelehrter das wahrhaft poetische Verdienst zu würdigen unternähme, welches
deutsche Dichter in der lateinischen Sprache seit drei Jahr-
hunderten an den Tag gegeben. Es würde daraus hervor-
gehen, daß der Deutsche sich treu bleibt, und wenn er
auch mit fremden Zungen spricht. Wir dürfen nur des
Johannes Secundus und Baldes gedenken ... Zugleich
würde er beachten, wie auch andere gebildete Nationen zu
der Zeit, als Lateinisch die Weltsprache war, in ihr gedich-
tet und sich auf eine Weise untereinander verständigt, die
uns jetzt verlorengeht.

Goethe, Schriften zur Literatur (1817)

JAKOB BALDE

1604–1668

Melancholia

Semper ego inclusus Germanae finibus orae
    in Bavara tellure senescam.
tristibus imperiis spatio retinemur in arcto
    et curtum male perdimus aevum.
atqui vincla licet rupto dissolvere nodo
    et clausas diducere turres:
Graeculus effugiens aliquis Minoia regna
    ceratas sibi sumpserat alas.
sed neque fallaces ventos temptare necesse est
    lapsuris super aequora pennis.   10
tota mihi quamvis adeo Germania carcer,
    deterius quoque carcere corpus,
libera mens tamen est: ubi vult, habitatque volatque.
    in pelago non impedit Auster,
in terris non tardat obex, transcendit et Alpes
    nubiferas ac sidera pulsat.
accedit Phoebi donum, divina poësis.
    hac fretus velocior Euro
Euri nascentis patriam cunasque videbo,
    Aurorae rapiendus in ortum.   20

Ad Iulium Orstenam.
de more ungendorum cadaverum

Refert, scilicet, Orstena,
    quo manes pretio sub tumulos eant
defossi, quibus oblinas
    succis et religes funera linteis

JAKOB BALDE

1604–1668

Schwermut

Ewig bleib ich beschlossen in Deutschlands Grenzen, und altern
    muß ich im bayrischen Land.
Harter Befehl hält gebannt mich in engem Raume; mein Leben,
    kurz wie's ist, wird unnütz vertan sein.
Zwar den Knoten könnt ich zerschneiden und lösen die Fesseln
    und mir auftun das Tor des Verlieses:
hat doch ein Griechlein einst, zu entrinnen dem Reiche des Minos,
    angetan sich wächserne Flügel.
Aber man muß ja gar nicht die trügenden Winde versuchen
    überm Meer, auf Federn, die fallen.   10
Ist so sehr auch für mich ganz Deutschland ein einziger Kerker,
    und mein Leib ein ärger Verlies noch,
ist mein Geist doch frei: er wohnt und er fliegt, wo's ihm
                          gutdünkt.
    Nicht behindert Südsturm auf See ihn,
keine Schranke zu Land; selbst die Alpen, die wolkengekrönten,
    überfliegt er und pocht an die Sterne.
Ihm gesellt sich des Phoebus Gabe, die göttliche Dichtkunst.
    Ihr vertrauend, werd schneller als Ostwind
ich des Ostwinds Ursprungsland und Wiege erblicken,
    hingerissen zum Aufgang Auroras.   20

An Julius Orstena:
Über das Einbalsamieren von Leichen

Sicherlich, Orstena, kommt's drauf an,
    was man sich's kosten läßt, daß man bestattet wird,
eingescharrt; welche Salben man
    schmiert aufs Leichentuch, das uns umhüllt,

non sensura Canopici
 heredis vacuam laude superbiam.
clementes tenebras petit
 mors contenta loco quolibet: angulus
iam regale palatium est.
 quae Natura parit, functa recolligit   10
communi gremio, neque
 distinguit cineres terra novissimos.
trunco sex spatium pedum et
 cippus cum modico cespite sit satis.
luxum cetera barbarum
 spirant et nimiae frusta ferociae,
indignantia ferreis
 fatorum tabulis. quid magis aspides
et longam cupidi famem
 invitet colubri quam capulo tenus   20
uncta et lota cadavera?
 costumque et casiam et malobathrum Syrus
membris imbibat omnibus,
 pollinctumque super funebris India
plenis sumptibus ardeat:
 si non et pretio fama fragret suo,
frustra spargit amaracum.
 foetebit sub humo taetrius insulis
eiectantibus ostrea et
 Neptuni vomitum putris ab aequore.   30
nasum cinnama non movent
 in Sullae cineres iacta, nec efferunt
crudeles animas rogo.
 pauper Fabricius, quem populi favor
alto pectore condidit,
 et Brutus Deciis additus et Cato
gypsatusque Britannicus
 haud nardum redolent, turicremis tamen
praestant mille Neronibus.
 virtus est pheretri nobile balsamum.   40

fühlt man gleich nicht das heuchelnde Lob,
    das uns der schwelgende Erbe zollt.
Gnädig Dunkel sucht sich der Tod;
    jeder Platz ist ihm recht, ja, jeder Winkel ist
einem Königspalaste gleich.
    Was die Natur gebiert, sammelt nach Ablauf sie   10
in gemeinsamem Schoße ein:
    Welche Asche zuletzt kam, kümmert Erde nicht.
Sechs Fuß Erde genüge dem Rumpf,
    oben drauf sei ein Stein, auch etwas Gras herum.
Was darüber hinausgeht, ist
    nur barbarischer Prunk: Stückwerk und Arroganz,
gegen eiserner Tafeln Gesetz
    ein vergeb'ner Protest. Was lockt die Natter mehr,
was den Leichenwurm nimmersatt,
    als die Leiche, im Sarg trefflich noch parfümiert   20
und mit Salben gar fein geschmälzt?
    Kostwurz, Seidelbast auch, syrischen Zimt dazu
sauget ein dann ein jedes Glied,
    und wenn ihn so balsamiert indisches Leichenfest
mit dem höchsten Aufwand verbrennt,
    aber der Duft seines Ruhms nicht diesem Preis entspricht.
sprengt vergebens man Majoran.
    Unter der Erde stinkt er schlimmer, als Inselstrand
Austern faulen läßt; als erbricht,
    was als Auswurf herantreibt die See.   30
Zimt ist Wohlgeruch nicht, wenn auf
    Sullas Asche man ihn wirft, und die grausame
Seele enthebt er den Flammen nicht.
    Auch Fabricius, der arm und hochherzig starb
und den dankbares Volk begrub;
    auch, den Deciern gesellt, Brutus, ja, Cato selbst
und der geschminkte Britannicus
    duften nach Narden nun nicht, sind aber tausendmal
mehr wert als Nero im Weihrauchduft:
    edelster Balsam ist Tugend der Bahre allein.   40

CASPAR BARTH

1587–1658

Aus *Erotopaegnia (3). ad Neaeram*

Istos purpureos tuos ocellos
quando ego ad satiem, Neaera, cernam?
ista purpurea, ista quo labella
fine rosidula, o Neaera, sugam?
istos aureolos tuos capillos
quando ego ad satiem, Neaera, plectam?
istas turgidulas tuas papillas
quando ego ad satiem premam, Neaera?
tunc ista omnia et illa et illa et illa
meram usque ad satiem, Neaera, ducam,　　　　10
cum tu purpureos tuos ocellos,
cum tu rosidulos suaviatus,
cum tu flammeolos tuos capillos,
cum tu turgidulas tuas papillas
in sinum tibi proprium recondes,
ut istinc ego proferam tuique
et mei similem atque utrique nostrum
noscendum sine se cuique nostrum
unum purpureum, Neaera, pusum.

Poeta – poema

Merum est poema vates,
seu rideat, poema est,
seu defleat, poema est.
iocatur? est poema.
irascitur? poema est.

CASPAR BARTH

1587–1658

An Neaera

Wann wohl werd ich an deinen dunklen Äuglein
satt mich sehen, Neaera? Deine Lippen,
diese purpurnen, diese rosenroten –
wann hör auf ich, Neaera, dran zu saugen?
Deine goldenen Locken, o Neaera,
wann werd ich zur Genüge je sie flechten?
Deine schwellenden Brüstchen, o Neaera,
wann werd ich zur Genüge sie betasten?
Dann will dies ich, und das und das und das auch
bis zur Sättigung, o Neaera treiben,   10
wenn die Äuglein, die dunklen, die dir eigen,
wenn die Küßchen du auch, die rosenfarbnen,
wenn das flammende Gold du deiner Haare,
wenn die schwellende Fülle deiner Brüstchen
du im eigenen Schoße trägst verborgen,
daß aus ihm ich hervorbring, dir zu ähneln
wie auch mir, und uns beiden, so daß jedes
wenn nicht sich, doch uns beide in ihm sähe,
o Neaera – ein wunderschönes Bübchen.

Dichter – Dichtung

Ganz Dichtung ist der Dichter.
Er lächelt – es ist Dichtung,
er weint – und es ist Dichtung.
Er scherzt? Es wird zur Dichtung,
er zürnet? Es ist Dichtung.

amabit? est poema.
amatur? est poema.
si spernitur, poema est.
si cui placet, poema est.
si vincit, est poema.   10
si vincitur, poema est.
quiescet? est poema.
pugnabit? est poema.
bibit? ebrium poema est.
sitit? aridum poema est.
quiscere, actitare,
potare, amare, amari,
bibere, helluari,
meditari et otiari
poetico poema est.   20
o delicate vates,
citra poema nil es.
quod si merum poema es,
qui factitas poema
et tute fis poema,
generante te poema
pater es tuus tuusque
gnatus poema quando
et tu et genis poema.
sic est poema poena.   30

18. *post* bibere *verbum dactylicum desideratur.*

Er liebt – und es ist Dichtung,
man liebt ihn? Es ist Dichtung.
Er wird verschmäht? 's ist Dichtung,
wenn er gefällt, ist's Dichtung.
Wird Sieger er, ist's Dichtung, 10
wird er besiegt, ist's Dichtung.
Still schweigt er? Es ist Dichtung,
er streitet? Es ist Dichtung.
Er trinkt? 's ist trunkne Dichtung,
er dürstet? Trockne Dichtung.
Im Ruhen und Getriebe,
in Lieb und Gegenliebe,
beim Trunk sich delektieren,
in Muße meditieren –
dem Dichter wird's zur Dichtung. 20
O zartbesaiter Dichter,
nichts außer Dichtung bist du.
Bist ganz du aber Dichtung,
so wirst du, treibst du Dichtung,
auch selber dann zur Dichtung;
denn erzeugst du eine Dichtung,
wirst du dein eigner Vater,
und auch dein Sohn, wenn beide,
du und dein Lied, erzeugen.
So wird Gedicht zur Strafe. 30

GREGOR BERSMANN

1537–1611

In Aniatrum laborantem morbo Gallico

Gallia non visa est Aniatro. qui tamen illi
  est inventa domi Gallia? mirus homo est.

De calamitate et miseria docentium in ludis litterariis

Desinat Augiae stabulum memorare vetustas,
  Herculei quondam grande laboris onus.
maius opus, tenerae sordes purgare iuventae,
  maius opus mores emaculare rudes.
Elaei non haec amnes purgamina tollunt,
  non Siculum Alpheo si mare iungat opes.
sed disciplina, vigili curaque perenni,
  moribus et docta quaeritur arte nitor.
ars bona, sed postquam cepit vecordia mentes,
  heu mihi, quam paucis reppulit illa famem!   10
gratia rara, labor certus, cum pulvere paedor
  praemia sunt huius summa magisterii.

GREGOR BERSMANN

1537–1611

Auf Aniatrus, der an der Franzosenkrankheit litt

Frankreich hat nie Aniatrus gesehn. Wie kommt's, daß zu Hause
er was „Französisches" fand?   Das ist ein tüchtiger Kerl!

Über das Elend der Schullehrer

Altertum, höre schon auf, vom Augiasstall zu erzählen,
   der dem Herkules einst   so viele Mühe gemacht.
Schwerer ist es, den Dreck der lieben Jugend zu räumen,
   schwerer noch, Sitten, die roh,   sauber zu machen vom
                               Schmutz,
Unrat, wie ihn fortspülen nicht alle Flüsse von Elis,
   wenn sich Alpheos verbänd   auch mit Siziliens Meer.
Nur durch Zucht, beständige Sorgfalt und Wachsamkeit, nur
                            durch
   Pädagogie und Moral   wird diese Reinheit erreicht.
Schön ist die Kunst; doch hat man einmal ihrem Bann sich
                           ergeben,
   ach, wie wenige hat   dann sie vor Hunger geschützt!   10
Selten nur Dank, viel Mühe jedoch im Staube und Schmutze,
   das gibt als höchsten Lohn   dann es im Lehrerberuf.

SEBASTIAN BRANT

1458–1521

De Francisci Petrarchae laude et praestantia

Gloria Petrarchae tanto est cumulata decore,
    ut sibi nil addi nil minuive queat;
quicquid enim humanis potuit complectier usquam
    usibus excultis arte vel ingenio,
hoc † meus ingenue † novit bonus ille poeta,
    calluit hic cunctas funditus historias.
omnibus his spretis sed enim haec fucata veneno
    saecula mortifero liquit et illecebras,
et nemora et montes habitans colit atque frequentat,
    secreti calles et loca sola placent.   10
proinde sibi obtinuit famamque decusque perenne,
    et fieri meruit carior inde deo.
illic solus enim tot digna volumina scripsit,
    quae vitiata quidem et sparsa fuere prius.
pressimus haec nuper, sed adhuc nonnulla supersunt,
    tangere quae nostras non potuere manus.
plurima Amorbachio debes, Francisce, labori,
    multa etiam nobis, quod bene tersus abis.
sed tua te virtus, tua te praestantia dignum
    reddidit hoc nostro crede labore. vale.   20

---

5. mente ingenua *scribendum esse puto, nam tria adiectiva uni nomini apposita ab latinitate videntur abhorrere.*

SEBASTIAN BRANT

1458–1521

Über Petrarcas Ruhm und Größe

Derart groß ist der Ruhm, damit Petrarca gezieret,
   daß hinzu man ihm nichts   fügen noch wegnehmen kann.
Denn was irgendwo menschlicher Geist vermag zu umfassen,
   sei's durch verfeinerte Kunst,   sei es durch hohes Genie,
dieses begriff mit edlem Verstand der treffliche Dichter:
   jegliches Wissensgebiet   ist ihm aufs beste bekannt.
Alles verwarf er jedoch: die Zeit, die mit giftiger Schminke
   Tod bringt, ließ er zurück   und ihre Lockungen auch.
Bergeshaine bewohnt er und weilet oftmals in ihnen,
   da ihm verborgener Steig   einsam im Walde behagt.   10
Dadurch erwarb er sich Ruhm und schuf sich ewige Zierde,
   und er wurde mit Fug   teurer dem Gotte dadurch.
Ganz allein schrieb dort er so viele vortreffliche Bände,
   welche durch Fehler entstellt   waren bis jetzt, und zerstreut.
Kürzlich druckten wir sie, doch gibt es ihrer noch manche,
   welche in meine Hand   heute noch nicht sind gelangt.
Viel verdankst du, Franciscus, des Amerbach Arbeit und Mühe,
   manches verdankst du auch mir: fehlerfrei ließ ich dich gehn.
Doch es verdiente dein Wert, deine Größe, glaube mir, daß ich
   mich um dieses bemüht   habe. So fahre denn wohl!   20

*Ad dominum Iohannem Bergmann de Olpe, de praestantia
artis impressoriae a Germanis nuper inventae
Elogium*

Quid sibi docta cohors, sibi quid studiosa caterva
  gratius, utilius commodiusve petet,
quam sanctum et nuper compertum opus atque litturas
  quo premere edocuit grammata multa simul?
quodque prius scripsit vix ullus mille diebus,
  nunc uno solus hac aget arte die.
rara fuit quondam librorum copia doctis,
  rara, inquam, et paucis bibliotheca fuit.
singula perque olim vix oppida pagina docta:
  nunc per quasque domos multiplicata iacet.   10
nuper ab ingenio Rhenanae gentis et arte
  librorum emersit copia larga nimis,
et qui divitibus vix regi obvenerat olim,
  nunc liber in tenui cernitur esse casa.
gratia diis primum, mox impressoribus aequa
  gratia, quorum opera haec prima reperta via est.
quae doctos latuit Graecos Italosque peritos,
  ars nova, Germano venit ab ingenio.
dic age, si quid habes, Latialis cultor agelli,
  quod tali invento par sit et aequivalens?   20
Gallia tuque adeo recta cervice superbam
  quae praefers frontem: par tamen exhibe opus!
dicite si posthac videatur barbara vena
  Germanis, quorum hic prodiit arte labor?
crede mihi, cernes (rumparis, Romule, quamvis)
  pierides Rheni mox colere arva sui,
nec solum insigni probitate excellere et armis
  Germanos: orbis sceptra tenere simul.
quin etiam ingenio, studiis, musisque beatis
  praestare et cunctos vincere in orbe viros.   30

---

3. littura *poeta pro* littera *posuisse videtur; cf.* Du Cange *s. v.* litura. –
5. scripsit *posui pro* scriptis, *quod menda typographica esse videtur.*

*An Herrn Johannes Bergmann von Olpe, über den Vorzug
der kürzlich von Deutschen erfundenen Druckerkunst;
ein Preislied von S. Brant*

Was wär praktischer wohl, was besser und nützlicher, das sich
　　wünscht die gelehrte Welt　und der Studierenden Schar,
als das gepriesene Werk, das, jüngst erfunden, uns Zeichen
　　und Geschriebnes zugleich　vielfach zu drucken gelehrt?
Was zuvor kaum einer in tausend Tagen geschrieben,
　　schafft mit Hilfe der Kunst　heute ein einziger Tag.
Spärlich waren vordem der Gelehrten Bücherbestände,
　　selten traf man nur an　Bibliotheken im Land.
Viele Städte besaßen vormals kaum einzelne Bücher,
　　heut aber findet man sie　auch im bescheidensten Haus.　　10
Jüngst gelang es des rheinischen Volks Genie und Erfindung,
　　daß man Bücher nunmehr　leicht und in Fülle erhält.
Früher Besitz der Reichen, kaum Königen einstmals erhältlich,
　　sieht man im kleinsten Haus　Bücher zur heutigen Zeit.
Dank den Göttern zuvor, und gleichermaßen den Druckern:
　　durch ihr Werk zuerst　ward uns eröffnet der Weg.
Was den weisen Griechen, den kundigen Welschen verborgen
　　blieb, das erfand das Genie　Deutschlands: die neueste Kunst.
Sage mir, der du Italiens Boden bebauest: was hast du,
　　das mit gleichem Wert　solcher Erfindung sich mißt?　　20
Frankreich, das du so stolz erhebest Nacken und Stirne,
　　zeige du vor doch ein Werk,　das sich mit diesem vergleicht!
Sagt, ob weiterhin noch Barbaren ihr nennet die Deutschen,
　　da doch allein ihrer Kunst　ist zu verdanken dies Werk?
Glaube mir, bald wirst du sehen (ja, platze nur, Römer, vor
　　　　　　　　　　　　　　　　Neide!),
　　wie die Musen den Sitz　nehmen am Ufer des Rheins;
wie die Deutschen nicht nur durch Treue und Waffen sich
　　　　　　　　　　　　　　　　vortun,
　　sondern wie ihnen zugleich　zufällt die Herrschaft der Welt;
wie sie, begabt und gelehrt und glücklichen Musen ergeben,
　　allen voraus, besiegt　haben die übrige Welt.　　30

iam pridem incepit doctos nutrire Platones
    Theutonia: invenies mox quoque Maeonidas.
mox tibi vel Celsum dabimus, iurisque peritum
    Messalam, aut quales Roma vetusta tulit.
iam Cicero in nostra reperitur gente Maroque;
    novimus Ascraei et caecutientis opes.
nil hodie nostram prolem latet atque iuventam,
    Rhenus et Eurotae fert modo noster aquas.
Cyrrha Heliconque sacer nostras migravit ad Alpes,
    Hercynium ingressa est Delphica silva nemus.   40

*Der Buchdrucker. Holzschnitt von Jost Amman in: Hans Sachs, Eygent-
liche Beschreibung aller Stände, 1568.*

Deutschland begann schon früh, Gelehrte wie Platon zu zeugen,
    bald aber findest du auch   Dichter, so groß wie Homer.
Bald geben auch einen Celsus wir dir oder einen Messalla,
    kundig des Rechts, wie sie   Roma dereinsten erzeugt.
Schon besitzt unser Volk einen Cicero, einen Vergil auch,
    und eines blinden Hesiod   Werke sind bei uns bekannt.
Nichts ist heut unsern Kindern, nichts unserer Jugend
                                        verborgen,
    auch des Eurotas Naß   führet mit sich unser Rhein.
Cyrrha und Helicon sind in unsere Alpen gewandert,
    und der delphische Hain   zog zum Herzynischen Wald.   40

iure igitur pineta ferunt laurumque hederamque,
  Rhaetica tellus habet nectar et ambrosiam.
idque impressorum processit ab arte operaque
  nostrorum, hoc fruimur quippe beneficio.
namque volumina tot, totque exemplaria, libros
  praestiterant nobis: gratia multa viris.
magna tibi hos inter debetur gratia, nostra
  fragmina qui multis fors placitura premis . . .

De vita humana bene instituenda

Mane deo vitam commendet vir bonus omnem,
  praedicet et laudes gratus ubique deo.
nocte memor culpae relegensque errata diurna
  paeniteat, veniam postulet, inde cubet.

In laudem Rosuide mulieris poetridos

Gloria Germani debet tibi, Rosuitha, multum
  nominis: illustrant quam tua scripta nimis.
carmine nam polles: effingis verba latine,
  comica sancta refers historiasque canis.
quis non miretur quod femina docta poema
  nobile barbarico scripseris inque solo?
contulit Otthonum vix tantum gloria laudis
  Saxonibus, quantum femina sola suis.
hinc tibi quicquid habet meriti Germania reddet,
  cui post te nulla est docta virago. vale.   10

Fichtenwälder und Lorbeer und Efeu krönen zu Recht sie,
  Nektar, Ambrosia auch   fließen im rätischen Land.
Unserer Drucker Kunst und Arbeit bewirkte dies alles,
  und von ihrem Bemühn   wird uns der Nutzen zuteil;
denn sie lieferten uns so viele Bände und Bücher,
  daß verschuldigter Dank   stets diesen Männern gebührt.
Dir vor allen bin Dank ich schuldig, der meine Stücke
  druckt, daß vielen vielleicht   möge gefallen mein Werk ...

Über rechte Lebensführung

Morgens empfehle Gott sein Leben gänzlich der Fromme,
  überall möge er auch   preisen und loben den Herrn.
Abends bedenke er dann des Tages Irrung und Sünden,
  um Vergebung fleh er   reuig: dann geh er zu Bett.

Lob der Dichterin Hrotsvitha

Hoch verpflichtet zu Dank ist dir, Hrotsvitha, des deutschen
  Namens Glorie, dem   Glanz deine Werke verliehn.
Groß im Dichten bist du: du schriebst in lateinischer Sprache
  fromme Stücke, und auch   über Geschichte zugleich.
Wer bestaunte dich nicht, gelehrtes Weib, die du edle
  Dichtung schriebest – und dies   schriebst in barbarischem Land?
Solchen Ruhm brachte kaum der Ottonen Herrschaft den
                                        Sachsen.
  Wie ein einziges Weib   ihn ihrem Stamme erwarb.
Drum wird Deutschland dir auch den Lohn des Verdienstes
                                        erstatten,
  denn ein gelehrtes Weib   hatt es nach dir nicht. Leb wohl! 10

De fulgetra immani iam nuper anno ⟨14⟩92 prope
Basileam in agros Suntgaudiae iaculata

Perlegat antiquis miracula facta sub annis
   qui volet, et nostros comparet inde dies,
visa licet fuerint portenta horrendaque monstra:
   lucere e caelo flamma, corona, trabes,
astra diurna, faces, tremor et telluris hiatus
   et bolides, Typhon, sanguineusque polus.
circulus et lumen nocturno tempore visum,
   ardentes clipei et nubigenesque ferae.
montibus et visi quondam concurrere montes,
   armorum et crepitus et tuba terribilis.   10
lac pluere e caelo visum est frugesque calybsque,
   ferrum etiam et lateres et caro, lana, cruor.
et sescenta aliis ostenta ascripta libellis,
   prodigiis ausim vix similare novis.
visio dira quidem Friderici tempore primi
   et tremor in terris lunaque solque triplex.
hinc cruce signatus Friderico rege secundo
   excidit inscriptus grandinis imbre lapis.
Austria quem genuit senior Fridericus in agros
   tertius hunc proprios et cadere arva videt.   20
nempe quadringentos post mille peregerat annos
   sol, noviesque decem signifer atque duos,
septem praeterea dat Idus metuenda Novembris,
   ad medium cursum tenderat illa dies,
cum tonat horrendum crepuitque per aethera fulmen
   multisonum: hic ingens concidit atque lapis,
cui species deltae est aciesque triangula: obustus
   est color et terrae forma metalligerae.
missus ab obliquo fertur, visusque sub auris
   Saturni qualem mittere sidus habet.   30

In schedia eodem anno (MCDXCII) typis expressa hae lectiones variae inveniuntur: 18. grammate ab imbre.

Von dem erschröcklichen Donnerstein,
so bei Ensisheim vom Himmel gefallen

Sich wundert mancher fremder gschicht,
der merck vnd leß ouch diß bericht.
Es sint gesehen wunder vil
im lufft / comet vnd fürenpfil,
brinnend fackel / flammẽ vnd kron,
wild kreiß vnd zirckel vmb den mon
am hymel, blůt / vnd füren schilt /
regen noch form der hier gebildt.
Stoß-bruch des hymels vnd der erd /
und ander vil seltzen geberd   10
tratzlich zerstiessen sich zwen berg /
grüßlich trümmen / vnd harnesch werck /
isen / milch / regen stahel korn
ziegel / fleisch / woll / von hymels zorn
als ouch ander der wunder glich
dann by dem ersten Friderich
noch ert bydem vnd finsterniß
sach man drij sünn vnd mon gewiß.
Und vnder keyser Friderich
dem andern / fiel ein stein grüßlich   20
sin form was groß / ein crütz darjnn
und ander geschrifft vnd heimlich synn.
By wil des dritten Friderich
geboren herr von Osterich
regt har jn diß sin eigen landt /
der stein der hie ligt an der wandt.
Als man zalt viertzehenhundert Jar,
uff sant Florentzen tag ist war
nüntzig vnd zwei vmb mittentag
geschach ein grusam donnerschlag /   30

Übersetzung von Sebastian Brant.

senserat hunc Enßheim, Suntgaudia sensit; in agros
  illic insiluit depopulatus humum,
qui licet in partes fuerit distractus ubique,
  pondus adhuc tamen hoc continet: ecce vides.
quin mirum est potuit hiemis cecidisse diebus
  aut fieri in tanto frigore congeries?
et nisi Anaxagorae referant monimenta, molarem
  casurum lapidem credere et ipse negem.
hic tunc auditus fragor undique litore Rheni,
  audiit hunc Uri proximus Alpicola,   40
Norica vallis eum, Suevi Rhaetique stupebant,
  Allobroges timeant, Francia mota tremit.
quicquid id est, magnum portendit, crede, futurum
  omen: at id veniat hostibus, oro, malis.

38. et ista negem. – 42. Francia certe tremit.

drij zentner schwer fiel diser stein
hie in dem feld vor Ensißhein /
drij eck hat der verschwerzet gar
wie ertz gestalt vnd erdes var
ouch ist gesehen in dem lufft
slymbes fiel er in erdes klufft.
Klein stück sint komen hin vnd har,
und wit zerfüert süst sichst in gar
Tůnow / Necker / Arh / Jll / vnd Rin
Switz / Uri / hort den klapff der Jn.   40
Ouch doent er den Burgundern ver
jn forchten die Franzosen ser
rechtlich sprich ich das es bedüt
ein bsunder plag der selben lut.

JOACHIM CAMERARIUS I

1500–1574

Hodoiporiké et encomium rusticae vitae

Clara tenebrosae pelluntur sidera noctis,
   Lucifer Eoo quem vehit axe, die.
nunc ad opus molli de somno, rustice, surgis
   dasque operis socio pabula grata bovi.
nunc repetunt lanas et tradita pensa ministrae,
   nunc corpus stratum navita tollit humi.
me quoque lucis avis praenuntia suscitat, intra
   tecta soporatum, gens aliena, tua.
cur fugio, a, demens aut cur me crastina luna
   longius a patrio cernet abesse solo?   10
namque ego piscosi traiecto flumine Moeni
   hic ubi Regnesas non procul haurit aquas,
Hercyniae nivibus superavi saxa solutis,
   et, Sala, iam pontes pallida quaero tuos.
quid memorem erroresque vagos et mille pericla,
   non exploratum dum proficiscor iter?
sed tamen et pergo et, Sala, te post terga relicto
   iamque tuo gravior, terra Dyringa, luto.
mox tendam Meisos festinabundus in agros,
   qua, Lopi, sub Martis confluis arce Salae.   20
inde citi iam Boifluum veniemus ad Albin,
   forsan et hic noster non requiescet equus.
iudice me vera est tua docte querela Properti,
   Naso, vera tua est, vera, Tibulle, tua.

JOACHIM CAMERARIUS I

1500–1574

Reisegedicht und Preis des Landlebens

Schon vertreibet der Tag die hellen Gestirne der dunklen
   Nacht: auf Eos' Gespann   führt ihn der Morgenstern her.
Jetzt erhebt sich vom Schlafe der Bauer zur Arbeit; dem Ochsen
   der ihm beim Werke gesellt,   schüttet das Futter er vor.
Wiederum nehmen die Mägde zur Hand jetzt Spindel und
                                  Rocken,
   auch der Schiffsknecht steht auf,   der auf der Erde geruht.
Mich auch erweckt der Vogel, des Morgens Verkünder, vom
                                Schlafe,
   der ich bei fremdem Volk   wohne in andermanns Haus.
Warum fliehe ich Tor? Warum wird ferne der Heimat
   mich erblicken der Mond,   wenn er aufs neue erscheint?   10
Habe ich doch bereits den fischreichen Main überschritten,
   wo sich, dem Orte nicht fern,   in ihn die Regnitz ergießt;
überstieg, als der Schnee geschmolzen, Herzynische Felsen,
   deinen Brücken streb ich,   bläßliche Saale, jetzt zu.
Doch was soll ich mein Wandern mit tausend Gefahren erwähnen,
   wenn durch Gegenden ich   reise, die nicht mir bekannt?
Aber ich ziehe nun weiter des Wegs, dich, Saale, verlassend,
   und es beschwert mich bereits,   Thüringerlandschaft, dein
                                  Schlamm.
Bald aber wende ich eilends mich zu dem Meißener Lande,
   wo bei Merseburg sich   Luppe und Saale vereint.   20
Schnell gelangen von dort wir zur Böhmen entsprungenen
                                Elbe –
   aber vielleicht wird auch dort   Ruhe nicht finden mein Roß.
Kluger Properz, mich dünkt, es ist deine Klage berechtigt,
   recht hast, Naso, auch du,   du auch, Tibullus, hast recht.

a utinam primus peregrinam qui bibit undam
    externo vitam liquerit amne suam!
non sint exemplo tanti mortalibus ausus,
    et nulli probrum vita quieta ferat.
tempora praetereunt, fugit irreparabilis aetas
    ut volucris Partha missa sagitta fide.   30
Tigris ut Armenios cursu perlabitur agros,
    ut tepida imbriferi solvitur aura Noti.
nos tamen et ludis consumimus illa protervis,
    et spatium vitae non breve somnus habet.
perdimus et varia distracta cupidine rerum,
    corda solent partae quae lacerare magis.
non ego cui minuit patrios levis alea nummos,
    vivum, cum tempus sic terat, esse puto.
aut qui cum crebro riget arida guttura Baccho
    cristatas numquam sobrius audit aves.   40
vivere nummorum tumulos quis credat avaros,
    nec potius cum re se sepelisse sua?
mercator freta longa secat periurus, et audet
    ultrici vitam credere stultus aquae.
quid vos, quis famam bello censumque secutis
    est Lachesis magnus rumpere fila labor?
felix, quem sua rura tenent, cui praebet inemptas
    patris opus vel avi, fagina mensa, dapes.
cui tranquilla quies contentaque vivere parco
    exiguae servat libera tecta casae.   50
et nunc ille bovis grave collo nectit aratrum,
    iactaque nunc domitae semina mandat humo.
aut palo fixo religatam palmite vitem
    non sinit effosso praecubuisse solo.
mox ubi pallentes autumni vergere soles
    vidit, et hibernos non procul ire dies,

---

37. minuit *scripsi pro* minui.

Hätte sein Leben verloren in fremdem Flusse doch jener,
  welcher zuerst sich den Trunk   fern von der Heimat
                    geschöpft!
Dann verleitete nicht die Menschen des Wagnisses Beispiel,
  und kein Vorwurf wär es,   lebte man ruhig daheim.
Aber die Zeiten vergehn, und unwiederbringlich entrinnet
  Jugend wie fliegender Pfeil,   welchen der Parther entsandt;
so wie eilends der Tigris Armeniens Felder durchfließet,   31
  so wie im Wehen des Süds   warm sich der Regen ergießt.
Doch wir vertrödeln die Zeit mit losem Getändel; nicht wenig
  unserer schwindenden Zeit   bringen mit Schlafen wir hin.
Zeit verlieren wir auch, da vielfache Raffgier uns ablenkt,
  und ist Gewinn uns geglückt,   peinigt er mehr noch das Herz.
Wer sein väterlich Erbe beim Würfelspiele vergeudet,
  lebt, wie mich dünkt, gar nicht,   wenn er die Zeit so vertut.
Noch wer häufig den trockenen Schlund sich mit Bacchus
                    befeuchtet
  und wer nüchtern vernimmt   niemals das Krähen des Hahns.
Leben die wirklich, die gieren nach Haufen von Gold – oder
                    haben   41
  sie sich begraben vielmehr   mit dem gehorteten Geld?
Über die Weite der See fährt hin der trugvolle Kaufmann,
  und dem rächenden Meer   wagt sich der Narr zu vertraun.
Nun, und euch, die im Kriege ihr Ruhm erstrebet und Reichtum,
  schneidet den Faden man leicht,   welchen euch Lachesis spann.
Glücklich, wer lebt auf eigenem Land: am Tisch, den der Vater
  oder der Ahne gewerkt,   speist er, was nicht er gekauft.
Unter dem eigenen Dach, so klein auch die Hütte, lebt friedlich
  dieser; bescheidet sich auch   sparsam mit wenigem gern.   50
Bald schirrt jener den wuchtigen Pflug an den Nacken des
                    Ochsen,
  bald vertraut er dem Grund,   den er beackert, die Saat.
Oder er bindet an Pfähle die rankende Rebe des Weinstocks,
  daß herunter sie nicht   falle, wo Erde man gräbt.
Sieht er jedoch im Herbste die blässere Sonne sich neigen
  und erkennet, daß weit   nicht mehr der Winter entfernt,

instruit adversus glacialis frigora brumae
  parte focum media lignaque secta domus.
quem circum natique sedent, et sedula coniunx
  torquet ab informi licia tracta colo.   60
ille refert veterum mores et dicta parentum,
  et suppressa suo tempore iura gemit.
damnaque deplorat belli, probat otia pacis,
  et findit claro ligna struenda foco.
nec quas saevus amor curas habet, illius angunt
  corda soluta malis sollicitudinibus.
tale mihi detur spatium decurrere vitae
  in pulchro Moeni litore Franconici,
inter Hamadryadas faciles patria arva colentem –
  o desiderii sint rata vota mei!   70

An beatitudo solum sit post mortem

Expectare Solon iubebat aevi
finem, ac denique de beatitate
adfirmare hominis, neque ante vitae
felicem interitum vocare quemquam.
ergo cum nihil in sepulcro et urna
iam funebri erimus, dies ubi ille
nos deleverit ultimusque, et infra
terram pulvereus cinis relictus
de nobis reliquus premetur alto
saxo aut aggere, tum beata demum   10
nobis saecula mortuis patescunt?
o miras sapientiae latebras!
qui iam nil sumus, hi sumus beati.

rüstet den Herd er zu gegen eisige Kälte des Winters:
   reichlich geschlagenes Holz nähret ihn mitten im Haus.
Rings umgeben ihn Kinder, dazu die fleißige Hausfrau,
   Wolle, am Rocken geklumpt, dreht sie und spinnt sie zum
                Garn.   60
Dann erzählt er vom Treiben der Vorzeit und Sprüchen der
                Ahnen,
   und er betrauert, daß heut gänzlich verachtet das Recht;
klagt über Schäden des Krieges und lobt sich die Ruhe des
                Friedens,
   und für den lohenden Herd spaltet er Scheiter dabei.
Es bedrängen auch nicht die Qualen verzehrender Liebe
   ihm das Herz; nein, frei bleibt es von Sorge und Pein.
Möge vergönnt mir sein, mein Leben so zu verbringen
   an den Ufern des Mains, herrlich im fränkischen Land,
daß, nahe lustigen Nymphen, mein väterlich Land ich bestelle –
   oh, daß werde erfüllt, was meine Sehnsucht sich wünscht!

Glücklich erst nach dem Tode?

    Solon hat uns geboten, erst das Ende
    abzuwarten und dann erst zu behaupten,
    glücklich sei einer: nicht vorm Lebensende
    dürften glücklich wir irgend jemand nennen.
    Wenn wir also nichts sind in Grab und Urne,
    wenn uns gänzlich vernichtet hat der letzte
    Tag, und Staub nur und Asche von uns übrig
    bleibt und tief unter Stein und Hügel modert –
    dann erst kommt für uns Tote Zeit des Glückes?   10
    O wie prächtig sind Philosophenkniffe:
    wenn wir nicht existieren, sind wir glücklich!

JOACHIM CAMERARIUS II

1534–1598

Ex libris symbolorum et emblematum

Semper ardentibus

Reginam volucrem dipsas necat: ardor amoris
sic animum accendens te dabit exitio.

Flectimur, non frangimur

Flectitur obsequio, sic vincit arundo procellam,
laeditur, adversum qui sua fata furit.

Casta placent superis

Iniciat nobis brutorum haec cura stuporem,
qui tarda incipimus quaerere mente Deum.

JOACHIM CAMERARIUS II

1534–1598

Wahlsprüche und Embleme

Unter dem Wahlspruch steht jeweils ein fein ausgeführter Stich, darunter dann der erläuternde Vers

Den stets Erglühenden
Viper tötet Adler

Von der Schlange wird hier der König der Vögel getötet;
   so wird Liebeserglühn,   das dich entzündet, dein Tod.

Wir beugen uns und werden nicht gebrochen
Riedgras biegt sich im Winde

Nachgiebig biegt es sich nieder: so siegt über Stürme das
                        Riedgras,
   aber zu Schaden kommt, wer   wütend dem Los widerstrebt.

Frömmigkeit lieben die Götter
Ein im Wasser stehender Elefant erhebt seinen Rüssel
zur Begrüßung der Sonne

Möge das Vorbild der Tiere uns Staunen erregen und Ehrfurcht,
   die wir mit trägem Sinn   langsam nur streben zu Gott.

Nullis fraus tuta latebris

Dispereat fraus ficta dolis, candorque triumphet;
tandem illa opprimitur ceu latebris coluber.

Mansuetis grandia cedunt

Praeterit, haud elephas animalia parvula laedit:
nempe quod hinc clemens Rex imitetur, habet.

Hoc virtutis amor

Quem non vincat amor castae virtutis et ardor?
virtus tanta potest, vincat ut illa feram.

Hinterlist ist in keinem Schlupfwinkel sicher
Hirsch zertritt Schlange

Listige Tücke vergehe, es siege freimütige Wahrheit:
jene wird schließlich zerstampft, so wie die Natter im Schlupf.

Großes weicht Sanftem
Elefant unter Schafen

Kleinere Tiere verletzet er nicht, geht vorbei nur an ihnen.
Seinem Vorbilde mag   folgen ein gnädiger Fürst.

Das ist Liebe zur Tugend
Ein Einhorn legt seinen Kopf in den Schoß eines Mädchens

Wen besiegte nicht glühende Liebe zu Tugend und Keuschheit?
Das ist der Tugend Macht,   daß sie das Tier selbst bezwingt.

Captivum impune lacessunt

Hostem qui captum rides, fuge robur habentem:
perrumpet felis carcere clausa diu.

Cuique suum

Laeva tenet fulmen, sed olivae dextera ramum,
ut pace et bello sim memor officii.

Pro lege et grege

Sanguine vivificat pelicanus pignora: sic rex
pro populo vitae est prodigus ipse suae.

Cura vigil (aliter: excitat Aurora)

Ut cum laude geras res expergiscere magnas,
et tibi sit galli cura magistra vigil.

Fert omnia secum
(aliter: omnia mea mecum porto)

O felix secum sua quicumque omnia portat,
fortunae vivens liber ab arbitrio

Einen Gefangenen reizt man ungestraft

Mäuse umtanzen eine in der Falle sitzende Katze

Der den gefangenen Feind du verhöhnst, entflieh, wenn er
stark ist:
sitzt in der Falle sie auch, macht sich die Katze doch frei.

Jedem das Seine

Adler mit Blitz und Olivzweigen

In der Linken hält er den Blitz, in der Rechten, Olivzweig,
daß er in Frieden und Krieg sich seiner Pflicht sei bewußt.

Für das Gesetz und die Herde

Pelikan zerfleischt seine Brust, um seine Jungen
mit seinem Blut zu nähren

Seine Kinder ernährt Pelikan mit eigenem Blute;
so gibt ein König fürs Volk gern auch sein Leben dahin.

Wachsamkeit (auch: Aurora erweckt mich)

Ein auf einer Trompete stehender Hahn kräht die
Morgensonne an

Willst du Großes vollbringen, so mußt du schon früh dich
erheben.
Vorbild sei dir der Hahn, wie er der Wachsamkeit pflegt.

Sie trägt alles bei sich
(auch: Meine ganze Habe trage ich mit mir)

Schnecken auf Pflanzen und Erde kriechend

Glücklich jener, der bei sich trägt seine sämtliche Habe,
nicht unterworfen ist er wechselnder Laune des Glücks.

Venus improba

Sic pereat quisquis meretrici turpiter haeret,
  per Venerem ut nimiam vipera morsa perit.

Candide et sincere

Ambulat en medios salamander illaesa per ignes.
  nempe illaesa manet semper et integritas.

Falsa ossa momordit

Ostrea mus petulans avido consumere morsu
  dum cupit, ecce refert praemia digna gulae.

Anonym: Honores onera

Omnis honos onus est: fasces et munia fasces,
  qui placide et cupiens vivere, vive domi.

2. *fortasse* cupias.

Schnöde Sinnlichkeit

Zwei sich begattende Schlangen, einander beißend,
sind unlösbar verschlungen

So geh ein jeder zugrunde, der schnöder Dirne verbunden,
so wie, durch sinnlichen Biß sterbend, die Viper verreckt.

Hell und aufrichtig

Salamander im Feuer

Ohne Verletzung sieht Salamander durchs Feuer man laufen.
Unverletzt bleibt so immer die Lauterkeit auch.

In den falschen Knochen gebissen

Maus wird durch sich schließende Auster zerquetscht

Austern wollte die Maus mit gierigem Bisse verschlingen,
aber ihr freches Gelüst findet hier würdigen Lohn.

Anonym: *Würde ist Bürde*

Jegliche Würde ist Bürde, zur Rute wird Amt mit den Faszes,
wer in behaglicher Ruh leben will, lebe zu Haus.

CONRAD CELTIS

1459–1508

De nocte et osculo Hasilinae, erotice

Illa quam fueram beatus hora,
inter basia et osculationes,
contrectans teneras Hasae papillas,
et me nunc gremio inferens venusto,
nunc stringens teneris suum lacertis
pectus, languidulo gemens amore.
quod me in reciproco fovebat aestu,
cogens deinde suos meare in artus,
dum nostros animos per ora mixtos
cum vinclis adamantinis ligavit   10
Diva ex caeruleo creata ponto.
  o nox perpetuis decora stellis,
quae divum facies levas coruscas,
et fessis requiem refers salubrem.
nunc stes Herculeo velut sub ortu,
aut qualis Suetiis soles sub oris,
dum Phoebus pluvium revisit Austrum,
nullam per spatium bimestre lucem
fundit, perpetuas ferens tenebras,
sic fervens satiabitur voluptas.   20

Ad Romam, dum illam intraret

Quid superest, o Roma, tuae nisi fama ruinae
  de tot consulibus Caesaribusque simul?
tempus edax sic cuncta vorat nilque exstat in orbe
  perpetuum, Virtus scriptaque sola manent.

CONRAD CELTIS

1459–1508

Nacht und Hasilinas Kuß

Wie war glücklich ich doch in jener Stunde,
da wir Küsse und wieder Küsse tauschten,
da ich streichelte Hasas zarte Brüste,
mich versenkte in ihrem süßen Schoße,
ihren Busen mit sanftem Arm umfaßte
und von Liebe erschöpft nur seufzen konnte!
Wie in mir sie dann Glut durch Glut entfachte,
die mich zwang, unsre Glieder zu verstricken!
Durch die Münder vermischten sich die Seelen,
und es band uns mit Fesseln von Demantstein   10
jene Göttin, der blauen See entstiegen.
    Nacht, erstrahlend von tausend ew'gen Sternen,
die du leuchtendes Götterantlitz hebest,
die du heilsame Ruhe Müden spendest:
so wie einstmals, als Herkules erzeugt ward,
bleibe stehn – oder wie an Nordlands Küste,
wenn sich Phoebus zum regenreichen Süden
wendet, und es zwei Monde lang nicht Tag wird,
da beständiges Dunkel er läßt walten –
so nur wird meine heiße Lust gesättigt.   20

Beim Betreten Roms

Was ist geblieben, o Rom? Nur der Ruhm deines Sturzes, wo
                                        einst doch
  so viele Konsuln du,   so viel Caesaren erzeugt.
Alles verschlingt die gefräßige Zeit: nichts dauert hienieden
  ewig, als dieses allein: Tugend und Literatur.

De Puella Romae reperta

Annos mille sub hoc tumulo conclusa iacebam;
    haec nunc Romanis extumulata loquar:
non veteres video Romano more Quirites,
    iustitia insignes nec pietate viros.
sed tantum magnas tristi cum mente ruinas
    conspicio, veterum iam monumenta virum.
si mihi post centum rursus revideberis annos,
    nomen Romanum vix superesse reor.

Ad Sepulum disidaemonem

Miraris nullis templis mea labra moveri
    murmure dentifrago.
est ratio, taciti quia cernunt pectoris ora
    numina magna poli.
miraris videas raris me templa deorum
    passibus obterere.
est deus in nobis, non est quod numina pictis
    aedibus intuear.
miraris campos liquidos Phoebumque calentem
    me cupidum expetere.   10
hic mihi magna Iovis subit omnipotentis imago,
    templaque summa dei.
silva placet musis, urbs est inimica poetis
    et male sana cohors.
i nunc, et stolidis deride numina verbis
    nostra, procax Sepule.

Das römische Mädchen

Tausend Jahre lag ich unter diesem Hügel begraben;
    jetzt, da das Grab mich entließ, sage den Römern ich dies:
„Nicht mehr erblicke ich Römer wie einst die stolzen Quiriten,
    Männer von rechtlichem Sinn, fromm ihrer Bürgerpflicht
Trauervoll sehe ich überall nur gewalt'ge Ruinen,   treu.
    Denkmäler sind sie jetzt nur Männern, wie einstmals es gab.
Könnte noch einmal ich dich nach hundert Jahren erblicken,
    fände ich, glaube ich, kaum selbst deinen Namen noch, Rom."

An Sepulus, den Abergläubischen

Daß in der Kirche ich nicht mit verkniffenem Munde Gebete
    murmele, wundert dich sehr.
Dies ist der Grund: es hören die hohen Mächte des Himmels
    still auch des Herzens Gebet.
Wunderst du dich, daß nur selten herum in den Tempeln der
    schlurf ich mit müßigem Schritt?   Götter
Gott wohnt in uns: begaffen in buntbepinselten Kirchen
    muß darum Götzen ich nicht.   [leuchtet,
Warum geh lieber ich dorthin, wo Wasser fließt, Sonnenlicht
    dieses auch wundert dich wohl?   10
Hier zeigt sich mir des Allmächtigen Bild in all seiner Größe,
    hier ragt sein Tempel für mich.
Auch den Musen behagt es im Wald, doch die Stadt haßt die
    wüst tobt der Pöbel in ihr.   Dichter,
Geh nun, und meinen Glauben verhöhne mit törichten Reden,
    Sepulus, Narr der du bist.

Ad Wilhelmum Mommerlochum
civem Coloniensem et philosophum

Wilhelme Agrippae moenibus editus,
per prisca nobis stemmata cognitus,
    Romana quae quondam tuae urbis
      gloria contulerat colonis

in urbe tecum hac condidici vagas
inferre fraudes per συλλογιστικοὺς
    nexus, quod et contentioso
      tradiderat dialexis ore.

primaeque tecum hac prendideram sacros
libros sophiae, tunc mihi cognitum   10
    Albertus et quid Thomas alti
      in physicis docuere rebus.

nemo hic Latinam grammaticam docet,
nec expolitis rhetoribus studet,
    mathesis ignota est, figuris
      quidque sacris numeris recludit.

nemo hic per axem candida sidera
inquirit, aut quae cardinibus vagis
    moventur, aut quid doctus alta
      contineat Ptolemaeus arte.   20

ridentur illic docta poemata,
Maronianos et Ciceronios
    libros verentur tanquam Apella
      carne timet stomacho suilla.

hos inter unus tu nitidus sedes
mathesin alto pectore comprobans
    et quod vetustas diligenti
      posteritatis amore scripsit.

An Wilhelm Mommerloch aus Köln, einen Philologen

Freund Wilhelm, der du den Mauern von Köln entstammst,
bekannt durch altehrwürdigen Adel mir,
    den einst den Bürgern deiner Heimat
      römische Glorie verliehen hatte:

Hier hab mit dir zusammen ich einst gelernt,
wie trüglich man verknüpft syllogistische
    Sophisterein und das Gezänke
      von dialektischen Künsteleien.

Hier las zuerst mit dir ich die heiligen
Weltweisheitsbücher: hier auch ward mir bekannt,   10
    was Albert und der große Thomas
      über des Weltalls Natur dozierten.

Latein jedoch – Grammatik – lehrt niemand hier,
es kümmert niemand sich um gepflegten Stil;
    was über Zahlen und Figuren
      Mathematik lehrt, ist unbekannt hier.

Am Himmel forscht hier keiner den Sternen nach,
noch den Planeten, wie sie exzentrisch sich
    bewegen, noch was Ptolemäus
      uns in erhabener Weisheit lehrte.   20

Was heut Gelehrte dichten, wird hier verhöhnt,
und für die Werke Ciceros und Vergils
    hat man den Abscheu, den ein Jude
      zeigt, den's vorm Fleische des Schweines ekelt.

Allein strahlst du hervor unter solchem Volk,
der hochgemut die Mathematik du pflegst
    und das verehrst, was uns die Alten,
      liebend der Nachwelt gedenkend, schrieben.

Ad Sigismundum Fusilium Vratislaviensem.
de his quod futurus philosophus scire debeat

Fusili, binis mihi notus annis,
dum peragranti mihi Sarmatarum
terra lustratur gelido propinqua
    frigida coelo,

qua duas torpet polus inter ursas
arcticus pigro revolutus orbe,
gnosiae secum radiosa volvens
    serta puellae,

candidos inter fueras amicos,
cui dedit sidus patrium decoros   10
pectoris mores et honesta sanctae
    pignora mentis.

primus exosus fueras veternum
exutus scabras nitidus loquelas,
barbaras voces et avita crassae
    murmura linguae.

iamque Romano erudiendus ore
induis pulchrum decus expetendo,
quae probant docti ingenuo calentes
    pectoris igne.   20

sperne mendacis rabiosa vulgi
murmura indoctam fugiens catervam
et datum paucis poteris beatus
    noscere verum.

magnus exemplo tibi sit Molossus.
quem premunt vasto fremitu catelli,
ille sed serpit tacitus minorum
    murmura temnens.

An Sigismund Fusilius aus Breslau:
Was der künftige Gelehrte wissen muß

Seit zwei Jahren kenn ich dich schon, Fusilius;
damals, als Sarmatien ich bereiste,
mir das Land betrachtend, das nah dem kalten
    Pole gelegen –

Von zwei Bären-Bildern umgeben, dreht sich
langsam dort der kalte Polarstern; kreisend
führt mit sich das strahlende Diadem er
    der Ariadne –

Damals warst mein aufrechter, guter Freund du,
dem die Sternenstunde, da er geboren,   10
edle Artung hatte verliehn, Verheißung
    geistiger Größe.

Vom Beginn schon haßtest du Trägheit; legtest
ab der Ungebildeten Redeweise,
Klang und Worte auch deiner Muttersprache,
    Laut des Barbaren.

Mit der Römer Sprache erwirbst du schon dir
schöne Zierde, Zeichen der feinen Bildung,
wie sie freut das Herz des Gelehrten, brennend
    edel-begeistert.   20

Wutgeheul verlogenen Pöbels achte
nicht, und flieh die Masse, die ungebildet:
dann erkennst du – wenigen ist's vergönnt nur –
    selig die Wahrheit.

Laß dein Vorbild sein eine große Dogge,
die umdrängt das laute Gebell von Kötern;
sie jedoch geht still ihres Wegs, die kleinen
    Pinscher verachtend.

perge tres sacras modo nosse linguas,
quae tibi magnum tribuent honorem,   30
cum Palestina Latioque claro
          Cecrope scriptam.

perge confusum chaos intueri,
qua scatent pulchris elementa formis
sorte discordi et reditura versant
          semina mundi.

perge consurgens animo volucri
singulis rebus reperire causas,
flabra ventorum refer et furentis
          aequoris aestus.   40

perge cur terrae quatiente motu
concidant urbes trepidentque montes,
ignium cur diluviis aquarum
          regna laborent.

perge cur caecae generent cavernae
sulphura et pulchris scateant metallis,
curque languentum reparent calentes
          corpora thermae.

perge cur tanto crepitet fragore
nubibus coeli eiaculatus ignis,   50
imbris, et lentae nivis et gelatae
          grandinis iras.

perge diversa expatiata motu
sidera et Phoebi referens labores
lurido vultu sibi cum fugavit
          Cynthia currus.

Du erwirb der heil'gen drei Sprachen Kenntnis
(das wird Ruhm dir bringen in reicher Fülle):   30
was Judaea, Latium, was Athen auch
      Großes geschrieben.

Dann sollst du betrachten das wirre Chaos,
dem in Schönheit Formen entspringen – jede
andren Zwecks: drin mischen sich die Atome,
      später sich lösend.

Auf dann! Strebend finde mit hohen Sinnen,
was verursacht einzelne Phänomene.
Spüre nach dem Wehen der Winde, wildem
      Brausen des Meeres.   40

Forsche nach, warum unter Erdstoß stürzen
nieder Städte, warum die Berge beben,
und warum durch Feuer und Wasserfluten
      Reiche in Not sind.

Wie die dunklen Höhlen der Erde Schwefel
zeugen, forsche, Adern von Gold und Silber
auch, und warum sprudelt aus heißen Quellen
      Heilung den Kranken.

Warum, forsche weiter, mit Donnerkrachen
aus des Himmels Wolken die Blitze springen,   50
Regengüsse, rieselnder Schnee und zürnend
      eisiger Hagel.

Lern den Kreislauf dann der Gestirne; wisse
darzulegen, wie sich erbleichend Phoebus,
wenn ihn Cynthias Wagen zur Flucht gezwungen,
      dunkel verfinstert.

perge convexo fugitiva coelo
astra mirari, geminum cubile
solis inquirens alioque gentes
    orbe sepultas.   60

perge diffusos populos per orbem
dicere, et linguas, hominumque mores,
quo situ coeli teneant volantem
    aere terram.

perge priscorum relegens virorum
gesta, Tarpeio celebrata Colle,
quicquid et claris Macedum triumphis
    Graecia gessit.

perge fortunae instabilis favorem
spernere et duros tolerare casus,   70
et tibi cuncti fugient beato
    tempore soles.

perge virtutis generosus arctum
et perangustum superare callem,
illa securam tibi sola donat
    ducere vitam.

sola coelesti faciat beatum
sede promittens placidos honores,
nec sinit taetras Stygii timere   80
    carceris umbras.

Dann bewundre flüchtige Meteore
und Kometen; forsch nach den beiden Lagern
Sols und nach den Völkern, die uns der Erde
      Rundung verborgen. 60

Lerne dann die Namen von allen Rassen,
was sie sprechen, was ihre Bräuche, wisse
aufzuzählen, wo sie zu finden auf dem
      schwebenden Erdball.

Lies sodann, was Männer in alten Zeiten
taten, die tarpejischer Fels gefeiert,
und durch Mazedonertriumph berühmte
      Taten der Griechen.

Aber stets verachte die Gunst Fortunas:
unbeständig ist sie; ertrage Drangsal, 70
und zu jeder Zeit wirst du glücklich sinken
      sehen die Sonne.

Weiter klimme, wie es geziemt dem Edlen,
auf dem steilen Engpfad der Mannestugend.
So nur wird vergönnt dir, ein Leben frei von
      Sorgen zu führen.

Tugend nur gewährt dir, am Himmelssitze
selig, heiter, ehrenvoll einst zu ruhen.
Sie allein macht, daß du der Hölle dunklen
      Kerker nicht fürchtest. 80

Der sterbende Celtis. Holzschnitt von Hans Burgkmair (1507; erster Zustand der Platte mit falschem resolius statt resolvis).
Das (fehlerhafte) Schriftband lautet: „Das Ende krönt das Werk; wer Gutes tat, besitzt es. Alle ruf's zur Grabesurne: was, Libitina, vernichtest du nicht!" Celtis' Hände ruhen auf seinen Werken, über seinem zerbrochenen Wappen steht der Bibelspruch: „Ihre Werke folgen ihnen nach."

Die Grabschrift lautet:

Weinet, ihr frommen Dichter, und schlaget die Brust mit den Händen:
  Euren Celtis hat hier Schicksal des Todes ereilt.
Er zwar starb, doch dauert sein Werk für ewige Zeiten,
  denn zu Gebildeten spricht stets er durch das, was er schrieb.

Conrad Cil⟨tis⟩, des Wiener Dichterlorbeers Bewahrer und Verleiher (Vgl. S. 492).
Hier ruht er in Christo, 49 Jahre alt, im Jahre des Heils 1507 (sic) unter Kaiser Maximilian.

EXITVS ACTA PROBAT QVI BENE FECIT HABET

APOLO · MERC

CVNCTOS VNA SVPREMA · VOCAT

QVID NON LIBITINA RESOLVIS

GER·ILLVS

AMOR· EPIGRA ODAR·

OPERA EOR· SEQVVTVR ILLOS

D M S

FLETE PIIVATES ET TVNDITE PECTORA PALMIS
VESTER ENIM HIC CELTIS FATA SVPREMATVLIT
MORTVVS ILLE QVIDEM SED LONGV VIVVS IN EVVM
COLOQVITVR DOCTOS PER SVA SCRIPTA VIROS
CHVN·CIL·PROVIENĘ LAVREĘ CVSTOSE COLLATOR
HIC INCHRIS·QVIESCIT VIXIT AN·IXL·SAL·SESQVIMILL·
SVB DIVO MAXIMIL·AVGVST· ET VII

· H · B ·

Ad Apollinem repertorem poetices ut
ab Italis ad Germanos veniat

Phoebe qui blandae citharae repertor,
linque delectos Helicona, Pindum et,
ac veni in nostras vocitatus oras
     carmine grato.

cernis ut laetae properent Camenae,
et canunt dulces gelido sub axe.
tu veni incultam fidibus canoris
     visere terram.

barbarus quem olim genuit, vel acer
vel parens hirtus, Latii leporis   10
nescius, nunc sic duce te docendus
     dicere carmen

Orpheus qualis cecinit Pelasgis,
quem ferae atroces, agilesque cervi,
arboresque altae nemorum secutae
     plectra moventem.

tu celer vastum poteras per aequor
laetus a Graecis Latium videre,
invehens Musas, voluisti gratas
     pandere et artes.   20

sic velis nostras rogitamus oras
Italas ceu quondam aditare terras;
barbarus sermo fugiatque, ut atrum
     subruat omne.

An Apollo, den Erfinder der Dichtkunst,
daß er aus Italien nach Deutschland kommen möge

Phoebus, der erfunden die holde Lyra,
laß dein teures Heim, Helicon und Pindus,
komm, von Dichtung, wie du sie liebst, gerufen,
  in unsre Lande.

Sieh wie unsre Musen zu dir mit Freuden
eilen, singend süß unter kaltem Himmel.
Unser Land, das roh noch – mit Harfenklängen
  komm und besuch es.

Der Barbar, abstammend von rauhen Kriegern
oder Bauernvolk, der des Römers Künste   10
noch nicht kennt, er lern unter deiner Führung
  nunmehr die Dichtkunst,

so wie einstmals vor den Pelasgern Orpheus
sang, da wilde Tiere und flinke Hirsche,
ja sogar am Berghang die hohen Bäume
  tanzten zum Liede.

Hast du doch geruht, übers Meer zu fahren,
freudig kamst du nach Latium aus Hellas,
deine Musen mit dir, und gnädig lehrtest
  du deine Künste.   20

Komm, so beten wir, drum zu unsern Küsten,
wie Italiens Lande du einst besuchtest;
mag Barbarensprache dann fliehn, und alles
  Dunkel verschwinden.

NATHAN CHYTRÄUS

1543–1598

De Iudao baptisato

Venerat Ausonias quondam Iudaeus ad arces,
  baptismi cupidus, Christicolaeque gregis.
hic mores Sodomae inveniens vitamque Gomorrae,
  certum ait, est, verum gens colit ista Deum:
gens verum colit ista Deum, miseratio cuius
  et bonitas vatum tot celebrata libris.
nullus enim posset reliquorum, credo, Deorum
  cernere tam placidis fanda nefanda oculis.

Germania degenerans

Quid sibi vult quam cernis anus macilenta tremensque,
  caeca oculos, vultum pallida, cana comas?
ferali ingluvie ptisanam quae sorbet, ut aegrum,
  quod libitina vocat postuma, corpus alat?
haec illa est veteri amisso Germania flore,
  elumbis macie, turpis, inermis, iners,
nulla pericla videns, quamvis sint proxima, quamvis
  omnia perniciem mox ruitura trahant.
luxuriae interea indulget Bacchoque gulaeque,
  fortiter ut reliquae dilapidentur opes.   10
o miseram patriae faciem! o miseranda! veternum
  auferet ex oculis quae medicina tuis?

NATHAN CHYTRÄUS

1543–1598

Der getaufte Jude

Nach Italien war einmal ein Jude gekommen,
  den zur Taufe es zog und zu des Christenvolks Herd';
als er Sodoms Moral dort fand und das Leben Gomorrhas,
  sprach er: „Dem wahren Gott dient, wie ich sehe, dies Volk.
Ja, dies Volk dient dem wahren Gott, dessen Langmut und Güte
  von den Propheten so oft wurde gerühmt in der Schrift;
denn mich dünkt, es vermöchte kein anderer unter den Göttern
  gleichmütig anzusehn, was man an Frevel hier treibt."

Germania entartet

Was soll dies ältliche Weib, das du siehst, ganz mager und
                               zitternd?
  Stier ist ihr Aug, ihr Gesicht bleich, und ergraut ist ihr Haar.
Schlingt mit viehischer Gier ihren Brei, den Leib zu ernähren,
  welcher so siech ist, daß ihn schon hat gezeichnet der Tod.
Ach, Germania ist es, der einstigen Blüte verlustig,
  lendenlahm, zaundürr, schmutzig, ohn Waffen, und träg.
Kann die Fährnis nicht sehn, ob sie gleich schon dräut aus der
                               Nähe,
  ob ihr gleich plötzlicher Sturz steht und Verderben bevor.
Doch sie ergibt sich indessen der Wollust, dem Saufen und
                               Fressen,
  daß damit sie recht brav durchbringe, was sie noch hat. 10
Vaterland, ach! Welch erbärmlich Gesicht, du Arme! Und gibt es
  wohl Medizin, die solch schlaffe Vergreisung dir nimmt?

EURICIUS CORDUS

1486–1535

Ad Arnum sacerdotem et medicum

Es medicus simul et vespillo feretraque vendis.
 venalesque canis manibus, Arne, preces.
quid mirum nullos quod adhuc curaveris aegros?
 uno contentus non potes esse lucro.

De rusticorum infelicitate

O infelices nimium, mala si sua norint.
 agricolas, venia nunc, Maro, dico tua.
flebilius nihil est isto, quam rusticus, aevo.
 qui sua ceu servus non sibi rura colit.
cum riguit totum miser et sudavit in annum,
 milleque sollicito dura labore tulit,
ex tot vix quantum rursum serat, accipit agris:
 quod superest deses vendicat ara suum.

In concubinarios sacerdotes

Exiit a summo mandatum Praesule, ne cui
 ulla sacerdoti serva sit aut famula.
non transgressus adhuc sacer illi paruit ordo:
 nulla sacerdoti est serva, sed est domina.

EURICIUS CORDUS

1486–1535

An Arno, den Priester und Arzt

Arzt bist du, Leichenbestatter zugleich, und Särge verkaufst du,
  und für Verstorbene singst   Messen du, wenn man's dir zahlt.
Nimmt's dann Wunder, daß niemals du noch einen Kranken
                              geheilt hast?
Nur mit einem Verdienst   gibst du zufrieden dich nicht.

Bauernnot

Allzu elende Bauern, wenn all ihre Leiden sie wüßten,
  also sag ich, Vergil,   jetzo mit deinem Verlaub.
Nichts Erbärmlichers gibt es heutzutag als den Bauern,
  der wie ein Sklave sein Land   nicht für sich selber bebaut.
Hat er ein ganzes Jahr verbracht mit Frieren und Schwitzen,
  da er in drückender Fron   tausendfach Übel erlitt,
bleibt vom eigenen Feld ihm kaum genügend zum Saatgut;
  doch was darüber hinaus,   nimmt sich der faule Altar.

Auf die Pfaffen und ihre Beischläferinnen

Es erging vom Papste Befehl, es dürfe kein Priester
  halten im Haus eine Magd   noch eine Dienerin sich.
Diesen hohen Befehl hat *der* Stand noch nie übertreten:
  Dienstmägde sind das ja nicht   – Herrinnen sind sie vielmehr.

Ad quendam monachum

Qui vos exclusi mundo monachique videri
    vultis et insignes relligione viri,
qui sic errantes totam percurritis urbem,
    omnibus in plateis, omnibus inque foris,
omnibus in ludis, spectaclis conciliisque,
    fornicibus, thermis denique dic ubi non?
non adeo vagus ardelio, non scurra profanus,
    et tamen in vestra credimus astra manu.
quam timeo ne nos haec spes et opinio fallat.
    vae sua, cui veniet non aliunde, salus.   10

In praelecturum artem memorandi

Quam bene promissam memorandi noveris artem,
    egregium specimen constat ubique tuum,
quod potes illius reminisci aetatis et anni,
    quo tua adhuc mater nullius uxor erat.

De Vigesia

Iam scio mentitur Vigesia. – qui potes illud
    scire absens? – video. – qui? – quoniam loquitur.

De Phyllide

Nullus ubi, Mariae quem ferret cereus esset
    ad celebrem Februi, lucida festa diem,
tres se prostituit noctes pia Phyllis et emit,
    quam timet ultores religiosa Deos!

An einen Mönch

Die als der Welt Entrückte und Mönche gelten ihr wollet,
  die ihr euch vortun wollt,   stark in der Religion,
treibt euch herum in der ganzen Stadt; ihr lauft durch die Gassen,
  durch alle Straßen lauft ihr,   durch alle Märkte dahin.
Überall findet man euch: beim Wettkampf, beim Schauspiel, im Rate,
  im Bordell und im Bad – wo seid ihr eigentlich nicht?
Selbst ein Tagedieb handelt nicht so noch ein niedriger Hanswurst,
  und wir glauben, daß ihr   über den Himmel verfügt.
Ach, es betrügt uns, fürchte ich sehr, *die* Hoffnung, *der* Glaube:
  wehe dem, welchen das Heil   anderswoher nicht erreicht! 10

An einen, der über Mnemonik lesen will

Daß du trefflich beherrschest die Kunst, das Gedächtnis zu stärken,
  wie du versprochen hast, ist   allgemein bestens bekannt,
denn du erinnerst dich ja an jene Zeiten und Jahre,
  da dein Fräulein Mama   niemandes Gattin noch war.

Auf Vigesia

Wie doch Vigesia lügt! – Woher weißt du's? Du bist doch nicht bei ihr. –
  Aber ich sehe es doch. –   Wie? – Nun, ich sehe, sie spricht.

Die Fromme

Da zu Mariä Lichtmeß, das man im Februar feiert,
  Wachskerzen sie nicht besaß,   womit zu ehren das Fest,
kaufte vom Lohne für drei verhurte Nächte sie Phyllis –
  wie sehr fürchten sich doch   Fromme vor Strafe von Gott!

In Aesculum astrologum

Conspicis in supero quid agat Venus, Aescule, caelo,
   atque domi nescis quid paret illa tuae.

De Bibulo

Languidus occumbit Bibulus. qua peste, rogatis?
   ebrius hesterno non fuit ille die.

De Lupo

Quando tribus novies Lupus arrexisset in horis
   et decimum lassus non bene posset opus,
nunc, ait, heu canos nonagenarius annos
   sentio me miserum terque quaterque senem!

Ad Carolum Caesarem

Hei, quam non aequa tricoronis parte Tyrannus
   Romanum tecum dividit imperium!
nam vacuos titulos, vacua et tibi nomina linquit,
   sed vectigales ipse reservat opes.
hinc rogat unanimis tua te Germania voto,
   ut tandem qui nunc diceris, esse velis.

De crumena sua

Ex dira Satanae mea facta est pelle crumena,
   quandoquidem nullam continet illa crucem.

An einen Astronomen

Was die Venus am Himmel betreibt, überwachst du beständig,
    doch was die deine zu Haus   anstellt, ist nicht dir bekannt.

Bibulus, der Säufer

Krank liegt Bibulus. „Was", fragt ihr, „ist der Grund seiner
                        Krankheit?"
    Daß am gestrigen Tag   jener besoffen nicht war.

Senil

Als in drei Stunden neunmal Wolf hatte der Liebe gepflogen
    und ihm's beim zehnten Mal,   müde schon, recht nicht gelang,
rief er: „O weh, daß ich neunzig Jahr bin, jetzt merk ich es
                        wirklich,
    ach, ich Armer, jetzt bin   wirklich ich nichts als ein Greis."

An Kaiser Karl

Ach, wie unbillig doch der Tyrann mit der dreifachen Krone,
    Kaiser Karl, mit dir   teilet das Römische Reich!
Leere Titel nämlich, nichtssagende Namen läßt dir er,
    aber die Abgaben heimst   reichlich sich selber er ein.
Einstimmig bittet daher dich dein Deutschland, es möge dein
                        Wille
    sein, daß endlich du wirst,   was man dich heute nur nennt.

Über seinen Geldbeutel

Aus dem Fell eines Teufels ward, glaub ich, gemacht meine
                        Börse:
    daher kommt es, daß sie   nie einen Kreuzer enthält.

De medicis

Tres medicus facies habet: unam, quando rogatur,
  angelicam; mox est, cum iuvat, ipse Deus.
post, ubi curato poscit sua praemia morbo,
  horridus apparet terribilisque Satan.

Ad lectorem

Ne te nocturni pulices pedesque fatigent,
  hunc exorcismum, candide lector, habe:
manstula correbo budigosma tarantula calpe,
  thymmula dinari golba caduna trepon.
hos novies lectum scansurus concine versus,
  tresque meri calices ebibe quaque vice.

De Erasmo

Quando novas docto laudes conarer Erasmo,
  ridens auriculam traxit Apollo mihi.
et quid, ait, tentas? tua plectra, miselle, reconde,
  Aoniam supra vir volat ille chelyn.
nulla isti scintilla potest dare lumina soli.
  omnia qui radiis lustrat opaca suis.
arduus adiecta non mica surgit Olympus:
  parvula tam pandum nec mare gutta iuvat.
hunc sua iam dudum vexit super aethera virtus,
  livida seu nolit seu velit invidia.   10

Der Arzt

Dreifaches Antlitz besitzt der Arzt: zum ersten, ein Engel,
    wenn man ihn holt; wenn er hilft,   wird er alsbald selbst
                ein Gott.
Wenn er jedoch, ist die Krankheit geheilt, verlangt, daß man
                zahle,
    dann erscheint er, o Schreck,   gräßlich in Teufelsgestalt.

Beschwörungsformel

Wenn dich Flöhe und Läuse bei Nacht belästigen sollten,
    magst, lieber Leser, du sie   bannen mit folgendem Spruch:
„Manstula correbo budigosma tarantula calpe,
    thymmula dinari   golba caduna trepon.“
Ehe dein Bett du besteigst, rezitiere neunmal dies Sprüchlein,
    und drei Becher Wein   trinke dabei jedesmal.

Auf Erasmus

Als dem gelehrten Erasmus ich neues Lob wollte spenden,
    zupft’ mich Apollo am Ohr,   und er sprach lächelnd dabei:
„Was unterfängst du dich, Ärmster? Geh, leg dein Plektrum
                beiseite,
    weit erhebt sich *der* Mann   über Böotiersang.
Kann ein Fünkchen doch nicht den Glanz der Sonne vermehren:
    alles, was dunkel ist, hellt   strahlend sie selber ja auf.
Legt man ein Staubkorn auf ihn, wird nicht höher dadurch der
                Olympus,
    noch ein Tropfen ins Meer,   das schon so weit ist, hilft nicht.
Lang schon erhob seine Tugend den Mann hoch über die Sterne,
    ob es dem fahlen Neid   zusagte oder auch nicht.“   10

Ad Martinum Lutherum

Care mihi in Christo Iesu super omnia frater,
  immo verende magis relligione pater.
quam gemo, quam doleo, tua quam discrimina plango
  et quas mille subis pro pietate vices!
heu quotus e caecis serpens prosibilat antris,
  tristeque vibranti virus ab ore vomit,
quanta tibi diram meditatur factio mortem
  quam multus passim te crocodilus hiat!
et potes hos caelo fidens contemnere rictus?
  virtutis specimen grande profecto tuae.   10
o vere fortis super omnem miles Achillem!
  firmet in haec auspex te modo bella Deus.
in te iacta sator non perdit semina Christus,
  quanto luxurians faenore surgit ager!
lividus hanc segetem zizania iudicat erro?
  hei mihi, quam demens regnat ubique furor!

Ad Bartholomaeum Gocium

Quis furor est dulces patriae te linquere fines
  vasta Polonorum velleque regna sequi?
tantane dic aulae te, Bartholomaee, cupido
  cepit, ut hoc cupias incoluisse solum?
hacne putas tecum comites concedere Musas?
  non habitant istae barbara rura Deae.
immo non aliquam facile admittuntur in aulam:
  nullus eis locus hic, nullus amor nec honor.
non sinit hoc praesens cor nostris regibus aevum,
  ut poterint doctos nosse patique viros.   10

An Martin Luther

Bruder in Jesu Christo, den über alles ich liebe,
   nein, ehrwürdiger noch: Vater im Glauben vielmehr:
deine Fährnisse, ach, bewein ich mit Seufzen und Schmerzen,
   der du so vielfachem Leid dich für den Glauben ergibst.
Wehe, wie oft zischt hervor aus dunkler Höhle die Schlange,
   und aus dem züngelnden Mund speit sie den Geifer
                                heraus.
Wie groß nicht die Partei, die nach dem Leben dir trachtet!
   Überall droht Krokodil dir mit geöffnetem Schlund,
und du kannst im Vertraun auf den Himmel die Rachen
                              verachten?
   Für deinen Mut ist dies wahrlich ein großer Beweis.   10
Tapferer Kriegsmann du, weit über Achilles erhaben,
   Stärke und Schutz möge Gott dir in dem Streite verleihn!
Christus der Sämann hat nicht an dir seinen Samen
                              verschwendet:
   wie doch in Fülle dein Feld herrlich mit Zuwachs erblüht!
Sagt der verlorene Same voll Neid, *die* Saat wäre Unkraut?
   Ach, welch Irrwahn regiert doch allenthalben zur Stund!

An Bartholomäus Gocius

Welch ein Wahnsinn hieß dich die liebe Heimat verlassen
   und ins polnische Reich – roh ist's und öde – zu ziehn?
Treibt dich, Bartholomäus, ein solches Verlangen zu Hofe,
   daß in solch einem Land jetzt du zu leben begehrst?
Glaubst du vielleicht, es werden dorthin dich die Musen
                              begleiten?
   In so barbarischem Land wohnen die Göttlichen nicht.
Leichtlich finden auch sonst sie keinen Zugang zu Höfen,
   nicht wird Raum ihnen, nicht Liebe und Ehre gewährt.
Unseren Königen gibt die heutige Zeit den Verstand nicht,
   daß sie Gelehrte verstehn oder sie gern um sich sehn.   10

mimus adulator parasitus morio nanus
  histrio leno dicax ludio scurra placent.
haec sola in pretio est illis et honore farina:
  nunc age dic: potes hoc aulicus esse modo?

Ecloga VI

Sylvius · Polyphemus

SYLVIUS

Huc, Polypheme, veni; quid in isto sole vagaris
et tua nequicquam solo tegis ora galero?
mollior hic requies et opaca sub ilice tellus
et tremulas inter gratissima murmura frondes.
hic etiam, si vis (fuit haec tua saepe libido)
iam potes alterno mecum contendere versu.
non magis exultans tolles mea pignora victor:
est nova disparibus tandem mihi fistula cannis.
quem tuleras nuper cogant te reddere caprum,
hunc tu pone, duos haedos ego pono vicissim.   10

POLYPHEMUS

nil modo de tali dicas certamine, Sylvi,
non idem est animus semper, non una voluntas;
maxima succensam rapit indignatio mentem,
nec memini quod eram qua nunc ego concitus ira.
est propior cantu fletus; non unica gutta
sanguinis, incisum si quis me pungeret, iret.

SYLVIUS

mirabar quid oves tanta iam voce fugares
totque precareris multae contagia pestis.

Tänzer, Schmeichler, Schmarotzer, Hofnarren, Schranzen und
                                    Zwerge,
  Schauspieler, Kuppler, Artist,   Spaßmacher, Hanswurst
                                    gefällt.
Solches Gesindel nur lohnen sie hoch und halten's in Ehren:
  sage mir: auf *die* Manier   wünschest du, Höfling zu sein?

Ekloge 6

Sylvius · Polyphemus

SYLVIUS

Komm hierher, Polyphemus; was irrst du herum in der Sonne?
Unzulänglich nur schützt dich vor ihren Strahlen die Kappe.
Sanfter ruht es sich hier am Grunde im Schatten der Eiche,
wo das schwankende Laub erfrischend säuselt im Winde.
Hier auch, wenn's dir beliebt – und oft hat dir dieses gefallen –,
magst im Wechselgesange mit mir um die Wette du streiten.
Aber nicht wirst du fortan meinen Einsatz als Sieger gewinnen:
hab eine neue Blockflöte jetzt mit ungleichen Rohren,
und den Bock, den du neulich gewannst – ich hol ihn mir wieder!
Setz du ihn ein als Preis: ich wette dagegen zwei Zicklein.   10

POLYPHEMUS

Sylvius, rede mir nicht vom Streit im Wechselgesange:
Nicht immer steht der Sinn mir danach, nicht ist dies mein
                                    Wille.
Ganz von Entrüstung entbrannt ist mein Sinn; ich weiß nicht,
                                    wann jemals
so wie heute das Herz mir Zorn und Unmut erfüllt hat.
Näher als Sang ist mir Weinen, und stäche mich einer, so käme
nicht ein einziger Tropfen Bluts hervor aus der Wunde.

SYLVIUS

Staunte ich doch, warum du so laut die Schafe verscheuchtest
und warum du so oft die Pest an den Hals ihnen wünschtest.

dii melius, dixi, quae te vesania vexat?
sed nec adhuc cur sic irasceris audio causam.   20

POLYPHEMUS

si potes expectare, vagas dum vertero fetas,
accipies: habet iste gregi mala gramina campus.

SYLVIUS

hoc meus ut faciat pro me consuevit Hylactor,
qui simul ac monstrata pecus, velocior Euro
advolat et claro fugientem pone latratu
insequitur, donec repetitum cogat in agmen.

POLYPHEMUS

nunc audi, † iustum scio te non † dicere factum.
multa licet festis opera exercere diebus,
quae differre nocet, nec fas nec iura resistunt:
ut madidum dubio faenum subspergere soli,   30
aegrotum curare pecus, siccare novales,
claudere migrantis fugitivam examinis uvam,
et veniente aestu rumpens arcere fluentum,
sicque vel ad sanctum crates transponere pascha,
si modo sat pingues putrent uligine glebae.
quod tamen hoc sacro Mariae sub vespere feci,
exiguoque meos perones unguine levi,
non aliter quam si divos Erebumque negassem,
ad fora resciscens nuper me Naso citavit,
Naso, sacerdotum nequissimus, unus agrestum   40
hoc in rure metus, nil curans numina iudex,
et, nisi quinque darem gallos et quattuor agnos,

---

27. *Menda hic latere videtur; fortasse legendum est:* nunc audi, iniustum
etc., aut: nunc audi, iustum scio nam te dicere factum.

Gott sei davor, rief ich aus; welcher Wahnsinn ist's, der dir so
zusetzt?
Aber ich hörte noch nicht, weshalb du so sehr dich erzürntest. 20

POLYPHEMUS

Wart, wenn du kannst, bis zurück ich die trächtigen Schafe
getrieben,
und ich sag's dir. *Die* Wiese beut schlechte Weide der Herde.

SYLVIUS

Diese Arbeit verrichtet für mich gewöhnlich Hylactor:
wenn man ein Schaf ihm nur zeigt, fliegt er schneller herbei als
der Ostwind
und mit lautem Gebell setzt nach er dem fliehenden Tiere,
bis er den Ausbrecher wieder zurück in die Herde getrieben.

POLYPHEMUS

Höre mir zu, denn ich weiß, daß nicht unbillig du urteilst:
viele Arbeiten darf man an Feiertagen verrichten,
brächte der Aufschub Verlust: man darf's nach göttlicher Satzung
und nach menschlichem Recht. Man spreitet, scheint schwach
nur die Sonne, 30
naßgewordenes Heu; wenn Vieh erkrankt ist, so pflegt man's,
trocknet das Brachland und bringt in den Bienenstock
fliegenden Schwarm ein.
Schwellen die Fluten, so ist es erlaubt, den Wassern zu wehren
und selbst am heiligen Ostern in Körben Erde zu schleppen,
wenn nur mit Feuchte getränkt die fette Scholle zerkrümelt.
Das nun tat ich am Abend des heiligen Festes Mariä,
und ich schmierte mir auch mit etwas Fett meine Stiefel.
Da zitiert mich, als hätte ich Gott und die Hölle geleugnet,
da er's erfuhr, zu sich zum Gericht jüngst Naso, der Pfaffe,
Naso, der Pfaffen verruchtester, welcher der Schrecken der
Bauern 40
hier im Lande, der nicht die Himmlischen fürchtet als Richter.
Wenn fünf Hähne ich nicht und nicht vier Lämmer ihm gäbe,

me voluit vetiti prohibere a limine templi.
nil me flere meum, mea nil querimonia iuvit,
quin hodie hanc monitus cogebar solvere multam.
quod male dii vertant, ut primae morsus ofellae
mors sit, et occlusas suffocet buccea fauces!

SYLVIUS

quid iuvat iste furor, quid tanto accenderis aestu?
talibus adde modum (pariunt incommoda) verbis,
ne tacuisse velis: non est revocabile dictum.   50

POLYPHEMUS

quae loquor hic, fido soli tibi credo sodali.

SYLVIUS

esse scias magnum sacris maledicere crimen,
quale sacerdotum genus est, electa deorum
turba quidem et tincti divino chrismate patres,
quos omni obnixe debemus honore vereri,
et quibus omnipotens iussit parere voluntas.

POLYPHEMUS

quis tamen insipiens adeo deus eligat istos?
sed taceo, volui perversos dicere nequam.
et quid, si dicam? Stygias num trudar in undas?

SYLVIUS

insanis, Polypheme, tace, vel parcius illa   60
fare, nec in iustos mala dic convicia divos,
et quod paucorum scelus est, non obice cunctis.

würde er mir, so droht' er, den Zugang zur Kirche verwehren.
Nichts half da mir mein Weinen und nichts vermochte mein
                                        Klagen:
heute mahnte er mich, und gezwungen zahlt ich die Strafe.
Mag's ihm Gott übel besorgen: am ersten Bissen erstick er,
ja, den Schlund möge ihm der erste Mundvoll verstopfen!

SYLVIUS

Was nützt Wut dir und Zorn? Was redest du so dich in Hitze?
Mäßige doch deine Worte, sonst könnt es dir übel ergehen;
daß es dich nur nicht gereut, denn zurück fliegt nimmer die
                                        Rede.   50

POLYPHEMUS

Was ich hier sage, vertraue ich dir nur als treuem Gefährten.

SYLVIUS

Heiliges, solltest du wissen, zu lästern ist arges Verbrechen,
so wie der Pfaffen Geschlecht, das Gott sich bekanntlich
                                        erwählt hat,
und die Väter, gesalbt mit charismatischem Öle.
Darum müssen wir sie mit aller Ehrfurcht verehren
und gehorchen, wie dies des Allmächtigen Wille geboten.

POLYPHEMUS

Welcher Gott wär so töricht, daß *diese* für sich er erwählte?
Aber ich schweig schon; es galt ja nur den Schurken mein
                                        Schimpfen –
und wenn ich's sag, was geschieht? Komm ich dann vielleicht
                                        in die Hölle?

SYLVIUS

Schweig, Polyphem, du rasest, und halte zurück deine Rede;   60
lästere nicht die gerechten Götter mit schmähenden Worten,
und was wenige fehlten, das mache nicht allen zum Vorwurf!

POLYPHEMUS

una omnes semper vexantur febre capellae.

SYLVIUS

non minus a summo concessa tonante potestas
ut libet aethereum reserare et claudere limen.

POLYPHEMUS

non nisi furtivos habeant pro clavibus uncos
stertentemve queant postico fallere Petrum.

SYLVIUS

sunt etenim nosti qui nostra piacula solvunt
et qui, quod magis est, invictum et cuncta potentem
quinque deum verbis (o si quis talia norit!)   70
in sacra ab excelsis delabi altaria cogunt.
candidus angelicam panis mutatur in escam,
quod mistum fuit ante merum, dicentibus illis
fit cruor e fixo qui Christi pectore fluxit.
haec utique in nostram peraguntur sacra salutem,
ut pia respiciant humanam numina sortem,
ne tenera occidant gelidae vineta pruinae,
ne pulsata gravi denutet grandine messis,
ne lupus incurrat, mala ne pecus ulcera tentent.

POLYPHEMUS

nostra sacerdotes curare negotia credis?   80
annua ni caperent parientis faenora nummi,
quasque gemens trabibus vix sustinet exedra fruges,
nullus in aede foret cantus nullusque precatus,
et nudae starent sine luce et honoribus arae.
nostra salus minime est illis, et commoda, curae,

POLYPHEMUS

Alle Ziegen befällt zugleich das nämliche Fieber.

SYLVIUS

Trotzdem hat jenen die Macht der Allerhöchste verliehen,
daß sie des Himmels Tor nach Belieben öffnen und schließen.

POLYPHEMUS

Nur wenn sie Nachschlüssel nehmen anstelle der richtigen
Schlüssel,
oder am schnarchenden Petrus vorbei durch die Hintertür
schleichen.

SYLVIUS

Solche aber auch gibt es, die unsre Sünden entsühnen;
ja, sie zwingen sogar den unbesiegten, allmächt'gen
Gott, herab zum Altar aus himmlischen Höhen zu gleiten.   70
Mit fünf Worten tun sie's – o wer die Worte doch wüßte!
Weißes Brot verwandelt sich dann in Speise der Engel,
und was gemischter Wein vorher war, wird, wie sie uns sagen,
Blut, so wie es der Wunde aus Christi Seite entflossen.
Nur zu unserm Wohl vollzieht man die heilige Handlung:
daß die gütige Gottheit des Menschengeschlechtes sich annehm,
daß der beißende Frost nicht die zarte Rebe verderbe,
daß nicht vom Hagel gepeitscht darniederliege die Feldfrucht,
daß nicht reiße der Wolf, noch Krankheit die Herde befalle.

POLYPHEMUS

Glaubst du, es scheren sich wirklich um unser Wohlsein die
Pfaffen?   80
Nähmen sie ein nicht von ihrem Gelde den jährlichen Wucher,
nicht die Feldfrucht, die kaum die ächzende Scheune will fassen,
gäb's kein Gesing in der Kirche, sie plärrten dann keine
Gebete,
kahl, ohne Kerzen und Prunk, stünden ungeschmückt die Altäre.
Wenig liegt denen an unserem Heil, an unserem Wohlstand:

Der mit seiner Zeit unzufriedene Dichter wird von einem wilden Mann gefesselt zu einer jungen Frau geführt; sie wird ihm die Pforte des Gerichts öffnen, den Ort der Gerechtigkeit und Wahrheit, wo er zwölf weisen Männern seine Klagen über die sittliche und politische Verderbnis im Christenland vorbringen kann. Der Holzschnitt von Hans Baldung Grien findet sich mit zwei anderen desselben Meisters in: Die welsch Gattung, einem anonymen, von der Persönlichkeit Kaiser Maximilians und nationalen Reformideen beherrschten Gedicht, das 1513 in Straßburg erschien.

immo, dolent, gravidis si campus flavet aristis,
vilia ne vendat dives frumenta colonus.
praeterea multo quicquid sudore paramus,
esuriunt et hiant ieiuni more leonis,
sive lupi, e saltu qui visis imminet agnis.   90
qui pecudes umquam caprimulgi quique † redivi †
acrius esugunt? quod eis est splendida vita,
fulvaque congeries plena servatur in arca,
nos vacuos querimur loculos tenuemque culinam.

nein, es schmerzt sie, stehn schwer von goldenen Ähren die
Felder:
könnte der Bauer doch dann sein Getreide zu billig verkaufen.
Was wir mit vielem Schweiß und in harter Arbeit erzeugen,
danach schnappen sie gierig wie ausgehungerte Löwen,
ja, wie der Wolf, der vom Hügel die Lämmer sieht und sie
belauert.   90
Wer molk trockener je die Herde, als diese es treiben?
Blutsauger sind es! Sie führen ein Leben in Lust und in Freuden,
vollgestopft ist bei ihnen mit rotem Golde der Kasten.
Unsere Kisten sind leer: in der Küche ist Schmalhans der
Meister.

omne quod in rure est, ad eos sic confluit aurum,
qualis in effossas ab agro pluvia unda lacunas.
sive obeat, seu vitales homo detur in auras,
quicquid agunt, etiam sit quantumcumque pusillum,
maxima semper habent sine duro praemia callo.
quosque magis capiunt, minus exsatiantur avari.   100
credo, si qua pecus rasam inter cornua frontem
ferret, † ut † ex densis faceret glabreta salictis.

SYLVIUS

nulla suis voluit deus esse negotia servis,
quae sacra non mundo temerarent membra labore.
sunt quos casta decet puro mysteria cultu
attrectare, nec in nostra se volvere sorde,
pastores nostri, quibus omnes subdimur agni;
aequo animo si nos tondent mulgentque feramus,
turpe suo adversum pecus insultare magistro.

POLYPHEMUS

non adeo patiens ovis est, placidissima quamvis,   110
cui sua tondenti non subdere crura ligentur,
quae non, si pungas subtercus forpice vivum,
calcitret et contra vi, nisu, voce laboret.
omnia quae memoras melius te novimus ipsi:
non ego sum solis versatus semper in agris,
me quoque viderunt aliquando moenia civem,
et mihi sunt visae plures quam quattuor urbes.
hic didici, ut nequeas meus ista docere magister.
magnos (ut fateamur) eis debemus honores,
et merito nuda simul omnes fronte daremus,   120
quando bona regerent et nos ratione praeirent.
non sunt quae fuerant in priscis tempora saeclis,
cum veteres vixere patres sanctique prophetae

---

102. *fortasse legendum:* ferret, id ex *etc.*

Alles Gold aus dem Lande – bei jenen fließt es zusammen,
so wie vom Felde der Regen in Abflußgräben hineinrinnt.
Stirbt ein Mensch, wird einer geboren – was immer die Pfaffen
tun, und sei's noch so wenig: bezahlt muß werden; sie ernten
immer den höchsten Lohn, ohne daß sie Schwielen sich holen,
und je mehr sie sich langen, je weniger sind sie gesättigt   100
Gäb es ein Viech, das kahl wär zwischen den Hörnern
                                                      geschoren,
würde es, glaub ich, das dickste Gestrüpp zur Wüste verebnen.

SYLVIUS

Gott wollte nicht, daß sich seine Diener Geschäften ergeben,
welche mit unreinem Werk seine heiligen Glieder besudeln.
Ihnen geziemt's, in Reinheit an heil'ges Geheimnis zu rühren,
fern sich zu halten vom Schmutz, in dem wir anderen leben.
Sind sie doch unsere Hirten: wir dienen ihnen als Schafe:
scheren sie uns und melken sie uns, so tragen wir's gerne.
Übel steht's an der Herde, wenn gegen den Hirten sie löken.

POLYPHEMUS

Gleichmütig zwar ist ein Schaf, doch so geduldig ist keines,   110
daß es, wenn ihm nicht die Beine beim Scheren gefesselt sind,
                                                      strampelnd
nicht ausschlüge, sich windend und laut seine Stimme erhebend,
wenn ins lebendige Fleisch der Schere Spitze hineinsticht.
Alles, was du mir erzählst, weiß ich besser, als dir es bekannt ist.
Bin ich doch nicht allzeit ein Bewohner des Landes gewesen:
einstmals war auch ich ein Bürger in städtischen Mauern,
ja, ich habe auch schon mehr als vier Städte gesehen.
Dort erfuhr ich – ich brauche von dir nicht solche Belehrung –,
daß wir ihnen zwar Ehrfurcht schulden – ich will es nicht
                                                      leugnen;
und die würden wir ihnen entblößten Hauptes auch zollen,   120
wenn sie uns gut regierten und gutes Beispiel uns gäben.
Aber sie sind nicht mehr so, wie einst in vergangenen Zeiten
Väter der Kirche gelebt und heil'ge Propheten der Vorzeit,

totque pio Christi passi pro nomine divi,
quorum multa vides depictam gesta per aedem,
et quam duxerunt omni sine crimine vitam.
hic sua pauperibus Martinus pallia scindit,
hic largus dispendit opes Laurentius, illic
aurifer obrepit nocturnis praesul in umbris,
clamque maritales iacit in penetralia dotes.   130
dic quotus haec sequitur iam nunc exempla sacerdos?
quo, videas, fundant Christi patrimonia luxu,
quantis deliciis quibus illecebrisque fruantur.
scorta tegunt, pascunt catulos, volucresque ferasque,
securi quicquid miseri patiamur egeni.
hi licet ante fores clament, lacrimentur et orent
per quaecumque deus tormenta subivit Iesus,
antiquo potius Baccho servire videntur.
nam veluti sicca fuerint a dipsade morsi,
omnia distentam dimittunt vina per alvum   140
continuaque madent noctu ebrietate diuque.
interea in pluvia pastor sitit, esurit aura,
it, redit, arcet, agit, vertit, fugit, illinit, ungit.
quando petit prono serus magalia sole,
illapso madidi perones imbre coaxant,
pileus excutitur, suspensaque paenula stillat.
nil nisi liventi tum mixtum lacte moretum
vel cum rancidulo, si festum, brassica lardo
ponitur, aut fissis, si autumni tempore, rapis.
ut sua tunc habeant plorantes frustula nati,   150
non saturi surgunt e mensa saepe parentes,
nec manet esuriens quod posset lingere felis.

Heilige auch, die so viel um Christi willen gelitten.
Ihre Taten kannst oft in der Kirche im Bild du betrachten,
und wie sie frei von Sünde und Fehl ihr Leben geführet.
Hier zerschneidet Martinus den Mantel, um Nackte zu kleiden,
dort verteilt mit offener Hand Laurentius Gaben,
hier schleicht nächtlich herbei mit Gold der Bischof, und
heimlich
wirft er Hochzeitsgabe hinein in die dunkele Stube.   130
Sage mir, wie viele Priester heut solchen Vorbildern folgen?
Sieh doch vielmehr, wie im Luxus sie Christi Erbteil verprassen,
welchen Genüssen sie sich und welchen Verlockungen widmen:
halten sich Metzen und züchten sich Hunde und Vögel; sie jagen,
und es kümmert sie nicht das Leid, das die Armen erdulden,
mögen die vor ihrer Tür auch schreien, weinen und beten
bei den Schmerzen, die einst der göttliche Jesus erduldet –
sie sind ergebener, scheint's, dem alten Dienste des Bacchus.
Denn als ob sie den Biß der Dipsasschlange erlitten,
schütten sie Wein hinein in den aufgedunsenen Schmerbauch,   140
und bei Nacht wie bei Tag sind sie beständig besoffen.
Währenddem dürstet und hungert der Hirte im Regen und
Winde,
zieht hin und her, treibt, wendet und scheucht, wäscht Schafe
und schmiert sie.
Sucht dann beim Sinken der Sonne er auf seine niedere Hütte,
quietschen die nassen Stiefel vom Regen, der in sie hineindrang,
wringt seine Mütze aus; es trieft der Mantel am Nagel.
Kräutersalat mit verwässerter Milch setzt man vor ihm zum
Essen,
allenfalls Grünkohl mit ranzigem Speck, ist's einmal ein
Festtag,
oder, ist es im Herbst, Kohlrüben, in Stücke geschnitten.
Daß ihre weinenden Kinder ein Bröckchen mehr noch
erhalten,   150
stehen oftmals die Eltern noch ungesättigt vom Tisch auf.
Für die Katze bleibt nicht genug zum Abschlecken übrig.
Außer wenn wir beim Abendmahle die Hostie schlucken,

et nisi cum sancti capimus libamina panis,
non aliquod toto vinum gustamus in anno.
ut taceam, mala quot nos infortunia sternunt:
nunc aegrae moriuntur oves, nunc horrida grando
sternit agrum, et scabri pereunt rubigine culmi.
nulla sacerdotes talis fortuna molestat,
qui sat habent, ad quem stet cumque ciconia ventum.
stulta ideo est pietas, quod festae imponimus arae   160
et tantas augemus opes luxumque fovemus,
quo male post egeat careatque domesticus usus.
sed quod eis, dices, superis damus, hoc ego numquam
credo. quis excelsum tantus contingat Olympum,
qui tot abest, quod non ingens per milia saxum
decideret septem, si quis demitteret, annis?
hic saturi ambrosiis epulis et nectare divi
omnigenis semper pro voto rebus abundant,
nec quid nostra volunt quicquam sibi donet egestas.

SYLVIUS

non impune fuit cuiquam contemnere divos,   170
quos certum est etiam tantillo munere flecti.
multa vetustatis possunt exempla docere,
quae quoties festum est nos plena audimus in aede.
nec nostrum credas mendacia dicere Ianum.
qui veneranda ferunt arcanis sacra locellis
omnes huic testes plura et maiora loquuntur.
nonne vides in quem demissa catenula fontem
et quos contigerit sacrorum cistula panes
servari et multos durare perenniter annos
et varios aegri pecoris sanare dolores?   180
quae dum non voluit quidam olim credere pastor
nec dare pro salvo grege quem promiserat agnum,

müssen das ganze Jahr den Geschmack des Weins wir entbehren.
Schweigen will ich vom Unglück schon, das oftmals uns
                                                        heimsucht:
Schafe verrecken an Seuchen, das Feld schlägt schrecklicher
                                                        Hagel,
und es verdirbt das Getreide, von Rost und Fäule befallen.
Aber es brauchen die Pfaffen kein widriges Schicksal zu fürchten,
sie haben stets genug, wohin sich auch immer der Wind dreht.
Dumm ist Frömmigkeit drum, wenn auf Altäre wir Gaben   160
häufen, den Reichtum noch mehrend, und Wohlleben ihnen
                                                        verschaffen,
während dadurch unser eigenes Haus entbehret und darbet.
Sagst du jedoch, was jenen man gibt, das gibt man den Göttern,
glaub ich das nie. Wer erreichte den Gipfel je des Olympus?
Ist er so hoch doch, daß, würf man herab einen riesigen Felsen,
sieben Jahre er fiele, bevor er die Erde erreichte.
Dort mit Ambrosia gesättigt und Nektar wohnen die Götter;
alles, was sie nur wünschen, steht reichlich zu ihrem Gebote,
Opfer, die unsere Armut bringt, die wollen sie gar nicht.

SYLVIUS

Niemand hat ungestraft noch je die Götter verachtet;   170
umstimmen lassen sie sich, wie klein auch immer die Gabe.
Viele Beispiele zeigen dies an aus vergangenen Zeiten,
wie wir im vollen Tempel jeweils an Festtagen hören.
Glaube doch nicht, daß unser Ianus uns Lügen erzähle!
Sie, die in heiligen Kästchen ehrwürd'ge Reliquien tragen,
alle bezeugen es, ja, sie berichten noch größere Wunder.
Siehst du nicht, wie das Kettchen, das man in den Brunnen
                                                        geworfen,
oder das Brot, das man aufbewahrt im Reliquienschreine,
wunderbarlich erhalten und viele Jahre gedauert?
Und man kurierte damit so manche Krankheit des Rindviehs. 180
War doch einmal ein Hirte, der dies zu glauben geweigert,
gab nicht das Lamm, das er für der Herde Gesundheit
                                                        versprochen –

saxea diriguit mutato corpore moles.
vera loquor, toti res est ea cognita ruri
nec procul hoc nostris spectata parentibus agro.
extat adhuc praesens, veniensque extabit in aevum,
et grex et pastor, primis ubi Bestava rivis
exoritur: pavidi circum terrentur agrestes.
ipse ego praeteriens ibi vidi saepe viator
ignarusque diu verum pecus esse putavi.   190

POLYPHEMUS

non ego tam simplex, nec ero tam credulus umquam,
haec ut vera putem: vanae sunt omnia nugae.
talia praetendunt capiendis retia nummis.

SYLVIUS

esto. pios numquam poteris reprendere fratres,
qui sua pro vili bona deseruere cucullo
et tenuem malunt mendici ducere vitam.
horum me miseret: non sunt, ut ceteri, avari.
accipiunt quae quisque potest dare dona colonus:
caseolos, linum, pullastros, ova, legumen.
nec tamen haec gratis: bona nobis praemia reddunt,   200
sontibus inferias facientes manibus orant,
pluraque dant veniae pro solis milia verbis,
quam pro tot nummis Romana palatia mittunt.

POLYPHEMUS

isti plus aliis nequam, perversior ordo,
quem penes omne scelus, vitium crimenque fovetur.
se tamen hic solum caelestia regna mereri
iactat, et in divos sua vult post fata referri.
non ita suspensae monstrant ante ossa tabellae,
in quibus aëria iudex super iride Christus

siehe, da ward sein Leib zu Stein vollständig verwandelt.
Wahrheit sprech ich: im ganzen Land ist bekannt dieser Vorfall,
meine Eltern haben's gesehn, nah dieser Gemarkung.
Noch zu sehen sind sie und werden's künftig auch bleiben,
Herde und Hirte, dort wo aus Bächen die Beste entspringet.
Weit in die Lande erschreckt dieser Anblick das furchtsame
                                                    Landvolk.
Oft hab ich's selber gesehn, wenn dort vorbei ich gewandert,
aber ich wußte es nicht und hielt es für wirkliche Herde.   190

POLYPHEMUS

Bin kein Simpel, und so leichtgläubig werde ich nimmer,
daß ich so etwas glaube, denn purer Unsinn ist alles.
Solche Netze spannen sie auf, um das Geld drin zu fangen.

SYLVIUS

Sei's, aber niemals kannst du die frommen Mönche doch
                                                    tadeln,
welche die Güter der Welt mit schäbiger Kutte vertauschen.
Diese fristen mit Betteln allein ein kärgliches Leben.
Mir tun sie leid: sie sind nicht habgierig, so wie die andern:
was ihnen gibt der Bauer, das nehmen sie dankbar entgegen:
Käse und Flachs und Hühnchen, auch Eier und grünes Gemüse.
Nehmen's auch nicht umsonst, nein, sie vergelten's uns
                                                    trefflich,   200
sagen Gebete her für die Seelenruhe der Toten,
tausendmal mehr geben Ablaß sie uns für freundliche Worte,
als man für soviel Geld aus Roms Palästen uns zuschickt.

POLYPHEMUS

Schlimmer noch ist dieser Stand, verworfener ist er als andre;
dort wird gepflegt jede Art von Verbrechen, Laster und Frevel.
Ihnen allein steht (brüsten sie sich) das Himmelstor offen,
und zu Heiligen werden nach ihrem Tod sie erhoben.
Nicht dies zeigen die Bilder, die vor dem Beinhause hangen,
wo überm Regenbogen auf hohem Throne sitzt Christus

in laevum gladio mala deicit agmina rictum.   210
plena his calvastris trahitur carruca, nec usquam
plus densis animas incursant daemones armis.

SYLVIUS

non magis ausculto, nimis es, Polypheme, profanus.
sat super his. Intrant sparsae coryleta capellae;
ne quam praedo lupus prensam deducat, eundum est.

und mit dem Schwert in den Schlund zur Linken die Bösen
         hinabstürzt: 210
voll sind die Karren dort mit Kahlköpfen: größere Menge
von verdammten Seelen wird nicht von Teufeln gepeinigt.

SYLVIUS

Jetzt will ich nichts mehr hören: du lästerst ja über die Maßen.
Schon genug ist's davon: im Wäldchen streifen die Ziegen;
auf, dorthin, daß der reißende Wolf sich nicht eine erhasche!

FRIEDRICH DEDEKIND

um 1525–1598

De antiqua morum simplicitate
(Liber I)

Si cui simplicitas morum vitaeque probatur,
    quam colit in campis rustica turba suis:
haec legat et simplex evadet protinus, ista
    quae monstro, saltem si volet ille sequi.
non equidem laudo cuicunque placere volentes,
    et laudum cupidi qui nimis esse solent.
laudo qui possunt aliorum spernere de se
    iudicium, et fortes hos reor esse viros.
quique bono nunquam se submisere magistro,
    qui se, quae faciunt cuncta decere putant.   10
tu mihi propitius non dedigneris adesse
    Sylvane, o pinu cincte virente caput.
rem magnam aggredior mores formare laboro,
    quo rudibus sociis utilis esse queam.
hanc tractare tuorum non sine numine possum,
    pectora sunt nutu nostra regenda tuo.
iunge tibi socium Divum qui praesidet hortis,
    ut iuvet afflatu carmina nostra suo.
este mihi faciles agrestia numina Fauni:
    et Satyri petulans turba favete mihi.   20
almaque Rusticitas nostro Dea maxima saeclo,
    huc ades et vatem dirige prompta tuum.
heu quam difficile est mores formare pudendos,
    si mea mens vestra destituatur ope!

FRIEDRICH DEDEKIND

um 1525–1598

*Über altmodisches Benehmen
oder Der Grobian*

Wer Manieren und Lebensart billigt, so wie sie die Bauern
  ungezwungen und schlicht   tragen am Lande zur Schau,
lese dies Büchlein; alsbald wird auch er diese Einfachheit
               lernen,
  wenn er nur brav das befolgt,   was ich ihm darlegen will.
Wer nach Beifall sucht bei allen, den kann ich nicht loben,
  noch auch den, der zu sehr,   daß man ihn lobe, begehrt.
Der gefällt mir, der nicht sich kümmert um anderer Leute
  Meinung, die sie von ihm   haben: das ist mir ein Kerl!
Solche gefallen mir auch, die nie einem Lehrer gehorchten,
  was auch immer sie tun,   glauben, daß alles sich schickt.   10
Schenke mir gnädige Huld, Sylvanus, bäurische Gottheit,
  der ums Haupt du dir flichtst   grünendes Tannengezweig!
Wag ich doch großes Beginnen: ich lehre „die feine Benehme",
  auf daß von Nutzen ich sei   manchem rauhbein'gen Kumpan.
Davon kann ich jedoch ohne deine Hilfe nicht handeln,
  sondern es muß dein Wink   gnädig mir lenken den Sinn.
Nimm zum Genossen dir auch den Gott, der die Obstgärten
               hütet:
  inspirieren soll er   ebenfalls hilfreich mein Lied.
Seid mir gleichfalls gewogen, ihr Faune, Götter des Landes,
  neigt euch günstig auch ihr,   freche Satyre, mir zu.   20
Hehre Grobheit, du höchste Göttin, die heut wir verehren,
  steh mir zur Seite und gib   ein deinem Dichter sein Lied.
Ach, wie schwer ist es doch, unflätige Sitten zu lehren,
  wenn ihr nicht alle beim Werk   Hilfe und Beistand mir leiht.

Der Grobianus des Dedekind, der 1549 erschien, lag bereits 1551 in deutscher, erweiternder und vergröbernder Fassung vor, von dem Wormser Schulmeister Kaspar Scheidt übersetzt. Das lateinische Distichon unter dem Titel heißt übersetzt:

Hier gibt es nicht Scham beim Reden noch rücksichtsvolles Benehmen bei Tisch, / nach der Schweine Art lebt das viehische Geschlecht.

Grobianus/

Von groben sitten / vnd vnhöflichen

geberden / Erstmals in Latein beschriben/durch

den wolgelerten M. Fridericum Dedekindum/ vnd
jetzund vertentschet durch Casparum
Scheidt von Wormbs.

Hic nullus uerbis pudor, aut reuerentia menſæ,
Porcorum uiuit gens pecuina modo.

Liß wol diß büchlin offt vnd vil/   Vnd thů allzeit das widerspil.

CAPUT I

Quisquis es a nullo qui te patiere doceri,
  imperia et qui non vis aliena pati:
hinc pete degendae praecepta salubria vitae.
  si tibi simplicitas rusticitasque placent,
cum primum e tepido libitum tibi surgere lecto est,
  (quod fieri mediam vix decet ante diem)
egregie civilis eris, si nulla parentes
  mane salutandi sit tibi cura tuos.
prospera quantum vis optes, quid proderit illis?
  cum dare non possis quamlibet usque velis,   10
nec surgens membris vestes superindue, nudae
  indusium satis est imposuisse cuti.
sed vestes reliquas geminis complectitor ulnis,
  frigida si forsan non nihil urit hiems,
scilicet in calido iucundius est hypocausto
  induere, a saevo ne violere gelu.
nec moveat, virgo vel femina si sit ibidem,
  tu tamen utaris moribus usque tuis
sique tuis quisquam factis offenditur, illam
  si te noluerit cernere, abire iube.   20
cum tandem indutus fueris, pendere solutas
  in genibus caligas (res decet ista) sine.
nam sic virginibus mire, mihi crede, placebis:
  teque sibi optabit quaeque puella virum.
non sat eris simplex, si vestimenta ligare
  coeperis et ventri vincula dura nocent.
ne nimis evades moratus, pectine crines
  neglige: neglecta est forma decora viro.
feminineae crines ornare relinquito turbae:
  seque comam iuvenes, quos levis urit amor.   30
eximio tibi erit decori, si pluma capillis
  mixta erit et laudem non minimam inde feres.

1. KAPITEL

Bist du einer von denen, die keine Belehrung erdulden
  und die Vorschriften nicht   nehmen von anderen an,
finde die Grundsätze hier, nach denen gesund du magst leben.
  Wenn ein Grobian du   gern und ein Flegel willst sein.
Wenn es dir erstlich beliebt, dich vom warmen Bett zu erheben
  (schicklich ist dieses kaum,   wenn es vor Mittag geschieht),
zeigst du herrlichen Schliff, wenn, „Guten Morgen" zu wünschen
  deinen Eltern zum Gruß,   sorgfältig du unterläßt.
Wünschtest du ihnen schon auch „alles Gute" – was nützte das
                                            ihnen,
  da du es, wolltest du's selbst,   nicht zu verleihen vermagst. 10
Zieh dich auch nicht erst umständlich an, wenn endlich du
                                            aufstehst;
  es genügt, wenn ein Hemd   dir deine Blöße bedeckt.
Aber mit beiden Armen pack auf den Rest deiner Kleider,
  denn es könnte doch sein,   daß sie im Winter zu kalt.
Angenehmer ist's doch, sich beim warmen Ofen zu kleiden,
  daß dich der böse Frost   ja nicht beschädigen mag.
Wenn in der Stube sich auch eine Frau oder Jungfer befindet,
  scher dich nicht drum: tu du   ruhig nur das, was dir paßt.
Stößt sich eine an dem, was du tust, so sagst du ihr einfach:
  „Ei, so geh doch hinaus,   wenn dir mißfällt, was du siehst." 20
Hast du dich endlich gekleidet, laß lose hängen die Strümpfe,
  binde nicht fest sie am Knie: das ist die Mode von heut.
Glaube mir, prächtig wirst so du den jungen Damen gefallen,
  und eine jegliche Maid wünschet sich dich zum Gemahl.
Richtig salopp bist du nicht, wenn du fest die Hosen dir bindest,
  denn zu enges Gewand   schadet bekanntlich dem Bauch.
Auch verschwende nicht Zeit damit, dir die Haare zu kämmen,
  denn Eleganz beim Herrn   ist ja die Nachlässigkeit.
Überlaß es dem Weibervolk, sich die Haare zu pflegen,
  und den Jünglingen auch,   die als Verliebte erglühn.   30
Hübsch ist es auch, wenn Federn du noch in den Haaren
                                            herumträgst:
  das bringt sicherlich dir   höchste Bewunderung ein,

nempe ex hoc homines poterunt cognoscere signo
 non in stramineo te cubuisse toro.
sint crines capitis longi, nec forbice tonsi,
 caesaries humeros ut tegat alta tuos.
ut defendaris nociturae a frigore brumae,
 idcirco longus crinis alendus erit.
nam nostri proavi longos habuere capillos:
 tunc fuit in longis gloria magna comis.   40
simplicitas veterum laudatur ubique virorum:
 hanc laudem ut possis participare, stude.
dedecus esse puta faciemve manusve lavare,
 laus est quod crasso sordet utrumque luto.
quid volet his vesci per me licet ipse lavabit,
 dicito: res curam non parit illa mihi.
si te forte aliquis dentes mundare movebit,
 ne dicto auscultans inveniare cave
recta valetudo nimirum perditur oris,
 si quis fontana proluat illud aqua.   50
quid noceat dentes quod sint fuligine flavi?
 iste color rubei nam solet esse croci.
iste color fulvo quoque non culpatur in auro,
 auro quod numquam non amat omnis homo.
dentibus ergo tuis cur sit color iste pudendus?
 si sapis, hanc a te fac procul ire fidem.

CAPUT II

Poscere quod comedas, cum vixdum lumina somnus
 liquerit imprimis commeminisse velis.
tota conde vola quam primum acceperis escam,
 pinguedo in digitis ut tibi multa fluat.
tum poteris uti quadris cum prandia sumes:
 iam satis est sola continuisse manu,

denn es können daran die Leute deutlich erkennen,
  daß die vergangene Nacht   nicht du im Stroh hast verbracht.
Lang laß wachsen dein Haar, von keiner Schere beschnitten,
  wallen laß es vielmehr   bis auf die Schultern herab.
So beschützest du dich vor den kalten Nebeln des Herbstes:
  dies ist der Grund, weshalb   lang du sollst tragen dein Haar.
Trugen ja auch unsre Urahnen einst langwallende Locken,
  damals war langes Gelock   rühmliche Zierde des Manns.   40
Da man doch überall preist, wie einfach die Alten einst lebten,
  sieh daher zu, daß auch du   Lob so und Preis dir erwirbst.
Aber als Schande eracht es, Gesicht dir und Hände zu waschen,
  löblich ist es, wenn die   starren von Schmutz und von Dreck.
„Will einer mit mir speisen – von mir aus mag *er* sich waschen;
  solche Kleinigkeit“, sprich,   „soll meine Sorge nicht sein.“
Sollte dich jemand ermahnen, du mögest die Zähne dir putzen –
  mutet dir dies einer zu,   höre nur ja nicht auf ihn;
denn verderblich ist es für die Hygiene des Mundes,
  wenn mit sprudelndem Naß   man an der Pumpe ihn spült.   50
Sind deine Zähne auch bräunlich-gelb – was kann es dir
                                    schaden?
  Diese Farbe ist’s ja,   die uns am Krokus gefällt.
Keinem mißfällt ja auch diese Farbe am gelblichen Golde,
  an dem Golde, das stets   jedermann inniglich liebt.
Ist deine Zahnfarbe dies – was brauchst du dich dessen zu
                                    schämen?
  Aberglauben ist das: du weise weit ihn zurück.

2. KAPITEL

Denke daran, kaum daß dir der Schlaf aus den Augen gewichen,
  daß du zuallererst   gleich was zu essen verlangst.
Fülle auch voll deine Hand, sobald man dir Speise gebracht hat,
  daß dir reichliches Fett   triefe die Finger herab.
Brotschnitten kannst du dann nämlich beim Mittagessen
                                    benutzen:
  wenn in der Hand du sie hältst,   sind sie gehörig geschmälzt.

prandia quo gestu, qua sint ratione voranda,
 illius exiguo tempore certus eris.
sed mihi non nullis de rebus es ante monendus,
 contio non adeo longa futura mea est,   10
quo possis totum pacto componere vultum,
 et corpus, paucis ante docendus eris.
cum primis caveas, ne forte modestia mores
 in bene vivendo temperet ulla tuos.
non hominem rectis quemquam intuearis ocellis,
 sed male distorto lumine cuncta vide.
esse verecundis oculis sine laudis amantes,
 et qui virtuti convenienter agunt.
tu quocumque libet tibi, lumen utrumque vagari
 permitte, hoc multum simplicitatis habet.   20
mire est conveniens ut frons sit torva minaxque,
 et faciem rugae mille decenter arent,
qualis aratori facies solet esse iuvenco,
 verbera qui lanio percutiente tulit,
vel qui se contra rivalem ad bella paravit,
 et furit, et fervens non capit ira modum.
talis erit iuveni generoso vultus habendus,
 qui laudem, quod sit fortis, habere volet.
ex vultu siquidem virtutes pectore clausas
 colligere exiguo quisque labore potest.   30
sunt quidam soliti suspendere naribus aurum,
 vel gemmas, quales India dives habet.
has tibi divitias Fortuna inimica negavit;
 pendeat a naso fac pituita tuo.
qualiter a tectis dependens tempore brumae
 condecorat totam stiria longa domum.
sic pituita fluens geminis a naribus ornat
 illos qui cultum simplicitatis amant.
haec vili pretio potes ornamenta parare,
 quae tibi non parvum sunt paritura decus.   40

Wie du einnehmen sollst dieses Mahl, wie dabei dich benehmen,
    das erfährst du alsbald: warte nur eben noch ab.
Vorher muß ich dir erst noch einige Weisungen geben:
    was meinen Vortrag betrifft – allzulang wird er nicht sein. 10
Welchen Gesichtsausdruck, welche Körperhaltung du annimmst,
    will ich dir eben noch kurz darlegen, daß du es lernst.
Sieh vor allem dich vor, daß dich keine Bescheidenheit hemme,
    wenn du dem Wohlleben dich hingibst nach deiner Manier.
Nie sollst grad in die Augen du schaun einem anderen Manne,
    sondern auf alles sieh hin seitwärts mit schielendem Blick.
Überlaß es den Strebern, bescheiden die Augen zu senken,
    Tugendbolde sind dies, Knechte der Konvention.
Du lasse schweifen die Augen umher, wohin dich's gelüstet,
    ungehemmt – sowas ist biderbe Freimütigkeit. 20
Wunderbar macht es sich auch, wenn grimmig und drohend du
                       dreinschaust
    und dir anmutig durchziehn Falten das ganze Gesicht,
ungefähr so wie ein Ochse vorm Pflug ausschaut, wenn der Bauer
    wütend das Vieh verdrischt und es die Prügel erträgt,
oder wie einer, der sich zum Kampf gegen Feinde gerüstet
    und voller Zorn und Wut Maß nicht kann halten im Grimm.
So muß ein junger Mann aus guter Familie aussehn,
    wenn er will, daß man sagt, „Das ist ein pfundiger Kerl!"
Unschwer läßt sich natürlich aus solchem Aussehen schließen,
    was für Tugenden du drinnen im Herzen verbirgst. 30
Manch einer hängt sich gern an die Nase goldene Ringlein
    oder auch Edelgestein, wie es aus India kömmt.
Da dir die Ungunst des Glücks aber solche Kleinodien versagt
                       hat,
    hange von Nasenschleim lang dir ein Zapfen herab,
so wie zur Winterszeit in langen Reihen vom Dache
    Eiszapfen hangen, so daß ganz sie verzieren das Haus;
also ziert auch der Rotz, der aus beiden Naslöchern träufelt,
    jeden, dem es beim Kult simpler Manieren behagt.
Diesen Schmuck kannst du ja zu wohlfeilem Preise erwerben,
    und du siehst damit auch wirklich ganz allerliebst aus. 40

7 Humanisten

sed modus est rebus servandus in omnibus, ergo
   hanc tibi mensuram qua modereris habe:
cum mucor patulo manans influxerit ori,
   tunc emungendi tempus adesse scias.
illud si cubito facies civilior alter
   non erit: hanc laudem solus habere potes.
aut si pileolo vel veste utaris ad illud,
   non parva fueris simplicitate rudis.
totam implere manum sacraeque illidere terrae,
   ut sonitum tota reddat in aede, decet.   50
et iaceat: quid tu cures? pede proterat ille,
   qui se mucorem posse videre negat.
vidi equidem multos speculum de more gerentes,
   (appensum manicae funibus illud erat);
illorum exemplum tibi tu propone sequendum,
   pituita speculi sed subeunte vicem.
edere nare graves sonitus et ducere ronchos,
   adversus mores non reor esse bonos.
sternutare volens, vicino obverrito vultum,
   non poteris quoquam vertere commodius,   60
ut sternutanti si forte optare salutem
   ille tibi vellet, te meruisse sciat.
esse pudens caveas, ullave rubescere culpa:
   criminis admissi quos piget, illud agant.
turpia quantumvis dicantur verba, notari
   indignum reputes esse, rubore genas.
tu quoque verba loqui non numquam obscaena memento:
   ne rerum ignarus, ne videaris iners.
. . .

Schließlich aber muß Maß man halten in jeglicher Sache;
  wisse darum, wie du merkst,   daß es des Guten genug.
Wenn du das Maul aufsperrst und dabei der Rotz dir
                                      hineinläuft,
  dann ist zum Schneuzen gerad   nunmehr die richtige Zeit.
Nimmst du dazu deinen Ärmel, so ist an Lebensart niemand
  dann dir voraus, und Lob   wird so zuteil dir allein.
Auch wenn die Mütze dazu du gebrauchst oder andere Kleidung,
  wirst auf solche Manier   herrlich du prangen als Fläz.
Füll dir die Hand ganz damit, dann wirf's auf die heilige Erde,
  daß es laut klatsche durchs Haus: das ist die feine Manier.   50
Jetzt liegt's da. Was geht es dich an? Mit dem Fuße zerscharr es,
  wem es mißfällt, den Rotz   hier auf den Dielen zu sehn.
Manch einen sah ich auch Spieglein, wie's jetzt die Mode ist,
                                      tragen
  (an den Ärmeln trägt man   fest sie mit Schnüren geknüpft);
nimm dir vor, ihrem Beispiel zu folgen; aber am Ärmel
  soll an des Spiegleins Statt   glänzen das Nasenprodukt.
Sich mit Trompetengedröhn und Geschnurfel die Nase zu
                                      schnauben,
  seh ich als einen Verstoß   gegen den Anstand nicht an.
Mußt du niesen, so sollst dein Gesicht du zum Nebenmann
                                      wenden;   59
  irgendwo anders hin kannst   zweckvoller kehren du's nicht.
Will er dir nämlich vielleicht „Gesundheit" wünschen beim
                                      Niesen,
  wird ihm dadurch bewußt,   daß du auch wirklich geniest.
Schäme dich ja nicht, erröte auch nicht, wenn du etwas
                                      verschuldet:
  der möge solches tun,   den das Gestandene reut.
Wenn man die schmutzigsten Worte gebraucht, so kleidet's dich
                                      übel,
  wenn die Röte der Scham   dann deine Wangen bedeckt.
Unanständige Reden führ oftmals selber im Munde,
  daß als naiv du nicht,   daß du als weltfremd nicht giltst.
      . . .

si vero tussire voles, hanc noveris artem.   99
    ad faciem alterius sit tua versa, vide.   100
hauriat ille tuae spiracula crassa tracheae,
    his illis poterit gratius esse nihil.
si quem reppereris aegre tua facta ferentem,
    huic os obtura verba per ista suum:
unde tuae venit tam magna superbia menti?
    vel tua quo fastu pectora, stulte, tument?
cur qui procedit nostro de corpore ventum,
    tanquam spirarem saeva venena, fugis?
tu quoque de massa mecum formatus eadem es,
    nec reliquis purum te magis esse reor,   110
ergo licet nostri flatus exceperis oris,
    attamen ut fueras ante manere potes. –
quando venit ructus, cur hunc retinere labores?
    imo ut liber eat, voce iuvandus erit,
nec facile poterit quando volet ire teneri,
    et tibi si teneas damna timenda feret.
flatus enim stomacho si concludatur operto,
    corruptus, morbos et mala multa dabit.
in caput ascendet, totumque in corpus abibit.
    (heu nimio pretio stat pudor ille tibi.)   120
...

haec ut praecaveas, et ut haec incommoda vites   125
    nullus sit ructum velle tenere labor ...

AUS CAPUT V

Forsan erit vacuas crepitus mittendus in auras,
    qui ventrem miris torserat ante modis:

Wenn einmal husten du mußt, so ist dieses die richtige
Technik: 99
   einer andren Person   kehre dann zu dein Gesicht. 100
Einatmen soll er nur ruhig deiner Kehle zähflüssigen Auswurf,
   angenehmer als dies   kann ihm bestimmt doch nichts sein.
Findest du aber mal jemand vielleicht, der dies sich verbittet,
   stopfe das Maul ihm sodann   folgendermaßen: du sagst:
„Was berechtigt denn dich zu solch anmaßendem Stolze?
   Was für Zimperlichkeit   schwellt dir, du Trottel, den Kopf?
Flüchtest dich gar vor dem Hauch, der meinem Körper
entwichen,
   grad so, als atmete ich   tödlichen Giftbrodem aus?
Aus derselben Substanz wie ich bist du schließlich gebildet,
   reiner bist du, glaube ich,   nicht als wir anderen sind. 110
Ruhig nimm du daher den Hauch meines Mundes entgegen:
   so, wie du vorher warst,   wirst du auch hinterher sein."
Wenn dir hochkommt ein Rülps, warum sollst zurück du ihn
halten?
   Laß ihn frei nur heraus,   hilf mit der Stimme ihm nach.
Will er heraus, ist's auch gar nicht so leicht, ihn
hinunterzuschlucken,
   hältst du ihn aber zurück,   kann dies sehr schädlich dir sein.
Unterdrückt man nämlich den Rülps und hält ihn im Magen,
   dann verdirbt er und bringt   Krankheit und Übel hervor.
In den Kopf steigt er dann und verbreitet danach sich im Körper.
   (Ach, wie teuer kommt solch   Schamgefühl dann dich zu
stehn!) 120
. . .

Schütze dich also davor, vermeide Unbilden wie diese: 125
   unterdrücke daher   niemals gewaltsam den Rülps . . .

AUS DEM 5. KAPITEL

Manchmal mußt du wohl auch einen Knall in die Lüfte
entsenden,
   der dich längere Zeit   scheußlich schon zwickte im Bauch.

quandocumque libet dimitte et ubique locorum:
  quod natura facit non reor esse malum.
tum si quis fuerit qui te vocitarit agrestem,
  illi responsum reddere tale potes:
quattuor ex vento veniunt in ventre retento:
  vertigo capitis, colica, spasmus, hydrops.
hanc tibi doctrinam medicorum regula tradit,
  regula civili firma tenenda viro.   10
Claudius edicto ructus crepitusque tenere,
  damna valetudo ne ferat inde, vetat.
pro te proque tuis faciunt haec moribus, atque
  his te tutari non sine laude potes . . .

AUS CAPUT VI

Omnibus ex animi voto sic ordine gestis,
  iubila congeminans, incipe abire domum.
nec quaeras quanto pretio potaveris, illud
  hospes mane potest commemorare tibi.
si quid habere volet, te deinde vel ipse monebit,
  tu reticens tuguri recta subito tui.
tantos clamores per totas tolle plateas,
  ut te convivam quisque fuisse sciat.
vicinum patitor nullum dormire, sed omnes
  ob strepitum facies evigilare tuum.   10
huic maledic, illum constanter ad arma lacesse,
  si modo quid toto pectore cordis habet.
offensas veteres veteresque ab origine rixas
  ut renoves moneo, cum bene potus eris.
cum venit tandem ut tua verba superba retundat,
  mox tibi festina est arripienda fuga,

Laß ihn streichen, zu jeglicher Zeit und wo immer du sein magst:
   was die Natur vollbringt,   seh ich als Böses nicht an.
Nennt dich vielleicht daraufhin irgendwer einen bäurischen
                           Flegel,
   magst du folgendes ihm   geben als Antwort darauf:
„Vier Konsequenzen hat's, wenn man Winde im Bauche
                           zurückhält:
   Schwindel, Kolik im Leib, Krämpfe und Wassersucht auch.
Dies bestätigt von jeher die Praxis und Lehre der Ärzte,
   diese Lehre befolgt   fest ein gebildeter Herr.   10
Claudius selbst verbot Unterdrückung von Rülpsen und Winden,
   daß der Gesundheit davon   Schaden nicht möge entstehn."
Damit legst Ehre du ein für dich und für deine Familie,
   und verteidigst dich so,   daß dich ein jeder nun lobt ...

AUS DEM 6. KAPITEL

Ging dir nun alles nach Wunsch, und hast du gezecht in der
                           Schenke
   jubelnd in Saus und Braus,   gehe dann schließlich nach Haus.
Frage auch nicht, wieviel du gesoffen: das kann ja der Wirt dir
   in die Erinnerung selbst   rufen am folgenden Tag.
Will er von dir was, so wird von allein er dich schließlich
                           drum mahnen,
   du aber schweige fein still,   suche dein Häuschen stracks auf.
Auf der Straße jedoch erhebe ein solches Gebrülle,
   daß ein jeder mag sehn, daß aus der Kneipe du kommst.
Dulden sollst du auf keinen Fall, daß die Nachbarschaft schlafe;
   durch den Lärm, den du schlägst,   wecke sie auf allzumal.   10
Dann beschimpfe den einen, den anderen fordre zum Fechten,
   wenn er ein männliches Herz   trage im Innern der Brust.
Alte Beleidigung, Streit, den längst ein jeder vergessen,
   krame sie wieder hervor,   wenn stinkbesoffen du bist.
Geht er jedoch auf dich los, um dein großes Maul zu zerschlagen,
   dann mach dich schleunigst davon: laufe so schnell du
                           nur kannst,

ne nimis incidat magno tibi vulnere venam,
  et manet nimius forsitan inde cruor.
non illos quoque vitupero, qui nocte fenestras
  saxis ut frangant diminuantque petunt. 20
tu quoque non numquam facies ea, namque bibaci
  ebrietas homini cuncta licere facit.
talia si faciens vigiles exciveris urbis,
  qui te concludant carcere, magnus eris.
tutus ab insidiis inimici in carcere deges,
  et nolet tuus hunc hostis adire locum.
illic ignivomi deges quoque solis ab aestu
  tutus, et a pluvia Scythoniaque nive.
at si tam felix fueris, ut nemo sequatur,
  nec tua te quisquam facta patrare vetat, 30
tandem ubi fecisti mala plurima, perque plateas
  sat conturbasti singula, abito domum.
ianua nunc quanto tua sit pulsanda tumultu,
  accipe, quo coniunx accipienda modo.
principio tanto pulsare memento fragore,
  ut tonitrum, quisquis percipit, esse putet.
nec cesses, donec pulsando fracta fatiscat
  ianua, pulsanti quae tibi dura fuit.
quod si forte tibi venienti occurrerit uxor,
  ut reserat clausas officiosa fores 40
excipiatque suum blando sermone maritum,
  quem plenum multo sentiet esse mero,
huic tu sublata colaphos impingito dextra,
  nec quicquam culpam non meruisse iuvet.

daß er dir nicht eine Ader vielleicht gefährlich verletze
und im Übermaß Blut fließ aus der Wunde heraus.
Jene rüge ich nicht, die nachts nach den Fenstern mit Steinen
schmeißen, damit das Glas klirrend in Scherben zerfällt. 20
Tue auch du manchmal dies: erlaubt doch der Rausch jedem
Menschen,
der sich tüchtig betrinkt, alles zu tun, was er will.
Hast du die Stadtwache aufgestört dann, und ergreift man und
wirft dich
ins Gefängnis hinein, wirst du hoch angesehn sein.
Sicher vor feindlicher Unbill wirst dann im Kerker du wohnen,
stellt doch an diesem Ort sicher kein Gegner dir nach.
Sicher bist du dort auch vor den sengenden Strahlen der Sonne,
bist vor Regen und Wind, russischem Schnee auch, geschützt.
Hattest du aber das Glück, daß keiner hinter dir herkam,
niemand dein Tun dir verwehrt, niemand dabei dich
gestört – 30
wenn du dann Schaden genug hast angerichtet und tüchtig
durch die Gassen krakeelt, gehe zum Schluß dann nach
Haus.
Höre jetzt, wie du dann lärmend an deine Haustür sollst
schlagen
und auf welche Manier du deine Hausfrau begrüßt.
Erstlich denke daran, mit solchem Gedröhne zu hämmern,
daß ein jeder, der's hört, glaubt, daß der Donnerschlag
kracht.
Höre nicht auf, bis splitternd das Tor von Schlägen zerbrochen,
widerspenstig war's ja, als du dagegen geklopft.
Kommt dir jedoch, wenn du nahst, deine Frau
entgegengelaufen,
schiebt den Riegel zurück, wie es die Pflicht ihr befahl, 40
um bei der Heimkehr den Mann mit schmeichelndem Wort zu
empfangen,
der, das merkt sie ja wohl, sternhagelblau vor ihr steht –
heb deine Rechte und klebe damit ihr kräftige Watschen:
daß sie es nicht verdient, soll keine Hilfe ihr sein.

verbaque verberibus superaddito grandia duris,
    ad nutum discat quo trepidare tuum.
nux asinus mulier, cum tristia verbera cessant,
    nil recte faciunt, mobile vulgus ait.
ergo tua ut recte faciat, quae praecipis, uxor
    nimirum plagis erudienda venit.   50
non ibis cubitum, quin te veniente resurgat
    a vix incepto tota sopore domus.
acribus hic verbis erit obiurgandus, at ille
    verberibus saevis excipiendus erit.
quicquid in immenso peccavit quilibet anno,
    cum fueris potus, cuilibet obiicies,
ut te ceu dominum timeant, vereantur honorent,
    maior quam tu sis nullus in aede tua est.

Sollst beim Schlagen sie auch mit groben Worten beschimpfen,
    daß beim leisesten Wink   ängstlich sie zittre vor dir.
Sagt doch das Sprichwort des Pöbels, „Drei Dinge taugen zu
                    gar nichts,
    wenn sie nicht weidlich verhaun: Nüsse und Esel und
                        Fraun.“
Sicherlich kommt deine Frau dir entgegen, damit unter Schlägen
    die du austeilst, sie lernt,   wie sie das Richtige tu.   50
Leg dich nicht eher zu Bett, als bis dein Kommen den Haushalt
    laut aus dem ersten Schlaf   weckt und zum Aufstehen zwingt.
Von deinen Dienstboten sollst du sodann den einen beschimpfen,
    und ein anderer werd   grausam mit Schlägen traktiert.
Was einer auch im Laufe des Jahrs an Verstößen begangen,
    wirf, wenn betrunken du bist,   jedem mit Ingrimm nun vor,
daß sie als Herren des Hauses dich fürchten, scheuen und ehren,
    denn dein Haus ist's: in ihm   ist keiner größer als du.

ERASMUS VON ROTTERDAM

1469–1536

Ad Robertum Gaguinum carmen de suis fatis

Miror quae mihi sidera
   nascenti implacido lumine fulserint
o Gaguine meum decus.
   nam seu iure aliquo nostra negotia
ignes aetherei regunt,
   me primum teneras lumen ad insolens
edentem querimonias
   nec mitis rutilo sidere Iuppiter
aspexit, neque prospera
   arrisit radiis mi Venus aureis.   10
tantum Mercurius celer
   adfulgens nitidis eminus ignibus
adflarat sua munera,
   sed stella vetuit falcifer invida
Vulcanique minax rubens
   rivalis, calidus cum gelido senex.
seu tres terrigenum deae
   fortunas triplici numine temperant,
sum durissima stamina
   sortitus. volucrem seu potius deam   20
versare omnia credimus,
   hanc in perniciem certo ego deierem
coniurasse meam miser.
   felicis mihi nec fata Polycratis
nec Sullae precor improbus.
   Arpinas toties consul iniquius
fortunam insimulat suam
   quae tot prospera, tot dulcia paululo

ERASMUS VON ROTTERDAM

1469–1536

Über sein Schicksal, an Robert Gaguin

Was für Sterne mir schienen wohl
　　bösen Lichts, frag ich mich,　als ich geboren ward,
o Gaguin, meine Zierde du.
　　Denn ist's wirklich bestimmt,　daß, was wir treiben, durch
Himmelskörper beeinflußt wird,
　　hat mich, da ich zuerst　Licht, mir noch ungewohnt,
angewimmert, nicht Jupiter
　　gnädig angeschaut mit　funkelndem Sonnenball,
noch hat wohlstandverheißend mir
　　zugelächelt zuerst　Venus mit goldnem Strahl.　　　10
Nur der schnelle Mercurius,
　　aus der Höhe herab　blinkend mit Feuerschein,
blies mir seine Geschenke zu.
　　Sichelträger jedoch　wehrte mit Neidesstern,
und mit dräuendem Rot, Vulkans
　　Nebenbuhler, ein Greis　kalt und der andre heiß.
Waren's aber der Parzen drei,
　　die bestimmen Geschick,　welches der Irdischen Teil,
ward mir härtestes Los zuteil;
　　war's die Göttin jedoch,　die, wie man glaubt, ihr Rad　　20
launisch fliehend uns allen dreht –
　　schwören möcht ich, daß sich　alle verschworen, mir
Armen Unheil zu fügen zu.
　　Und doch bet ich nicht um　Glück des Polykrates
frevelnd, noch um des Sulla Glück.
　　Aus Arpinum der Mann　– oftmals war Konsul er –
tat nicht recht, als sein Los er schalt,
　　daß allmählich es ihm　Wohlstand und süßes Glück

Glücksrad. Holzschnitt von Hans Burgkmair zu den Epigrammen von Ulrich von Hutten, in: Ad Caesarem Maximilianum, ut bellum in Venetos coeptum prosequatur, exhortatium, 1519.

  fermento vitiaverit.
    ingrate ille quidem rusticus ac foro   30
  rerum nescius utier
    alternas dominae qui queritur vices.
  sat felicem ego iudico
    qui praesentia lenire potest mala
  actis prosperius memor
    ac sperare iterum iam fore, quod fuit.
  at me matris ab ubere
    fati persequitur tristis et asperi
  idem ac perpetuus tenor.
    in me, crediderim, proruit improbi   40
  pyxis tota Promethei

in aufwallendem Zorn geraubt.

    Bäurisch handelt, und nicht   dankbar ist, wer nicht weiß,   30
wie am Schachbrett man spielen muß,

    und wer klagt, wenn am Zug   wieder die Herrin ist.
Glück genug hat der Mann, glaub ich,

    dem zu lindern vermag   Leiden der Gegenwart,
wenn er besserer Zeit gedenkt

    und erhofft, daß, was einst   war, wohl auch wiederkehrt.
Doch mich hat von der Mutter Brust

    stets ein traurig Geschick,   grausam und hart, verfolgt,
das sich niemals gewandelt hat.

    Ganz entleert hat auf mich,   glaub ich, die Büchse sich,   40
die dem schuld'gen Prometheus ward,

et quicquid stabulat triste vel asperum
nigri in limine Tartari.
    heu quod simplicibus vatibus invidum
numen, quis genius malus,
    quaeve infesta novem Iuno Sororibus
sic nostrum caput impetit?
    o fatis genite prosperioribus
bis Gaguine meum decus,
    hunc si tu minime temnis amiculum   50
non totus fuero miser
    nec cedent gravibus pectora casibus.

Ad Guilelmum Copum, medicorum eruditissimum.
de senectute carmen

Unica nobilium medicorum gloria Cope,
    seu quis requirat artem,
sive fidem spectet, seu curam: in quolibet horum
    vel iniquus ipse nostro
praecipuos tribuit Gulielmo livor honores.
    cedit fugitque morbi
ingenio genus omne tuo. taeterrima porro
    senecta, morbus ingens,
nullis arcerive potest pellive medelis
    quin derepente oborta   10
corporis epotet succos animique vigorem
    hebetet, simul trecentis
hinc atque hinc stipata malis; quibus omnia carptim
    vellitque deteritque
commoda quae secum subolescens vexerit aetas:
    formam, statum, colorem,
partem animi memorem cum pectore, lumina, somnos,
    vires, alacritatem,

und an Übeln, was noch   Grausames lauert an
schwarzer Schwelle des Tartarus.

Welche Gottheit, die, ach,   Sängern, bescheidenen, grollt
neidvoll, ist es, welch böser Geist,

welche Juno ist es,   die den neun Schwestern zürnt
und mir so an das Leben will?

Der für besser Geschick,   Freund, du geboren bist
und der zwiefache Zier mir ist:

wenn nicht ganz deinen Freund   du mit Verachtung strafst,
werd ich nicht ganz unglücklich sein,   51

und ich biete die Brust   mutig der Widrigkeit.

An den hochgelehrten Arzt Wilhelm Cop:
Über das Alter

Copus, einzig an Ruhm im edlen Stande der Ärzte,
    ob Können man nun fordert
oder ob treuliche Pflege man schätzet, in jeglicher Hinsicht
    muß selbst der fahle Neider
unserem Wilhelm vor allen die höchsten Ehren erweisen.
    Es weicht und fleucht die Krankheit
jeglicher Art vor deinem Genie. Das garstige Alter
    jedoch, die schlimmste Krankheit,
kann kein heilender Trank verhüten oder vertreiben,
    wenn, jählings ausgebrochen,   10
Alter des Körpers Säfte verzehrt und die Kräfte des Geistes
    abstumpfend, überreich an
Übeln von jeglicher Art, an vielen Stellen beständig
    zerpflücket und zernichtet
all das, was uns an Gutem das Jugendalter gebracht hat,
    an Schönheit, Haltung, Farbe,
Intelligenz und Gedächtnis mitsamt dem Schlaf und der Sehkraft,
    Behendigkeit und Stärke.

8 Humanisten

autorem vitae igniculum decerpit, et huius
    nutricium liquorem.   20
vitales adimit flatus, cum sanguine corpus,
    risus, iocos, lepores.
denique totum hominem paulatim surripit ipsi,
    neque de priore tandem
praeterquam nomen titulumque relinquit inanem,
    cuiusmodi tuemur
passim marmoreis insculpta vocabula bustis.
    utrum haec senecta, quaeso,
an mors lenta magis dicenda est? invida fata et
    impendio maligna!   30
ut quae deteriora labantis stamina vitae
    pernicitate tanta
accelerare velint rapidisque allabier alis,
    at floridam iuventam
usque adeo male praecipiti decurrere filo,
    ut illius priusquam
cognita sat bona sint, iam nos fugitiva relinquant,
    et citius atque nosmet
plane vivere senserimus, iam vivere fracti
    repente desinamus.   40
at cervi volucres et cornix garrula vivunt
    tot saeculis vigentque,
uni porro homini post septima protinus idque
    vixdum peracta lustra
corporeum robur cariosa senecta fatigat.
    neque id satis, sed ante
quam decimum lustrum volitans absolverit aetas
    tentare non veretur
immortalem hominis ductamque ex aethere partem,
    et hanc lacessit audax,   50
nec timet ingenii sacros incessere nervos.
    sua si fides probato
constat Aristoteli; sed quorsum opus, obsecro, tanto
    autore, quando certam

Schwächend der Lebenskraft Flämmchen, läßt Alter mit dieser
    die Säfte, die sie nähren,   versiegen
raubt uns den Odem des Lebens, das Blut und damit auch den
    das Lachen, Witz und Scherze.   Körper,
Schließlich entwendet es dann den ganzen Menschen sich selber,
    der nichts sodann zurückläßt,
außer dem Namen und ehrender Titel leeres Beginnen
    der Art, wie wir bewahren
Worte, wie überall wir in marmorne Grabsteine meißeln.
    Soll das man Altern nennen
oder nicht besser allmähliches Sterben? Du neidisches Schicksal,
    bist böser noch bei weitem!   30
Du läßt die schlimmeren Fäden des schnell uns entgleitenden
    mit solcher Übereile   Lebens
wirken am sausenden Webstuhl der Zeit wie mit hastigen Flügeln.
    Jedoch der Jugend Blüte
läßt es ablaufen so schnell mit hemmungslos rasendem Faden,
    daß, ehe noch genugsam
wir ihre Schönheit genossen, sie flüchtig uns schon ist entwichen,
    und ehe noch wir selber
merken, daß wirklich wir leben, wir unversehens gebrochen
    schon aufgehört zu leben.   40
Aber es lebt der flüchtige Hirsch, die geschwätzige Krähe
    Jahrhunderte bei Kräften;
nur beim Menschen geschieht's, daß diesem, sobald er vollendet
    kaum seine sieben Lustren,
seines Leibes Kräfte zersetzt das schwächende Alter.
    Und nicht genug: bevor noch
ihm die eilende Zeit das zehnte Lustrum vergönnt hat,
    so wirft es ohne Scheu sich
auf des Menschen unsterbliches Teil, so vom Himmel gekommen,
    und setzt ihm zu voll Frechheit.   50
Ja, es entblödet sich nicht, an den Sitz des Verstandes zu greifen,
    wenn richtig ist die Meinung,
wie Aristoteles sie verkündet. Wozu jedoch braucht man
    hierfür Autoritäten,

ipsa fidem, heu nimium!, facit experientia certam?
　　quam nuper hunc Erasmum
vidisti media viridem florere iuventa!
　　nunc is repente versus
incipit urgentis senii sentiscere damna,
　　et alius esse tendit　　　　　　　　　　　　　　　60
dissimilisque sui, nec adhuc Phoebeius orbis
　　quadragies revexit
natalem lucem, quae bruma ineunte calendas
　　quinta anteit Novembres.
nunc mihi iam raris sparguntur tempora canis,
　　et albicare mentum
incipiens, iam praeteritis vernantibus annis,
　　vitae monet cadentis
adventare hiemem gelidamque instare senectam.
　　Eheu fugacis, ohe,　　　　　　　　　　　　　　　70
pars veluti melior, sic et properantior aevi,
　　o saeculi caduci
flos nimium brevis, et nulla reparabilis arte,
　　tenerae o viror iuventae,
o dulces anni, o felicia tempora vitae,
　　ut clanculum excidistis,
ut sensum fallente fuga lapsuque volucri
　　furtim avolastis; ohe,
haud simili properant undosa relinquere cursu
　　virides fluenta ripas,　　　　　　　　　　　　　80
impete nec simili fugiunt cava nubila, siccis
　　quoties aguntur Euris.
sic sic effugiunt tacitae vaga somnia noctis
　　simul avolante somno,
quae desiderium curas et praeter inanes
　　sui nihil relinquunt.
sic rosa, quae tenero modo murice tincta rubebat,
　　tenui senescit austro.
atque ita, me miserum, nucibus dum ludo puellus,
　　dum literas ephebus　　　　　　　　　　　　　90

wenn, ach, die Lebenserfahrung nur allzu guter Beweis ist.
    Wie hast du jüngst Erasmus
erst noch im vollen Blühn seiner grünenden Jugend gesehen!
    Jetzt ist er jach verkehret,
da er Beginn des Verfalls und Drang der Vergreisung verspüret,
    und ist ein andrer worden.   60
Gleichet sich selber nicht mehr, und hat doch im Kreislauf des
    nicht vierzigmal durchmessen   Phoebus
seinen Geburtstag, der fällt auf den fünften Tag, eh im Winter
    Novembermonat anhebt.
Graue Haare erscheinen schon hie und da an den Schläfen,
    und weiß sproßt mir der Kinnbart.
All dies ist Mahnung, daß schon des Frühlings Jahre entschwanden,
    daß schon das Leben sinket,
daß der Winter sich naht und das eisige Alter bevorsteht.
    O wehe, es entschwindet   70
um so schneller, je besser sie war, die Zeit unsres Lebens.
    O allzu kurze Blüte
unsres vergänglichen Alters; und was keine Kunst wiederherstellt,
    o zarter Jugend Grünen!
Süße Jahre und, ach, ihr glücklichen Zeiten des Lebens,
    wie schwandet insgeheim ihr!
Wie habt ihr euch in trügrischer Flucht und eilenden Fluges
    unmerklich fortgestohlen!
So eilt nicht reißender Strom, wenn überströmend er flutet,
    überschwemmend grünes Ufer,   80
nicht mit so schnellem Schwung fliehn graue Wolken, wenn
    sie fort der Ostwind treibet;   trocknend
so aber, so entschwindet in schweigenden Nächten ein Traumbild,
    wenn Schlaf zugleich entweichet,
Träume, die außer der Sehnsucht und Kummer um Nichtiges,
    zurückzulassen pflegen.   gar nichts
So verwelkt, die noch eben in zartem Scharlach erglühte,
    die Rose im Hauch des Südwinds.
Während ich so, ich Armer, mit Nüssen spielte als Kindlein,
    für Literatur als Jüngling   90

ardeo, dum scrutor pugnasque viasque sophorum,
　　dum rhetorum colores
blandaque mellifluae deamo figmenta poesis,
　　dum necto syllogismos,
pingere dum meditor tenues sine corpore formas,
　　dum sedulus per omne
autorum volvor genus impiger, undique carpo
　　apis in modum Matinae,
paedias solidum cupiens absolvere cyclum,
　　sine fine gestienti　　　　　　　　　　　　　　100
singula correptus dum circumvector amore,
　　dum nil placet relinqui,
dumque profana sacris, dum iungere Graeca Latinis
　　studeoque moliorque,
dum cognoscendi studio terraque marique
　　volitare, dum nivosas
cordi est et iuvat et libet ereptare per Alpes,
　　dulces parare amicos
dum studeo, atque viris iuvat innotescere doctis,
　　furtim inter ista pigrum　　　　　　　　　　110
obrepsit senium et subito segnescere vires
　　mirorque sentioque
vixque mihi spatium iam defluxisse valentis
　　persuadeo iuventae.　　　　　　　　　　　114
...

satis hactenus, miselle,　　　　　　　　　　186
cessatum, satis dormitum, pellere somnos
　　nunc tempus est, Erasme,
nunc expergisci et tota resipiscere mente.
　　velis dehinc equisque　　　　　　　　　190

glühte, Gezänk und Scharfsinn der Philosophen verfolgte,
    als ich Rhetorenkniffe
eifrig studiert und geliebt der Dichtkunst süße Gespinste,
    als Kettenschluß ich knüpfte,
zeichnete auch der Geometrie substanzlose Formen,
    und als ich unverdrossen
alle Schriftsteller wälzte und überall Honig mir suchte
    wie Biene am Matinus,
immer bestrebt, den Kreis vollendeter Bildung zu runden,
    als strebend ich mich mühte,   100
liebevoll sehnend nur ja mir alles zu eigen zu machen
    und nur nichts auszulassen,
während ich Heiliges las und Weltliches, Griechisch, Lateinisch
    mir mühsam anstudiere,
während mich Wißbegierde zu Land und zu Wasser beflügelt
    und mir's sogar behaget,
ja, mir Freude bereitet, den Schnee der Alpen zu kreuzen,
    da ich mir Freunde suche
und es mich freut, daß ich schon in Gelehrtenkreisen bekannt bin –
    beschleicht bei solchem Streben   110
heimlich das Alter mich schon: daß mein Vergreisen beginnet,
    bemerk ich mit Erstaunen.
Kaum bin ich selbst überzeugt, daß der Zeitraum kraftvoller
    mir schon davongeflossen.   *Jugend*

*115–185: Schätze kann man verlieren und wiedergewinnen, doch
verlorene Jugend bringt kein Mittel zurück; selbst Zauberkunst
ist machtlos. Sonne und Frühling kehren wieder, doch nicht die
Jugend; zu spät erwachen wir und sehen, daß wir das Leben
verspielt, vertan, daß wir nur Unkraut geerntet.*

Genug, du Wicht, der Trägheit,   186
ausgeschlafen, Erasmus! Vorbei ist die Zeit jetzt des Träumens;
    nun ist die Zeit gekommen,
ganz zu erwachen und endlich zu vollem Verstand zu gelangen,
    und nun zu Schiff, zu Pferde,   190

et pedibus manibusque et totis denique nervis
    nitendum ut anteacti
temporis, ut studio iactura volubilis aevi
    vigilante sarciatur . . .

Erasmus Roterodamus
Guilelmo Neseno calamum dono dedit cum hoc epigrammate.
calamus loquitur

Tantillus calamus tot, tanta, volumina scripsi
    solus, at articulis ductus Erasmiacis.
ediderat Nilus, dederat Reuchlinus Erasmo,
    nunc rude donatum me Guilelmus habet.
isque sacrum Musis servat Phoeboque dicatum,
    eternae carum pignus amicitiae,
ne peream obscurus, per quem tot nomina noscet
    posteritas, longo numquam abolenda die.

sich mit Armen und Beinen und allen Muskeln zu stemmen,
    daß Zeit, die schon vertan ist,
wettgemacht werd, und Verlust der Jugendzeit einholen möge
    dein Eifer und dein Wachen.

195–245 Ende: Noch bin ich körperlich und geistig bei Kräften:
sie sollen alle nur einem Zweck geweiht sein – Christus zu
dienen. Aufgeben will ich alles Frivole: Scherz, Spiel, die Philo-
sophie [an der er ohnehin schon lange alles Interesse verloren
hatte], Poesie, Rhetorik. Alles dies soll Er mir ersetzen und mir
dazu verhelfen, daß ich nach schuldlosem Leben gottselig abster-
ben mag.

Erasmus von Rotterdam schenkte Wilhelm Nesen diese Feder.
Die Feder spricht:

Ich kleine Feder habe so große Bände geschrieben
    ganz allein, doch mich hat   Hand des Erasmus geführt.
Mich erzeugte der Nil, dem Erasmus schenkte mich Reuchlin,
    Wilhelm gehöre ich nun,   seit ich im Ruhestand bin.
Der bewahrt, den Musen geheiligt, geweiht dem Apollo,
    als ein teueres Pfand   ewiger Freundschaft mich auf,
daß ich nicht völlig vergessen vergeh, da doch so viele Namen
    Nachwelt durch mich erfährt,   welche auf ewig bestehn.

GEORG FABRICIUS

1516–1571

Ut corruptum temporum statum emendet Deus
et in meliorem reducat (Oden 2.10)

Tange plectrum, Musa, carmen ut sonemus flebile

utque lamentemur orbis iam senescentis mala.

ecce Christus excitavit caelitus diem suum,

regna Patris ut per orbis universi circulum

panderet suaque sparsum voce cogeret gregem,

quem sibi mundi ante legit conditi primordia.

sed suae quando saluti (triste) pertinacius

obstiterunt Christiana iactitantes nomina?

qui sedent Apostolorum grandibus subselliis,

in tenebris ambulantes, ceteris lucem negant,   10

et velut Molossus ante mutus excubat fores,

sic lupo ipsi saeviente solvere ora nesciunt.

pro Deo Deique verbo vana dormientium

GEORG FABRICIUS

1516–1571

Gott wende der Läufte Verderbnis zum Guten!

Schlage, Muse, in die Saiten,
            daß ein Trauer-Lied ich sing
und das Leiden dieser Erde,
            so schon altert, kläglich kling.
Sieh, aus Himmels-Höhn ließ Christus
            seinen lichten Tag erstehn,
daß des Vaters Herrlichkeit sollt
            hin durch alle Lande gehn,
daß mit seiner Stimm er sammle
            der verstreuten Schäflein Schar,
so er sich erkoren, ehe
            Anbeginn der Schöpfung war.
Doch wann haben, weh, dem eignen
            Heil sich trotz'ger widersetzt
jene, die den Christennamen
            nur im Munde führen jetzt?

Die auf der Apostel Throne
            prangen hoch in Stolz und Macht,
wandeln selbst in Finsternissen,
            spenden Licht uns nicht, doch Nacht.
Wie ein Hof-Hund, so vorm Tore
            auf der Wache liegt, doch schweigt,
heben nicht sie Warnungs-Stimme,
            wann der reißend Wolf sich zeigt.
Anstatt Gott und Gottes Worte
            staunen eitlen Traum sie an,

11

somnia admirantur atque serviunt ventri suo
omniumque diffluunt libidinum lascivia,
membra Christi persequentes ense, flammis, flumine.

noxiis eos sequuntur principes vestigiis,
qui velut nepos Iessae perditi luxu colunt
Sidonis deam et Segestae teque Thebarum patrem,
in popinis, in choreis, in ferarum saltibus   20
vera inesse existimantes pectorum solatia,
de Deo nil cogitando, sceptra qui rerum dedit
quique credidit suorum vitam opesque pauperum,
non tyrannos esse mandat, sed parentes et duces.

disciplinam vulgus odit atque legum vincula
spernit, artibusque vivit deditum turpissimis.
impios amare cultus et sequi idololatras,
in Deum caeli, proterve dicere in Christi crucem
Sabbathumque polluisse paene ludus factus est.
spreta caritas parentum, tincta caede dextera   30

wie ihn Schläfer träumen; sind dem
               eignen Bauche untertan.
Allen Lüsten, allen Lastern
               dienen sie, doch Christi Herd'
rotten aus mit Wasser-Fluten
               sie, mit Feuer und mit Schwert.

Ihnen tun es nach die Fürsten,
               folgend auf dem Pfad der Schuld.
So wie Wohlstand Jesses Enkel
               einst verderbte, flehn um Huld
Sidons Göttin und Segestas
               sie und Thebens Ahnherrn an;
in der Schenke und beim Tanze
               und im Jagd-Gefilde dann   20
wähnen Herzens-Trost zu finden
               sie und haben nicht gedacht
jenes Gottes, der das Zepter
               ihnen lieh und lieh die Macht.
Seiner Armen Leib und Habe
               legte Er in ihre Hand,
daß als Väter, nicht Tyrannen,
               Fürsten herrschten übers Land.

Zucht und Ordnung haßt der Pöbel,
               sieht Gesetzes-Band nicht an,
allem Laster, aller Schande
               frönet der gemeine Mann.
Frevlem Glauben, Götzen-Dienste
               liebedienern gilt nicht viel,
Gott im Himmel, Christ am Kreuze
               frech zu lästern ward fast Spiel.
Wer den Sabbat-Tag entweihet,
               Vater nicht und Mutter ehrt,
wer mit Mord-Blut hat beflecket
               seine Rechte und sein Schwert,   30

et fides tori soluta, cum dolis calumniae

pravus omnis appetitus iam merentur praemia.

haec adhuc lentus sereno, Christe, cernis lumine,

ne statim perdas, sed ut des poenitentiae locum.

cum sit ergo munus cunctis, et reis, ignoscere,

flecte corda, quaeso, mitis omnium mortalium,

ut tuo verbo relictis pareant mendaciis,

noverint ut se suique dignitatem muneris

et Deum vere dolentes corde et ore mitigent.

ventre Ionas in balenae flevit et precatus est,   40

audiunt David Achabque verba se monentium,

effugitque mortem uterque, flexit et Ninos Deum.

sint sacerdotes pii, sint veri amantes principes,

et sequatur vulgus ipsos, iusta ne nos opprimat

ira vindictae supernae. floreat regnum tuum,

et reduc tibi placentem temporis laeti statum,

ut vocentur dura ferri priscum in aurum tempora.

wer der Ehe Bett geschändet,

        Lug und Tücke nicht gescheut,

jedem niedern Trieb ergeben,

        erntet schon Belohnung heut.

Stets noch siehest, Christe, ruhsam

        und voll Langmut du's mit an,

willst ja nicht sogleich verdammen,

        willst, daß man bereuen kann.

Alldieweil dein Amt und Wille,

        auch dem Schuld'gen zu verzeihn,

wende gnädig aller Menschen

        Herze, daß sie kehren ein,

daß der Lüge ab sie sagen,

        deinem Wort gehorsam sein,

daß sie sich erkennen, wissend

        ihres Standes Pflicht und Wert,

bis mit Herz und Mund bereuend

        sie zu Gott zurückgekehrt.

In des Walfischs Bauche weinte

        Jonas reuig im Gebet,   40

David hat gehorcht und Ahab,

        da sie mahnte der Prophet:

beide sind dem Tod entronnen,

        Gott hat Ninive verschont –

fromm sei drum der Priester, Wahrheit

        liebe, wer als Herrscher thront.

Ihnen folge nach die Menge,

        daß nicht Himmels-Strahl uns gleich

strafend nach Verdienst zerschmettre.

        Es erblühe so Dein Reich:

bring den frohen Stand der Läufte,

        wie er Dir gefällt, zurück,

Eisens hartes Alter heiße

        golden dann, wie einst im Glück.

JOHANNES FABRICIUS MONTANUS

1527–1566

Epitaphium Huldrici Hutteni,
poetae et equitis Franci,
qui in insula lacus Tigurini Ufnavia dicta, hodie a doctoribus
Hutteni Insula nuncupata, sepultus est

Haec quicumque cita decurris stagna carina,
    ponis et hoc nostro litore forte pedem,
imperio sic aura tuo, sic pareat unda:
    perlege quae saxo carmina sculpta vides:
,hoc equitum decus, hoc vatum Germanus ocellus,
    Huttenus, iaceo conditus in tumulo.
ingenio dextraque potens, dum vita manebat,
    Musarum simul et Martis alumnus eram.
Caesar Apollinea cinxit mea tempora lauro:
    idem pro meritis nomen equestre dedit.   10
saepe bonos mutare solum fortuna coegit,
    magna quibus patria poena carere fuit.
ast mea non alio tantum se iactat alumno
    Francia, nec meritis est male grata meis.
aeger ad has veni legatus Caesaris oras,
    cum me mors alias iussit inire vias.
ante sepulturae serviret ut angulus iste,
    quam morerer sociis iussa suprema dedi
assiduis ubi me lugerent planctibus undae
    et gemerent plenis stagna refusa vadis;   20
sertaque vernarent tumulo nativa sub ipso,
    et querulae canerent flebile semper aves.
vade, sed admonitus nostri spes contrahe laxas:
    quo minime credis stant tua fata loco.‘

JOHANNES FABRICIUS MONTANUS

1527–1566

Grabschrift für Ulrich Hutten,
den Dichter und fränkischen Ritter,
der auf der Insel Ufenau im Zürcher See, welche die Gebildeten
jetzt die Hutteninsel nennen, begraben ist

Der du auf schnellem Schifflein befährst diese Wasser;
                       vielleicht auch,
  daß auf unseren Strand   steigend du setzest den Fuß,
möge der Wind so deinem Gebot und die Welle sich fügen,
  wie ich dich bitte: am Stein   lies den gemeißelten Spruch:
„Ich, des Ritterstands Zier, ein großer Dichter der Deutschen,
  Hutten, liege allhier   unter dem Hügel im Grab.
Groß mein Genie, und stark meine Hand: solange ich lebte,
  hab ich den Musen zugleich   und auch dem Kriegsgott gedient.
Mit dem Lorbeer Apollos umkränzte mir Caesar die Schläfen,
  meinem Verdienste zum Lohn   schlug er zum Ritter mich auch.
Oft schon hat das Geschick ins Elend Gute getrieben,   11
  denen Strafe es war,   ferne der Heimat zu sein;
doch es berühmet sich nicht mein Franken anderer Sprossen
  so wie meiner und zollt   Dankbarkeit meinem Verdienst.
Krank schon kam ich, von Caesar entsandt, zu diesem Gestade,
  wo auf anderen Weg   dann mich gezwungen der Tod.
Ehe ich starb, war dieses mein letztes Gebot an die Freunde:
  dieser verborgene Platz   möge mir Grabstätte sein,
wo mit beständigem Plätschern die Welle mich möge betrauern
  und wo seufze um mich   wogend ans Ufer die Flut.   20
Frühlingshaft sollen dem Hügel entsprossene Blumen ihn kränzen,
  immer auch singe an ihm   klagender Vogel sein Lied.
Gehe, doch mahne ich dich, der Hoffnung Grenzen zu setzen:
  wo du's am wenigsten ahnst,   wartet auf dich dein Geschick."

De Wilhelmo Thellio elegia

Helvetiae celebris pietate Rodolphus alumnus
  principis Habspurga nomen ab arce tulit.
cuius in acclivi sita vertice saxa vetusta,
  despiciunt ripas Ara propinque tuas.
imperii postquam sed Caesar adeptus habenas
  ex humili meruit sceptra tenere loco,
haud illum puduit manifesto teste fateri,
  deberi meritis, urbs Tigurina, tuis.
vindice qua toties pepulisset finibus hostes,
  ipse quibus impar Marte futurus erat.   10
cuius et auspiciis duxisset et aere cohortes,
  cum caperet regni tradita sceptra novi.
hinc te divitiis, amplis et honoribus auxit,
  militiaeque tibi splendida signa dedit.
insuper Helvetios alios sibi foedere iunxit,
  Martia quos acres norat ad arma viros.
quorum saepe fidem laudavit, et ardua facta,
  aspera cum ferro res peragenda fuit.
Caesar at hinc postquam superas concessit ad oras,
  perdidit antiquum gratia prima locum.   20
Helvetiaeque diu gens libera, vindice nullo,
  pertulit iniustos fraude subacta viros.
iussa tributa quibus, et vectigalia solvit,
  et largas dempto fine pependit opes.
corpora quin dominis obnoxia facta tyrannis
  pondere servitii succubuere gravi.
iamque aliquis solito subigens bove rura colonus
  occidit, et proprio sanguine tinxit humum.
saepe latrociniis, et iniqui praesidis astu,
  cives in mediis occubuere viis.   30
ex stabulis armenta rapi, sua tecta cremari
  flevit, et ereptos rustica turba lares,

Wilhelm-Tell-Elegie

Rudolf aus Schweizerstamme, berühmt durch Frömmigkeit,
  wurde,
  als zum Grafen er ward,   nach seiner Habsburg benannt,
deren uralt Gestein, auf steilem Hügel erbauet,
  blicket ins Tal hinab,   nahe dem Ufer der Aar.
Als er jedoch als Kaiser des Reiches Zügel ergriffen
  und aus bescheidenem Stand   Herrscher geworden im Land,
stand er nicht an zu bekennen, auf daß ein jeder es sehe,
  wieviel, Zürich, er dir   schulde und deinem Verdienst.
Denn mit Hilfe der Stadt hatte oft er Feinde vertrieben,
  was er aus eigener Kraft   nimmermehr hätte geschafft.   10
Sie stand voran, versorgt' ihn mit Geld und stellte ihm Truppen,
  als er das Zepter des Reichs,   neu ihm verliehen, ergriff.
Darum bedachte er auch die Stadt mit Schätzen und Ehren:
  herrliche Banner erhielt   Zürich für Dienste im Krieg.
Bündnisse schloß er darnach auch noch mit anderen Schweizern,
  denn er wußte, daß sie   tapfer sich hielten im Krieg.
Oftmals hat er gerühmt ihre Treue und heldhaften Taten,
  wenn mit dem Schwerte es galt,   härtesten Strauß zu bestehn.
Als der Kaiser jedoch von Erden zum Himmel gefahren,
  schwand die frühere Gunst,   früherer Vorzug, dahin,   20
und Helvetiens Volk, einst frei und niemandem hörig,
  trug, durch List unterjocht,   grausamer Vögte Gewalt.
Diesen mußten sie nun Tribute und Steuern entrichten,
  große Summen von Geld   wurden jetzt endlos bezahlt.
Alle Personen dazu, die den Tyrannen zuwider,
  wurden vom schweren Gewicht   sklavischen Dienstes bedrückt.
Oftmals wurde ein Bauer, mit Ochsen pflügend den Acker,
  niedergehauen: sein Feld   netzte sein eigenes Blut.
Oftmals wurden von Räubern durch Unrecht und Tücke des
  Vogtes,
  in den Gassen der Stadt   Bürger zu Tode gebracht.   30
Vieh ward aus Ställen geraubt, der Bauern Häuser verbrannten:
  da man sein Heim ihm entriß,   weinte das ländliche Volk.

utque maritorum pollutos caede penates,
  ut taceam foedi crimen adulterii.
invitis quoties vis est illata puellis
  et matris frustra virgo vocavit opem?
hic fuit Helvetiae status: haec quibus aspera visa
  forma, quibus cordi iusque piumque fuit,
supplicium vel morte luunt, vel carcere pendunt,
  sunt quibus exilii poena parata fuit.   40
sed cum pressa malis virtus humana fatiscit,
  auxilio praesens tunc solet esse Deus.
impia Grisleri fugiunt quem facta tyranni,
  (nam fuit Helvetii praeses et ipse soli)?
arboris a viridi suspensum fronde galerum
  a populo voluit praetereunte coli.
iamque frequens illum vulgus, formidine poenae,
  fama refert flexo praeteriisse genu.
Thellius ,una Deo debetur gloria' dixit:
  ,pileus arcendis imbribus aptus erit.'   50
intumuit praeses, totusque in imagine poenae,
  ,perfidiae pretium filius' (inquit) ,erit.'
dixerat: expediunt famuli mox iussa tyranni.
  proh scelus: insanum non timuere nefas.
ducitur hinc teneris vinctus post terga lacertis
  filius, et patrios sistitur ante pedes.
praeses ait: ,toto memorabile nomen in orbe
  arte sagittandi nuper adeptus habes,
utque puto gestas ferientes cuncta sagittas,
  figis et in iusso qualibet arte loco.   60
si quid habent igitur vulgi praeconia veri,
  et potes: eia age, nunc experiare licet.
natus ab adversi sistetur robore trunci,
  (non procul in molli gramine truncus erat)
eius et in capitis ponetur vertice pomum.
  quod feries telis ingeniose tuis.' —
Thellius imperio stupuit non secius isto,
  quam si membra sibi diripienda forent.

Schweigen will ich davon, wie man Ehemänner ermordet,
  schweigen will ich davon,   wie man zum Ehebruch zwang.
Angetan wurde Gewalt oftmals sich sträubenden Mädchen –
  ach, die Mutter wie oft   riefen sie fruchtlos nicht an?
So sah es aus in der Schweiz; doch wen unbillig dies dünkte,
  wenn am Herzen ihm lag   Recht und die Züchtigkeit auch,
ward mit dem Tode bestraft oder mußte im Kerker es büßen,
  wieder andere auch   wurden zur Strafe verbannt.   40
Doch wenn unter der Last des Leidens die Tugend erlieget,
  dann pflegt alsogleich   Beistand zu kommen von Gott.
Wer kennt nicht des ruchlosen Grißler tyrannische Taten?
  Denn es war dieser Mann   Vogt des helvetischen Lands.
Einen Hut hängte er ans grüne Laub eines Baumes:
  ging das Volk dran vorbei,   mußte es grüßen den Hut.
Oft erwies Reverenz ihm das Volk aus Furcht vor der Strafe,
  und mit gebeugtem Knie   gingen am Hut sie vorbei.
Tell aber sprach: „Nur Gott gebühret die Ehre: die Kappe
  diene füglich dazu,   daß sie vor Regen uns schützt."   50
Drob ergrimmte der Vogt, und ganz auf Strafe bedacht nur,
  rief er: „Dieser Verrat   wird mit dem Sohne bezahlt."
Sprach's; des Tyrannen Befehl vollziehen hurtig die Knechte
  (wehe, vor frevelnder Tat   haben sie nicht sich gescheut):
vorgeführt wird der Sohn, die zarten Ärmchen gefesselt
  hinter dem Rücken; man stellt   vor seinen Vater ihn hin.
Sprach da der Vogt: „Jüngst hast du als Meisterschütze erworben
  einen Namen, der ist   weithin berühmet im Land.
Ja, ich glaube, du hast die nimmerfehlenden Pfeile,
  jedes Ziel, das man dir   aufgibt, das trifft dein Geschoß.   60
Wenn was Wahres nun ist an dem, was der Pöbel so rühmet,
  und du's vermagst: ei nun   sollst du erproben die Kunst.
An einen Baumstumpf stellt man dir gegenüber dein Söhnchen
  (denn im weichen Gras   stand in der Nähe ein Stumpf).
Einen Apfel sodann wird oben aufs Haupt man ihm legen:
  diesen, da du begabt,   treffe sodann dein Geschoß." –
Tell erschrak so sehr ob dieses grausen Befehles,
  als ob in Stücke man ihn   hätte zerreißen gewollt,

*Der Tellschuß. Holzschnitt vom Meister D. S. in: Petermann Etterlyns
Kronica von der loblichen Eydtgnoschaft, 1507.*

nec mirum: sceleris mentem perstrinxit imago,
   omnis et in nato cura paterna stetit.   70
quid faceret? rigidum tentat mollire tyrannum
   paucaque pro nato verba rogantis ait.
praeses ait contra: ,sic sic dabis improbe poenas,
   discet ab exemplo cetera turba tuo.'
nec mora, frondenti signatur limite meta,
   est et uterque suum iussus adire locum.

und zurecht: das Bild der Untat betäubt ihm die Sinne,
    und sein väterlich Herz   bangte allein um den Sohn.   70
Was konnt er tun? Vergeblich versucht er, den Vogt zu
                                erweichen,
    wenige Worte nur bringt   flehend er vor für den Sohn.
Doch es entgegnet der Vogt: „Dies, Elender, ist deine Strafe,
    ein Exempel sollst du   sein für das übrige Volk." –
Unverzüglich bezeichnet den Platz des Schützen ein Laubzweig,
    und auf ihren Platz   müssen die beiden nun gehn.

digressurus erat, parvo prius oscula nato
    dat pater, et lacrimis immaduere genae.
scena theatrali densatur plurima circo:
    quisquis adest (tacito sed tamen ore) favet.   80
stat puer et largis humectat fletibus ora,
    impediunt teneras vincula dura manus,
sed pater imperio quod erat parere necesse,
    promit de pharetra spicula bina sua.
altera post tergum medio thorace recondit,
    allatura tibi, saeve tyranne, necem.
temperat adducto missurus at altera nervo:
    iam spes in puero nulla salutis erat.
haud mora, per medium malum pennata sagitta
    quaerit iter: patitur vulnera nulla puer.   90
scena favet, novitate rei commota, sed irae
    non posuit praeses fulmina saeva suae.
,experiar' dixit ,quid et haec sibi tela secunda
    (viderat a tergo tela reposta) velint.' –
,ipse peremissem si natum' Thellius inquit
    ,exitio fuerant illa parata tuo.' –
dixerat: et constat non haec impune locutum,
    vincla per astrictas sentit adacta manus.
impositusque rati, periturus carcere fertur,
    perque Lucernatum stagna vehendus erat.   100
dum vice remorum confestim longius itur,
    iamque fere medio gurgite puppis erat.
colligitur subito ventis surgentibus imber,
    et rapit instabilem per vada caeca ratem.
iamque fatigatis humero sub utroque lacertis
    navita, sollicitum deficit inter opus.
praeses in ambiguo quid nam iubeatve petatve,
    namque laborantis pars quoque puppis erat.

Ehe der Vater geht, bedeckt er mit Küssen sein Söhnlein,
   und die Tränen dabei   laufen die Wangen herab.
Dicht im Kreise umringt den Platz schaulustige Menge,
   alle sind sie für Tell,   doch es verschweigt dies ihr Mund.   80
Da steht das Kind, und Fluten von Tränen befeuchten sein
                             Antlitz,
   grausame Fessel jedoch   bindet ihm Arme und Hand.
Dem Befehle mußte nunmehr der Vater gehorchen:
   zwei Geschosse holt er   jetzt aus dem Köcher hervor.
Eines davon steckt rückwärts er ein in die Mitte des Wamses:
   dieses, grimmer Tyrann,   sollte dir bringen den Tod.
Doch das andere setzt an die Sehne er, spannet den Bogen –
   gänzlich hatte bereits   Hoffnung verloren das Kind –,
hurtig durchbohrt der gefiederte Pfeil in der Mitte den Apfel,
   aber der Knabe – er bleibt   ganz von Verwundung
                             verschont.   90
Beifall ruft da die Menge, da Unerhörtes sie rührte,
   aber der grausame Vogt   zügelte nicht seinen Grimm.
„Wissen will ich“, so sprach er, „des zweiten Geschosses
                             Bedeutung“
   (denn als Tell es verbarg,   hatte der Vogt es gesehn).
Tell sprach: „Hätte ich selbst den Sohn erschossen, so hielt ich
   dieses zweite Geschoß,   dich zu erlegen, bereit.“
Sprach’s und wie man berichtet, blieb straflos nicht seine Rede:
   Fesseln wurden alsbald   ihm um die Hände gelegt;
ward auf ein Schiff dann gebracht, um elend im Kerker zu
                             enden,
   über den See von Luzern   mußte man schiffen im Kahn.   100
Eifrig treiben mit Rudern die Männer das eilende Schifflein,
   und die Mitte des Sees   hatten bereits sie erreicht,
da erhoben sich brausende Winde und stürmischer Regen,
   und den schwankenden Kahn   reißt’s zu verborgenem Riff.
Gänzlich waren ermüdet der Ruderer Schultern und Arme,
   können, völlig erschöpft,   walten des Amtes nicht mehr.
Unsicher ist der Vogt: was soll er gebieten, was fordern?
   (Im gefährdeten Schiff   reiste er selber ja mit.)

‚si quis adest' clamat ‚navis sibi sumat habenas.'
　　qui tamen id posset Thellius unus erat.　　　　　　　110
‚vincla tibi dementur' ait ‚nos eripe leto,
　　si modo nobiscum non tibi vile mori.'
redditus ipse sibi clavo subit: altera caelo
　　exhibita facies coeperat ire die.
est scopulus, premit unda latus: pars plurima summis
　　extat aquis: illuc Thellius ire parat.
quo simul ac venit saltum dedit: ipsa carina
　　icta per immensas concita fertur aquas.
nec mora longa fuit, terrae fortissimus heros
　　sistitur, et quid agat resque locusque docent.　　　120
convocat ausuros patriae succurrere, quorum
　　pectora non dubia noverat ante fide.
qui coeunt, feriuntque datae rata foedera dextrae,
　　inque vicem sibi dant accipiuntque fidem.
post etiam praeses portuque domoque receptus,
　　tandem qua meruit morte perire, perit.
sic Deus iniusti vindex, sic arbiter aequi,
　　Helvetiam merita caede piavit humum,
sic bona pacato rediit concordia vultu,
　　indigenis sic sunt reddita sceptra viris,　　　　　　130
qui nunc unanimes rerum moderantur habenas
　　et domito passim nomen ab hoste ferunt.

„Ist hier jemand", so ruft er, „der nehme das Steuer des
                                Schiffes!"
  Tell als einziger war's,   der dies vermochte zu tun.   110
„Deine Fesseln nehmen wir ab: entreiß uns dem Tode,
  falls zusammen mit uns   wenig dir Sterben nur gilt."
Also ergreift er, befreit, das Steuer. Schon hatte der Himmel
  anderes Antlitz gezeigt,   da sich erhellte der Tag.
Dort war ein Felsen, vom Wasser umspült: zum größeren Teile
  ragt aus der Flut er empor: dem steuert Tell nunmehr zu.
Sprang drauf, als er den Felsen erreicht: fort stößt er das
                               Schifflein,
  welches, getrieben vom Stoß,   irrt durch die Fluten dahin.
Bald faßt Fuß der tapfere Held auf festerem Boden,
  was dann zu tun ihm verbleibt,   lehren ihn Lage und Ort. 120
Er versammelt die Männer, die wagen, der Heimat zu helfen:
  daß getreu ihre Brust,   wußte von früher er schon.
Diese vereinigen sich: den Bund bekräftigt ein Handschlag,
  gegenseitig gelobt   jeder, zu wahren die Treu.
Als nun endlich der Vogt den schützenden Hafen erreichte,
  starb er alsbald des Tods,   den er zu sterben verdient.
So hat Gott den Frevel gerochen: als Schützer des Rechtes
  hat entsühnt er der Schweiz   Erde mit schuldigem Blut.
Also kehrte die Eintracht zurück zu friedlichem Volke,
  den Einheimischen fiel   zu jetzt die Herrschaft im Land,   130
das Regiment führen sie einträchtiglich nunmehr im Lande:
  rühmlich sind sie bekannt,   seit man den Feind überwand.

FELIX FI(E)DLER

gest. 1553

Fluminum Germaniae descriptio

Neccarus

Neccarus exoritur celebri conterminus Istro,
    imminet Abnobiis qua Nigra Silva iugis,
dux ubi iura tenet Virtembergensis, in oram
    labitur et medii perfluit arva soli.
teque novenarum sedes Tubinga sororum
    alluvie muros praetereunte rigat;
et petit Eslingam, senos ubi virgo per annos
    grande puellari ventre fovebat onus,
innatumque suo deferri corpore monstrum
    fecerat indigenis hospitibusque fidem.   10
donec inauditae commenta latentia fraudis
    turpiter amoto sunt patefacta dolo.
flectitur hinc gelidae factus vicinior arcto,
    sertaque pampinea fronde revincta gerit.
credibile est eius, quia nomine gaudet eodem,
    misceri superis a Ganymede merum.
at simul Encingum Cocharum Iaxtumque recepit,
    in Rheni virides praecipitatur aquas.

---

14. revincta *scripsi pro* revicta.

FELIX FI(E)DLER

gest. 1553

Beschreibung der Flüsse Deutschlands

Neckar

Es entspringt der Neckar unweit der ruhmreichen Donau,
  wo sich der Schwarzwald erhebt   über der Abnobahöh.
Dort wo der Herzog von Württemberg herrscht, durchströmt er
                    die Gegend,
  durch die Feldflur dahin   fließt er und mitten durchs Land.
Tübingen, Sitz der neun Schwestern, an dir auch fließt er
                    vorüber,
  deine Mauern umspült   schwellend das Wasser des Stroms;
fließt nach Esslingen dann, wo einst sechs Jahr lang ein Mädchen
  riesige Leibesfrucht   trug in jungfräulichem Schoß.
Daß sie im Leibe trag ein ihr eingeborenes Monstrum,
  wurde von Bürgern der Stadt   wie auch von Fremden
                    geglaubt,   10
bis der erschröckliche Lug und Trug, so nicht seinesgleichen
  jemals gehabt, an den Tag   kam und die List ward enthüllt.
Hier biegt er ab; er fließt dem kalten Norden schon näher,
  und von Reben belaubt   trägt er jetzt Kränze ums Haupt.
Glaubhaft ist, da er sich ja desselben Namens erfreuet,
  daß Ganymed diesen Wein   mische den Göttern zum Trunk.
Aber nachdem in ihn Enz und Jagst und Kocher gemündet,
  fließt er mit grünlicher Flut   hurtig hinein in den Rhein.

Mosella

Editus insigni Vogesi de rupe Mosella
  Tullingos placido murmure lapsus adit.
Obrincam veteres dixisse feruntur eundem,
  sortitur dubiam vox tamen ista fidem.
flava sub immenso spectatur arena profundo,
  oblita caenoso nec latet unda luto.
imperiosa Nini Babylona Semiramis uxor
  regia defuncto coniuge sceptra tulit.
privignumque suum patria de sede fugatum
  Trebeta, diversas iussit adire plagas.   10
is fugit a regno, dura cogente noverca,
  et venit ad ripas, culta Mosella, tuas.
disponitque loco muros et condidit urbem,
  cui quod adhuc retinet nomen habere dedit.
Treveris haec urbs est, quae multis paruit annis
  subdita principibus Belgice Galle tuis.
Trevir ab antiquis Gallorum gentibus ortus
  nobile virtutis nomen amore tulit;
et meruit fortis sub Caesare miles Iulo,
  copia Pompeii cum daret acta fugam.   20
urbs, ubi tranquilli Rheno levis unda Mosellae
  confluit, a fluvio nomen utroque tenet.
fortunate viges aeternis laudibus amnis,
  nec tuus ignotas alveus abdit aquas.
contigit Ausonii docto tibi carmine vatis
  nescia longaevo tempore fama mori.

Mosel

Dem berühmten Fels der Vogesen entspringet die Mosel,
  in das Gebiet von Toul   fließt sie sanftmurmelnd hinab.
Daß man Obrinca sie einst in alten Zeiten benannt hab,
  ist kaum glaublich: es klingt   zweifelhaft nämlich das Wort.
Goldgelben Sand erblickt man in ihren gewaltigen Tiefen,
  nicht von schlammigem Lehm wird ihre Woge getrübt.
Ninus verstarb: sein Weib Semiramis griff nach dem Zepter,
  Babylons Königin ward   nun die herrschsüchtige Frau;
zwang ihren Stiefsohn Trebes darauf, aus der Heimat zu
                             flüchten,
  und sie befahl ihm, weit fort,   fern in die Lande zu ziehn. 10
Unter der Stiefmutter hartem Zwang entrann er der Heimat,
  hat dann zum Schluß deinen Strand,   liebliche Mosel,
                             erreicht.
Baute Wälle dort auf und hat eine Stadt sich gegründet,
  der er den Namen verlieh,   den sie noch heute besitzt.
Trier ist der Name der Stadt; den Fürsten des belgischen
                             Gallien
  war unterworfen sie lang,   botmäßig ihrer Gewalt.
Trier, den Gallierstämmen des Altertums entsprossen,
  hatte gar edlen Ruf,   da es die Tugend geliebt.
Tapfere Truppen dienten dort unter Julius Caesar,
  als des Pompeius Heer   floh nach verlorener Schlacht.   20
Wo dem ruhigen Rhein der Mosel lebhafte Welle
  zuströmt, liegt eine Stadt,   welche nach beiden benannt.
Glücklicher Strom, der du blühst in ewig dauerndem Lobpreis,
  unbekannt ist nicht die Flut,   welche im Flußbett du birgst;
dir ward beschieden das Glück, im gelehrten Gedicht des
                             Ausonius
  fortzuleben, so daß   ewig wird dauern dein Ruhm.

Aegra

Aegra, Bohemorum qua Pinifer imminet oris,
    fusus ab angusto fonte recludit iter.
deserit occiduas, Titan ubi mergitur, undas,
    fronte resurgentes Solis adortus equos.
quaeque vocatur aquis de praetereuntibus Aegra
    illius ad ripas aedificata iacet.
heic ubi Caesareis Adilam Fridericus in ulnis
    detinuit, thalamos constituitque novos,
at Lithomericios cum transit advena colles,
    cymbifer Albiaco iungitur Aegra vado.   10

Havelus

Cincte comas ulvis et creber Havele salicto,
    fontem Marchiacis finibus ortus habes.
innumeros patriae fecundo gurgite pisces
    suggeris, et regni divitis antra tenes.
Saxonibusque procul mittis gentique Doringae
    grandia pignoribus plaustra repleta tuis.
effusus stagnas quasi Mintius alter, et urbem
    perfluis, a Brenno quae duce nomen habet.
quo Senones Galli ductore ad Tybridis undam
    diripuere tuas, Roma superba, domos.   10
urbe sub hac Brenni fulsit lux prima Sabino
    qui puer ad ripas repsit, Havele, tuas.
inde volutus aquis socio coniungeris Albi,
    Marchica Saxoniam qua prope terra iacet.

Eger

Dort wo das Fichtelgebirge sich über Böhmen erhebet,
  bahnt sich, aus engem Quell fließend, die Eger den Weg.
Sie verläßt dann den westlichen Lauf hin zur sinkenden
                                          Sonne:
  wo sich der Sonne Gespann hebt, dorthin wendet sie sich.
An ihrem Ufer ward Eger erbaut, die Stadt, deren Namen
  nach dem Flusse benannt, welcher vorbei an ihr strömt,
hier, wo Kaiser Friederich einst Adele im Arm hielt,
  aber ein neues Gemahl danach zu freien beschloß.
Hat die Höhen von Leitmeritz dann der Wandrer erstiegen,
  hat sich der schiffbare Fluß Eger der Elbe gesellt.   10

Havel

Havel, dein Haupt mit Riedgras bekränzt und Weidengebüschen,
  deinen Ursprung und Quell hast du im Lande der Mark.
Zahllose Fische bringst du hervor in fruchtbaren Wirbeln
  für deine Heimat und birgst Schlüpfe, voll Reichtum des
                                          Lands.
Weithin sendest du ja den Sachsen und Thüringens Stämmen
  Planwagen, hochaufgehäuft mit deinen Waren, ins Land.
Ausgebreitet dann stockst wie ein zweiter Mincio du; rinnst
                                          dann
  hin durch die Stadt, die man nach Brennus, dem Häuptling,
                                          benannt.
Dieser führt senonische Gallier zum Strande des Tibers,
  und des stolzen Roms Wohnsitze plünderten sie.   10
Hier in der Stadt des Brennus ward auch Sabinus geboren;
  Havel, an deinem Strand kroch er als Kindlein zuerst.
Weiter rollst du und einest sodann deine Wasser der Elbe,
  wo das Land der Mark grenzt an der Sachsen Gebiet.

Sprea

Finit inaccessos ubi silva Bohemica montes
    et petit aequato Slesica rura solo,
lubricus exiguo Sprea fonte regurgitat undas
    Marchiacosque vago flumine findit agros.
auctus aquis cursu clarissima dividit urbis
    moenia, cui nomen Parrhasis ursa dedit.
heic ubi magnificas Ioachimus Marchio sedes
    struxit, et arx mira stat fabricata manu,
fama, Mycenaei sic facta palatia regis,
    urbs ubi clarebat Sparta, fuisse refert.   10
hanc Sprea praeteriens oculis rorantibus arcem
    suspicit, et tecti culmina summa notat.
heic foribus capitur rutilo fulgentibus auro,
    heic domus Oebalio marmore fulta nitet.
materiam commendat opus; iam sistere cursum
    vellet, et haud aliqua mobilis esse via,
ni natura vetet lentumque, sequentibus undis
    obruat, et tardas non sinat esse moras.
non tamen inde procul socio miscetur Havelo,
    cui tam regificas narrat in amne domos.   20
et quondam rigido praestantes milite Suevos
    commemorat ripas accoluisse suas.
quaerenti duplici cur nomine gaudeat unus,
    se vetus a Suevis nomen habere refert.

Spree

Wo der böhmische Wald entlegene Berge begrenzet
  und nach Schlesien sich   hinzieht in ebenes Land,
sprudelt aus winziger Quelle die Spree mit hurtigen Wassern,
  und durch die Felder der Mark   fließt sie gewunden dahin.
Strömt dann, schon größer, hindurch durch die ruhmreiche
                                              Stadt, der den Namen
  einst die Bärin verlieh, die „die arkadische" heißt.
Hier, wo Markgraf Joachim großartigen Sitz sich erbaute,
  steht, von kunstvoller Hand   herrlich errichtet, ein Schloß.
Dieses gleiche, so heißt's, dem Palast des mykenischen
                                              Herrschers,
  wo die berühmte Stadt   Sparta sich einmal erhob.   10
Hier fließt vorbei die Spree; mit feuchten Augen beschaut sie
  diesen Palast; sie blickt auf   oben zum Giebel am Haus,
nimmt dann berückt dort wahr von Gold erglänzende Tore,
  schimmernden Glanzes auch stützt   marmorne Säule das
                                              Haus.
Seinem Stoff macht Ehre das Werk; gern möchte sie halten,
  harren würde der Fluß   lieber in Ruhe hier aus,
wenn die Natur nicht Stillstand verwehrte und folgende
                                              Wasser
  nicht nachdrängten, die ihm   Zaudern verbieten und Rast.
Unweit von hier fließt sie dann mit der Freundin, der Havel,
                                              zusammen,
  und erzählt ihr, wie dort   Königspalast steht im Fluß.   20
Auch daß einstmals die Sueven, berühmt als wackere Krieger,
  dort ihre Wohnstatt gehabt,   weiß und berichtet sie ihr.
Und da die andere fragt, warum sie zwei Namen besitze,
  sagt sie, daß vordem sie auch   ward nach den Sueven benannt.

LAURENTIUS FINKELTHUS

gest. 1601

Versus Epithalamii in nuptias Gregorii Bersmanni

Sic tibi coniugium video nuptamque paratam,
    clare vir, et Clarii gloria, sponse, chori.
sic taedas et te socialia sacra parantem
    conspicor ac parilis mutua vincla tori.
vincula, quae maneant semper, dum cana senectus
    incubet, et vacua stet tibi Parca colo.
quam miranda tuis, Bersmane, sodalibus audes,
    moribus et vitae nec satis aequa tuae!
asper eras: vacuo gaudebas vivere lecto,
    nunc horres vacuum mitis inire torum.   10
te Cypriae laqueis vinciri posse negabam,
    haesisti: in collo iam tibi nodus inest.
quae domitum, aiebas, me flectat femina? flexit
    Magdalis – en, longe gloria fortis abest.
quae te, quae nova mens, Bersmane, incessit? et o quis
    mutatum subito te novus ardor agit?
ipse ego cum silices te ferre in corde putarem,
    aut ferro clausum pectus habere truci,
ad fontes, dixi, prius Albidos unda recurret
    et Rhodanum tardus praecipitabit Arar,   20
quam Cytherea tuis Venus ossibus ingerat ignem
    teque sub imperium pertrahat acer Amor.
Albi, retro propera, versisque relabere lymphis,
    et Rhodanum cursu vince, volucris Arar.

6. colus: *masc. et fem. generis invenitur.*

LAURENTIUS FINKELTHUS

gest. 1601

Hochzeitsgedicht für Gregor Bersmann

Seh ich dich nun zur Ehe gerüstet, bereit auch die Braut schon,
  Bräutigam, der du verzierst   glorreich den klarischen Chor?
Sehe dich, wie du die Fackel bereitest und hochzeitlich Bündnis
  und das Band, damit ihr   beide zum Bunde euch eint.
Mögen sie ewig dauern, die Bande, bis weißhaarig Alter
  euch überkommt und schon leer   Spindel der Parzen sich
                                   dreht.
Bersmann, was wagtest du doch für neues Beginnen, den
                                   Freunden
  unerwartet, wie auch   deiner Gepflogenheit fremd?
Warst doch so spröde und gern mit leerem Bette zufrieden,
  weicher jedoch bist du jetzt,   da vor der Leere dir graut.   10
Niemals, glaubte ich, würde die Falle der Venus dich fangen,
  du aber zögertest – schon   liegt dir die Schlinge am Hals.
„Welches Weib wird mich zähmen?", so sprachst du früher;
                                   gezähmt hat
  Magdalis dich – und sieh da: fort ist die glorreiche Kraft.
Bersmann, was hat, ja was hat so den Sinn dir gewandelt, und
                                   welches
  neue Erglühn ist es, das   treibt den Verwandelten an?
Glaubte ich selbst doch, daß hartes Gestein im Herzen du
                                   tragest,
  daß gehärteter Stahl   starr deinen Busen umschließ.
Eher, sagte ich, fließe zurück zu den Quellen die Elbe,
  Arar, der träge, trieb' an   Rhone zu schnellerem Fluß,   20
als daß Venus ihr Feuer einflößte deinen Gebeinen
  und daß Amor auch dich   zwänge, ihm dienstbar zu sein.
Eile zurück, o Elbe, und rückwärts fließe dein Wasser,
  und die Rhone besieg,   Arar, mit hurtigem Fluß.

quem non mille mari, non mille pericula terris,
  non potuit studium vincere, vicit Amor.
. . .

grande morae pretium, talem fers nacte puellam,   49
  Bersmane, Aonii fama decusque chori.   50
quae non Magdalidis spirant e pectore dotes?
  Magdalidos quae non munera corpus habet?
,Magdalis' Hebraeo fertur sermone notare,
  quam Latium appellat nomine, ,magnificam'.
ergo cum variis incedat dotibus ampla,
  conveniens rebus quam bene nomen habet!
. . .

post Helenam haec nostris visa est pulcherrima terris;   77
  non tu de nihilo blandus amator eras.
nec tantum te forma potens faciesque subegit:
  sunt maiora quibus mens tibi capta flagrat.   80
non annosa tuo pendebunt bracchia collo,
  non tibi labra, ferens oscula, lambet anus.
ipse puellaris splendor flos atque iuventae
  amplexusque tibi blanditiasque parat.
ah furor, ah certe furor est sibi iungere nuptam
  et tenero iunctam posse fovere sinu,
quae iam depulsis marcet melioribus annis,
  frigore quae torpet pigra, nec ore iuvat.
quae non illa viro fastidia praebet amanti,
  moribus ingratis horrida, cassa iocis!   90
imperiumque sui detrectans torva mariti,
  non raro dominum se facit ipsa domus.
sponse, tuam melior traxit sententia mentem,
  cui placet aetatis flore puella vigens.

Den nicht tausend Gefahren zur See, nicht tausend zu Lande,
   den keine Mühe besiegt   – Amor besiegte ihn doch.
. . .

Wohl war des Wartens es wert, da du solch ein Mädchen
                             errungen,   49
   Bersmann, Zierde und Ruhm   du des aonischen Chors.   50
Was für Gaben atmet nicht Magdalis' Herz und Gemüte,
   was für Schönheiten weist   Magdalis' Körper nicht auf!
„Magdalis" heißt, wie man sagt, in hebräischer Sprache dasselbe,
   was man „magnifizent"   nennt, wenn lateinisch man spricht.
Da sie darum so reichlich bedacht mit verschiedenen Gaben,
   paßt auch ihrer Person   trefflich der Name sich an.

*(Es folgt die übliche detaillierte Aufzählung ihrer Reize, die
aber nur bis zum Gürtel geht [von oben anfangend].)*

Mir erscheint nach Helena sie als die Schönste auf Erden,   77
   nicht in nichts hast daher   zärtlich du nun dich verliebt.
Doch nicht allein ihrer Schönheit Macht und ihr Antlitz
                             bezwang dich:
   größeres kommt noch hinzu,   welches das Herz dir
                             entflammt.   80
Nicht werden sich um den Hals gealterte Arme dir schließen,
   keine Alte ist's, die   küssend die Lippe dir netzt.
Nein, der blühende Reiz eines jungen Mädchens harrt deiner,
   der dir Umarmung, der dir   zärtliches Kosen verheißt.
Wahnsinn ist es, ja Wahnsinn, sich eine Braut zu erwählen
   und, an den Busen gepreßt,   hegen in zärtlichem Arm,
eine, die hinter sich hat ihre beste Zeit und verwelkt ist,
   kalt schon, träge und starr   und auch von Ansehn nicht
                             schön.
Was für Ärger bereitet die nicht einem liebenden Gatten:
   widerlich ist ihr Getu,   und sie versteht keinen Spaß.   90
Scheelblickend raubt sie sogar die Herrscherrolle dem Manne,
   ja, sie macht sich wohl gar   selber zur Herrin im Haus.
Bräutigam, du jedoch hast das bessere Teil dir erwählet,
   da dir ein Mädchen gefiel, das noch in Jugend erblüht.

scilicet Hesiodum celebras hac arte Magistrum,
    ille tibi thalami dogmata sana dedit.
duc, ait, uxorem vegeto quae floreat aevo,
    aetatis numeret quae tria lustra suae.
haec est apta iocis aetas, haec lusibus apta est,
    haec est ad nutum coniugis apta regi.   100
ne metuas: cedet non adversata iubenti,
    grande nefas ducet spernere iussa viri.
. . .

forsitan audito Bersmani nomine, quaeris   151
    huius qua laudes voce per ora feram.
quam vellem! at res est impar iuvenilibus ausis,
    ingenii et modico robore maius onus.
vellem equidem celebrare viri praeconia versu,
    virtutisque nitens ingeniique decus.
et merito, quoniam iam frugibus area trita
    est quater et fugiens quarta recurrit hiems,
Bersmanus cum me tenerum suscepit alumnum,
    sicca Meduseo labra liquore rigans.   160
eloquar an taceam, quantum sudaverit ille,
    Aonii collis dum mihi pandit iter?
saxa per, et sentes et devia rura vagantem
    dum certo docuit tramite ferre pedes?
eloquar et quanto puerum complexus amore
    foverit, ut sobolem cura paterna suam?
quod mihi Thespiadum frater placido annuit ore,
    Bersmani agnosco munus opusque lubens.
quod mea vita viris non est invisa probatis,
    Bersmani effecit recta docentis opus.   170

Damit befolgest du treu des Meisters Hesiodus Weisung,
  der für das Hochzeitsbett   treffliche Lehren uns gab.
Nimm dir, sprach er, ein Weib im blühenden Alter der Jugend,
  ihrer Jahre Zahl   mögen drei Lustren erst sein.
Dies ist das beste Alter für Scherzen und spielendes Kosen,
  und ihres Mannes Wink   lernt sie gehorsam zu sein.   100
Fürchte dich nicht: sie folgt ohne Widerstand deinen Befehlen,
  nicht zu gehorchen dem Mann   sieht als arg Unrecht sie an.

(In den folgenden 48 Versen wird die exemplarische Frömmig-
keit des jungen Paares gerühmt.)

Wenn du Bersmanns Namen vernimmst, stellst vielleicht du die
                                                  Frage,   151
  welchergestalt ich sein Lob   künde von Munde zu Mund.
Könnt ich es nur! Doch dies übersteigt die Kräfte des
                                                  Jünglings,
  seinem geringen Talent   fällt diese Bürde zu schwer.
Trotzdem will ich in Versen den Mann zu preisen versuchen,
  sein Genie, wie es strahlt,   samt seiner Tugenden Zier.
Und das zurecht, denn man hat schon viermal die Ernte
                                                  gedroschen,
  und zum vierten Mal   kehrte der Winter zurück,
seit mich Bersmann – ein Kind war ich noch – zum Zögling
                                                  empfangen
  und mir die Lippe benetzt   hat an pierischem Quell.   160
Sag ich's oder verschweig ich, was ihn an Schweiß es gekostet,
  bis zu Parnassus' Höhn   sich mir geöffnet der Weg?
Wie ich ziellos schweifte durch Felsen, Dornen und Irrweg,
  bis auf gesicherten Pfad   er meine Schritte gelenkt?
Sage ich auch, wie er liebend gehegt und gepflegt hat den
                                                  Knaben,
  und, als wär er sein Kind,   väterlich stets ihn betreut?
Hat seine Huld mir geschenkt der Bruder der Musen, so danke
  Bersmann ich gerne dafür,   der diese Last auf sich nahm.
Wird mein Leben und Wandel von wackeren Männern gebilligt,
  ist dies Bersmanns Werk,   der mich das Rechte gelehrt.   170

ni me Bersmani labor erudiisset inertem
    nescirem superis qui sit habendus honos.
sed numquid tali meritas pro munere grates,
    num sponso grates officiosus agam?
non opis hoc nostrae est, non si mihi fluminis instar
    funderet irriguos lingua diserta sonos.
quod licet et fas est imis infixa medullis
    officii pietas haec mihi semper erit.
imprecor: ante anima haec tenues vanescat in auras,
    et moriens membris dividar ipse meis,   180
aut canibus fiam fera praeda, volucribus esca,
    aut me vesani sorbeat unda maris,
quam pectus meriti capiant oblivia tanti
    et cadat officii gratia vana pii.
hunc superi servate virum, quo sospite multis
    certum ad Pieridum sacra patebit iter.

. . .

ludite, nam lusu gaudet torus; ipse procaces   215
    delicias quaerit pacis alumnus Amor.
ludite, primitiasque toro persolvite gratas,
    ut placita vestros prole iuvetis avos.
nascatur similis Bersmanulus ore parenti,
    ingenii clarus dexteritate puer.   220
nascatur caram referens Magdalenula matrem
    et formam et mores femineumque decus.
eventura precor: decies compleverit orbem
    cum Phoebe, decies cornibus aucta novis:
tunc mea, quae vestri cecinit pia foedera lecti,
    Musa genethliacos accinet ore modos.

---

171. erudiisset *scripsi pro* eriduisset. – 182. sorbebat *textus*. – 221. Magdalenula: *prima syllaba correpta!*

Hätte mich Bersmann nicht einst in meiner Roheit gebildet,
  hätte ich niemals gelernt, wie man die Himmlischen ehrt.
Wie aber kann ich dafür den gebührenden Dank ihm erstatten,
  und ihm am Hochzeitsfest Dank zollen, wie er verdient?
Das übersteigt meine Kraft, und stünde der Schwall eines
  Flusses
  meinem Mund zu Gebot, daß er beredt sich ergieß.
Was ich vermag und was rechtens, ist dieses: im innersten
  Herzen
  sollen mir Ehrfurcht und Dank dauern auf ewige Zeit.
Eher – das sei mein Gelöbnis – entschwinde die Seele dem
  Körper,
  eher sei ich dem Tod, ledig des Leibes, geweiht, 180
eher will Hunden zur Beute, will Vögeln zum Fraße ich fallen,
  eher verschlinge mich auch wütende Woge der See,
als daß mein Herz vergäße, was ihm ich alles verdanke,
  und sein frommes Bemühn ich ihm mit Undank belohn!
Götter, o schützet den Mann: solang ihr ihn uns erhaltet,
  wird zu der Musen Dienst vielen erschlossen der Weg.

(Es folgen 30 Zeilen mit guten Wünschen.)

Tändelt nunmehr, des freut sich das Bett; stellt Amor doch
  selber, 215
  der im Frieden erwuchs, schelmischer Lust gerne nach.
Tändelt: dem Brautbett bringt dar der Erstlinge liebliche
  Spende,
  daß mit Nachkommen bald ihr eure Eltern erfreut.
Ein Bersmannlein werde geboren, das gleiche dem Vater:
  durch Talent und Geschick werde der Knabe berühmt. 220
Ein Magdalenchen dazu: sie soll ihrer liebenden Mutter
  gleichen an Schönheit und Zucht, prangend in weiblichem
  Reiz.
Künftiges sag ich voraus: wenn zehnmal Phoebe den Kreislauf
  hat vollendet, des Monds Sichel sich zehnmal erneut,
wird meine Muse, die jetzt des Ehebetts Bündnis besungen,
  ein Genethliakon singen mit fröhlichem Mund.

PAUL FLEMING

1609–1640

Germania

Est ita! divinae non emanet ultio dextrae,
  stat revolubilibus sors fugitiva rotis.
tot sum maesta dies, tot languida vulneror annos,
  nec potuit nostri quem miserere mali.
nunc relevor veteresque sinunt sub corde dolores,
  autor et intentum iam mihi vulnus habet.
quam bene, quam iuste, quam non sine numine factum!
  quam mihi non poteram, fert mihi Suecus opem!

Merseburgum

Illa ego prima truces peregrini passa furores
  militis in regno, Saxo verende, tuo.
quae mihi tam crudam turbavit Tyllidis iram,
  caussa patet, si vis noscere, sacra fui.
sic nocet integritas sanctique faventia recti,
  heu! fuit exitio nil meruisse mihi!
prima fui, quae fracta minis hostilibus hisco,
  sed quoque, quae redeo libera, prima fui.

PAUL FLEMING

1609–1640

Deutschland

Ja freilich ist es so, Gott läst nichts ungerochen,
das glatte Glücke steht auf einem leichten Rad;
so lange bin ich krank, so, so alt ist mein Schad.
Und niemand hat mir Trost im minsten zugesprochen.
Kein Beileit war umb mich. Itzt, fühl ich, läst nicht wenig
der alte Schmerze nach. Der nach mir zielt' auf Blut,
hat nun die Wunde selbst. Wie wol! wie recht! wie gut!
Kan ich mir helfen nicht, so hilft mir jener König.

Merseburg

Des frembden Feindes Grimm in dem Churfürstenthumb
hab ich zuerst gefühlt; das ist mein erster Rhumb.
Wil jemand wißen denn, warümb ich ward gestöret?
Weil ich auch habe mitt' ins Geistliche gehöret.
Ich war ein reicher Stift. Von wegen Frömmigkeit
und daß ich nichts verbührt, geschach mir dieses Leid.
Ich stehe fornen an, was uns der Feind entnommen,
    doch bin ich auch zu erst ins Freie wieder kommen.

Übersetzung von Paul Fleming.

JOHANNES FORSTER

1576–1613

Aus *Johann-Fridericiade*

Fata ducemque cano, duce qui prognatus Iano
Saxoniam sceptro placidus Mysneaque rexit
oppida. multum ille et bellis agitatus et armis
vi fati, memorem Latiae Meretricis ob iram.
Quin etiam pugna captus, dum tenderet hostes
armigeros contra, patriisque averteret oris
gentes indomitas: Hispanos dira frementes,
Hussariosque truces armis, Italosque feroces.
Musa, mihi causas memora quibus excita monstris
quidve dolens Regina Soli tot volvere casus   10
insignem pietate Ducem, tot adire labores
impulerit. tantaene animis mortalibus irae? etc. etc.

JOHANNES FORSTER

1576–1613

Aus *Johann-Fridericiade*

Das Schicksal besinge ich und den Fürsten, der als Sohn Kurfürst Johanns gnädig das Zepter führte über Sachsen und die Städte Meißens. Vielfach wurde er in Kriegen und unter Waffen umhergetrieben durch die Macht des Schicksals, wegen des nachtragenden Grolls der Hure von Rom. Ja, er ward sogar gefangen, als er bewaffnetem Feinde sich widersetzte und trachtete, von seines Landes Grenzen zu wehren ungezähmte Stämme: unheilvoll brüllende Spanier, Husaren, gräßlich in Waffen, und wilde Italiener.

Muse, nenne mir die Gründe, nenne mir die Ungeheuer, 10
die sie antrieben, oder den Schmerz, der die Herrscherin des Landes bewog, den frommen Fürsten zu zwingen, so viele Schicksalsfälle zu erleiden, so viele Fährnisse zu dulden. Können Menschenherzen so zürnen? usw. usw.

MARQUARD FREHER

1565–1614

Ad Gruterum

Amove cuncta, inquit, coeptosque relinque labores,
  quid tibi cum Seneca, belle Grutere, Venus?
excutiensque manu scriptos cusosque libellos,
  ‚pro Seneca‘, inquit ‚erit pulchra iuvenca tibi.‘

Aus *In nuptias Illustriss. Electoris Palatini
Friderici IV cum Loisa Iuliana, Principis Auriaci filia*

LVX VnI bIs seXta VenIt, VenIt InCLIta ConIVX,
CertVs honos nIVeI, DVX FrIDerICe, torI.

MARQUARD FREHER

1565–1614

An Gruter

Venus sprach: „Fort mit allem, gib auf die begonnene Arbeit.
  Gruter, du schöner Mann,   was willst mit Seneca du?"
Riß ihm die Handschriften fort mitsamt den Drucken und sagte:
  „Eine Jungkuh gar schön   soll dir statt Seneca sein."

Aus *Zur Hochzeit des Hochmächtigen Pfalzgrafen Friedrich IV.*
  mit Louisa Juliana, Tochter des Prinzen von Oranien

Inhalt:
Bald, Herzog Friedrich, kommt deine erlauchte Gattin zu dir.

SALOMON FRENZEL

gest. 1605

Kalendiis Ianuarii

Annus adest novus et nova spes, metus et novus anno
it comes: haec inter nam duo vita ruit.

Disciplina morum

In litteris qui proficit
in moribusque deficit,
plus deficit quam proficit
simulque multis officit.

SALOMON FRENZEL

gest. 1605

Zum 1. Januar

Neujahr ist hier. Neue Hoffnung gesellt, neue Furcht sich
dem Jahre:
zwischen Hoffnung und Furcht   eilt ja das Leben dahin.

Sittenlehre

Wer wissensmäßig kommt voran,
doch in Moral bleibt hintendran,
der geht zurück und nicht voran
und stößt zugleich bei vielen an.

NICODEMUS FRISCHLIN

1547–1590

In Ebrietatem, ad Ioh. Posthium

Est locus Arctoo ferme conterminus axi,
    qua celeres volvunt Rhenus et Ister aquas.   10
alta domus tecto, sublimibus alta columnis:
    grata domus puero, grata frequensque seni.
. . .
infima pars cellam vino pomisque refertam   17
    continet, et largo dolia plena mero.
. . .
stat mensa et fuso numquam fit sicca Falerno,   21
    foetorem haec tota spirat in aede gravem,
ut cum quis foveam non clausa nare viator
    aut foedam, ducit qua via, transit haram.
cantharus in gelida sedet illi proximus unda,
    omnia plena vitris, omnia plena scyphis.
apposita stant lance dapes, quas verna ministrat
    luxus; stant avidae fercla parata gulae.
haec circum ternis stipata sororibus, audax
    Ebrietas, animo, corpore fracta, sedet.   30
a dextris Venus, a laevis Blasphemia, et ante
    prodiga mens; medium sed tenet ipsa locum.
dii, quales oculi! quae diri tempora vultus!
    vix equidem tali fronte Medusa fuit.
luridus in vultu color, et vaga lumina torve
    igne micant, ciliis ulcera foeda scatent.

28. avidae *scripsi pro* avitae.

NICODEMUS FRISCHLIN

1547–1590

Gegen die Trunksucht, an Joh. Posthius

Dort, wo strömen der Rhein und die Donau mit schnellem
                                    Gewässer,
   liegt eine Gegend – nicht weit   ist sie vom nördlichen Pol. 10
Stolz ragt dort ein Gebäude mit hochaufragenden Säulen,
   Knaben haben es gern,   oft auch besucht es der Greis.
. . .

Drunten ist voll der Keller mit Wein und vielerlei Früchten, 17
   und manch riesiges Faß   birgt hier das starke Getränk.
. . .

Mitten im Saal steht ein Tisch, stets feucht von vergossenem
                                    Weine,   21
   und es atmet das Haus   ganz diesen faden Geruch,
wie ihn ein Wanderer riecht, der nicht sich zuhält die Nase,
   geht er am Bärenloch   oder am Saustall vorbei.
Nahe dabei steht ein Eimer, versenkt in kühlendem Wasser,
   und mit Gläsern ist hier   alles und Bechern gefüllt.
Schüsseln mit Speisen stehen herum: der Luxus serviert sie,
   vielerlei Leckergericht   für den gefräßigen Schlund.
Ringsum sitzen drei Schwestern: die freche Trunksucht ist eine:
   gänzlich verfallen bereits   ist sie an Seele und Leib.   30
Venus sitzt ihr zur Rechten, die Blasphemie ihr zur Linken,
   auch die Verschwendung sitzt dort,   Trunksucht jedoch
                                    obenan.
Götter, was hat sie für Augen! Wie gräßlich Antlitz und
                                    Schläfen!
   So abscheulich war wohl   kaum die Medusa zu sehn.
Fahl ihr Gesicht, es stechen ingrimmig die irrenden Augen,
   und von eklem Geschwür   sind ihre Lider entstellt.

Trinkende Studenten. Holzschnitt, zuerst erschienen in: Directorium Statuum, Straßburg um 1489, wiederverwendet in der Schelmenzunft des Straßburger Franziskaners Thomas Murner (2. Auflage 1512).

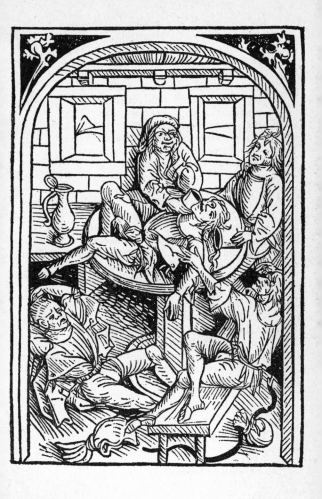

pendula laena genis spirantique ore mephites,
　　dente putris, buccis turgida, blaesa sono.
inde manus tremulae prostrataque membra podagra,
　　et formidatis venter opimus aquis.　　　　　　　　40
nullus honor, vestis quem conciliaret honesta:
　　nuda puella humeros, nuda puella genu.
quaque tegit reliqui furialis corporis artus,
　　sordet, et est longo trita lacerna die.
nulla quoque informem circumdat zona puellam,
　　iam pridem huic zonam solvit amica Venus.
pro zona longum tunicas farcimen oberrat:
　　gratior aurato balteus iste sinu.
amissis pariter nummis ipsaque crumena
　　alea marsuppi sustinet apta vicem.　　　　　　　　50
biblia lecturam vetuit soror altera quondam
　　chartarum ludos substituitque leves.
nunc manibus gerit et posita inter pocula tractat:
　　provocat his pueros, provocat hisce senes.
monstrum horrendum, ingens, cunctis ornatibus orbum,
　　frondibus exceptis, quae decorare caput.
nam placidis gaudet lasciva puella choreis,
　　addit enim stimulos Liber et alma Ceres.
stant famulae foedae circum scelerumque ministrae,
　　exhaustos doctae restituisse cados:　　　　　　　　60
Ira, Libido, Furor, Fastus, Iactantia, Caedes,
　　Fraus, Dolus, Insidiae, Iurgia, Flagra, Minae,
contemptrixque hominum superumque Superbia demens,
　　atque aliae, longus quas memorare labor.
imminet ipsa mero cyathosque sororibus instat,
　　cumque bibit, una sorbitione bibit.

---

42. humeros *scripsi pro* humeris.

Hängende Haube verhüllt ihre Wangen; sie stinkt aus dem
Munde,
  Backen gedunsen, ihr Zahn   schmutzig, sie lallt, wenn sie
spricht.
Auch ihre Hände sind zittrig, die Gicht quält die leidenden
Glieder,
  und von Wassersucht auch   schwillt ihr gefährlich der Bauch.
Nichts verziert sie – noch nicht einmal anständige Kleidung,   41
  bloß trägt die Schultern das Weib, bloß trägt das Weib
auch das Knie,
und das Gewand, das den Rest des Furienkörpers bekleidet,
  starrt von Schmutze: es hat   ganz es verschlissen die Zeit.
Auch kein Gürtel umgibt die Hüften des häßlichen Weibes:
  Venus, die Freundin, hat längst   schon ihr den Gürtel gelöst.
Statt eines Gürtels umschlingt eine lange Wurst ihr das Hemde:
  lieber als goldgestickt Kleid   ist ihr ein Gurt dieser Art.
Da sie ihr ganzes Geld, und mit ihm ihre Börse, verloren,
  bietet das Würfelspiel ihr   passenden Beutelersatz.   50
Einmal wollte die Bibel sie lesen: die Schwester verbot es,
  hat statt dessen das Spiel   sie mit den Karten gelehrt.
Die hat sie stets in der Hand und spielt, wenn sie absetzt
den Becher,
  Knaben verlockt sie damit,   damit verlockt sie den Greis.
Ungetüm, grausig und wüst, das jeglicher Zierde entbehret,
  abgesehen vom Laub,   welches das Haupt ihr verziert.
Denn dem lüsternen Weib gefällt leichtsinniges Tanzen,
  Liber stiftet sie an   nämlich und Ceres dazu.
Häßliche Mägde auch stehen herum, dem Frevel zu dienen,
  und das geleerte Faß   füllen gelehrig sie auf: 60
Zorn und Geilheit und Irrsinn und Stolz und Prahlen und
Totschlag,
  Arglist, Tücke, Betrug,   Drohung, Beschimpfung und Streit,
rasende Hoffart auch, die Menschen und Götter verachtet,
  und noch andere, die   kaum man zu zählen vermag.
Über den Wein gebeugt, drängt Becher sie auf ihren Schwestern,
  und wenn selber sie trinkt,   trinkt sie's mit einem Zug aus.

tum Veneri obscoeno (pudet ipsum dicere) vitro
    praebibit, et tremulum fundit in ora merum.
quo simul incaluit, festas agitare choreas
    appetit adque ictam crura movere lyram.   70
invitosque rapit stimulante furore maritos,
    invitasque rapit, patre vetante, nurus.
sublato clamore sonat domus, icta tremiscunt
    atria, sub pedibus putida terra gemit.
pars oppleta vomit, pars voces tollit ineptas,
    ut solet a scabra turpis asella mola.
ipsa quoque ante alios clamando immanior omnes
    Ebrietas raucum tollit ad astra sonum,
regia quo caeli tellusque profunda remugit
    vicinaeque omnes intremuere domus.   80
iusserit hanc aliquis nimias compescere voces,
    continuo illius gutture pugnus erit.
tum famulae certatim omnes ‚arma, arma‘ loquentur
    pugnaque constricta cuspide surget atrox.
iamque volant fragilesque cadi curvique lebetes,
    missa volant liquido pocula plena mero.
tum soror horribiles edit Blasphemia voces
    inque ipsos spargit crimina multa deos.
vulnere Tartareas aliqui mittuntur ad undas:
    flebilis hoc nempe est Ebrietatis opus.   90
quid loquar, ut patrio macularit sanguine dextras
    saepius, heu, fratres tradideritque neci?
quid quod et incestu se polluit illa nefando
    saepius, heu, vetitis accubuitque toris.
illa suas Lothum iussit vitiare puellas:
    nil sinit intactum Bacchicus esse liquor.
illa patres facit esse suis ludibria natis,
    ebrius ut toto monstrat in orbe Noas.

93. illa *posui* pro ille.

Aus unzüchtig geformtem Glas trinkt zu sie der Venus,
   und in ihr zuckendes Maul   gießt sie den Wein sich hinein.
Kommt sie dadurch in Hitze, beginnt sie, lustig zu tanzen,
   und zum Lautengetön   wirft sie die Beine empor,   70
reißt in rasendem Taumel mit sich unwillige Männer,
   reißt die Mädchen mit sich,   ob's auch der Vater verbot.
Lärm steigt auf, es erdröhnet das Haus, es schwanket die
                                       Stube,
   schmutziger Estrich stöhnt   unter der Füße Gestampf.
Mancher, der voll ist, erbricht sich, und andere kreischen
                                       und brüllen,
   so wie am Mühlenrad   räudige Eselin schreit.
Aber die Trunksucht brüllt lauter als alle andern zusammen,
   und ihr rauhes Geschrei   steigt zu den Sternen empor,
daß des Himmels Palast und unten die Erde zurückbrüllt
   und daß ein jegliches Haus,   das in der Nähe, erbebt.   80
Sollte dann einer verlangen, man möge die Stimmen doch
                                       dämpfen,
   fährt ihm ohne Verzug   schon an die Kehle die Faust.
„Waffen her, Waffen", schreien dann um die Wette die Knechte,
   und mit gezücktem Schwert   wütet das grause Gefecht.
Schon fliegt zerbrechliches Glas, es fliegen metallene
                                       Schüsseln,
   und es fliegen im Wurf   Becher, gefüllt noch mit Wein.
Schwester Blasphemie erhebt dann die gräßliche Stimme,
   und die Götter sogar   lästert ihr fluchender Mund.
Manch einen schickt eine Wunde hinab zu des Tartarus Schatten,
   daran hatte fürwahr   elende Trunksucht die Schuld.   90
Soll ich erwähnen, wie oft mit Vaterblute die Hände
   sie befleckte und, ach,   Brüder dem Tode geweiht?
Blutschande hat sie sogar – unsagbare Sünde! – verschuldet
   und in verbotenes Bett,   wehe, sich oftmals gelegt.
Sie trieb Lot, daß er sich verging an den eigenen Töchtern:
   nichts darf unberührt sein,   so will es Bacchus' Getränk.
Väter werden durch ihre Schuld zum Gespötte der Kinder,
   wie es der ganzen Welt   trunken der Noah bewies.

illa suis properat funus letale maritis
    Eumenis ut Phrygii tristia fata docent.   100
ut docet Elpenor tecto delapsus ab alto,
    dum nimium lasso flabat ab ore merum.
illa suos praedam facit hostibus esse maritos,
    exemplo ut monstras, dux Holopherne, tuo,
et vos, Troiani, somno vinoque sepulti,
    Argolica quorum moenia capta manu.
illa suos necat ense viros, heu, saevior illis,
    quae pertusa Stygis dolia fonte replent.
illa suos Erebum cultores ducit ad imum
    ebriaque aeterno carcere corda premit.   110
illa suos nulla de causa occidit amicos:
    magnus Alexander qui mihi testis erit.
compulit haec Gallum secretam pandere mentem,
    compulit, heu, propria vim sibi ferre manu.
haec Macedûm reges et regna evertit, et olim
    attulit, Antoni, fata suprema tibi.
nam tua ni turpi maduissent pectora vino,
    Actia caede nova non rubuisset aqua.
usque adeo mentemque abolet corpusque trucidat
    aeternisque premit cladibus Ebrietas.   120
o superi, nostras quis monstrum hoc duxit in oras?
    quae peperit mater? quo genitore sata est?
. . .

inde pater Pluto tenebris eduxit adultam,   133
    posset ut huic aliquem consociare virum.
paene pererratis totius finibus orbis
    aptus ei nullus, quem reperiret, erat.
in Scythiam venit: Scythia eiecere coloni,
    in Thracam rediit, Thraca removit humus.

Ehegatten bringt sie vorzeitig Tod und Begräbnis,
    wie es des Eumenes Los   einstmals, des Phrygers, gezeigt; 100
wie auch Elpenor uns lehrt, der hoch abstürzte vom Dache,
    da er zu reichlich zuvor   hatte genossen des Weins.
Ihre Buhler liefert sie selbst dem Feinde ans Messer,
    wie dein Beispiel es auch   uns, Holofernes, beweist.
Auch ihr Troer waret vom Schlaf und Weine bewältigt,
    daß dadurch eure Stadt   fiel in der Danaer Hand.
Sie erschlägt mit dem Schwert ihre Männer – noch wilder als
                        jene,
    die mit stygischem Naß   füllen durchlöchertes Faß.
Ihre Freier führt sie hinab in die Tiefen der Hölle
    und des Trunkenen Leib   preßt sie in ewige Haft. 110
Ohne triftigen Grund erschlägt sie die eigenen Freunde:
    Alexander soll mir   dienen als Zeuge dafür.
Sie trieb Gallus an, sein geheimes Sinnen zu sagen,
    sie trieb dazu ihn, o weh,   an sich zu legen die Hand.
Mazedonierreiche und -könige stürzte sie; sie auch
    hat, Antonius, dir   Tod und Verderben gebracht.
Hättest du nämlich dich nicht dem schnöden Trunke ergeben,
    hätte bei Aktium nicht   blutig die See sich gefärbt.
So sehr verwirrt die Trunksucht die Sinne und metzelt die
                      Körper:
    sie bringt ewiglich nur   Tod und Verderben hervor. 120
Götter, wer hat dieses Scheusal gebracht in unsere Lande?
    Welche Mutter gebar's?   Wer war es, der sie erzeugt.

(Die Furie Allekto war ihre Mutter, Pluto ihr Vater; sie wuchs
in der Hölle auf.)

Pluto, ihr Vater, führte ans Licht sie dann, als sie schon
                      mannbar,   133
    und er suchte für sie   einen geeigneten Mann.
Er durchschweifte mit ihr fast alle Länder der Erde,
    nirgends fand sich jedoch   für sie ein passender Mann.
Als sie nach Skythien kamen, da warfen heraus sie die Skythen,
    als sie nach Thrazien kam,   warf auch dies Land sie heraus.

hic Pluto, ‚Thracae (proh Jupiter)‘ inquit ‚in oris
    quam nostra haec olim grata puella fuit. 140
nunc odere omnes, et sobrietatis amantes
    heu, quoque suppliciis ebria corda premunt.
scilicet hoc meritis debebit Thracia tellus
    sive, Anacharsi, tuis seu, Mahometa, tuis.‘
dixit, et Aemathiis a pone tergo relictis
    in latos Asiae protinus ivit agros.
non Asia admisit, non India, non Arimaspi:
    limina clausit Arabs, limina clausit Ion.
clausit et Aegyptus, tepidae clausere Cyrenae,
    Gaetulo patuit nullus in orbe locus. 150
hinc adit Hispanos: Hispania tota fugavit;
    mox petit Italiam: clausit et illa fores.
evolat ad Gallûm superatis Alpibus urbes,
    sed riget obicibus ianua fulta suis.
omnibus exclusum lati regionibus orbis,
    heu, Stygio monstrum de genitore satum,
Teutonus excepit mensisque locavit et ostro
    magnificasque sua condidit urbe domus.
quîs pueri iuvenesque bibunt, quîs cana senectus
    pocula nocturnis aequa diurna facit. 160
· · ·

o vos degeneres! o segnia pectora rebus 163
    fortibus! o patribus turba nefanda tuis!
Martius hic ardor detrudere finibus hostes
    suasit et invictum pace tenere solum.
vos vino et somno patrum praeclara sepulti
    linquitis, heu, turpi more trophaea Getis.
evigilate viri dirumque expellite monstrum
    finibus, et patrii stringite moris iter. 170
sobria si fuerint Germanae pectora genti,
    illa viris maior totius orbis erit.
laudibus ingenii non vincet Teutonas Auson,
    militis Hispanus cedet honore sui;

„Jupiter", sprach da Pluto, „wie war im thrazischen Lande
   doch vor Zeiten einmal   gern meine Tochter gesehn!   140
Jetzt aber hassen sie alle: der Nüchternheit sind sie ergeben,
   und wenn sich einer betrinkt,   wird er aufs schwerste
                                       bestraft.
Dies verdanket der Thrazier Land wohl eurem Verdienste,
   ob, Anacharsis, nun du,   ob du es, Mahomet, warst."
Sprach's, und kehrte den Rücken dem Mazedonierlande,
   und nach dem weiten Gefild   Asiens ging er alsbald.
Asien ließ sie nicht ein, nicht Indien, nicht Arimaspien,
   seine Grenzen verschloß   Jonier und Araber ihm.
Auch Ägypten verschloß sich, wie auch das warme Cyrene,
   auch im Gätulierland   öffnete sich keine Stadt.   150
Gingen von hier nach Spanien, jedoch ganz Spanien vertrieb sie;
   nach Italien ging's dann: dies auch verschloß ihr sein Tor.
Über die Alpen dann flog sie, nach Frankreichs Städten zu ziehen,
   aber durch Riegel versperrt,   öffnete sich ihr kein Tor.
Als sich so alle Länder der Welt dem Scheusal verschlossen,
   welches in höllischer Nacht   hatte sein Vater erzeugt,
ließ der Deutsche es ein. Er zog sie zur festlichen Tafel
   und manch prächtiges Haus   baut' in den Städten er ihr,
wo dem Trunke sich Knaben und Männer ergeben; wo Greise
   Becher schwingen, so daß   Tag nicht verschieden von Nacht.   160
. . .

O Entartete ihr! Ihr trägen Herzen in Zeiten,   163
   da es stark gilt zu sein: Schande der Ahnen seid ihr.
Aus dem Land zu vertreiben den Feind, geböte euch Kriegsmut,
   um in siegreichem Land   friedlich zu wohnen danach.
Aber von Wein und Schlaf bewältigt, lasset ihr schmählich
   Geten zur Beute, was einst   glorreich der Ahne errang.
Auf, erwachet, ihr Mannen! Vertreibet das scheußliche Untier
   aus dem Lande: schlagt ein   wieder der Vorfahren Weg!   170
Wenn das deutsche Volk sich endlich einmal ernüchtert,
   dann wird größer es sein   als alle Menschen der Welt.
Dann übertrifft Italien nicht des Deutschen Talente,
   und an soldatischem Ruhm   steht ihm der Spanier nach.

consiliis Gallus, velocibus Africus armis,
  Germano Turcus praepete cedet equo.
nec pharetra Moschus nec diro Tartarus arcu
  Germanûm frameas qui superabit, erit.
Teuto suis vincet, quotquot sol adspicit, armis
  terrarum populos Antipodumque manus,   180
si te, Bacche, prius vincat, Furiisque creatae
  respuat infelix Ebrietatis opus . . .

Dann weicht Frankreich dem Deutschen im Rat, der Maure im
Streite,
und der Türke sogar,   hurtig zu Roß, steht ihm nach.
Nicht der Köcher des Russen noch grimmer Pfeil des Tataren
wird überwinden sodann   unsern germanischen Spieß.
Alles besiegt dann der Deutsche, was nur die Sonne erblickt,
alle Völker der Welt,   auch Antipoden zuhauf.   180
Wenn er zuerst dich, Bacchus, besiegt und von sich verstoßen,
was ihm Unseliges bringt   Trunksucht, von Furien erzeugt.

*183–198: Vertreibt daher dies Scheusal. Ihr Poeten insbesondere,
besingt nicht den Wein, sondern stürzt euch auf die Trunksucht
wie Jäger auf das Wild; mein Freund Posthius soll euer Hera-
kles und euer Meleagros sein.*

JOHANNES MICHAEL GIGAS

1580–nach 1650

Epitaphium Desiderii Erasmi

Pallados errantes Musas qui duxit ad arcem
quique fuit doctis portus et aura viris,
hoc tegitur saxo, maturo tempore raptus:
spiritus astra colit, nomen in orbe volat.

Liborio Scribae

Qui nescit fatuae blandiri hoc tempore plebi,
qui non connivet, pauper inopsque vir est.

In Doletum

Ecce tuos rodunt blattae muresque libellos:
tam sapiunt versus dulce, Dolete, tuos.

Ad famulum

‚Nil prorsus feci‘, quando te verbero, clamas:
te ferio idcirco, quod facis ipse nihil.

JOHANNES MICHAEL GIGAS

1580–nach 1650

Grabschrift für Erasmus

Der die irrenden Musen zur Hochburg der Pallas geführt hat,
   der den Gelehrten war   Fahrwind und Hafen zugleich,
unter dem Stein liegt er hier, im hohen Alter entrückt:
   Sternen gesellt ist sein Geist,   erdkreiserfüllend sein Ruhm.

An Sekretär Liborius

Wer's heutzutag nicht versteht, dem dummen Pöbel zu
                         schmeicheln,
   und durch die Finger nicht sieht,   mittellos bleibt der und arm.

Auf Dolet

Siehe, es nagen die Schwaben und Mäuse an deinen Gedichten:
   daß deine Verse, Dolet,   süß sind, begreifen sie wohl.

An einen Diener

„Gar nichts hab ich getan!" So schreist du, wenn ich dich prügle.
   Deshalb schlage ich dich   ja, weil du nie etwas tust.

JOH. GLANDORP

1501–1564

Uxori parendum

Qui pacem constare cupit domuique sibique
cogitur uxori moriger esse suae.

Gymnica non decent pueros

Gymnica tractantem spectant pia Musa iuventam:
non ait hanc studiis sed genui stadiis.

JOH. GLANDORP

1501–1564

Frauengehorsam

Wer für sein Haus und sich selber beständigen Frieden begehret,
notgedrungen muß der   schicken sich unter sein Weib.

Sport ziemt der Jugend nicht

Als die Muse die sportbeflissene Jugend erblickte,
sprach sie: „Fürs Stadion, nicht   Studium zog ich sie auf?"

SIMON GRUNAEUS

1564–1628

Ad Meliorum Laubanum abiturientem Dantiscum

Deme mihi hos oculos! video nil. os mihi deme;
    mutescam. mentem deme; ero mentis inops.
deme animam; moriar. deme ipsum me mihi; nil sum,
    omnia deme tibi haec tu quoque nullus eris.
atque ego te his oculis quos non habeo ipse, tuebor
    atque ego ore tibi quo careo ipse loquar?
atque ego quae mihi abest, quidnam tibi mente precabor?
    atque ego vel dabo suspiria inops animae?
imo egone ipse nihil, quidquam videamne? loquarne?
    aut precer? aut spirem? aut praeterea ecquid agam?   10
omnia iampridem haec tibi, Laubane, omnia cessi;
    omnia iampridem a me haec penite unus habes.
iamque Clilypeni ad maris ambitum ea omnia tecum
    hei rapis hei nimium praecipe discidio.
quid faciam? an revocem tibi quod semel obtigit? absit.
    obtigit imo semel quod tibi semper habe.
dumque id habes me prorsus habe, meaque omnia mecum
    lingua oculi, atque anima et mens simul ipsa; sat est.
sic et ego in te ipso, in me tuque reciproce, habebis,
    Laubane o ocule, os, mens, anima, une mea.   20

SIMON GRUNAEUS

1564–1628

An Melchior Lauban, als er nach Danzig abreiste

Nimm meine Augen mir fort – nichts sehe ich. Nimm meinen
                            Mund mir –
  stumm bin ich. Nimm den Verstand   – unsinnig werde ich sein.
Nimm meine Seele – ich sterbe. Mich selbst nimm von mir –
                             nichts bin ich;
  nimm dies alles von dir   fort, und auch du wirst nichts sein.
Soll ich dich anschauen dann mit Augen, die nicht mehr die
                             meinen?
  Reden zu dir mit dem Mund,   welcher mir selber doch fehlt?
Soll ich beten für dich mit den Sinnen, die nicht mehr ich habe?
  Seufzen soll ich vielleicht,   da ohne Seele ich bin?
Da ich nichts bin, wie kann irgend etwas ich sehen? Wie reden?
  Beten? Atmen vielleicht?   Irgendein anderes tun?   10
All dieses trat ich dir ab schon lange, ja alles, Laubanus,
  all dieses hast von mir   lang schon als Einziger du.
Und nun nimmst du's mit dir zum fernen Gestade der Ostsee,
  ach, hinweg, da du, ach,   allzuschnell scheidest von mir.
Was soll ich tun? Soll ich fordern zurück was dir einmal
                         zuteil ward?
  Nein! Was einmal dir ward,   bleibe in Ewigkeit dein.
Mich besitze, solang du es hast, und alles, was mein ist:
  Zunge und Seele und Aug   – selbst den Verstand: das genügt.
Also leb ich in dir, und du im Tausche lebst in mir,
  Auge, Mund, Sinn bist, Lauban,   du mir und Seele allein.   20

MICHAEL HASLOB

1540–1589

In Ioachimi memoriam et honorem

Quis precor erudiit Ioachimi pectora? Pallas.
    quis tamen e docti pectore lucet? Amor.
quis reficit mentem rerum post taedia? Lusus.
    Musa quid? officium Principis illa canit.
quis bonus auscultat renovanti plectra? Cupido.
    quae dederit curis praemia digna? Charis.
officiis gaude Princeps: tua nomina vivent,
    dum stellas coelum, gramen habebit ager,
quando tibi plaudunt concordi pectore cuncti,
    Pallas, Amor, Lusus, Musa, Cupido, Charis.   10

MICHAEL HASLOB

1540–1589

Auf Kurfürst Joachim II.

Wer hat Joachim verliehen Gelehrsamkeit? Pallas Athene.
  Wer aber scheinet hervor   aus seinem Herzen? Amor.
Was erquickt seinen Geist nach dem Drang der Geschäftigkeit?
                               Spielen.
  Was tut die Muse? Sie singt   Lob seinem fürstlichen Amt.
Welch guter Gott hört ihm zu, schlägt die Leier er wieder?
                               Cupido.
  Wer gibt würdigen Lohn   all seiner Mühe? Die Huld.
Freue dich, Fürst, deines Amtes: so lange wird leben dein Name,
  wie am Himmel Gestirn,   Korn auf den Feldern zu sehn,
da diese alle dir Beifall spenden einträchtigen Herzens:
  Pallas, Amor und Spiel,   Muse, Cupido und Huld.   10

DANIEL HEINSIUS

1580–1655

Lusus ad apiculas

Mellificae volucres,
quae per purpureas rosas
violas amaracumque
tepidique dona veris
legitis suave nectar,
tenerae cives
et seduli coloni
et incolae beati
hortorum redolentium;
gens divino   10
ebria rore –
agite, o meae volucres, age, gens vaga nemorum,
agite, hinc abite cunctae,
et tumulum magni cingite Lipsiadae.
illic domum laresque
vobis figite, figite.
illic vestri
copia mellis
hereditasque fertur ad vos denuo
debita, quam vobis quondam sublegerat ille.   20
at invidos malosque,
et quem non Venus aurea,
quem non amat Cupido,
quem non amant lepores,
quem non amat venustas,
quem non amat Suada,
illos acutis protinus
figite cuspidibus.
ut si quis malus impiusque tendat

DANIEL HEINSIUS

1580–1655

Ein Bienenspäßchen

Honigerzeuger im Flug,
die aus Rosen ihr, dunkelrot,
die aus Majoran und Veilchen
und des lauen Frühlings Gaben
sammelt ein den süßen Nektar –
ihr bewohnt, Kleinchen,
und ihr bewerket fleißig
und ihr besiedelt glücklich
Gärten, welche von Düften schwer.
Volk, von Götter-   10
taue berauschtes,
mach dich auf, geflügelter Schwarm, der du schweifest im
machet fort von hier euch alle,   Wald, auf, auf,
und, wo ein Großer jetzt ruht, Lipsius' Hügel umgebt!
Dort sollet Haus und Hof ihr
euch erbauen, erbauen jetzt;
dort sollt reiche
Menge des Honigs
ihr wieder finden und das Erbteil ebenfalls,
euch geschuldet, das einst zum Ersatze euch jener bestimmte.   20
Doch Böse, die euch neiden –
wen die goldene Venus nicht
und wen nicht liebt Cupido
und wen nicht liebt die Anmut
und wen nicht liebt die Schönheit
und wen nicht liebt die Peitho,
dem treibt alsbald die spitzigen
Stacheln hinein in das Fleisch.
Daß, wenn irgendein böser Frevler trachtet,

mel illud roseumque nectar, illas   30
caeli delicias cibosque divum
impio male vellicare morsu,
protinus undique et undique et undique et undique
calamisque vocibusque   punctus
et eruditis morsibus
concidat extincto victima Lipsiadae.

Elegia V. Hylas

Cum Venus occultis Cinyridae saucia curis,
   furtivo domini surgeret e thalamo,
languida nox prono factura silentia mundo
   stillabat madidis roscida sideribus.
ridebant valles, ridebant obvia Tempe:
   in florem viridis protinus ibat humus.
parvus Amor iunctos aurigabatur olores,
   percutiens geminis colla papaveribus.
quos dum forte cavis e vallibus ascendentes
   paulatim campis flectit ab Assyriis,   10
Nympharum in lucos (Nymphae tum forte sedebant)
   aspicit occultis sub nemorum foliis
pendentem lympham: tacitae quam noctis imago
   et tenebrae totis abstulerant oculis,
ni circum alludat radiis argentea Phoebe,
   et strepitus densis murmuret e violis
occultus, qualis desertae rupis ab antro
   vere novo florum conscia fundit apis.
at circum faciles Nymphae choreas ducebant;
   Nymphae formosis invida turba viris;   20

jenen Honig und jenen Rosennektar, 30
jene leckere Himmelsgötterspeise,
anzuschnibbeln und frech hineinzubeißen,
gleich überall, überall, überall, überall er zerpiekt wird;
daß vor Summen, daß vor Surren
und wohlgezielten Stichen er
sinke an Lipsius' Grab, jenem zum Opfer, dahin.

Elegie 5. Hylas

Wund von heimlicher Liebe zu Cinyras' Sohne, erhob sich
   Venus leise vom Bett,   still in des Gatten Gemach.
Milde und lau war die Nacht, dem ruhenden Weltall verkündend
   Stille, sternenbetaut   tropfend aus schweigenden Höhn.
Lieblich lächelten Täler, ihr lächelte Tempe entgegen,
   Frühlingblüten versprach   grünende Erde bereits.
Amor, das Knäblein, lenkte zwei Schwäne, geschirrt zum
                                 Gespanne,
   trieb sie zu rascherer Fahrt   peitschend mit Mohnblumen an.
Als nun aus tiefen Tälern die Schwäne aufwärts stiegen,
   und er allmählich sie fort   lenkte vom Syrergefild   10
nach den Hainen der Nymphen (denn damals wohnten dort
                                 Nymphen),
   sah er, verborgen im Laub   dunkelnden Waldes, den Quell,
Wasserfall, hangend am Hügel; die Nacht mit schweigendem
                                 Dunkel
hielt', und die Finsternis, ihn   jeglichem Auge verhüllt,
hätte der Mond nicht umspielt den Quell mit silbernen Strahlen,
   hätte sein Naß nicht gerauscht   murmelnd durch
                                 Veilchengebüsch
heimlich, so wie in der Grotte beim einsamen Felsen die Biene
   summt, wenn sie Blumen gewahrt,   sprossend bei
                                 Frühlingsbeginn.
Leichtfüßig zogen die Nymphen herum ihre Reigentänze –   19
   Nymphenschar, die mit Neid   männliche Schönheit erschaut.

quas intenta suo lustrabat lumine Luna,
  pendentes tremulis arma sub arboribus.
pendebant pharetrae, pendebat inutilis arcus,
  quem metuunt Panes, quem metuunt Satyri.
ergo abit, et puram spectator pergit ad undam,
  oblitus niveas flectere rursus aves.
cunctaque dum lustrat, dumque omnia circumspectat,
  et faciles lusus et faciles choreas,
corpore propendens toto gelidis super undis,
  deciderunt arcus, deciderunt pharetrae,   30
elapsae furtim, veluti cum noctis in umbra
  stella repente altum decidit in pelagum,
in pelagum delapsa, vel ut delapsa putetur,
  fulget, et immensum lumine signat iter.
ardebant passim latebrae, totumque venenum
  hauserat occulto fons gelidus latice.
at Nymphae Nymphae sua rursus tecta revisunt
  mane novo, cùm se Memnonis Aethiopis
Pegaseis super arva parens sustolleret alis,
  et roseis lora flecterat articulis.   40
omnes innocuo devinctae membra sopore,
  qualis collapsis parthenice foliis
demisit collum gravis imbribus, aut ubi primum
  iam matutinis roribus immaduit.
dum dulcem reduces traxere per ossa furorem,
  non iam virgineis saucia vulneribus.
ergo omnis fontes, nemora omnia circumcursant,
  et nuper gratas effugiunt latebras
palantes. patrio quam vellent posse sub antro
  furtivo puerum avertere connubio,   50
quem simplex a matre sua deduxerat error,
  ad gelidos fontes et nemorum spatia!
ah misera, ah demens, quam nec solitis pertentat
  fluctibus assidue pectora serus amor.

Luna mit lindem Lichte beleuchtete, was sie dort trieben:
  Waffen hängten sie auf   unter dem zitternden Laub.
Köcher hingen am Baum und Bogen, die niemand gebrauchte,
  so wie die Pane sie scheun,   so wie die Satyrn sie scheun.
Weiter fährt er, ins Schauen vertieft, und naht sich den Wassern,
  seine Schwäne vergaß   Amor zu lenken zurück.
Wie er so alles betrachtet und rings in die Runde umschaut –
  anmutig-zierliches Spiel,   leichtfüßig schwebenden Tanz –,
beugt seinen Körper er vor weit über die kühlende Welle,
  bis ihm der Bogen entfällt,   bis ihm der Köcher entfällt,   30
unbemerkt ihm entglitten, wie wenn in nächtigem Dunkel
  hoch vom Himmel ein Stern   jählings hinabstürzt ins Meer,
dann, versunken im Meer, oder nur vermeintlich versunken,
  funkelt und leuchtende Spur   zeichnet unendlichen Weg.
Überall glühten die Tiefen des Waldes; mit heimlichen Wassern
  nahm ganz den Liebestrank auf   in sich der kühlende Quell.
Aber es kehrten die Nymphen, die Nymphen zurück an die
                                  Stätte,
  als am Morgen sich hob,   fliegend auf Rossegespann,
Memnons Mutter, des Äthiopiers, hoch ob den Fluren,
  wo mit rosiger Hand   Zügel der Rosse sie lenkt.   40
Alle lagen sie da, gebannt im Schlafe der Unschuld,
  so wie den blühenden Kelch   Blume in Blättern verbirgt,
wenn ihr stürmischer Regen den zierlichen Nacken gebeugt hat,
  oder, vom Morgentau feucht,   nieder zur Erde sie hangt.
Wieder durchschauerte aber dann holdes Rasen die Glieder,
  mädchenhaft ist nicht mehr   Leidenschaft, die sie befällt.
Eilenden Laufes umkreisen sie dann jeden Quell und Waldhang,
  fliehen die Schlupfwinkel, jüngst   lieb ihnen noch und
                                  vertraut,
ziellos irrend. Wie hätten sie gern in heimischer Grotte
  jetzt den Knaben zum Bund   heimlicher Ehe verführt,   50
ob von der Mutter Schoß er sich unschuldig gleich nur verirrte
  hin zu dem kalten Quell   hier in der Tiefe des Walds.
Ach, die Arme, von Sinnen ist sie: zu spät wallt Liebe,
  so wie noch nie sie erfuhr,   stetig in wogender Brust.

quantos illa suo consumit corde dolores!
  quam velit hoc matrem posse latere suam!
ah tenerae matres, si cui puer integer annis
  crescit adhuc vestro nescius in thalamo
crudelis flammae, parvusque sororia libans
  oscula, materno nil timet in gremio;   60
Nympharum cupidos defendite semper amores,
  neve aliquis vestris prodeat e foribus.
aut si cui male forte sitis tentaverit ora,
  sunt alii fontes, sunt alii latices.
haec vobis matres edicimus: haec Venus ipsa
  suadet, et amissa maestus Amor pharetra.
nesciit hoc magnorum infelix cura Deorum
  Alcides, puero captus ab Argolico,
cui circum malas flos aureus emergebat,
  purpureis serpens undique temporibus.   70
nesciit, utque comes volucri descendit ab Argo,
  pergit Hylas puram quaerere fontis aquam,
valle sub umbrosa, qua pumice desuper alta
  humor aquae prono murmure desiliens
pendebat nemore in medio. puer inscius urnam,
  (inscius hoc captas quippe videre Deas)
admovet. ast illae sub frondibus hinc atque illinc
  innocuum iunctis involuunt manibus.
luctantem frustra, frustra puerilia tendentem
  undique cum multis brachia lacrimulis: 80
siquis sollicitas Alcidae ferret ad aures
  extremos gemitus verbaque frigidula,
quae mediis super impendens immurmurat undis
  infelix! illa vastities nemorum
et conclamantes intercepere latebrae,
  et suspirantis languida vis Zephyri.

Was für Pein fühlt sie nicht, das Herz ihr leidvoll verzehrend!
  Wie sehr wünscht sie, daß dies nicht ihre Mutter bemerk!
Zärtliche Mütter, wächst euch heran ein blühender Knabe
  noch im innern Gemach – hat ihn noch niemals berührt
grausame Flamme der Liebe, und küßt er, wie Schwestern man
                               küsset,
  ganz noch ein Kind, ohne Furcht, hält ihn die Mutter im
                              Arm –,   60
wehrt von ihm ab allezeit die lüsterne Liebe der Nymphen,
  lasset aus eurem Tor niemals allein ihn hervor!
Führt ihn wohl einmal auch der Durst in starke Versuchung,
  andere Quellen gibt's da, andere Wasser gibt's da.
Mütter, dies künde ich euch; den Rat gibt Venus euch selber,
  Amor auch, welcher betrübt, da er den Köcher verlor.
Doch es wußte dies nicht der Götter unglücklicher Liebling,
  Alceus' Enkel, als ihn Liebe zu Hylas bezwang.
Golden umsproß dem Knaben der erste Flaum die Wangen,
  schon die Schläfen umgab ringelnd, die herrlichen, er.   70
Nein, nichts ahnte sein Freund, der schnellen Argo entstiegen,
  als ihn Hylas verließ, Wasser zu schöpfen am Quell,
tief im schattigen Tal, wo hoch von ragender Klippe
  niederstürzendes Naß rauschte und brauste herab,
Wasserfall mitten im Wald. Nichtsahnend brachte der Knabe
  (ahnte nicht, daß ihn belauscht Göttinnen, die er
                           entzückt)
näher den Krug. Doch jene umschlingen unterm Laubdach
  ringsum den Knaben, der doch schuldlos sich ihnen genaht.
Nichts half da ihm sein Ringen; vergeblich erhob da der
                            Knabe
  flehende Arme; umsonst weint' er und jammerte laut,   80
daß an Alcides Ohr, des liebenden Freundes, doch dringe
  letzter, klagender Ruf schon aus erkaltendem Mund;
Worte, gemurmelt nur noch inmitten der steigenden Wogen,
  wurden, du Armer, verweht weitab im einsamen Wald.
Rauschen der Wipfel im innersten Forst übertönte die Klage,
  selbst der säuselnde Hauch Zephyrs war stärker als sie.

haud aliter prolem trepidantis ad omnia cervae,
  divisam carae matris ab uberibus,
crudelis lupus impediit. illa anxia matrem
  clamat, et in matrem dirigit ora suam.   90
at mater, nec iam mater, procul avia lustrat,
  et bene vix natam sentit abesse suam:
sic puer Alciden Alciden iam super unda
  advocat. Alciden puppis Iasoniae
e levibus transtris et sedibus egredientem,
  cingebat viridi gramine mollis humus.
illum muscoso Nymphae duxere sub antro,
  in vitreas sedes, in vitreos thalamos,
damnatum flammis et virgineo Hymenaeo.
  undique Hymen laetis ibat ab arboribus,   100
undique Hymen toto reddebat vertice silva,
  nil metuens crudas Herculis exuvias,
aut nodosa cavam quae complent pondera dextram,
  Graiaque dilectae robora militiae.
sic formosus Hylas divorum coepit haberi,
  additus aeternis corpore Naiasin.

Elegia VIII. Ad rivalem

Dicebam, desiste meos invadere amores,
  dicebam, misero parce nocere mihi.
nunc tibi, quam sentis, Veneris gravis ira luenda est,
  nunc tibi, si nescis, impetus ille nocet.
ipsa manu Cytherea suos defendit alumnos,
  et puer in promptu spicula semper habet.

So stellt der grausame Wolf wohl ein Kitzlein: vom Euter der
                                                    Hirschkuh,
   die vor allem erschrickt, hat sich das Kleine verirrt;
ängstlich jammert es nun nach der lieben Mutter: es wendet
   dorthin das Haupt, wo es meint, daß es die Mutter
                                                    vernimmt.   90
Die aber, Mutter nicht mehr, sucht es fern in wegloser Wildnis,
   weiß sie doch, daß sie ihr Kind, jüngst erst geboren, verlor.
„Herkules, Herkules", rief so der Knabe, schon nahe den
                                                    Wellen,
   aber aus Jasons Schiff stieg der zur selbigen Zeit,
stieg von schwankender Ruderbank ans Meergestade,
   lagerte weich sich im Gras nieder auf grünendem Grund.
Aber es zogen die Nixen den Knaben in moosige Grotte,
   in ihr Haus von Kristall, in ihr Gemach von Kristall.
Brünstige Liebe verdarb ihn: ihn freite die Wasserjungfer,
   „Hymen", klang's überall froh von den Bäumen zurück, 100
„Hymen", scholl's überall zurück von den Wipfeln des Waldes.
   Schrecken flößte dem nicht Herkules' Löwenfell ein,
nicht die gewichtige Keule, ihm schwer die Rechte belastend,
   nicht seine riesige Kraft, Griechenlands Kriegsruhm und
                                                    Stolz.
So ward unter die Götter versetzt der liebliche Hylas,
   da den Unsterblichen er nun, den Najaden, gesellt.

Elegie 8. An einen Nebenbuhler

„Stell meinem Liebchen nicht nach, laß ab von ihr", sprach
                                                    ich, „und füge
   weiteren Tort mir nicht zu, der ich schon unglücklich bin!"
Büßen mußt du es jetzt: es zürnt dir Venus (schwer fühlst du's),
   jetzt, wenn du's noch nicht erkannt, schadet dein Übergriff
                                                    dir.
Ihre Getreuen beschirmt Cytherea mit eigenen Händen,
   und ihr Söhnchen hat stets seine Geschosse zur Hand.

non ut sanguinea tingantur caede sagittae,
  nec cadat ut saevus cuspide fixus aper.
sed monet armatus: ‚teneros ne laede poetas
  si quis amas, nostro si quis ab igne cales.   10
ut mare piscator cymba vagus intrat, et intrat
  flumina, privatas non tamen intrat aquas,
sic tibi quod ludas toto quaeratur in orbe:
  sub domino vivat, vivere si qua solet.
versibus alterius partam tibi quaerere noli.
  hoc pudor, hoc probitas, hoc vetat ipsa fides
hoc vetat hic arcus, qui non impune sagittas,
  nec sinc vulneribus spargere tela solet.
quique ferit vatem, vatem quoque vindicat ipsum,
  utque suo vivat tutus ab hoste cavet.   20
hoc nivei vatum mores meruere fidesque,
  hoc pia simplicitas, ingenuusque pudor:
hoc amor innocuus meruit, meruistis et illae
  ingenii, quales nescit avarus, opes.‘
(queis legor, et toto non sum male cognitus orbi,
  et mihi, qui vincit cetera, venit honos.)
dixit, et in tergo volucres sonuere sagittae,
  nec tamen in dextra non fuit una manu.
at tibi nunc tantam Nemesis mea provocat iram,
  et meus est in te qui male saevit amor.   30
et tamen est aliquid quod nos debere fatemur,
  est aliquid noster quod tibi debet amor.
nam cum me, Walachris quantum distamus ab oris,
  divideret flammis unda maligna meis;

Nicht etwa, um seine Pfeile im Blut Erschlagner zu färben,
  nicht auch, damit seinem Schuß wütender Keiler erlieg,
sondern er warnt dich gewappnet: „Verletze nicht zärtliche
                                  Dichter,
  wenn du verliebt bist und wenn heiß meine Glut dich
                                    entflammt.   10
Wie der Fischer durchs Meer schweift im Kahn und in Flüsse
                                 hineinfährt,
  doch, wo es andern gehört, nicht das Gewässer befährt,
also magst überall du in der Welt ein Gespiele dir suchen,
  doch ist in fester Hand eine, so bleibe sie dort.
Die ein andrer gewann mit seinen Gedichten, verschone:
  Schamgefühl, Rechtschaffenheit, Anstand verbietet dir das.
Auch dieser Bogen verwehrt dir's: der schießt keine harmlosen
                                 Pfeile,
  Wunden setzt es, wenn der seine Geschosse verschießt.
Er, der den Dichter verwundet, er kommt auch dem Dichter zu
                                 Hilfe,
  und er sorgt auch dafür, daß er vor Feinden geschützt.   20
Dies hat verdient der Dichter schneeweiße Tugend und Treue,
  freimütig-fromm sind die ja, edel und züchtig dabei.
Dies ist schuldloser Liebe Verdienst und Verdienst des Talentes:
  reichere Schätze sind dies, als sie der Geiz sich erträumt."
(Dies ist der Grund, weshalb man mich liest und der Welt ich
                                 bekannt bin,
  daher – das Höchste ist das – fließen mir Ehrungen zu.)
Sprach's, und am Rücken erklirrten dem Gott die geflügelten
                                 Pfeile,
  doch in der Rechten hielt auch einen Pfeil er bereit. –
Ja, nun treibt wohl zum Zorne dich an mein Drohen mit Rache,
  während ich, der ich verliebt, arg bin ergrimmt gegen dich.
Trotzdem gibt's etwas – ich kann nicht umhin, dir's
                              einzugestehen –,   31
  etwas verpflichtet zu Dank ist meine Liebe dir doch.
Als mich nämlich, da weit vom Ufer des Waals ich entfernt war,
  von meiner Flamme getrennt neidische Woge der See,

alloquio nostram fovisti et voce puellam,
    et tua pro me vox officiosa fuit.
atque utinam liceat, ne non sim gratus abunde,
    utque tibi referam quae meruisse puto,
illius in gremio pro te tua facta referre.
    hac equidem gratus lege fuisse velim.   40

In quendam suasu aliorum
Principis Auriaci vitae frusta insidiatum

Principis invicti generosam abrumpere lucem,
    et patriae sacrum sollicitare caput,
institerat iurata manus. dextram obtulit unus,
    quod vix crudelis sustinuisset Iber.
libertas sceleri saevisque inscribitur ausis,
    Romano quam nunc more Batavus amat.
res stolide tractata ducem sociosque fefellit.
    causam ultra noli quaerere: Brutus erat.

hast du mit freundlichem Zuspruch und Wort mein Mädchen
getröstet,
    meines Amtes hat da   hilfreich gewaltet dein Wort.
Sei es vergönnt mir – damit ich überschwenglich dir danke
    und dir vergelte, was du,   wie ich es glaube, verdienst –,
daß ich an ihrem Busen statt deiner dein Tun ihr berichte:
    gern will auf diese Manier   ich mich bedanken bei dir!   40

Auf einen, der auf Anstiftung anderer ein mißlungenes Attentat
auf den Prinzen von Oranien unternahm

Auszulöschen des siegreichen Prinzen hochherziges Leben,
    anzutasten ihn, der   heiliges Haupt unsres Lands,
plante Verschworenenschar. Die Hand hob einer von ihnen:
    kaum hätt der Spanier dies,   ob er auch grausam, gewagt.
Freiheit nimmt man zum Vorwand für Untat und frevelndes
Wagen,
    Freiheit nach römischer Art,   die der Bataver jetzt liebt.
Töricht betrieb man den Anschlag, Anstifter und Helfer
versagten;
    such nach dem Grunde nicht weit: Brutus war, der's
unternahm.

MICHAEL HELDING

1506–1561

Aus Germania universis suis principibus salutem dicit

Ut calamum sumo, en aliquis venit horror ad aures   41
  saepe mihi timida decidit ille manu.
vix tandem proceres vobis perscribo salutem,
  quae non ante mihi quam dederitis, erit.
Turca ferox in me feralia concitat arma,
  emittitque truces Barbara terra viros.
qui vicit positas Eois finibus urbes,
  et tenet Ionio littora pulsa mari,
concussitque Arabum populos, Afrosque nigrantes,
  lumine quos Phoebus proximiore premit,   50
et qui devictis Asia Aegyptoque superbit,
  hic ferus hic in me bella cruenta movet.
nec modo (quod quondam) Libycis furibundus in oris
  miscet sanguinea tristia bella manu.
aut qua purpureas portas Aurora resolvit
  quaque saturatos Phoebe reducis equos.
sed qua se Austriacis volvens fecundus in arvis
  Danubius rapida littora pulsat aqua.
nec longe positos tumidus grassatur in Indos,
  sed gravis Hungaricos Austriacosque premit.   60
contrahit huc omnes bellorum ex orbe procellas,
  una ego nunc armis visa petenda suis.
ergo agite, afflictae si vos tenet ulla parentis
  cura nec adverso tempore cessit amor,
nunc proceres properate meam retinere salutem,
  vestra simul pereat, qua nisi stante, salus.

MICHAEL HELDING

1506–1561

Aus *Deutschland an alle seine Fürsten*

Wenn ich die Feder ergreife, klingt Schreckensbotschaft ins
                Ohr mir,
  daß der zitternden Hand   oft drum die Feder entfällt.
Kaum kann zum Gruße, ihr Fürsten, ich Heil euch entbieten,
                denn dieses
  wird erst dann mir zuteil,   wenn ihr mir's selber verschafft.
Tödliche Waffen führt gegen mich an der grimmige Türke,
  und Barbarenland schickt   grausames Volk gegen mich.
Er, der besiegte die Städte, im fernen Osten gelegen,
  der das Gestade besitzt   auch der Ägäischen See,
der die Stämme Arabiens schlug und Afrikas Neger,
  welche mit seinem Licht   Phoebus von nahe bedrängt;   50
er, der Ägypten bezwang und Asien stolz jetzt beherrschet –
  er strengt blutigen Krieg   wütend jetzt gegen mich an.
Nicht mehr rast er, wie einstmals, an Libyens fernem Gestade,
  wo mit blutiger Hand   schrecklichen Krieg er geführt,
nicht mehr dort, wo Aurora des Ostens Tore eröffnet,
  noch wo dein müdes Gespann,   Phoebus, zur Neige du führst –
nein, wo befruchtend der Donaustrom durch Österreichs Fluren
  an seine Ufer wogt,   eilend mit reißender Flut.
Nicht zieht er grimmig zu Feld gegen weitab wohnende Inder:
  Ungarn und Österreich sind   itzo in Drangsal und Not.   60
Dorthin zieht er aus aller Welt den Kriegssturm zusammen,
  ich allein, wie man sieht,   bin seines Angriffes Ziel.
Auf denn, wenn euch am Herzen noch liegt eure leidende Mutter
  und auch in drangvoller Zeit   nicht eure Liebe entschwand!
Eilet itzo, ihr Fürsten, auf daß mein Heil ihr bewahret:
  wenn erst das meine vergeht,   ist auch das eure dahin.

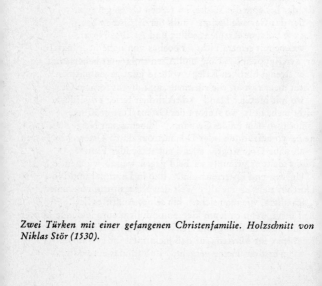

Zwei Türken mit einer gefangenen Christenfamilie. Holzschnitt von Niklas Stör (1530).

Als man zelt funfftzehenhundert jar
Vnd neunundtzweintzige furwar
Der Türck schwerlich belegert hat

In Osterreich die Wiener stadt
Vnd hat gefangen vberal
Man weyb vnd Kinder ane zal
In allen flecken auff dem land
Vnd also mit grausamen bandt
Gefangen yn sein leger bracht
Als der Türck abzoch yhn der nacht
hört man gar ein clegdich geschrey
Das man wol mag gedencken bey
Es sint gewest die gefangē Cristen
Die sich yn hoffnung theten fristen
Man würdt erlösen sie all sundt
Von disem pluthirstigen hundt
Erst wardt an aller dröst der armen
Ihr Christen lat euch der erbarmen
Bitt Got das er in dem elendt
Sein Christen ein Erlöser sendt ꝛc.

b S S

1 5 3 0.

aut ferus interimet, nisi vos defenditis, hostis,
    aut premet indignas dura catena manus.
hostis adest, nati, quin iusta capessitis arma?
    non sum militiae causa pudenda parens.   70
. . .

passibus o lentis nimium properatis in hostem,   77
    at furit, et vestram non manet ille moram.
non iam consilio locus est, res arma requirit,
    altera consiliis aptior hora fuit.   80
dum vos, cum duci deceat, dum bella paratis,
    adfertis seras ad data damna manus.
ille ferox trepidare sinit, sinit arma minari,
    at vestrae interea diripiuntur opes.
. . .

Marte ferox vestris miles populatur in agris,   92
    et cremat innumeras Turcica flamma domus.
armati passim, passim caeduntur inermes –
    Germani fuimus, ni cito fertis opem.
maesta precor proceres, maternaque brachia tendo,
    et natis suplicem non pudet esse meis.

Töten wird mich, so ihr mich nicht schützet, der ruchlose Gegner,
oder die Fessel wird hart   drücken die schuldlose Hand.
Kinder, schon nahet der Feind! Was greifet ihr nicht zu
den Waffen?
Schande ist es doch nicht,   wenn für die Mutter man ficht.   70
· · ·

Allzu langsamen Schrittes bewegt ihr gegen den Feind euch,   77
der aber rast, und wenn ihr   zögert, er wartet nicht ab.
Schon ist zum Rate nicht mehr die Zeit: die Zeit fordert Waffen,
besser geschickt zum Rat   war die vergangene Zeit.   80
Wenn ihr um Krieg noch Rat pflegt, dieweil nur Feldzug sich
seid ihr zu spät bei der Hand: schon ist das Unheil geschehn.
So ihr in Wirrsal mit Waffen dem Wilden nur drohet – er
duldet's,
doch zu selbiger Frist   wird euer Wohlstand zerstört.
· · ·

Eure Felder verwüstet brandschatzend der grausame Krieger,   92
zahllose Häuser steckt schon   türkischer Feuerbrand an.
Waffenlose mitsamt Bewaffneten metzeln sie nieder –
Deutsche sind wir nicht mehr,   kommt ihr nicht eilends zu
Hülf.
Trauernd erhebt zu den Fürsten die Mutter die flehenden Hände,
zu meinen Kindern zu flehn,   seh ich als Schande nicht an.

JOHANNES HERMANN

1585–1647

Ad Charibellam

Eripuisti oculos: oculos mihi redde puella,
  eripuisti animam: redde puella animam.
eripuisti ipsum cor: redde puella cor ipsum.
  eripuisti ipsum me mihi: redde mihi
ah miser! exoculatus et exanimatus et excors
  et sine me querulor quid? sine me morior.
non ah, non morior: moriendi etiam eripis artem.
  me sine vivo: sed, ah, me sine vita nihil.
fata negas vitamque negas o dura puella!
  vivere nulla datur vis mihi, nulla mori.   10
redde oculos mihi, redde animum mihi, redde cor ipsum:
  meque mihi ereptum redde puella mihi.
omnia redde mihi. hei! revoco: serva omnia, solam
  te mihi redde: in te reddita cuncta mihi.
in te oculati oculi, atque animata anima atque cor ipsum
  cordatum: ipse etiam mecum ero, eroque meus.

JOHANNES HERMANN

1585–1647

An Caribella

Meine Augen geraubt hast du mir: gib sie wieder mir, Mädchen!
  Hast mir die Seele geraubt: gib mir die Seele zurück!
Hast selbst mein Herz mir geraubt: gib, Mädchen, das Herz
                                      selbst zurück mir!
  Mich selbst hast mir du geraubt: mich gib mir, Mädchen,
                                      zurück!
Ach, ich Armer! Beraubt der Augen, der Seele, des Herzens,
  ohne mich, klag ich – weshalb? Ohne mich sterb ich dahin.
Nein – ach, ich sterbe auch nicht: du raubst mir die Kunst
                                      selbst des Sterbens;
  ohne mich leb ich, doch, ach, Leben ist ohne mich nichts.
Sterben wie Leben verweigerst du mir, du grausames Mädchen:
  habe zum Leben nicht Kraft, hab sie zum Tode auch nicht. 10
Gib meine Augen, die Seele, das Herz selbst – gib sie mir wieder,
  mich auch, den du mir geraubt, gib mir, o Mädchen, zurück!
Gib mir alles zurück! Ach nein – behalte es alles,
  nur dich gib mir zurück: alles schließt du mir ja ein.
Sehkraft hat in dir das Auge, Beseelung die Seele; das Herz selbst
  wird beherzt – dann bin ich   wieder bei mir, und bin mein.

HELIUS EOBANUS HESSUS

1488–1540

Eobanus Posteritati

Quam legis, Hessus amans quondam tibi, diva, reliquit
    ipsa tuo ut legeres tempore, Posteritas.
nam neque tunc fueras cum scriberet illa, nec umquam
    speravit vultus posse videre tuos,
quam sibi praesentem nemo conspexerit umquam
    omnia quae sequeris ultima semper anus.
quo magis appeteris, magis hoc fugis, improba, retro:
    ludis amatores, lubrica diva, tuos.
atque ut semper abes praesens viventibus aevum,
    sic si respicias pristina semper ades.   10
sed neque praesentem nos te veneramur amantes,
    nescio qua potius laude futura places.
nata diu vivis quae, nondum nata, futura es,
    vatibus antiquis nata, futura mihi.
nemo tuis potuit vivens amplexibus umquam,
    nemo tuo praesens captus amore frui.
lubrica decedens, veniens simulatque resistens.
    non tua deprehendi mira figura potest.
non mihi te Coi manus ingeniosa magistri
    pinxerit aut Zeuxis Parrhasiusve senex.   20
non vidit plures fingentem Protea formas
    omnis in Oceano cognita turba mari.
adde modo ut venias vultu non semper eodem,
    constes interdum nigra, aliquando nitens.

---

20. Zeusis *textus*. – 22. omnis *scripsi pro* omnia.

HELIUS EOBANUS HESSUS

1488–1540

Eobanus an die Nachwelt

Göttliche, was du jetzt liest, hinterließ dein dich
                              liebender Hessus,
  daß du's zu deiner Zeit,   Nachwelt, magst lesen dereinst.
Denn du warst ja noch nicht, als er es geschrieben, noch konnte
  jener hoffen darauf,   jemals dein Antlitz zu sehn.
Niemand hat, wer er auch sei, dich je gegenwärtig gesehen,
  Alte, die du hintan   allem nur folgest zum Schluß.
Böse, je mehr man dir nachstellt, je eiliger fliehst du von hinnen,
  deinen Freiern entziehst,   schlüpfrige Göttin, du dich.
Und so wie immer den Lebenden du gegenwärtig erscheinest,
  so bist rückblickend du   Zeugin der Urzeiten stets.   10
Aber wir Liebenden können dich nie gegenwärtig verehren:
  irgendwie ist es dein Reiz,   daß man zukünftig dich preist.
Bist du geboren, lebst lang du; bist, ungeboren, die Zukunft;
  früheren Dichtern gesellt   bist du: mir stehst du bevor.
Niemand konnte zu Lebzeiten je in die Arme dich schließen,
  niemand zusammen mit dir   kosten der Liebe Genuß.
Schlüpfrig entgleitend, dann wieder sich nähernd und doch
                              widerstrebend,
  so entzieht sich dem Griff   stets deine schöne Gestalt.
Malen könnte dich nicht der geniale koische Meister,
  Zeuxis vermöchte es nicht   noch der parrhasische Greis.   20
So vielfält'ge Gestalt nahm selbst Proteus nicht an vor den
                              Augen
  all der Schar, die im Meer   wohnt und den Ozean kennt.
Außerdem zeigst du dich auch nicht immer in gleicher
                              Erscheinung,
  da du zuweilen schwarz,   strahlend zuweilen zu sehn.

saepe quidem multos, qui te impatienter amarunt,
  reiicis et nulla laude superba iuvas.
contra etiam multos ita diligis optima mater,
  ut vita dignos perpete in astra leves.
et tamen omnigenum iudex aequissima rerum,
  et iusta ex omni parte statera tua est.   30
seu mihi dura igitur mater seu blanda futura es,
  inter amatores fer, precor, esse tuos.
ultima tu nostras Heroidas inter haberis,
  ultima nam cunctis rebus adesse soles.
attamen ut noris, primam te semper amavi,
  o animae certe cura secunda meae.
te prius ex animo finxi, quam discere possem,
  qua mihi praecipue parte sequenda fores.
ingenium tibi paene puer iuvenile dicavi,
  esse tuae cupiens pars quota militiae.   40
ergo utcumque legis olim mea carmina, quisquis
  venturae socius Posteritatis eris,
quae mihi terra parens, quae nostrae stirpis origo,
  quae fuerint vitae tempora nosse voles.
qua videt undantem fluvio Germania Rhenum,
  et velut in centrum Teutonis ora coit,
terra viris colitur, Cattos dixere vetusti,
  nunc aliud pugnax Hessia nomen habet.
mons ibi Christiferae celeberrimus aede puellae,
  radices vitreis Aedera lambit aquis.   50
parva quidem nostris sed Francoberga Camoenis:
  † obscuras inter non habitura locum,
si modo tu fama vatem dignaberis ulla,
  Posteritas, qui te tam reverenter amat.
illic vitales primum decerpsimus auras,
  nascenti primam praebuit illa diem.

34. nam *scripsi pro* non.

Oft auch verschmähst du viele, die ungestüm dich umwarben,
  stolz hast du ihnen den Ruhm,   den sie erstrebten, versagt.
Viele hinwiederum liebst du so sehr als zärtliche Mutter,
  daß du, der Ewigkeit wert,   sie zu den Sternen erhebst.
Billigste Richterin bist du dabei des Menschengeschlechtes,
  und im Gleichgewicht schwebt   stets deine Waage gerecht.   30
Ob eine harte Mutter du mir, eine zärtliche, sein wirst,
  nimm mich, ich bitte dich, auf   in deiner Liebenden Kreis.
In meinen „Heldinnenbriefen" erscheinst du nunmehr als letzte,
  denn du bist ja gewohnt,   immer am Ende zu stehn.
Aber du weißt, daß du stets meine erste Liebe gewesen,
  zweitgrößte Sorge warst du,   die meine Seele empfand.
Dich erschuf meine Einbildungskraft, noch ehe ich wußte,
  welches die Bahn war, auf der   streben ich sollte nach dir.
Fast noch ein Knabe, weihte ich dir das Talent meiner Jugend,
  unter dir dienen im Krieg   wollt ich als kleiner Rekrut.   40
Wenn du drum später einmal meine Lieder liest, wer du auch
                                        immer
sein magst, der du gesellt   künftiger Nachwelt wirst sein,
wissen willst du dann wohl, welch Land mich erzeugte und
                                        welchem
  Stamm ich entsprossen und auch,   wann ich auf Erden gelebt.
Dort wo Deutschland erblickt des Rheinstroms wogende Fluten
  und es zusammen sich engt   gegen den Mittelpunkt hin,
dort besiedeln das Land, die im Altertum Chatti man nannte,
  doch das streitbare Land   wird heute Hessen genannt.
Dort ist ein Berg, berühmt durch die Kirche der Heiligen
                                        Jungfrau,
  den glasklar im Tal   Wasser der Eder umspült.   50
Klein ist mein Frankenberg zwar, doch dank dem Ruhm meiner
                                        Muse
  wird es am letzten Platz   unter den Städten nicht stehn,
falls du gnädig einmal vergönnest Nachruhm dem Dichter,
  welcher, o Nachwelt, dich   heute so hingebend liebt.
Dort hab ich zuerst die belebenden Lüfte geatmet,
  und das Licht der Welt   hab ich zuerst dort erblickt.

iam ter quinque ierant a nato saecula Christo,
  annos deme tamen cum tribus inde novem,
quaque ego nascebar fulsit lyra nocte, fuitque
  una ortus † facies illius atque mei.   60
non ego falsa loquor, vertentem consule mundum,
  sacra dies Iani Regibus illa fuit.
quae mihi signa domus, qui sint ne quaere parentes:
  pauper uterque fuit sed sine labe parens.
non genus aut proavos numero, non stemmata avorum:
  virtute o utinam nobilis esse ferar!
prima quibus puero studiis accreverit aetas,
  nil moror, et certe nemo rogare volet.
protinus hinc primis quantumque recordor ab annis
  nescio quo vatum numine raptus eram.   70
nondum cognoram nomen titulumve poetae,
  ipse mihi nondum, Tityre, notus eras.
dixerit incauto si quis tamen ore ‚poeta‘,
  protinus impatiens et sine mente fui.
nectebam numeros ratus hoc utcumque decere;
  lex mihi tum versus cognita nulla fuit.
tam fuit ignotis fautrix natura poetis,
  (da veniam!) superis hi mihi maius erant.
vivere iam nullos, omnes vixisse putabam –
  tam puer, et nondum forte decennis eram.   80
namque fere nuper Germania nostra solebat
  non pueros studiis, sed dare paene viros,
quippe magis bello atque armis intenta gerendis
  res tantum Latio protulit ore sacras.
nunc vero Ausonias ita se convertit ad artes,
  ut Latio fuerit paene Latina magis.
atque ut eo redeam quo sum digressus, ut autem
  nunc etiam vates vivere certus eram,

Dreimal fünf Jahrhunderte waren's, seit Christus geboren,
   drei Jahre ziehe jedoch   hiervon man ab und noch neun:
in der Nacht, da ich geboren, erstrahlte die Lyra,
   mit dem meinen zugleich   war auch ihr Aufgang zu sehn.   60
Unwahrheit rede ich nicht: du magst den Kalender befragen:
   den drei Königen ist   heilig der Januartag.
Welches mein Wappen und wer meine Eltern, brauchst nicht du
                                   zu fragen;
   arm waren diese zwar,   beide jedoch ohne Fehl.
Abkunft und Ahnen rechn ich nicht nach noch
                               Vorfahrenstammbaum:
   sei es mir doch gewährt,   edel durch Tugend zu sein.
Was in der Kindheit zuerst ich getan, als es Zeit ward zu lernen,
   lasse ich unerwähnt: wissen will niemand das wohl.
Bald danach, soweit ich der frühen Jugend gedenke,
   hat irgendwie mich die Macht   göttlicher Dichter verzückt.   70
Dabei kannt ich noch nicht „Poet" als Wort noch Bedeutung,
   ja, selbst du warst mir,   Tityrus, noch nicht bekannt.
Sprach jedoch einer, der sich's nicht versah, das Wörtchen
                             „Poet" aus,
   war außer Rand und Band   und wie von Sinnen ich gleich.
Verse fügt ich zusammen und glaubte, das ging' nach Belieben;
   daß es auch Regeln dafür   gibt, war mir noch nicht bekannt.
So begeistert war ich für Dichter, die mir noch verschlossen,
   daß ich (es sei mir verziehn!)   höher als Gott sie erhob.
Glaubte ich doch, es gäb keine mehr, daß alle gestorben –
   solch ein Kind war ich noch,   ob ich zehn Jahre schon alt.   80
Denn noch unlängst ließ man bei uns in Deutschland die Knaben
   erst studieren, wenn sie   fast schon zu Männern gereift,
da man mehr Mühe auf Krieg und auf Waffentaten verwandte,
   und in der Kirche allein   wurde gesprochen Latein.
Jetzt aber hat man so sehr sich verlegt auf ausonische Künste,
   daß man in Deutschland schon   römischer fast ist als Rom.
Doch um nicht abzuschweifen: schon damals hatt ich beschlossen
   das, was auch jetzt mein Entschluß,   nämlich ein Dichter zu
                                   sein.

sorduit humanas quicquid sibi subdere mentes,
    displicuit † posset † quicquid amare puer.   90
obtulit in triviis quendam fortuna magistrum,
    qui numeris certum diceret esse modum.
hunc colui supplex, illi tantisper adhaesi,
    dum didici certis legibus ire pedes.
sponte sua influxit paucis mihi Musa diebus,
    et mihi iam puero non leve nomen erat,
ut non praecipue dubitarit scribere vates:
    ,Hesse puer, sacri gloria fontis eris.ʻ
carmina cum primum populus mea lecta probaret,
    clausa fere fuerant iam tria lustra mihi.   100
illo me studiis Erphurdia magna fovebat
    tempore, et ingenii publica signa dedit.
et iam quarta meis accessit Olympias annis,
    bucolicis lusit nostra iuventa modis.
pluraque praeterea iuvenilia carmina lusi,
    quae quia sunt etiam publica nosse potes.
nunc mihi ab undecimo ter quintus vivitur annus,
    aetatis non est plusve minusve meae,
tempore quo Caesar ter maximus Aemilianus
    in Venetos duri fulmina Martis agit.   110
scribimus illustres Heroidas ecce puellas:
    has tibi praecipue dedico, Posteritas.
accipe, diva senex, gremio tua pignora amico,
    si potes, atque piae nomina matris habes.
has partim absolvit sub iniquo Prussia coelo,
    qua vagus admissas Vistula sorbet aquas,
partim ubi flaventes niger Odera versat arenas,
    absolvi vidit nobile Gymnasium.
his mea Paeligni mirari Musa poetae
    ingenium potius quam sapere ausa fuit.   120

---

90. † posset *scripsi pro* posse †.

Alles erschien mir verwerflich, was sonst den Menschen
　　　　　　　　　　　　　　　　beschäftigt,
　alles mißfiel mir, was sonst　Knabenvergnügungen sind.　　90
Zufällig traf ich einmal am Kreuzweg einen Magister,
　der mir sagte, der Vers　werde nach Regeln gebaut.
Diesem folgte ich bittend und schloß mich ihm an solange,
　bis ich der Metrik Gesetz,　so wie es feststeht, erlernt.
Wenige Tage nur waren's, da nahm in Besitz mich die Muse,
　Knabe noch war ich, doch schon　wurde mein Name bekannt,
so, daß ein großer Dichter nicht anstand, dieses zu schreiben:
　„Hessus, noch Knabe, einst bringst　Ruhm du dem heiligen
　　　　　　　　　　　　　　　　Quell."
Als Gedichte zuerst ich vortrug und Beifall sie fanden,
　hatte ein Alter ich　schon von drei Lustren erreicht.　　100
Damals hegte mich Erfurt, das große, als seinen Studenten,
　und in der Öffentlichkeit　zeigte sich schon mein Talent.
Nunmehr zählte schon vier olympische Spannen mein Alter,
　da sich im Hirtengedicht　spielend der Jüngling versucht.
Auch mit anderen Jugendgedichten hab ich mich beschäftigt;
　da sie veröffentlicht sind,　mögen bekannt sie dir sein.
Jetzt aber lebe ich schon im sechsundzwanzigsten Jahre:
　dies ist mein Alter zur Zeit　– mehr nicht und minder nicht
　　　　　　　　　　　　　　　　ist's,
jetzt da unser Kaiser, der große Maximilianus,
　Donnerkeile des Mars　gegen Venetien wirft.　　110
Diese „Heroïdes" schreibe ich nun von erhabenen Frauen;
　Nachwelt, dieses Werk　eign' ich vor allen dir zu.
Göttliche Greisin, empfange geneigt dieses Pfand meiner Liebe,
　wenn du's vermagst: man nennt　liebende Mutter dich ja.
Einige schrieb ich davon unter Preußens unfreundlichem
　　　　　　　　　　　　　　　　Himmel,
　wo gewundenen Laufs　Weichsel mit Wogen sich mengt.
Andere sah mich das hohe Gymnasium schreiben, wo schwärzlich
　sich durch goldgelben Sand　bahnet die Oder den Weg.
Meine Muse bewunderte mehr des pälignischen Dichters
　Größe, als daß sie gewagt　hätte, es gleich ihm zu tun.　　120

hactenus a studiis si non vera omnia scribo,
    ultima qua fallam causa sit ista precor.
quos tulerit nostro Germania tempore vates,
    e multis aliquot dicere forte roges.
quisquis es, Hutteni lectos percurre libellos,
    quemque suo reddit nomine quemque loco.
inspice, Posteritas, Hutteni carmina vatis,
    hunc recto poteris dicere iure tuum.
hac igitur, forte atque alia, ratione poetae
    nullius in nostro carmine nomen erit: 130
nomina transierim vatum non digna malorum,
    invidia dicar non caruisse malis:
vatibus addidero doctis mala nomina, forsan?
    iudicium dicar non habuisse bonis.
fortunae atque animi iamdudum munera nosti,
    naturae superest dona referre meae.
corpus erat membrisque decens patiensque laborum,
    robore firma suo brachia, crura, latus.
forma virum decuisse potest, sine labe decensque
    frons diversa, animi spiritus altus erat.   140
hactenus haec iuvenem de se dixisse feretis,
    o quibus aut lecta est aut mea Musa placet.
lusimus haec certe properanti carmina plectro,
    dum nimis ad metam noster anhelat equus.
parcite, si qua minus iustum referuntur ad unguem:
    haec sunt ingenii munera prima mei.
tempora venturae tangam si forte senectae,
    plura quidem primis et meliora dabo.
tum quoque, Posteritas, tibi multa legenda relinquam,
    tamquam primitias suscipere ista velis,   150
et me, si mereor, nec enim est attingere primos,
    postremos inter temporis huius habe.

Hab ich bis jetzt was ich alles betrieb nicht getreulich
                beschrieben,
  mög es das letzte Mal sein,   daß ich die Unwahrheit sprach.
Von den Dichtern, die Deutschland in meinen Tagen erzeugte,
  soll unter vielen vielleicht   einige nennen ich dir?
Wer du auch bist, durchfliege des Hutten erlesenes Büchlein:
  alle bei Namen nennt er,   nennet auch jeglichen Ort.
Nachwelt, betrachte du gut des Sehers Hutten Gedichte,
  hast du mit gutem Recht   ihn doch den Deinen genannt.
Deshalb – vielleicht auch aus anderem Grund – wirst anderer
                Dichter
  Namen, Nachwelt, du nicht   finden in meinem Gedicht.   130
Ließe ich aus die Namen von schlechten Dichtern, so sagten
  Böse sicher von mir,   daß ich's aus Mißgunst getan.
Urteilte schlecht ich vielleicht von gelehrten Dichtern, so sagten
  Gute sicher von mir,   daß mir die Urteilskraft fehlt.
Schon bekannt ist dir jetzt mein Schicksal und Artung des Sinnes,
  zu berichten wär noch,   was die Natur mir geschenkt.
Wohlgestalt war mein Körper, gewohnt, Strapazen zu dulden,
  kräftig und fest gebaut   Arme und Beine und Leib.
Männlich war meine Erscheinung, gefällig und frei von Gebrechen,
  ausdrucksvoll war mein Gesicht,   hochherzig Geist und
                Gemüt.   140
So weit, sollet ihr sagen, sprach von sich selber der Jüngling –
  ihr, die mein Werk ihr kennt,   die meine Muse ihr schätzt.
Sicherlich spielte mein Lied ich mit allzu eiligem Plektron,
  während zu hurtig dahin   schnob um die Wende mein Roß;
wollet verzeihn, wenn manches nicht gar aufs feinste geschliffen:
  diese Gaben bring ich   aus meiner Frühzeit euch dar.
Sollt es beschieden mir sein, bis ins Greisenalter zu leben,
  bringe statt Jugendwerk ich   mehr noch und besseres dar;
dann hinterlasse ich, Nachwelt, dir noch gar vieles zum Lesen,
  was ich dir heute bring   – nimm es als Erstlinge an,   150
und, sofern ich's verdiene, so zähle mich – nicht zu den Ersten,
  denn das erreich ich wohl nicht –   doch zu den Letzten von
                heut.

ULRICH VON HUTTEN

1488–1523

Ad Crotum Rubianum, de statu Romano

Vidimus Ausoniae semieruta moenia Romae,
  hic ubi cum sacris venditur ipse Deus.
ingentem, Crote, Pontificem, sacrumque Senatum,
  et longo proceres ordine Cardineos.
tot scribas, vulgusque hominum nihil utile rebus,
  quos vaga contecto purpura vestit equo.
tot, Crote, qui faciunt, tot qui patiuntur, et illos,
  orgia qui vivunt, cum simulent Curios.
rursum illos, qui nec simulant bona, nec bene vivunt,
  qui rident mores exsibilantque bonos.   10
quos iuvat esse malos, quibus et licet, in iuga quorum
  consensit miseris Teutona terra modis.
qui dant, quique vetant, qui quos clausere recludunt
  arbitrio caelos distribuuntque suo.
Romanas, neque enim Romanos! omnia luxu,
  omniaque obscenis plena libidinibus.
atque haec post Curios, Pompeios atque Metellos,
  – o mores atque o tempora – Roma tulit!
Desine velle sacram imprimis, Crote, visere Romam:
  Romanum invenies hic, ubi Roma, nihil.   20

De eodem

Vendit Roma Deum, vendit sacra, vendit honores;
  ipsaque quod mirum est dicere Roma venit.
usque adeo nihil est, quod non ibi comparet aurum,
  scilicet, ut fiat aurea Roma iterum.

ULRICH VON HUTTEN

1488–1523

Epigramme aus Rom an Rubianus Crotus geschickt

Des ausonischen Rom verfallenes Mauerwerk sah ich,
    hier, wo nicht Heiliges nur,   wo man Gott selber verkauft.
Crotus, den mächtigen Papst, das heil'ge Collegium sah ich,
    fürstlich zogen in Reihn   auch Kardinäle vorbei;
Schreiber zuhauf auch und nutzloses Volk, in Purpur gekleidet,
    der, da sie hoch zu Roß,   auch ihre Pferde bedeckt;
die sich aktiv und die sich passiv hingeben der Wollust;
    Orgien frönen sie, doch   Curius spiegeln sie vor.
Jene auch sah ich, die lasterhaft leben und Tugend nicht heucheln,
    lachend nur über Moral,   pfeifen den Anstand sie aus.   10
Laster ergötzt sie: sie dürfen es ja – und dies sind die Herren,
    denen heut unter das Joch   Deutschland, das arme, sich beugt.
Je nach Belieben erteilen, verweigern sie Ablaß; des Himmels
    Tor, wie es ihnen behagt,   öffnen und schließen sie zu.
Römische Weiber, nicht Römer sind sie, die in Prunksucht hier
                    gleißen,
    und es stinkt diese Stadt   gänzlich von schamloser Brunst.
Dieses duldet ein Rom, wo Curius einst und Pompeius,
    wo ein Metellus gelebt?   O welch verkommene Zeit!
Komme nur ja nicht, Crotus, dies „heilige" Rom zu besuchen:
    Rom mag es heißen, doch hier   findest du Römertum nicht.   20

Römische Zustände

Gott verkauft man in Rom, Indulgenzen und Ämter verkauft man,
    ja, ob es seltsam auch klingt,   käuflich ist Rom selbst sogar.
So sehr trifft zu, daß nichts es hier gibt, das für Gold
                        nicht zu kaufen,
    daß mit Recht wiederum   „goldenes Rom" man es nennt.

De eodem ad Germanos

Quis modus o cives? quo se haec patientia tandem
  profert? haec Romae quaerimus, atque emimus?
sic nos bulla capit? sic se Germania nescit,
  ut petat haec? sic nos ista sigilla iuvant?
Χρύσεα χαλκείων et adhuc mutatio peior,
  tantum auri, ut redeant plumbea signa, dari!

De Caesare

Christus habet caelos, infra regit omnia Caesar,
  nec nisi caelestem respicit hic dominum.

De aquila

Non mirum est si iam cunctatrix spernitur Ales,
  tam lenta multos usa quiete dies.
nam neque compertum est, quid dum tacet illa volutet,
  quae sibi constituat tempora, quidve paret.

De se in obsidione Pataviana

Erraram a castris ad clausam Antenoris urbem,
  continuo flamma missilibusque petor.
certe (equidem fateor) timui, nec ut ante movebam
  invidiam lingua, sed bona verba dedi:
parcite, qui Patavi muros arcemque tenetis,
  in me vulnifica mittere tela manu.

Päpstliche Bullen, an die Deutschen

Mitbürger, was soll das heißen? Wie lange noch werden wir's
                              dulden?
  Das also ist es, was wir   suchen und kaufen in Rom?
Sind wir so sehr auf die Bulle versessen? Weiß Deutschland
                              nichts Beßres,
  als zu verlangen nach *dem*?   Freun uns die Siegel so sehr?
„Gold tauscht' er ein für Erz", doch unser Tausch ist noch
                              schlechter:
  so viel Gold geben wir   aus für ein Siegel aus Blei.

Der Kaiser

Christus regiert im Himmel, die Erde beherrschet der Kaiser,
  und einen Herrn über sich   hat er im Himmel allein.

Der Adler

Wunder nimmt's nicht, daß man schon den zaudernden Adler
                              mißachtet,
  da so lange er schon   träge der Ruhe gepflegt.
Weiß doch niemand, was still er im innersten Herzen erwäget,
  wann seine Zeit er sich wählt,   noch was für Taten er plant.

Bei der Belagerung von Padua

Zur belagerten Stadt Antenors hatt ich vom Lager
  mich verirrt, und sofort   nahm man mich unter Beschuß.
Nun, ich geb's zu: ich fürchtete mich, und nicht so wie früher
  schimpfte ich – nein, ich sprach   jetzt ein begütigend Wort:
„Die ihr Paduas Wälle und Zitadelle verteidigt,
  schießt bitte nicht auf mich,   denn ihr verletzt mich sonst gar!

parcite me, Veneti, ferro disperdere et igni,
    ne de tot pessum millibus unus eam.
non ea fortuna est, ut nunc ego vique manuque
    horrida commoti Caesaris arma sequar.   10
huc me sola trahit vestri admiratio regni,
    noscere vos cupio, perdere non cupio.
ut videam veni, non veni evertere bello
    Altini sedes Euganeasque domos.
alter ab arctoa vobis furor imminet Alpe,
    Germanum peditem ducit Iberus eques.
has ruite in vires, nam quae tum gloria parta est,
    si de tot pessum millibus unus eam? –
nullae hostem movere preces: mihi terga relapso
    heu quam difficili consuluere fuga.   20
ut caeso me nullus honor fuit, haud ita vobis
    pulchrum est me claudos eripuisse pedes,
dicebam et fessus media inter millia cursu,
    tutus in effosso delitui tumulo.

Votum in morbo pedis

Has tibi dona fero mundi regnator ad aras,
    quae dabo iam salvo prosperiora pede.
da morbum cessare pedis, da robur ademptum,
    sic tua nunquam Arabo templa sapore vacent.
marte rapit Venetos dux Maximilianus in hostes
    Germanos pedites et Calabros equites.
non precor, ut morbo vivam tranquillus abacto:
    in bellum ut tanto sed duce miles eam.

Ihr Venetianer, schießt nicht auf mich mit feurigen Kugeln,
    daß nicht als *ein* Soldat unter so vielen ich fall.
Nicht ein glückliches Los will jetzt, daß in Wehr und in Waffen
    Caesars Heerzug ich folg,   da er in Zorn ist entbrannt.   10
Mich führte hierher nur Bewunderung eurer Regierung,
    kennenlernen wollt ich   euch, aber schädigen nicht.
Kam als Tourist und nicht, zu bekriegen und niederzureißen
    der Altinier Gau   noch die euganische Stadt.
Droht vom Norden der Alpen euch doch eine andere Kriegswut:
    deutsches Fußvolk führt dort   spanischer Ritter heran.
Diese Kriegsmacht greift an! Was kann es für Ruhm euch schon bringen,
    wenn von so vielen ihr hier   einen Soldaten erschießt?"
Doch es bewegten den Feind keine Bitten; da wandt ich den Rücken,
    schlich mich hinterrücks fort,   und dann entrann ich mit Müh.   20
„So wie mein Tod kein Ruhm für euch wär, ist's auch unschön zu nennen,
    daß zu fliehen ihr mich   zwanget mit hinkendem Fuß."
Rief's, und erschöpft vom Laufen inmitten der Tausende, warf ich
    mich in den Graben hinein,   wo ich mich sicher verbarg.

Gelübde

Diese Gaben bring, Herrscher der Welt, ich zu Deinem Altare,
    und wird mein Fuß mir geheilt,   bringe ich größere noch.
Endige doch das Übel am Bein, gib wieder die Kraft mir,
    niemals entbehrt Dein Haus   Weihrauch Arabiens dann.
Gegen Venedig führt jetzt ins Feld Maximilian der Kaiser
    Fußvolk aus Deutschland heran   und Kalabreser zu Roß.
Nicht erflehe ich Heilung, um danach ruhig zu leben,
    sondern *dem* Führer will ich   dienen im Krieg als Soldat.

Holzschnitt von Hans Burgkmair zu den Epigrammen Ulrichs von Hutten, in: Ad Caesarem Maximilianum, ut bellum in Venetos coeptum prosequatur, exhortatium, 1519.

De Caesare et Venetis

Rana procax nuper Venetas egressa paludes
 ausa est, quam tetigit dicere: terra mea est.
quam procul ut vidit specula Iovis ales ab alta,
 convulsam ad luteas ungue retrusit aquas.

Der Kaiser und die Venetianer

Frech wagte neulich der Frosch, Venetiens Sumpf zu verlassen.
Als er das Ufer erreicht, sprach er: „Dies Land ist jetzt mein."
Doch als von hoher Warte weither ihn Zeus' Adler erspähte,
packte er ihn mit den Klaun, stieß in den Schlamm ihn
zurück.

De pugna Mediolanensi in Venetos

Insubriae cecidere duces, ruit Helveta pubes:
    gaudet et in patria Rana triumphat aqua.
fer modice, nec te nimium successibus effer,
    perpetuum non est hoc tibi, Rana, bonum.
optima quaeque suum cito perficit hora tenorem:
    nutat in ambiguo fors malefida statu,
cum videas nihil esse diu, mutanda repente
    omnia, per varias ire, redire vices,
hoc potes eventu celebrem ductare triumphum,
    nescia quae sequitur, quid ferat hora tibi? 10
fer modice, nec te nimium successibus effer:
    multa simul veniunt laeta, abeuntque cito.

De clade a Venetis accepta

Odisse Adriacas, sed non contemnere Ranas,
    o socii, recte qui monet ille monet.
dixi equidem: sunt et Venetis sua numina, fors est,
    quae varias dubio circinat orbe vices.
quod dixi risere viri, quidamque bibendo
    clamabant, Venetos se iugulare decem.
hoc Venetos iugulare fuit? vel ab hoste tueri
    hoc fuit? o vitam, somnia vina dapes!
millia caesa virum, sumptis sine turpiter armis
    quatuor, o vitam, somnia, vina, dapes. 10

Venetianischer Sieg bei Mailand

Mailands Führer, sie fielen, es fällt die Jugend der Schweizer –
  drob triumphiert der Frosch   freudig im wäßrigen Heim.
Freu dich mit Maß: in deinem Erfolge sei nicht überheblich,
  Frosch, denn ewig wird nicht   dauern dein günstig Geschick.
Schnell eilt nämlich zu Ende die Stunde des guten Erfolges,
  schwankend ist stets das Geschick,   dem man vertrauen nicht
                                     kann.
Da du doch siehst, daß nichts lange besteht, daß plötzlich
                              sich wandelt
alles und daß bald hin,   her bald die Läufte sich drehn,
kannst du dann, weil dir was heute gelang, gar stolz triumphieren,
  wenn du nicht weißt, was alsbald   künftige Stunde dir
                              bringt?   10
Freu dich mit Maß: in deinem Erfolge sei nicht überheblich:
  manchmal kommt Freude, nur um   eiligst von dannen zu
                              fliehn.

Venetianischer Sieg

Sehr mit Recht, Kameraden, mahnt der, der die Adriafrösche
  uns zu hassen gebeut,   doch zu verachten sie nicht.
Sagte ich doch: „Auch Venedig hat schützende Geister; der
                              Zufall,
  ungewiß immer, bestimmt   kreisend vielfältig Geschick."
Als ich das sagte, da lachten die Männer und brüllten beim
                              Trinken:
  „Ich schneid die Gurgel ab   zehn Venetianern allein."
Nennt man das Gurgelabschneiden? Heißt dies, dem Gegner zu
                              wehren?
  Lotterleben und Schlaf,   Saufen und Fressen tat das.
Viertausend niedergemacht, die zu den Waffen nicht griffen –
  Schande! Wohlleben und Schlaf,   Saufen und Fressen tat das.

Obsessus a Gallis, cum salutem desperasset

Qui misere natus miserabile transiit aevum,
  saepe malum terra saepeque passus aquis,
hic iacet Huttenus. Galli nil tale merenti
  insontem gladiis eripuere animam.
si fuit hoc fatum, vita torquerier omni,
  censendum est recte procubuisse cito.
vixi equidem Musis animum coluique per artes:
  sed reor irato me studuisse Deo.
mens erat arma sequi et Venetum sub Caesare bellum;
  verum alio bello concidi et hoste alio.   10
pauperiem, morbos, spolium frigusque famemque,
  vita omni, et quae sunt asperiora tuli.
recte actum cecidi iuvenis miser, et miser exul,
  ne maiora feram, ne videarque meis.

De gallo fugiente

Ille ardens animi feroxque Gallus,
Gallinarum aliquot salax maritus,
nuper purpurea nimis superbus
crista multicoloribusque plumis,
torta quam caput altiore cauda,
collo splendidus aureo monili,
flagrans undique lilio virenti,
qui gentes Italas novum stupentes
ad raptum impete terruit citato:
nunc languens animi albicante crista,   10
plumis deficientibus, trahensque

Als er, von den Franzosen belagert, am Leben verzweifelte

Der zum Unglück geboren, der elend sein Leben gefristet,
  oft zu Lande erlitt   Übel und oftmals zur See,
Hutten liegt hier. Es hat dem Armen, der dies nicht verdiente,
  der Franzosen Schwert   grausam das Leben geraubt.
War's ihm bestimmt, daß er Zeit seines Lebens nur Qualen
      erdulde,
  dann war ein früher Tod   wohl noch das beste für ihn.
Zwar den Musen hab ich gelebt, mich gewidmet den Künsten,
  aber ich glaube, daß Gott   zürnte, da solches ich trieb.
Gegen Venedig wollt in den Krieg unter Caesar ich ziehen,
  aber in anderem Krieg   fiel ich vor anderem Feind.   10
Armut und Krankheit und Raub, auch Kälte und Hunger
                  ertrug ich
  all mein Lebtag und auch   manches, was ärger noch ist.
Fiel, ich Armer, noch jung, unglücklich, im Elend – nun,
                  recht so!
  Schlimmeres bleibt mir erspart,   und auch die Meinen sehn's
                  nicht.

Der fliehende Hahn

Jener Hahn, der wilde, der hochgemute,
jener geile Gatte so vieler Hennen,
war hoffärtig noch jüngst mit rotem Kamme,
prangend herrlich im bunten Federschmucke,
mit dem Schweife, der übers Haupt ihm ragte,
und der Krause, wie goldnes Halsband blinkend.
Hitzig überall unterm Lilienbanner
setzt' Italiens Völker er in Schrecken,
da in rasendem Flug er auf sie losstieß.
Aber jetzt, kleinmütig, mit bleichem Kamme,   10
ganz zerfledert, schleppt hängend nach den Schweif er.

caudam pone suas fugit relinquens
Gallinas, sua lilia, et sua arma.
dic, Fortuna, vel ipse rectius dic,
quid te Galle tibi abstulit repente, aut
quo tandem ille animi vigor resedit?
an qui somnia dormiebat alta,
per te est excitus irruitque Caesar?

Nemo loquitur

Ille ego sum Nemo, de quo monimenta loquuntur,
    ipse sibi vitae munera Nemo dedit.
Nemo fuit semper, Nemo illo tempore vixit,
    quo male dispositum dii secuere chaos.
ante ortum Nemo est aliquis, post funera Nemo;
    Nemo quid invito fertve facitve Deo.
omnia Nemo potest. Nemo sapit omnia per se.
    Nemo manet semper. crimine Nemo caret,
Nemo fugit mortem. Nemo est a fine superstes,
    Nemo excors certi nascitur interitus.   10
Nemo animos novit superum, sensusque latentes,
    Nemo quod est quod erat, Nemo futura tenet.
Nemo salutiferas praeter servabitur undas,
    Nemo fidem Christo non habet et bonus est.
Nemo sorte sua vivit contentus et intra
    fortunam didicit Nemo manere suam.
Nemo sacerdotum luxus, vitamque supinam,
    Nemo audet Latium carpere Pontificem.
Nemo in amore sapit, Nemo est in amore fidelis,
    Nemo alii propior, quam studet esse sibi.   20
Nemo vagas numerat stellas, ipso ordine novit
    Nemo quid in terra, quidque feratur aqua.

Er entfloh; seine Hennen ließ zurück er,
seine Lilien auch und seine Waffen.
Sag, Fortuna – noch besser, Hahn, sag selber:
Wer hat so dir dein Wesen ganz verändert?
Wohin ist dir dein hoher Mut entflohen?
Hast vielleicht ihn erweckt aus tiefem Schlummer,
und stieß nieder sodann auf dich – der Kaiser?

Niemand spricht

Jener Niemand bin ich, von dem die Denkmäler reden;
   Niemand ist es, der sich   selber das Leben verliehn.
Niemand hat ewig gelebt, Niemand erlebte die Zeiten,
   da des Chaos Gewirr   ordnend die Götter zerteilt.
Niemand hat vor der Geburt existiert und Niemand im Grabe,
   Niemand tut oder erträgt   etwas, wenn Gott es nicht will.
Niemand kann alles, es weiß von selber Niemand auch alles,
   Niemand bleibt ewig bestehn,   Niemand auch ist ohne Fehl.
Niemand entrinnt dem Tod, es überlebt Niemand alle,
   Niemand, erblickt er die Welt,   ist nicht dem Tode
                     geweiht.   10
Niemand ergründet der Götter Gemüt, ihren heimlichen
                     Ratschluß,
   Niemand weiß alles, was war,   ist und was künftig wird sein.
Niemand, den heiliges Wasser nicht netzt, findet ewige Rettung,
   Niemand auch ist gut,   so er an Christum nicht glaubt.
Mit seinem Lose zufrieden lebt Niemand, Niemand versteht auch
   so zu leben, wie dies   seinem Vermögen gemäß.
Lasterleben und Faulheit der Pfaffen wagt Niemand zu tadeln,
   und es wagt auch Kritik   Niemand am römischen Papst.
Niemand ist klug in der Liebe, und Niemand ist treu in der
                     Liebe,
   Niemand ziehet das Wohl   andrer dem seinigen vor.   20
Niemand zählte die kreisenden Sterne; was füglich die Erde,
   was das Meer bringt hervor   – Niemand weiß alles genau.

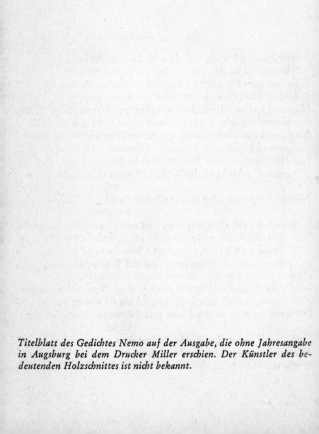

Titelblatt des Gedichtes Nemo auf der Ausgabe, die ohne Jahresangabe in Augsburg bei dem Drucker Miller erschien. Der Künstler des bedeutenden Holzschnittes ist nicht bekannt.

ΟΥΤΙΣ · NEMO

Nemo potest dominis simul inservire duobus,
   Nemo quod, et quoties expedit illud, habet.
Nemo bonus. Nemo est ex omni parte beatus,
   Nemo simul potis est omnibus esse locis.
Nemo omnes posita Germanos lege coercet.
   Nemo iugum Rheni gentibus imposuit.
Nemo per innocuos mores emergit et aulae
   sontica prosequitur munera Nemo pius.   30
Nemo Quirinalem dominatu liberat urbem,
   Nemo laboranti subvenit Italiae.
Nemo feros bello Turcas adit et bona curat
   publica privato munere Nemo magis.
Nemo certa sequi, sibi conscius optima legit,
   Nemo audet subitis rebus habere fidem.
Nemo errore vacat, Nemo sibi cavit ubique,
   Nemo placet cunctis, invidiaque caret.
Nemo quae placeant stupido facit omnia vulgo,
   Nemo refert studiis praemia digna bonis . . .   40

Niemand bringt es auch fertig, zugleich zwei Herren zu dienen,
  Niemand hat alles zur Hand,   was er und wenn er es
                                        braucht.
Niemand ist gut. Niemand ist glücklich in jeglicher Hinsicht,
  Niemand kann überall   gleichzeitig anwesend sein.
Niemand hält alle Deutschen dem Recht und Gesetz unter-
                                        worfen,
  Niemand legte sein Joch   auf allen Stämmen am Rhein.
Niemand tut sich hervor durch sittliche Reinheit; am Hofe
  strebt gewichtiges Amt   Niemand, der ehrlich ist, an.   30
Niemand befreit des Quirinus Stadt von tyrannischer
                                        Herrschaft,
  und Italien steht   Niemand, dem leidenden, bei.
Niemand zieht in den Krieg gegen wilde Türken, und Niemand
  sorgt ums gemeine Wohl   mehr als ums eigene sich.
Niemand folgt sicherem Ratschluß und wählt bedächtig das
                                        Beste,
  Niemand ist es, der wagt,   plötzlichem Umschwung zu traun.
Niemand ist frei von Irrtum und vorsichtig immer ist Niemand,
  Niemand macht allen es recht,   Niemand will jeglichem wohl.
Niemand tut alles so, daß der dumme Pöbel es billigt,
  Kunst und Wissenschaft gibt   Niemand gebührenden
                                        Lohn ...   40

HERMANN KIRCHNER

gest. 1620

Anagrammata

Fridericus Elector Palatinus, per anagramma:
fides, ut ars, in periculo claret.

Reinhardus a Baumbach:
mens huic haud barbara.

Burcartus Lucanus:
ars ut carbunculus.

HERMANN KIRCHNER

gest. 1620

Anagramme

Pfalzgraf Friedrich:
Treue wie auch Geschicklichkeit wird in Gefahr berühmt.

Reinhard von Baumbach:
Dieser hat nicht Barbarensinn.

Burkhart Lucanus:
Die Kunst ist (kostbar) wie ein Rubin.

JOHANNES LAUTERBACH LUSATIUS

1551–1593

De Stilphone medico

Pupillam curans tumefecit Stilpho papillam;
   hortorum curas sic caper omnis habet.

Cum patrata suae fateretur crimina vitae,
   quaesitus, Satanam crederet, Hircus ait:
‚sancte pater, Satanam qui possim credere? caelo
   vix aliquem multo credo labore Deum.‘

Cur aleret barbam, iuvenem cum virgo rogaret,
   ‚ut retro fugiat territus hostis‘ ait.
‚falleris‘ illa subit ‚vanum me teste probabo:
   nunc hirsuta petor, quae glabra tuta fui.‘

Vis genus aerumnae, varium genus omne laboris
   invidiasque una dicere voce? schola.

Cum patrata . . . 2. *pro* Hircus Hirtus?

JOHANNES LAUTERBACH LUSATIUS

1551–1593

Stilpho pflegte sein Mündel, doch machte dabei ihr ein Kindel:
so gibt zur Pflege man auch   immer den Garten dem Bock.

Da Hans Klotz schon uf den tot lag / auch seiner sünden zahl /
so nicht also wenige / mit erbaulicher zerknirrschung gebiecht /
frug in der pfaff / ob er auch an den ††† Teuffel glaube / und
selbigem absage. / entgegnete im jener / ei lieber herre / wie ver-
möcht ich doch an den Gottseibeiuns zu glauben / da es mich
schon gar zu beschwerlich ankömmt / dass ich an einen Gott im
himmel glaube?

„Warum", fragte die Jungfer den Jüngling, „trägst einen Bart
du?" –
„Auf daß erschrecke der Feind   und von mir weiche
zurück." –
„Falsch", sagte sie, „ich erfuhr's ja am eigenen Leibe, denn
seit ich
haarig bin, setzt man mir zu: glatt vordem, hatte ich Ruh."

Schulmeisters Stoßseufzer

Willst du in *einem* Wort alle Arten von Ärger und Mühsal,
von gehässigem Neid   nennen? Sag „Schule" sodann.

Der Sternenseher.

Der Sternenseher. Aus dem Totentanz.
Holzschnitt von Hans Holbein d. J., 15 . .

BOHUSLAV LOBKOWITZ VON HASSENSTEIN

1462–1510

Mors venio tam grata piis quam dira superbis. –
    me miserum, non sunt haec meditata mihi! –
quid palles? – metuo. – quare? – quia falce minaris. –
    non poenam iustis affero, sed requiem.
conscia mens sceleris tenebras formidat Averni:
    non tibi nos, tua sed culpa timenda fuit. –
quid faciam? – lacrimis, dum fas est, dilue culpam. –
    parebo. – propera: sum tibi pro foribus.

Ich bin der Tod – den Frommen zum Heil, den Frechen zum
                        Grauen. –
  Wehe mir Armen, hab ich   nie doch an dieses gedacht! –
Warum erbleichst du? – Vor Angst. – Weshalb? – Mir droht
                      deine Sense. –
  Ewige Ruhe, nicht Pein,   finden die Guten bei mir. –
Wer sich der Sünde bewußt, dem graut's vor dem Dunkel der
                      Hölle;
  fürchte dich nicht vor mir,   fürchte vielmehr deine Schuld. –
Was soll ich tun? – Solange du kannst, bereue mit Tränen. –
  Was du befiehlst, will ich tun. – Eile, schon steh ich am Tor.

JAKOB LOCHER PHILOMUSUS

1471–1528

Aus *Elegia IV*

Quid mihi divitiae prosunt, quid copia rerum,
   fulva vel aurigeri quid iuvat unda Tagi?
optarem potius gracilem tractare puellam
   languidaque in molli ponere membra toro.
has puto delicias, haec est perfecta voluptas,
   dum fovet amplexu dulcis amica virum.
quod metuis famam vulgi turbata malignam,
   nil agis, incassum verba benigna teris.
huc pudor accessit facti, tamen ille nocebit
   nil tibi, nam semper mens tua casta fuit ...   10

Est exstincta mei penitus scintilla furoris
   quo placui Latiis Felsineisque viris.
terram mutavi Latiam caelumque disertum,
   eloquii sub quo flumina larga fluunt.
ah, careo studii sociis invitus amoenis
   et te praecipue, qui mihi carus eras.
inter Teutonicos cogor versare colonos
   atque deas cantu sollicitare novem.

JAKOB LOCHER PHILOMUSUS

1471–1528

Liebesglück

Was kann Reichtum mir denn schon nutzen und Fülle von Habe
    oder das Gold, das im Strom   führet der Tagus dahin?
Lieber möchte ich mich mit schlanken Mädchen befassen
    und mich wonnig erschöpft   lagern mit einer im Bett.
Dies ist wahres Entzücken, es ist vollkommene Wollust,
    wenn so ein süßes Kind   eng den Geliebten umschlingt.
Fürchte dich nicht vor Klatsch und üblem Gerede des Pöbels,
    nichts hilft's, gibst du umsonst   denen begütigend Wort.
Schäm dich auch nicht: was wir treiben, wird niemals Schaden
                       dir bringen;   9
    was wir auch tun, du bleibst   innerlich immer doch keusch . . .

Abschied von Italien

Ganz erloschen ist schon in mir der Funke des Schwunges,
    der in Bologna dereinst   Beifall gefunden und Rom.
Latium hab ich verlassen, das Klima feinerer Bildung,
    wo der Redekunst Fluß   reichlichen Stromes entspringt.
Ach, wie fehlen mir jetzt der Studien liebe Gefährten,
    und vor allem fehlst du,   der mir der teuerste war.
Jetzt aber muß ich verweilen inmitten teutonischer Bauern,
    und der Musen Huld   muß jetzt erbetteln mein Lied.

JOHANNES LORICHIUS

gest. 1569

Sub quibus, ede mihi sit maior copia furum,
  inter quos nequam sacrilegique viri?

RESPONSIO:
Non sartores, non molitores, sed tonsores plures sub
                                         se habent fures.

Fit minus, adicias si quid; si dempseris illi,
  augetur: crescit diminuendo magis.

RESPONSIO:
foramen in qualibet re

Cur non femineam mos est tondere cohortem?

RESPONSIO:
Tempore vix possent tam reticere brevi.

JOHANNES LORICHIUS

gest. 1569

Unter wem?

Unter welchen, sag an, sind die meisten Diebe zu finden,
    Tunichtgute dabei,   Heiligtumschänder dazu?

ANTWORT:
Nicht Schneider, nicht Müller, sondern Barbiere haben die
                         meisten Diebe „unter sich".

Zu- und Abnahme

Wenn man's vergrößert, wird's minder, doch nimmt man fort
                     von ihm, wächst es,
und durch Verminderung wird   größer und größer es stets.

ANTWORT:
Ein Loch

Warum wohl?

Warum ist's nicht gebräuchlich, den Weibern den Bart zu
                     balbieren?

ANTWORT:
Selbst so kurze Zeit   hielten das Maul sie nicht still.

Dic mihi: quis sonitu primum crepidante pepedit?

RESPONSIO:
Emisit crepitum podex ut primus opinor.

Commoda quae praestant uxores plura maritis
   maiorique viros commoditate beant?

RESPONSIO:
Quae bene dotatae primo moriuntur in anno,
   aut quam sint Phoebes cornua plena prius.

Dictio scripta per L ad se germanice cunctos
   attrahit; L dempto est dictio nobilior.

RESPONSIO:
Golt, Germanica dictio, si L demas, *Got.*

Ex Petro Crinito:

Dimidium sphaerae, sphaeram cum principe **Roma**e
postulat a nobis totius conditor orbis.

RESPONSIO:
COR significat

Ursprung

Sage mir, wem doch zuerst ein Leibesgeräusch ist entdröhnet?

ANTWORT:
Wie mich deucht, ist zuerst dem Hintern der Knallfurz
entfahren.

Ehefreuden

Sage mir, was doch das Weib als bestes dem Ehemann bietet,
und womit wohl zumeist eine den Gatten beglückt.

ANTWORT:
Wenn sie, mit großer Mitgift, im ersten Jahre schon sterben
oder bevor sich zuerst wieder gerundet der Mond.

Buchstabenspiele

Schreibt man mit L dies deutsche Wort, zieht alle es an sich,
nimmt man das L jedoch fort, wird es ein edleres Wort.

ANTWORT:
Nimstu aus dem teutschen Wort GOLT das L, so bleibet GOT.

Nach Petrus Crinitus:

Halbkreis, danach ein Kreis, verbunden mit Romas Beginne,
dieses verlangt von uns Er, der das Weltall erschuf.

ANTWORT:
COR – Herz

Anser ovem maculat, potum sibi vacca ministrat.

RESPONSIO:

Calamus, membrana, atramentarium corneum.

Ex Petro Crinito:

Dic mihi quando magis paret plebecula mystae
et prompte quicquid iusserit ille facit.

RESPONSIO:

Cum fere ad finem populum secedere iussit,
tunc omnis turba est officiosa satis:
effundunt sese bipatentibus undique valvis
et capiunt nullas talia iussa moras.

Gans beschmieret ein Schaf, die Kuh besorgt das Getränke.

ANTWORT:

Feder, Pergament und Tintenhorn.

Nach Petrus Crinitus:

Gehorsam

Sage mir doch, wann das Volk am meisten dem Priester
gehorchet
und, was jener verlangt,   tut ohne jeden Verzug.

ANTWORT:

Wenn zum Schlusse dem Volk er gebietet, „Nun gehet nach
Hause!",
   zeigt zum Gehorsam alsbald   gern sich die Menge bereit.
Aus den geöffneten Toren der Kirche strömen sie eilends
   und gehorchen *dem* Wort   ohne den mindsten Verzug.

PETRUS LOTICHIUS SECUNDUS

1528–1560

Ad Ioachimum Camerarium.
De obsidione urbis Magdeburgensis

Si vacat arcanis aures praebere querelis
  nec data per laevas omina spernis aves,
accipe, quae primis, Ioachime, cadentibus astris,
  accipe, quae vidi, cum foret orta dies.
nox erat et placidos spargebant sidera somnos,
  quos levis aëria devehit aura via.
plaustraque Maenaliae dum custos flecteret Ursae,
  somnia sunt curas haec imitata meas.
flumen erat, dubito, fuerit num Rhenus an Isther
  spumifer aut Albis, sed reor Albis erat.   10
stabat arenoso vetus urbs in margine ripae,
  omne cruentato milite cincta latus.
castraque spectabat virgo de moenibus altis,
  fallor, an in laeva serta fuere manu?
flebat et invitis miscebat fletibus iram,
  turrigero longas vertice scissa comas.
ergo fremens, quis me manet exitus, inquit, an ultra
  sors mea, quo tandem progrediatur, habet?
en, ego quam fovi tot saecula fortiter urbem,
  nobile cui de me nomen habere dedi,   20
efferus ex imis evertere sedibus hostis
  nititur et veniae ius superesse negat.
hic pietatis honos? ea libertatis amatae
  gratia? quid fieret, si scelus ausa forem?

PETRUS LOTICHIUS SECUNDUS

1528–1560

An Joachim Camerarius:
Über die Belagerung Magdeburgs (1550)

Wenn okkulter Klage Gehör zu schenken du Zeit hast
   Vogelflugzeichen auch nicht,   Unheil uns drohend, verwirfst,
höre, Joachim, was ich beim Sinken der Sterne gesehen,
   höre, was ich gesehn,   als es zu grauen begann.
Nachts war's, und von den Sternen herab floß ruhiger
                    Schlummer,
   den auf luftigem Pfad   Wehen der Brise uns bringt.
Als den Wagen Callistos der Bärenhüter nun lenkte,
   da erschien mir im Traum,   worum ich sorge und bang.
Da war ein Strom – war's der Rhein (ich weiß nicht) oder die
                    Donau
   oder die Elbe – ich glaub   wohl, daß die Elbe es war.   10
Es erhob eine alte Stadt sich am sandigen Ufer,
   blutiges Söldnerheer   hatte umzingelt sie ganz.
Hoch von der Mauer erschaut' eine Jungfrau das feindliche
                    Lager:
   in der linken Hand hielt   Kränze sie, täusch ich mich nicht.
Tränen vergoß sie und zürnte, da wider Willen sie weinte,
   turmgekrönt war ihr Haupt,   aber geschoren ihr Haar.
Zornig rief sie: „Was ist das Ende, das mir bevorsteht,
   oder ist mir vom Geschick   weitere Zukunft vergönnt?
Siehe, die Stadt, die ich treulich so viele Jahrhunderte schützte,
   der das Recht ich verliehn,   stolz sich zu nennen nach mir,   20
sie strebt der wütende Feind von Grund aus niederzureißen,
   und für Gnade, sagt er,   sei jetzt die Zeit schon vorbei.
Ist das der Lohn der Treue, der Dank für Liebe zur Freiheit?
   Was wär wohl mir geschehn,   hätte ich Unrecht versucht?

prosit et excuset, quod sum mihi conscia recti
    et caput in patriae nulla quod arma tuli.
sed prodesse parum est: labes hinc prima malorum,
    hoc miserae (verum si profitemur) obest,
moenia debueram natalia prodere: texi;
    fida nec innocuis civibus esse: fui.   30
at decus hinc nostrae quondam meruere puellae,
    ad quas et populi summa relata sui.
gratia vindicibus iam nulla rependitur armis,
    cum tulerint aliae praemia, plector ego.
quid faciam? qua spe nitar? quo lumina flectam?
    unde petam fessis perdita rebus opem?
non mea connubiis operatur in urbe iuventus,
    pace bona casti gaudet Amoris opus.
squalida vastatis adparent frugibus arva,
    hostis ab agricola non sinit arva coli.   40
nec lego purpureos in serta recentia flores,
    non mihi flos pratis mollibus ullus hiat.
funera bis vidi campis indigna meorum,
    damna bis adverso tristia Marte tuli.
hei mihi, qualis erit (quod abominor) exitus urbis,
    concidet hostili si reserata manu?
quis tenerum pavidae latus hauriet ense puellae?
    virginitas cuius praeda latronis erit?
haec, oculi quaecumque vident, cinis omnia fient,
    utraque dicetur flebile ripa solum.   50
ergo dies veniet, quo moenia nulla tuebor
    parvaque restabit nominis umbra mei.
quaque fuit murus, terram proscidet arator,
    urbsque sub his, dicet, collibus alta fuit.

Trost und Verteidigung sei mir, daß stets das Rechte ich wollte,
  gegen das Haupt des Reichs niemals die Waffen erhob.
Doch daß ich schützte, genügt nicht: damit begann ja mein
                  Leiden,
  ach, ich Arme, das spricht gegen mich, sehe ich's recht.
Meine Heimatstadt sollt ich verraten: ich schützt ihre Mauern;
  treu nicht den Mitbürgern sein, die ohne Schuld: doch ich
                  war's.   30
Ob solcher Treue wurden einstmals geehrt unsre Mägde,
  und ihres Volkes Geschick hing von dem ihrigen ab.
Dank wird schon nicht mehr den schützenden Waffen erwiesen,
  andere wurden belohnt, ich aber werde bestraft.
Was soll ich tun? Was erhoffen? Wohin soll die Blicke ich
                  wenden?
  Woher kommt Hilfe mir, ach, jetzt in der äußersten Not?
Nicht mit Buhlschaft verbringt in der Stadt die Zeit meine
                  Jugend,
  züchtige Liebe allein freut sich an Frieden und Ruh.
Aber verwildert liegen, beraubt der Feldfrucht, die Äcker,
  das Bestellen des Felds wehret dem Bauern der Feind.   40
Rote Blumen hab lang ich schon nicht zu Kränzen gesammelt:
  denn auf sanfter Flur blüht keine Blume mehr auf.
Zweimal schon sah ich im Feld die Meinen unverdient fallen,
  zweimal schon fügte der Krieg Trauer und Schaden mir zu.
Wehe, wie gräßlich wird (mir graust's) das Ende der Stadt sein,
  wenn sie dem Feind sich ergibt und seiner Hand dann erliegt?
Wer wird dem furchtsamen Mägdlein die zarten Weichen
                  durchbohren?
  Welchem Banditen wird dann Jungfernschaft fallen zum
                  Raub?
Was meine Augen jetzt sehen, soll alles zu Asche es werden,
  beide Ufer dem Grund gleichgemacht werden, o Graus?   50
Kommen wird also der Tag, da keine Mauern ich schütze,
  flüchtiger Schatten nur bleibt von meinem Namen zurück.
Wo die Wälle einst standen, wird Furchen ziehen der Pflüger:
  Unter den Hügeln lag einst, sagt er, hochragende Stadt.

quid gravius victore Geta miseranda tulissem,
    Caesare quam magno bella gerente fero?
atque utinam saevi potius mea viscera Thraces
    Persaque et extremus dilaceraret Arabs!
hoc tamen infelix casus solarer acerbos,
    vulnera cognatae sunt graviora manus.   60
maiorum tumulos sacrasque Tuistonis umbras
    testor et haec tacito sidera fixa polo,
me servasse fidem! si mentior, ultima numquam,
    quae patior, tantis hora sit ulla malis.
et tamen ut furiis insurgit atrocibus hostis:
    si libet, in cineres saeviat ille meos.
herbiferae valles gelidique in vallibus amnes,
    quidquid et in terris dulce relinquo, vale.
este mei memores ripae Nymphaeque sorores,
    longa mea in vestris regna fuere locis. –   70
plura querebatur, nostro sed protinus omnis
    corpore defluxit somnus et orta dies.
maestus et obscurae turbatus imagine noctis
    sub matutini lumina solis eram.
montis inaccessi radicibus adiacet imis
    lucus, ubi variae consociantur aves.
est sacer arbustis vastisque recessibus horror,
    per medium raucae volvitur amnis aquae.
hic trepidae speciem repetens in valle quietis,
    ergo quod (aiebam) somnia pondus habent?   80
cur nimium memini verisque simillima vidi?
    languidus aurora cur oriente fui?
dum queror et variis turbatus obambulo curis,
    mobilis arboreas inpulit aura comas.

Hätte der Hunne gesiegt, was hätt ich schlimmres erlitten,
    als ich erdulden muß, da   jetzt mich mein Kaiser bekriegt?
Möchten mir eher die Eingeweide die Thraker zerfleischen,
    Perser, ja Araber selbst   stammend vom Ende der Welt!
Selbst solch bitteres Leid – ich Unglückliche könnt es ertragen,
    aber *die* Wunde schmerzt mehr,   die uns des Nächsten Hand
                                 schlägt.   60
Ahnengräber, bezeugt es, und heilige Haine Tuistos
    und ihr Gestirne, die still   scheinen am himmlischen Pol,
daß ich die Treue gewahrt! Wenn ich lüge, möge des Leidens,
    das ich erdulden muß,   niemals ein Ende ich sehn.
Doch mit welch grausamem Wüten erbraust der Ansturm des
                            Feindes:
    wenn's ihm gefällt, still er   in meiner Asche die Wut.
Grasige Täler und kühle Ströme, die sie durchfließen,
    und was auf Erden mir lieb,   muß ich verlassen: lebt wohl!
Ufer und Nymphen des Stromes, gedenket meiner, ihr
                              Schwestern,
    lange Zeit war ich ja   Herrin in eurem Bereich."   70
Weiter klagte sie, doch es entglitt alsbald mir der Schlummer
    gänzlich: erwacht war ich   und schon gekommen der Tag.
Traurig und tief verstört durch das Bild, das das Dunkel mir
                            sandte,
    fand mich der Sonne Licht,   da es am Morgen erstrahlt.
Tief am Fuß eines Berges, der unzugänglich ist, liegt ein
    Hain, dort finden sich ein   Vögel von vielerlei Art.
Schauerlich-einsam, weitab liegt der Forst, und weit dehnt
                            er aus sich,
    und es fließt mitten hindurch   tosend und brausend ein Strom.
Hier im Tale versucht ich nach Bangen Ruhe zu finden,
    was für Bedeutung hat schon   (fragt ich mich selber) ein
                            Traum?   80
Doch warum prägt' er sich ein und war so wirklichkeitsnahe?
    Warum beim Sonnenaufgang war ich dann gänzlich erschöpft?
Also klagt ich und ging, von vielerlei Bangen bedrücket,
    als im Laube der Wind   plötzlich zu rascheln begann.

17 Humanisten

ecce quatit rapidis Iovis armiger aëra pennis
  albus et incurvis unguibus haeret olor.
nulla fuga est capto, spectantque silentque volucres,
  aspera dum fulvae praepetis arma timent.
at vigil, auroram qui cantibus evocat, ales
  audet ab aëriis obvius ire iugis.   90
tunc volucer saevas exercitus undique pugnas
  suscitat: alarum plausibus antra fremunt.
interea removent subeuntia nubila solem,
  praesagique micat fulminis igne polus.
terreor et pavidus vanos reor haec quoque somnos,
  sed patula vigilans ilice nixus eram.
mox paucae redeunt et ovantes sole reducto
  paulatim molli pace fruuntur aves.
et nive candidior, veluti iam fata vocarent,
  fundit olor dulces ad vada nota sonos.   100
protinus exclamo, Superi mea visa secundent
  inque Notos, quidquid triste minantur, eat.
nec minus indigenis voveo sua munera Nymphis
  et palmis haustas libo duabus aquas.
haec tibi, cui fas est casus aperire futuros,
  carminibus volui non reticere meis.
plura quidem vidi, sed quae celanda putavi.
  valle sub arcana cetera quercus habet.

Elegia II. Ad Melchiorem Zobellum compatrem

Sic igitur dulces potuisti linquere Musas,
  Martiaque imprudens castra, Zobelle, sequi?
et tibi iam tanti est artes cognoscere belli,
  et fera quo soleant proelia more geri?
scilicet a teneris ut mercenarius annis
  vulnera consuescas servitiumque pati,

Siehe, da stieß Zeus' Adler herab mit reißender Schwinge,
  in einen weißen Schwan   schlug seine Klauen er ein.
Kein Entkommen gibt's mehr, und schweigend sehen's die Vögel,
  von des goldenen Aars   reißenden Fängen erschreckt.
Aber es wachte der Vogel, der singend Aurora heranruft,
  und vom Gipfel des Bergs   flog er entgegen dem Aar.   90
Wilder Kampf drauf erhob sich in der gefiederten Heerschar,
  und von der Schwingen Geräusch   wurde die Grotte erfüllt.
Unterdessen bewölkt sich der Himmel, die Sonne verdeckend,
  unheildeutender Blitz   flammt auf am himmlischen Pol.
Schreckerfüllt glaube ich, daß auch dieses alles nur Traum sei,
  aber ich war hellwach, lehnend an Steineichenstamm.
Bald kam die Sonne zurück zur Freude der Vögel; allmählich
  kamen sie wieder hervor,   friedlich genießend der Ruh.
Ja, der schneeweiße Schwan – als wäre sein Tod ihm schon nahe –
  sang süße Weisen am Fluß,   den er als Heimat gekannt.   100
„Meiner Vision", rief ich aus, „mögen gnädig die Himmlischen
                                                     beistehn,
  und in die Lüfte verflieg   alles, was Trauer mir droht!"
Auch den Nymphen der Landschaft gelob ich geziemende Gaben,
  Wasser schöpf auf mit der Hand   ich und gieß weihend es aus.
Dies wollte dir, dem Zukunft mit Recht zu eröffnen erlaubt ist,
  nicht verhehlen mein Werk: lies es drum hier im Gedicht.
Manches noch hab ich gesehn, doch deck ich es lieber mit
                                                     Schweigen:
  was noch verbleibt, es birgt   Eiche in ruhigem Tal.

Elegie 2. An seinen Gevatter Melchior Zobel

Konntest du also, Zobel, die holden Musen verlassen,
  konntest du sonder Bedacht   folgen dem Lager des Mars?
Liegt so viel dir daran, des Krieges Künste zu lernen
  und die Art, wie im Feld   grausame Schlachten man schlägt?
Sicherlich bist du von Kindheit an schon gewohnt, wie ein Söldner
  Wunden zu dulden und auch   knechtisches Dienen im Krieg,

et subeas toties manifesta pericula vitae,
   dum cava terrificis ictibus aera tonant.
quam bene pugnabant olim, cum moenia nondum
   turribus aut fossis oppida cincta forent,   10
machina nec volucres torqueret aënea glandes,
   sed gererent partes ensis et hasta suas.
tunc clarum tibi, magna parens Germania, nomen,
   nostraque libertas sanguine parta fuit.
nunc tua dilacerant inimicae viscera gentes,
   vendis et externis in tua damna fidem.
ante tuos oculos ferro grassatur et igni
   barbarus, et Geticis Hunnus oberrat equis.
o pereant turres fossaeque et inutile vallum:
   pax ades, aut virtus illa paterna redi!   20
me iuvat in studiis consumere dulcibus aevum,
   signaque Musarum prosperiora sequi,
et quae sera legat nostri non immemor aetas,
   carmina tranquillae fingere pacis opus.
sed tamen ausus eram validis quoque nuper in armis,
   magnanimi custos ad latus ire ducis.
iam caput indueram galea, frameamque gerebam,
   aptus et huic lateri quilibet ensis erat.
sed Dea, Castaliis quae maxima praesidet undis,
   non tulit, et vultus constitit ante meos.   30
constitit, et tenerae florem miserata iuventae,
   ,ergo, puer, fies tu quoque miles?' ait.
,torta quid imbelles urget lorica lacertos?
   quid gravat aeratae cuspidis hasta manum?

daß du so oft dem dräuenden Tod ins Auge kannst schauen,
  wenn das Erzrohr erdröhnt   donnernd mit schrecklichem
                                    Schuß.
Ach, wie brav focht man einst, da Türme noch nicht auf den
                                    Wällen
  standen und da noch nicht   Gräben die Städte umringt;   10
da das Geschütz noch nicht die fliegende Kugel entsandte,
  da man den Kampf vielmehr   führte mit Schwert und mit
                                    Spieß!
Da war, große Mutter Germania, ruhmreich dein Name,
  damals wurde mit Blut   unsere Freiheit erkauft.
Deine Eingeweide zerfleischen jetzt feindliche Völker,
  dir zum Schaden verkaufst   Fremden als Mietling du dich.
Vor deinen Augen wütet mit Feuer und Schwert der Barbare,
  und auf getischem Roß   schweifet der Hunne durchs Land.
Nieder mit Türmen und Gräben und Wällen, die nutzlos doch
                                    bleiben!
  Friede, komm! Oder komm du,   Mannheit der Ahnen,
                                    zurück!   20
Mir behagt es, die Zeit mit süßem Sang zu verbringen,
  unter dem glücklichern   Banner der Musen zu stehn
und geruhsam im Frieden Gedichte zu schmieden, wie einst sie
  lesen mag künftige Zeit,   die mich nicht gänzlich vergaß.
Trotzdem hab ich's gewagt, im festen Harnisch zur Seite
  jüngst zu treten zum Schutz   meinem hochherzigen Herrn.
Schon hatt aufs Haupt ich gesetzt mir den Helm, trug den Spieß
                                    auf der Schulter,
  und auch irgendein Schwert   hing an der Hüfte mir schon.
Aber die hehre Göttin, die thront am kastalischen Brunnen,
  litt dieses nicht; sie erschien   – leibhaftig stand sie vor mir.   30
Stand, und es dauerte sie der zarten Blüte der Jugend.
  „Also, mein Kind, willst auch du   jetzt ein Soldat sein?"
                                    sprach sie.
„Warum drückt Wehrgehänge die Schultern, die Krieg nicht
                                    gewohnt sind?
  Warum wiegt schwer in der Hand   eisenbespitzt dir der Spieß?

iam populatrices inter potes ire catervas?
　　iam longae patiens esse sub axe viae?
at (memini) nuper fera bella timere solebas,
　　classicaque insuetis auribus horror erant.
unde novus rigor hic? unde illa ferocia venit?
　　mitis honoratae pacis amator ubi es?　　　　　40
sed, puto, praeda iuvat spoliisque Aquilonis onustum
　　sublimem niveis fama reducet equis.
quin meliora tibi soluemus praemia Musae,
　　praemia per raras ante petita manus?
longa dies regum turres consumit et aurum,
　　et spolia in templis exuviaeque ruunt.
at decus ingenii durat vatumque labores:
　　i nunc, et partas sanguine confer opes.
adde, quod incerto Mars proelia turbine versat,
　　casus et instabiles miscet utrimque vices,　　50
ah teneris maius ne quis iuveniliter annis
　　audeat, et vires consulat ante suas!
tempus erit, Pindum superans cum Caesar et Haemum,
　　figet in Odrysiis celsa trophaea iugis.
tunc si tantus amor belli, si tanta cupido est,
　　acer in adversos ense licebit eas.
terribiles nunc linque tubas et castra, nec auctor
　　ante diem propera funeris esse tui.'
his ego commotus dictis vultuque monentis,
　　ite statim, dixi, castra tubaeque procul.　　　60
rursus et Aonius calor in mea pectora venit,
　　ipsaque devovi quae prius arma tuli.

Kannst du dich anschließen schon den länderverwüstenden
                        Horden,
  kannst ohne Dach und Fach   aushalten endlosen Marsch?
Weiß ich doch, wie du noch kürzlich vor grausem Krieg dich
                        gefürchtet
  und der Drommete Ton   schrecklich im Ohr dir erscholl.
Woher auf einmal der Schneid? Woher kam auf einmal der
                        Ingrimm?
  Wo bist du jetzt, der so sanft   Frieden geliebt und geehrt? 40
Aber ich meine, dich lockt das Plündern: mit Beute vom Norden
  hoch auf schneeweißem Roß   kehrest du ruhmreich zurück.
Bieten wir Musen dir nicht Belohnung von höherem Werte –
  Lohn, nach welchem zuvor   selten nur griff eine Hand?
Lauf der Zeiten verzehrt der Könige Burgen und Schätze,
  Beute in Tempeln bewahrt,   Kriegestrophäen vergehn,
doch es dauert die Zier des Genies, die Werke der Dichter:
  geh nun und eigne dir an   Reichtum, gewonnen mit Blut!
Auch bedenke, daß Mars nicht zu traun ist im Wirbel der
                        Schlachten:
  bald neigt sich hierhin, bald neigt   dorthin sich schwankend
                        das Glück. 50
Ach, warum wagt nicht Größres in zarter Jugend der Jüngling?
  Prüfe zuvor er doch,   was seinen Kräften gemäß.
Kommen wird einst der Tag, da mit Caesar auf Pindus und
                        Haemon
  klimmend, er hohe Trophä'n   pflanzt auf odrysischem Joch.
Wenn dann den Krieg du so liebst, wenn dann so groß dein
                        Begehren,
  dann magst grimmig das Schwert   gegen die Feinde du ziehn.
Jetzt aber fliehe das Lager, den schrecklichen Schall der Drommete,
  daß du zur Unzeit nicht   schuld wirst am eigenen Tod."
Diese Worte erschütterten mich und der Mahnerin Antlitz;
  „Feldlager", sprach ich, „hinweg,   hebt euch, Drommeten,
                        hinweg!" 60
Wieder erfüllte mein Herz da aonisches Glühen: die Waffen,
  die ich ergriffen zuvor,   diese verwünschte ich jetzt.

difficile est tacitos naturae abscondere motus,
 ponere difficile est quae placuere diu.
scilicet ingenuas mansuescunt corda per artes,
 nec rigidos mores esse Thalia sinit.
at tu, quandoquidem rerum sic impetus urget,
 et novus accendit pectora laudis amor:
i, tua quo, Zobelle, vocat te fervida virtus,
 et grave militiae fer patienter onus. 70
ne tamen, ah, densos vitae contemptor in hostes
 irrue: scis quam sit dulce redire domum,
tunc mihi narrabis, validas quis ceperit urbes
 primus, et hostiles fregerit ultor opes.
qualiter adversis concurrant agmina signis,
 altaque tormentis moenia quassa ruant,
et quaecunque illis exhausta pericula terris:
 hunc celeri portet Lucifer axe diem.

Ad Ioannem Altum poetam suavissimum

Saepe meae nomen simul inter vina puellae
 more iubes prisci temporis, Alte, bibam.
tu Violantillam potas, mihi Claudia septem
 dat scyathos, et iam frigida fugit hiems.
quid faciam, sicci cum terga leonis adibit
 Phoebus, et ingratus faucibus aestus erit?
ergo meae propter nomen breve cogar amicae
 ferre sitim? tanti nulla puella mihi est.
non tamen hanc dominam mutabo, sitimque levabo.
 quid facies igitur, quaeris? amabo duas. 10

Schwer nur verleugnet man ja die stille Regung der Seele,
  und was lang man geliebt,   dessen tut schwer man sich ab.
Denn es besänftiget doch der Edlen Herzen die Dichtkunst,
  und Thalia erlaubt   Sittenverwilderung nicht.
Wenn dich also so sehr der Drang der Zeitläufte antreibt
  und Begierde nach Ruhm   plötzlich das Herz dir entflammt,
geh dann, Zobel, dorthin, wohin dich glühend dein Mut ruft,
  und des Kriegsdienstes Last   dulde, so schwer sie auch ist. 70
Aber mit Todesverachtung sollst nicht in die Scharen der Feinde
  du dich stürzen: du weißt,   schön ist die Rückkehr nach Haus.
Melde mir dann, wer als erster die festen Plätze genommen,
  wer mit rächender Hand   Reichtum des Feindes zerstört,
wie unter feindlichen Bannern zusammenprallen die Heere,
  wie unter grobem Geschütz   ragende Mauer zerbricht
und was du sonst für Gefahren in jenen Landen bestanden –
  brächte der Morgenstern uns   bald diesen Tag doch heran!

An Johannes Altus, den liebenswürdigen Dichter

Oftmals sagst du beim Zechen, Freund Alt: „Nach klassischem
                              Brauche
  leer auf der Liebsten Wohl   buchstabenweise dein Glas!“
Du trinkst auf Violantilla; mir bietet Claudia sieben
  Gläser nur dar, und schon ist   Winter und Kälte vorbei.
Was soll ich tun, wenn die Sonne im brennenden Sternbild des
                              Löwen
  steht und die Hitze den Schlund   sengenden Brandes verdörrt?
Soll ich dürsten vielleicht, weil der Liebsten Namen zu kurz ist?
  So übertriebenen Preis   wäre kein Mädchen mir wert.
Trotzdem halftre die Maid ich nicht ab, um den Durst mir zu
                              löschen.
  Was also werde ich tun,   fragst du? Ich liebe halt zwei. 10

In effigiem militum Germanorum

Pudor deorum, opprobriumque seculi,
pestis, luesque militaris ordinis.
qui perciti furore mentis ebriae
licentiaque perditorum temporum,
abominandis involuti vestibus,
fas omne rumpunt, eruunt Rempublicam.
hei dira imago, hei barbarum spectaculum!

Auf ein Bild deutscher Landsknechte

Der Götter Schande ihr und unsrer Zeiten Schmach,
ihr Pestilenz und Seuche des Soldatenstands,
es treibt euch Raserei und wüste Trunkenheit
und lasterhafter Läufte zuchtlos Tun,
daß ihr, gehüllt in Kleider, die abscheulich sind,
das Recht durch Frevel schändet und das Reich verderbt:
barbarisch Schauspiel, wehe; wehe, Grauensbild!

Der Fähnrich. Holzschnitt von Sebald Beham (um 1535).

De puella infelici

Abditus arboribus secreto nuper in horto
  solus amans virgo dum quereretur, eram.
dum legit hic violas, dum fletibus irrigat illas,
  auribus haec hausi tristia verba meis:
ah nimis infidum genus, et crudele virorum,
  sic igitur falli digna puella fui?
mater io, si quid post fata novissima sentis,
  quae mala, morte tua sola relicta fero?
deseror infelix, alias monitura puellas,
  non iuvenum verbis semper inesse fidem.   10
cui tamen has violas? cui serta miserrima virgo?
  an dabis haec illi munus? an ipsa geres?
finge dari, renuit: florum me dedecet usus:
  tam cito sic igitur spernor amata diu?
nunc odii fingit causas, nunc perfida dicor,
  nunc omnes clamant: culpa puella tua est.
iuro tibi mea lux, nihil te mihi dulcius uno,
  nunc etiam, quamvis sim tibi vilis ego.
hactenus, et repetens suspiria lumina tersit.
  o numquam vacuo pectore quisquis amat.   20

Ecloga II

Viburnus venator. Lycidas. Acron

Forte quiescebat gelida Viburnus in umbra
venator, liquidas ubi tardis flexibus undas
in mare deducit per opaca silentia Varus.
illic mane novo salicum nemus inter amoenum,

Das unglückliche Mädchen

Hinter Bäumen versteckt war ich jüngst in entlegenem Garten,
  als ein verliebtes Kind   kummervoll klagte ihr Weh.
Da sie Veilchen pflückte und diese mit Tränen benetzte,
  drang an mein lauschendes Ohr,   was sie gar kläglich geseufzt:
„Allzu treulos seid, ach, ihr Männer und grausamen Herzens;
  habe ich Arme verdient,   daß er so arg mich getäuscht?
Mütterchen, wehe! Wofern du, zwar abgeschieden, mich hörest –
  du starbst, und ich bin allein,   leidend gar grausame Pein.
Mich Unglückliche hat er verlassen: den andern sei's Warnung,
  daß nicht Vertrauen verdient   immer der Jünglinge Wort. 10
Wem pflück ich Veilchen? Wem windest, du Ärmste, die Blumen
                          zum Kranze?
  Gibst du sie ihm zum Geschenk?   Trägst du sie selber
                          vielleicht?
Geb ich sie ihm, sagt er nein: mir stehen nicht gut an die Blumen:
  werde so schnell ich verschmäht,   die er so lange geliebt?
Bald sucht er Gründe zum Haß, bald werde *ich* treulos
                          gescholten;
  alle rufen jetzt aus: ‚Mädchen, die Schuld liegt bei dir.'
Liebster, ich schwöre dir's doch: du bist mir der Liebste von
                          allen,
  jetzt noch bist du's, obgleich   nichts mehr ich gelte bei dir."
Dieses sprach sie und seufzte beständig, die Augen sich trocknend:
  ach, allzeit ist betrübt   jegliches Herz doch, das liebt! 20

Ekloge 2

Viburnus, Lycidas, Acron: drei Jäger

Einmal ruhte in kühlendem Schatten der Jäger Viburnus
dort, wo in langsam gewundenem Lauf ins Meer seine Wasser
Varus ergießt im dunklen Schatten schweigender Wälder.
Dort im lieblichen Weidengebüsch erfüllt' er am Morgen –

a, procul a dulci patria, clamore propinquos
implebat Ligurum montes, et bracchia caelo
tendebat lacrimans, surdasque ita flebat ad auras:
  ‚Sol qui luciferos tollis de gurgite vultus
purpureoque rigas diffuso lumine mundum,
abde caput, Sol magne; nigrescant omnia circum,   10
dum queror infandos casus et acerba meorum
exilia, et divos suprema comprecor hora.

o patria, o regnum genitrix, clarissima bello,
plena animis, felix populis et prole virorum
dum fortuna fuit; nunc diis aversa voluntas
iam dudum – vera ergo tuos mihi fama labores
ad maris Hesperii litus solemque cadentem
detulit? Unde furor, quae tanta insania ferri?

dicite vos altis lapsi de montibus amnes,
Rhene pater, tuque uber aquis stagnantibus **Albi**   20
(scitis enim et longo memores repetetis in aevo),
quot nati cecidere ducum? quot in aequore operta
quadrupedesque virosque et fortia volvitis arma?

vos etiam avectas externo milite praedas
oppidaque eversasque urbes vidistis, et arces
collibus impositas, ferro quas impius hostis
eruit, aut hausit ferro crudelior ignis.

sistite currentes, vaga flumina, sistite lymphas.
impius haec nobis hostis monumenta reliquit,
sanguine fumantes campos squalentiaque arva.   30

22. aequore operta *scripsi.* aequor apertura *ed. sine metro ac sensu.*

ach, der süßen Heimat so fern! – mit Klagen Liguriens
nahes Gebirg; mit Tränen erhob er zum Himmel die Hände,
und sein Wehklagen stieg zu den Winden, die Antwort nicht
gaben:
„Sonne, die lichtstrahlend Antlitz erhebt aus wirbelnden
Fluten,
die ihren rötlichen Schein ausgießt über Weiten der Erde,
Sonne, verbirg dein Haupt. Rings hülle sich alles in Dunkel, 10
da ich der Meinen unsagbar Geschick und ihr Elend beklage
bitterlich und zu den Göttern ich flehe, schon nahe dem Ende.
    Heimat, o Land meines Ursprungs, berühmt durch Taten des
Krieges,
hochgemut Land, mit Stämmen beglückt und männlichem
Nachwuchs,
da noch das Glück dir war hold – jetzt fügten es anders die
Götter
schon seit langem. So war denn von deinen Nöten die Kunde
wahr, die am westlichen Strande Hesperischen Meers mich
erreichte?
Woher kam dieser Wahnsinn, dies rasende Wüten des Schwertes?
    Sagt mir's, ihr Flüsse, die ihr von hohen Bergen entsprungen,
du, Vater Rhein, und du, Elbe, die, wasserreich, langsam nur
strömet   20
(wißt ihr's doch, und lange noch werdet ihr dessen gedenken),
wie viele Prinzen gefallen, wie viele Leichen von Rossen
und von Männern ihr wälzet und wieviel starkes Gewaffen;
    habt auch gesehn, was an Beute von fremdem Kriegsvolk
verschleppt ward,
Dörfer und Städte zerstört, auch ragende Burgen auf Hügeln,
welche geschleift der ruchlose Feind oder welche vernichtet,
grausamer noch als das Schwert, des Feuers sengende Lohe.
    Hemmet, ihr Flüsse, den irrenden Lauf: ihr Wasser, steht
stille;
dies sind die Mahnmäler, so uns der frevelnde Feind hinterlassen:
Felder, noch rauchend von Blut, und Äcker, die wüst und
verwildert.   30

at vos adversis undas diffundite ripis
tantorumque ignominias abolete malorum.

  infelix patria, en longi quae praemia belli,
quam spolia ampla refers. nostros affectat honores
barbarus, in nostris regnans agit otia silvis.
nos procul expulsi rapido loca torrida ab aestu
litoraque usta siti et vacuas lustramus arenas,
quique olim in tacitis nemorum secessibus omnem
florem aevi et primos venatibus egimus annos,
(heu sortem miserandam!) istis nunc ostrea saxis,   40
ostrea et haerentes scopulis avellere conchas
discimus, aequoreisque famem solamur echinis,
et saepe in nuda defessi sternimur alga.
vix humiles Varus salices alnosque virentes
sufficit et dulces nautis sitientibus undas.

  o ubi culta secans liquido pede Cynthius arva
per virides saltus perque avia lustra ferarum
labitur et Dryadum secretos audit amores,
dum puer assueto residens canit Acis in antro,
,huc ades, o Telethusa, ades, o mi dulcis Oreas.'   50
ille canit, valles iterant collesque resultant.

  sed neque iam pulchrum superest nec amabile quicquam
nec prior illa colit silvas et rura voluptas.
ipsa fugat longe pavidas discordia nymphas,
effera dum montes nigris circumvolat alis
et consanguineos trahit in fera proelia faunos.

  ah tu si precibus, lacrimis si flecteris ullis,
omnipotens miserere pater, miserere laborum
tantorum: satis ultrices exhausimus iras.
si tamen id fixum sedet, ut commissa luamus   60
nostra, iuvat scelerum meritas exsolvere poenas,
ut placida saltem crescant in pace nepotes,

Übersteigt eure Ufer und überflutet die Lande,
auszulöschen die Greuel, die dieses Unheil zurückließ.

Unglückselige Heimat, was heimst als Lohn langen Krieges,
was an Trophäen du ein? Es greift nun nach unserer Zierde,
der uns beherrscht, der Barbar, dem's wohl ist in unseren
                                                           Wäldern.
Wir aber fahren ins Elend, wo glühende Hitze uns senget,
Durst das Gestade verbrennt und Sand der Wüste sich breitet.
Ich, der einst ich gewohnt in schweigenden Gründen des Waldes,
da ich der Jugend blühende Zeit als Jäger verbrachte,
(wehe, unselig Geschick!) ich lerne nun, Austern von Klippen, 40
Austern und Muscheln auch, die an Riffen haften, zu klauben,
ja, mit Seeigeln hab ich gelernt, den Hunger zu stillen,
oftmals auch hab ich erschöpft mich auf bloßem Seetang gelagert.
Kaum, daß der Var mir Weidengebüsch und grünende Eschen
bietet und süßes Wasser, das dürstende Schiffer ersehnen.

O wär ich dort, wo mit flüchtigem Fuß durch blühende Fluren
Cynthius gleitet, am Waldhang vorbei und den Lagern des
                                                           Wildes,
wo er verstohlen belauscht der Dryaden Liebesgeheimnis.
Dort in vertrauter Grotte wohnt Acis, der Knabe, und singet:
‚Komm zu mir, Telethusa, o süße Nymphe des Berges' –   50
singt, daß wider es hallet im Tal und im Echo vom Hügel.

Aber des Schönen ist schon, des Lieblichen nichts mehr
                                                           verblieben,
und was vordem entzückt, ist aus Wäldern und Landschaft
                                                           entschwunden.
Weit hinweg hat Zwietracht verjagt die schüchternen Nymphen,
grausig umflattert sie nun mit schwarzen Schwingen die Berge
und treibt Faune von gleichem Blut zu wütendem Kampfe.

Wenn dich Gebete, wenn dich, Allmächtiger, Tränen bewegen,
hab, o Vater, Erbarmen mit solch unendlichem Leiden:
Haben genug wir doch schon des strafenden Zornes gelitten!
Ist es Bestimmung jedoch, daß unsere Sünden wir büßen,   60
wollen wir gerne erleiden die Strafe, die Frevel verdient hat,
wird unsern Enkeln es nur vergönnt, in Frieden zu leben,

si qua dies possit gentis sarcire ruinas:
hoc precor, hanc manes liceat spem ferre sub imos.
exsere luciferos, Sol, nubibus, exsere vultus.'
   hactenus haec Viburnus; eum audivere gementem
vicino Lycidas qui forte sedebat in antro,
et celsis Ligurum descendens montibus Acron,
exilii comites, ambo florentibus annis,
insignes ambo calamis, venatibus ambo.   70
illi ut crescentes mulcerent carmine curas
et veteris luctus consolarentur amici,
inter se alternos coeperunt edere cantus.
tunc prior haec Lycidas, haec ordine proximus Acron.

LYCIDAS

nymphae, caeruleo quas nutrit Varus in amne,
sit mihi fas, nymphae, salicum de fronde coronam
texere. iam primum viridi pubescimus aevo,
mox dabitis natas haec ipsa ad flumina myrthos.

ACRON

aurae quae gelidos colitis per devia lucos,
dum sedeo et tectus canto fluvialibus umbris,   80
vos lenite aestus, numerosque et verba canentis,
sicubi fessa iacet, Nisae referatis ad aures.

LYCIDAS

fluminibus valles riguae, vaga flumina ripis,
arboribus ripae, fletu gaudemus amantes.
flevimus, et plenos lacrimarum fudimus amnes,
et tamen (heu) quantis torrentur pectora flammis!

ACRON

arcturo cervos, Delphini sidere tauros,
vere novo rigidos Venus ignea concitat ursos.

daß unserm Volke die Zukunft erbaue, was heute vernichtet.
Darum bet ich; dies soll noch ins Grab als Hoffnung mir folgen.
Hebe aus Wolken dein strahlendes Haupt, erheb es, o Sonne!"
 Soweit Viburnus. Sein Seufzen vernahm in benachbarter Grotte
Lycidas, welcher gerade dort saß; und mit ihm war Acron,
der vom hohen Ligurergebirg herab war gestiegen,
seiner Verbannung Gefährten, die beide in blühender Jugend,
beide geübt mit dem Pfeil und beide des Waidwerkes kundig. 70
Sie nun wollten mit Liedern die wachsenden Sorgen sich lindern,
trösten zugleich ihren alten Freund, des Trauern sie sahen.
Also begannen die beiden im Wechselgesange die Lieder,
Lycidas sang als erster, als zweiter folgte ihm Acron.

LYCIDAS

Nymphen, die Varus beherbergt im bläulichen Strom seiner
        Wasser,
Nymphen, lasset aus Zweigen der Weiden Kränze mich winden,
denn ich erblühe bereits in der Jugend grünendem Alter;
bald gewährt ihr mir Myrten, an diesen Strömen entsprossen.

ACRON

Lüfte, ihr wohnet und wehet in kühlen, entlegenen Hainen,
da ich hier sitze und singe, geschützt im Schatten am Flusse, 80
lindert die Hitze und traget mir Weise und Wort meines Liedes
Nisa ans Ohr, wo immer sie müde vielleicht sich gelagert.

LYCIDAS

Bäche erfreuen bewässertes Tal; das Ufer, die Bäche;
Bäume das Ufer; doch Tränen erfreuen uns, die wir lieben.
Ja, wir weinten – vergossen sogar ganze Bäche von Tränen,
dennoch brennt, ach, uns so sehr im Herzen die glühende Flamme.

ACRON

Venus macht brünstig den Hirsch, wenn Arcturus steiget, die
        Stiere,
wenn aufgeht der Delphin, und im Frühling die schlafenden Bären.

at furor ille mihi toto non deficit anno
nec finire licet tantos mihi morte dolores.　　　　　90

LYCIDAS

ille aper, ah, miseris qui vastat arva colonis,
ille ferox si pendet aper mihi sanguine poenas,
hic Triviae celsa reddam capita horrida pinu.
mitis ades, nemorum custos, Latonia virgo!

ACRON

en de ramosa venabula quattuor orno,
ecce duo tibi, Nisa, duoque hastilia nymphis.
his feries pavidos nemora inter frondea cervos,
cervos et capreas et fulvo tergore dammas.

LYCIDAS

ad fluvium duc, Daphni, canes (vocat aestus in umbram)
nec catulos virides sine lascivire per herbas.　　　　100
eia agedum, requiesce Lacon, requiesce, Lycarba,
fervidus Hesperias dum sol declinet in undas.

ACRON

ad salices, mea Nisa, veni, dum retia tendo:
hic nemus, hic gelidis lenes afflatibus aurae.
huc ades, o mea Nisa: novos tibi ruris honores,
purpureas uvas et cana Cydonia servo.

LYCIDAS

vesper adest, pueri: nodosa refigite lina
humidaque ad Boream suspendite; non bene lunae
creditur. hoc primum, sed cum praenuntia lucis
fulserit exoriens Aurora, revisite silvas.　　　　　110

Mich aber will die Verblendung das ganze Jahr nicht verlassen,
noch auch ist mir's vergönnt, mit dem Tode dies Leiden zu enden.

90

LYCIDAS

Der hier den armen Bauern die Felder verwüstet, der Eber –
wenn mir der wütende Keiler mit Blut die Strafe entrichtet,
will ich sein borstiges Haupt an Trivias Pinie hängen.
Stehe in Gnaden mir bei, Schutzherrin des Waldes, Diana!

ACRON

Jagdspieße, vier, hänge auf ich hier an astreicher Esche;
zwei sind, Nisa, für dich, die anderen weih ich den Nymphen.
Triff du damit im laubigen Wald die furchtsamen Hirsche –
Hirsche und Gemsen erlege und, rötlichen Felles, die Hirschkuh.

LYCIDAS

Daphnis, führe die Hunde zum Fluß (in den Schatten lockt
                         Hitze),
aber im grünen Grase laß nicht sich tummeln die Welpen.   100
Heia hallo! Hier, kusch dich, Lacon, hier, kusch dich, Lycarba,
bis die glühende Sonne im Westen ins Meer sich gesenkt hat.

ACRON

Nisa, komm her zu den Weiden hier, wo die Netze ich spanne.
Kühl ist's im Waldesschatten, den sanft die Brise durchsäuselt.
Nisa, komm her: ich will auf den Fluren das Schönste dir suchen,
purpurne Trauben bewahr ich für dich und grauweiße Quitten.

LYCIDAS

Burschen, der Abend ist da: knüpft ab die geknoteten Netze.
Feucht sind sie; hängt für den Nordwind sie auf, vertraut
                         nicht dem Monde.
Dieses zuerst; doch wenn wieder erscheint Aurora, des Tages
Botin, im Morgenlichte, geht wieder hinaus in die Wälder.   110

ACRON

at mihi nocte magis latos obsidere campos
insidiisque placet dumosas claudere valles,
cum terraeque fretumque silent, micat Arcadis Ursae
sidus, et argutis circum tremit ignibus aether.

LYCIDAS

exsul ago et teneros meditor (quis credat?) amores
solarique iuvat rapidos quibus urimur aestus
flumine, Vare, tuo. quid tum, si fata negabunt
in patriam reditus? tellus commune sepulcrum est.

ACRON

vos ego, dilectos cineres atque ossa parentum
et nemora et dulces iubeo salvere penates.   120
Cynthi, vale! quid tum, patriae si nulla videndae
spes superest? uno sub sole iacebimus omnes.
   haec illi: at mediis Varus caput extulit undis
rugosoque notans in fagi cortice versus,
‚cetera ad Eridani‘ dixit ‚cantabitis amnem.‘
dixit, et obliquo rursus caput abdidit alveo.

ACRON

Nachts jedoch freut es mich mehr, das weite Gefild zu umgarnen
und mit Fallen und Schlingen das Buschwerk im Tal zu verstellen,
wenn es schweiget zu Land und See, wenn das Sternbild des Bären
schimmert und rings der Äther mit funkelnden Lichtern
                                        erglitzert.

LYCIDAS

Unstet irr ich und spiele (ist's glaublich?) Lieder der Liebe,
doch mich erquickt mit tröstlicher Kühle in brennender Hitze
dein Gewässer, o Varus. Und wenn das Geschick mir verweigert
Heimkehr, was tut's? Ist Erde gemeinsames Grab doch uns allen.

ACRON

Lebet denn wohl, geliebte Gebeine und Asche der Eltern,   119
Cynthius ade! Und kann ich nicht mehr die Heimkehr erhoffen,
nun, was tut's? Unter *einer* Sonne doch liegen wir alle.
Wälder und teures väterlich Haus, gesegnet euch alle.
    So sangen sie. Doch Varus erhob sein Haupt aus den Fluten,
ritzte die Verse ein in gefurchte Rinde der Buchen.
„Aber den Rest sollt ihr", sagt' er, „am Donaustrom singen."
Sprach's, und seitlings tauchte sein Haupt er zurück in sein
                                        Flußbett.

PETER LUDER

um 1410–nach 1474

Barbara me tellus genuit, mater quoque talis
    ipsa fuit, sed nec rusticus invenior.
ex humili genitum me sanguine credere nec fas,
    notus uterque parens nam probitate fuit.
inclita quemque facit praestantem nobilitate
    virtus, et extollit nec veterum soboles.
quem penes est virtus superis aequandus, et ista
    quaemet non facimus, nostra nec esse puto.

Niger sum, fateor, sum parvus corpore toto,
    candida sunt nostra si petes ingenia.

---

1. Niger sum *contra metrum*; *fortasse:* sum niger, et fateor. – 2. nostrā:
ultima mendose producitur.

PETER LUDER

um 1410–nach 1474

Seine Abkunft

Mich erzeugte barbarisches Land, es war meine Mutter,
  aber als Bauer fürwahr   gelte ich selber doch nicht.
Daß von niederem Blute ich stamme, das soll man nicht glauben,
  denn durch Rechtschaffenheit   waren die Eltern bekannt.
Tugend allein verleiht einem jeglichen Würde und Adel,
  uns erhöht nicht allein,   daß wir aus uraltem Stamm.
Wer die Tugend besitzet, der gleichet den Himmlischen, aber
  was wir selber nicht tun,   das ist nicht unser Verdienst.

Sein Äußeres

Schwärzlich bin ich, ich gebe es zu, und klein von Gestalt nur,
  wenn du jedoch mein Talent   siehst, ist es strahlend und hell.

Melanchthon, Holzschnitt von Lukas Cranach d. J. (um 1550).

PHILIPP MELANCHTHON

1497–1560

Ad Guilelmum Nesenum

Hunc etiam calamum tibi, docte Nesene, Philippus
   sincerae mittit pignus amicitiae.
non tamen hic sese confert cum munere Erasmi,
   sed calamo longe cedit Erasmiaco.
frigida caenoso tulit hunc Saxonia stagno,
   in Nili ripis editus ille fuit.
Lethaeum excussit mundo tamen ille veternum,
   pingebat domini cum monumenta sui.
aurea Mercurii non tantum virga meretur,
   illa sibi quantum laudis arundo feret.   10
hos tantum versus mea pinxit arundo, placere
   quantum ipsos versus, hanc etiam opto tibi.

―――――

Die Rohrfeder

Diese Feder auch sendet, gelehrter Nesen, Philippus
   als ein Unterpfand   aufrechter Freundschaft dir zu.
Aber sie will sich nicht mit Erasmus' Gabe vergleichen:
   weit ja steht sie zurück   hinter Erasmischem Kiel.
Schlammigem Sumpf im kalten Sachsen ist diese entsprungen,
   während dem Schilfe entwuchs   jene am Ufer des Nils.
Schläfrige Trägheit vertrieb aus der Welt der Kiel des Erasmus,
   als seines Meisters Werk   – ewig sein Denkmal – er schrieb.
Hermes' goldener Stab hat so viel Preis nicht geerntet,
   wie in Erasmus' Hand   Ruhm wird erwerben das Rohr.   10
Meine Feder hat nur diese Verse geschrieben; gefallen
   möge so wie dieser Vers   auch diese Rohrfeder dir.

De eclipsi Lunae 28. Octobris anno 1547

Certa Deus toti impressit vestigia mundo,
    agnosci sapiens conditor unde queat.
nec natas casu res esse ars indicat ipsa,
    stellarum motus quae regit atque vias.
esse Deumque docet menti lux insita nostrae,
    separat a factis quae vitiosa bonis:
conscia corda Dei cum iustam vindicis iram
    quolibet admisso crimine maesta, tremunt.
et semper culpam poenae comitantur atrocem,
    et si sera tamen praemia laudis erunt.   10
non urbs, non regio, non aetas ulla severi
    iudicii exemplis, non domus ulla caret.
at Deus, ut flectat nos ad meliora, stupendis
    incautos signis praemonet ipse datis.
saepe timent aliquem conterrita sidera casum,
    saepe ingens tellus, ceu ruitura, tremit.
at quos nulla movent venturae nuntia poenae,
    Cyclopum similes forsitan esse volent.
sponsi Penelopes minitantia Numina rident,
    cum cernunt tota tristia spectra domo,   20
cumque madent taetro sudantia saxa cruore,
    et subita Phoebum Cynthia nocte tegit.
mox tamen hunc risum Sardoum poena secuta est,
    qualis contempti Numinis esse solet.
nos igitur moniti tollamus lumina ad astra,
    non aspernantes signa verenda Dei.
Hesperias Phoebus cum cras mergetur in undas,
    Luna tenebrosum proferet atra caput.
postque dies aliquot, cum iam decreverit orbis,
    venit et ad fines, Scorpio, Luna tuos,   30
horrenda involvet fratris caligine vultus,
    cum iam de caeli culmine ducet equos.

Über die Mondfinsternis am 28. Oktober 1547

Wahrlich, eingeprägt hat dem Weltall Gott seine Spuren,
    daß erkennen man mag   Weisheit des Schöpfers daran.
Daß nicht der Zufall bestimmt, zeigt an die kunstvolle Fügung,
    welche der Sterne Lauf   und ihre Bahnen regiert.
Gott existiert: das lehrt uns das Licht, das in uns gepflanzet
    und den Unterschied uns   zeigt zwischen Böse und Gut.
Schuldbewußt zittert das Herz vor Gottes rächendem Zorne,
    wenn es sich traurig bekennt   schuldig der frevelnden Tat.
Auf dem Fuße folgt stets die Strafe der grausigen Untat,
    aber der Tugend wird Lohn,   kommt er auch spät erst,
               zuteil.   10
Keine Stadt und kein Land, kein Zeitalter blieb ohne Zeichen –
    Warnung strengen Gerichts –,   ja, nicht ein Haus blieb
               verschont.
Uns zum Guten zu wenden, schickt Gott uns Zeichen und Wunder,
    und die Lässigen warnt   Mahnung, im voraus gesandt.
Oftmals fürchten Gestirne den Sturz, oft zittert die Erde:
    groß, wie sie ist, erbebt   diese, als drohe ihr Fall.
Jene jedoch, die nicht rührt die Drohung künftiger Strafe,
    wollen vielleicht, daß sie   Los der Zyklopen ereilt.
Der Penelope Freier verlachten das Dräuen der Gottheit,
    als der ganze Palast   finster mit Schatten gefüllt,   20
als die Steine sich grausig mit blutigem Schweiße beträuften
    und mit plötzlicher Nacht   Cynthia Phoebus bedeckt.
Bald jedoch folgte die Strafe auf dies sardonische Lachen,
    Strafe, wie sie ergeht,   wenn man die Gottheit verlacht.
Wir aber wollen, gewarnt, zu den Sternen die Augen erheben,
    wir wollen nicht verschmähn   warnende Zeichen von Gott.
Wenn in die westlichen Wellen sich morgen Phoebus versenket,
    dann wird dunkelnd und schwarz   Luna erheben ihr Haupt.
Aber nach einigen Tagen, wenn abgenommen ihr Rund schon
    und sich deinem Bezirk,   Scorpio, Luna genaht,   30
wird sie mit grausigem Dunkel des Bruders Antlitz verhüllen,
    wenn von des Himmels Höhn   abwärts die Rosse er lenkt.

et simul in tenebras incurrent Marsque Venusque,
   callidus et fraudum structor Atlantiades.
hei mihi, quos motus populi quantosque furores
   portendunt taetro sidera iuncta loco!
haec licet astra regant homines, regit attamen astra
   noster, qui non vult Stoicus esse, Deus.
nos igitur, quibus est afflicta Ecclesia curae,
   assidue oremus supplice voce Deum,   40
leniat ut clemens haec tanta pericula nobis
   et sanet populi vulnera saeva sui.

In Wintoniensem defensorem caelibatus

Qui castitatem laudibus magnis vehis,
contraque sanctum disputas connubium,
tu quisquis ille es admirator caelibum,
omitte iam tua cogitata callida
de coniugum ac de caelibum discrimine,
et te tuosque contuere caelibes,
quae vestra vitae puritas sit istius.
quod si impudicitiae omnibus plenam notis
libidinumque spurcitate videris,
fucis nefandas turpitudines novis   10
ornare cesses, falsa enim praeconia
mores refutant, et tui, et gregalium.
nam quid, Deus bone, tu tuumque istud genus
effeminatum, molle, quale erat Phrygum,
Ideae curru qui sequentes per iuga
matris Deorum pulsitabant tympana,
de continentia atque castis moribus
speciosa verba sanctimoniae datis?
non castitatem vos profecto quaeritis,
sed huius ut sub dignitate et nomine   20
impune libereque turpitudini
et serviatis moribus nequissimis.

Wintoniensis, ab Athenaeo Winchester Britannico.

Gleichermaßen tauchen auch Mars und Venus ins Dunkel,
  Atlas Enkel dazu,   Meister in Ränken und Trug.
Weh, welchen Aufruhr des Volkes, welch Rasen verkündet der
                                                    Sterne
  Konjunktion in solch   unheilverkündendem Haus!
Wenn aber auch die Gestirne uns Menschen regieren, regiert doch
  über den Sternen der Gott,   welcher kein Stoiker ist.
Drum wollen wir, denen liegt das Leiden der Kirche am Herzen,
  mit demütig Gebet   inständig flehen zu Gott,   40
daß er gnädig von uns abkehren möge die Fährnis
  und daß Heilung er mag   bringen dem Leid seines Volks.

An einen Verteidiger des Zölibats

Der du die Keuschheit so mit höchstem Lob belegst
und gegen heilig Band der Ehe disputierst,
wer du auch bist, der so bewundert Zölibat:
laß ab schon von der überschlauen Tüftelei,
womit du gegen Ehe ausspielst Zölibat.
Auf dich und deine Zölibatsgesellen schau,
wie keusch und rein wohl euer Lebenswandel sei.
Siehst du ihn dann, durchaus befleckt mit Hurerei,
gebrandmarkt ihn mit allen Arten schmutziger Lust,
hör auf, verruchten Lastern neue Schminke auf-   10
zutragen: eure Lügenpredigt widerlegt
die Unmoral, der du und deine Herde frönt.
Bei Gott – wie wagst du's, du und Menschen deiner Art –
pervers und weibisch, wie der Phrygerpriesterschar,
die auf des Ida Hängen rannten hinterher
dem Wagen Cybeles zu Tamburinenschall –,
wie wagst du's, über Keuschheit und Enthaltsamkeit
scheinheilig Phrasendreschen vorzulügen uns?
Wahrhaftig, Keuschheit ist das letzte, was ihr sucht:
ihr wollt in ihrem Namen, der so würdig klingt,   20
hingeben euch, von Risiko und Strafe frei,
als Sklaven jeder Unzucht allerschlimmster Art.

Quomodo vivendum

Feceris haud quidquam nisi quod fecisse necesse est:
　　quamque dedit norma est una sequenda, Deus.

et fugito turbam nisi cum respublica poscit
　　congressus modicos: futile turba malum est.

nec tibi curabis multos adiungere amicos:
　　rara haec sunt, candor, gratia iusta, fides.

at si quos poteris reque officiisque iuvare,
　　sic tamen adiutos ne meminisse putes.

praecipue vero remis velisque potentum
　　fucosas fugito cautus amicitias.　　　　　　　　10

Lebensregeln

Nichts sollst du tun, es sei denn, daß du aus Notsache handelst;
   folge *der* Satzung allein,   welche gegeben von Gott.

Halte der Menge dich fern, es sei denn, der Staat will es haben;
   halt dich im Umgang zurück: Menge ist wertlos und schlecht.

Trachte auch nicht, dich mit Freunden in großer Zahl zu
                                     umgeben,
   selten nämlich sind heut   Freimut und Treue und Dank.

Kannst du jemand mit Geld oder durch Beziehungen helfen,
   tu's – aber wem du so hilfst,   glaub ja nicht, daß der dran
                                     denkt.

Aber mit Rudern und Segeln zugleich entfliehe vor allem,
   bietet ein mächtiger Mann   scheinbare Freundschaft dir an. 10

PAUL MELISSUS SCHEDE

1539–1602

Ad Ianum Gruterum,
de Iana Smetia, quam Phlogillam nominat

Quod de Phlogilla quaeris amabili,
Grutere, pulchra est hercle modestaque,
   decensque morum suavitate, et
     ingeniosa, domesticaeque

sollers opellae. gratia promicat
venusta labris, lumine, fronteque.
   incessus in se nil superbi
     continet, insolitique fastus.

vestis decora est. at pie et integre
esse educatam a virgine parvula,   10
   ingentis instar pone gazae.
     non agiles amat illa gyros

vagis choreis ducere, qualibus
lasciviorum brachia Naidum
   saepe implicantur. non loquellis
     ardet inutilibus dicacem

lassare linguam, nec petulantibus
obtundere aures iuxta habitantium,
   sonis nec insani cachinni
     ridicule plateas replere.   20

aio quod ipsa est res. media queas
in urbe nullam cernere virginem
   huic comparandam, tanta virtus,
     tantus honos in ea relucet.

PAUL MELISSUS SCHEDE

An Janus Gruter
über Jana Smetia, die er Phlogilla nennt

Fragst du mich nach Phlogilla, der reizenden,
sag, Gruter, ich, daß schön sie und züchtig ist,
    anständig und von sanften Sitten,
        auch klug und häuslicher Werksamkeiten

beflissen. Von den Lippen funkelt nur so
die Anmut, wie von Augen und Stirne auch.
    Ihr Gang zeigt keine Spur von Hochmut,
        noch läßt Anmaßung er erkennen.

Die Kleidung nett, doch sieht man, in Züchten ward
von Kindheit an erzogen das Jüngferchen: 10
    das sieh als einen großen Schatz an!
        Sie liebt nicht, wild in Reigentänzen

herumzuhüpfen, wie die Najaden wohl
verschränkten Arms in lüsternem Tanze tun.
    Es drängt sie nicht, mit eitlem Schwätzen
        gesprächig immerfort zu plappern.

Nicht dröhnt mit lautem Schelten das Ohr sie voll
den Nachbarn, daß sie's hören im Nebenhaus,
    noch füllt mit dämlichem Gekicher
        die Gassen sie, so daß man spottet.   20

Ich sag wie's ist. Du kannst in der ganzen Stadt
nicht *eine* Jungfer finden, die dieser gleicht,
    von Tugend und von Anmut leuchtend:
        keine kann sich mit dieser messen.

De se

Nec volo, nec possum, nec debeo quaerere laudem:
  virtuti sponte est, corpori ut umbra comes.

Poetis Italis, Gallis, Hispanis

Perfacile est vobis, cultissima turba poëtae,
  iungere disparibus verba Latina modis.
sugitis immulso nutricis ab ubere, quae nos
  vix bibimus brumis aure patente novem.
haud tamen abiungens exotica pectora Phoebus
  arcet ab Aonii caelite fontis aqua.
Francia Germanis celebres, tria sidera, vates,
  Celtin et Huttenum Lotichiumque tulit.
additus his patriae numerer nisi quartus, ut inter
  sidera perpetuo stella decore micem,   10
at stellam referens, aliquo quae tempore saltem
  duret, honorifica luce Cometa fruar.

Über sich selbst

Weder will ich noch kann ich, noch brauche nach Lob ich
                              zu streben;
  folgt's doch der Tugend von selbst,   so wie der Schatten dem
                              Leib.

An die Dichter Italiens, Frankreichs und Spaniens

Überaus leicht fällt es euch, ihr hochgebildeten Dichter,
  Worte zum Distichonvers   und auf Lateinisch zu reihn.
Sauget ihr doch mit der Muttermilch ein, was wir erst erlernen,
  was unser Ohr erst vernimmt,   wenn wir neun Jahre alt sind.
Trotzdem aber verwehrt nicht Phoebus dem Fremden den
                          Zugang,
  daß aus aonischem Quell   göttliches Wasser er schöpf.
Franken brachte den Deutschen hervor drei Sterne, drei Dichter:
  Celtis und Hutten nach ihm   und den Lotichius auch.
Rechnet man mich, der aus selbigem Land, nicht als vierten
                          zu ihnen,
  ewig funkelnd als Stern,   schönen Gestirnen gesellt,   10
bin ich vielleicht einem Stern doch ähnlich, der zeitweilig
                          leuchtet:
  ehrenvoll werde vielleicht   scheinen ich dann als Komet.

JAKOB MICYLLUS

1503–1558

De vitae brevitate
Trochaicum

Labitur velut unda tempus nec recurrit unquam idem,
et senescimus sedendo, dum brevis fugit dies.
ergo dum licet, fruamur sorte, quam dedit Deus,
et animo feramus aequo, quicquid accidet novi.
nam cadit sol et reversus luce resplendet sua,
nos semel postquam cecidimus, nullus huc revertitur.

Epitaphium Helii Eobani Hessi

Quid stas, viator, aut quid hic circumspicis?
    tumulumne vatis Hessici?
† cui nostra similem aetas nullum tulit
    nec fors futura umquam feret.
tumulum quidem vides, ubi ossa condita
    cinerisque relliquiae iacent;
sed mens supremum propter assidens patrem,
    cui soli hic operatus fuit.
ubi intuetur quantum ubique gentium est
    famae receptaculum suae.   10

3. *contra metrum: hic error latet.*

JAKOB MICYLLUS

1503–1558

Über die Kürze des Lebens

Wie die Welle fließt die Zeit hin: gleich kehrt niemals sie
        zurück,
und wir sitzen und vergreisen, da der kurze Tag entflieht.
Drum solang wir können, wollen nutzen wir des Schicksals Los,
das uns Gott beschieden; tragen auch mit Gleichmut, was uns
        trifft.
Denn die Sonne sinkt und kehret wieder mit erneutem Licht,
doch sind wir einmal versunken, kehret niemand je zurück.

Grabschrift für Eobanus Hessus

Was bleibst du, Wandrer, stehen? Was betrachtest du?
   Des Dichters Hesse Grabmal wohl?
Ihm ähnlich brachte keinen unsre Zeit hervor,
   noch wird es je die Zukunft tun.
Den Hügel siehst du zwar, der die Gebeine birgt
   und wo der Asche Reste ruhn;
jedoch zunächst dem höchsten Vater thront sein Geist:
   ihm hat er hier allein gedient.
Dort sieht er, wie sein hoher Ruhm in aller Welt
   verbreitet und geborgen ist.   10

Eusebio Micyllo filio infanti
(obiit suae aetatis 53. die, A. D. 1541)

Conditur hic, tenero praereptus ab ubere matris,
    Eusebius, parvo parvus et ipse solo.
nondum luna suas iterum collegerat ignes,
    mortuus ut iacuit, qui modo natus erat.
rara viget terris pietas, quare hunc quoque Christus
    longius a caelo noluit esse suo.

De obitu coniugis suae

Concipe lugubres, mea concipe Musa querelas,
    et feriant animum tristia nostra tuum.
ecce iacet thalami, quondam mea cura, iugalis,
    ante suum saevo funere mersa diem.
quaeque diu fuerat decus et tutela mariti,
    externo tegitur, corpus inane, solo.
sic rosa, sic violae tenera carpuntur in herba,
    sic spatio intereunt optima quaeque brevi!
ergo iaces humili terrae defossa latebra,
    illa diu thalami cura fidesque mei?   10
teque aliena premit non aequo caespite tellus,
    nec patria aut notae te videt ora domus?
quas igitur lacrimas fundam, quas ore querelas,
    o curae victrix unica cura meae?
quid querar, aut luctus in quos mea corda resolvam?
    deficit a tantis mens mea victa malis.

Epitaphium Christiani Egenolphi

Ἐνθάδε Χριστιανὸς γένος Ἐγνολφῶν ποτὲ κεῖμαι,
    Ἐμ πόλει ὃς πρῶτος τῇδε τυπογράφος ἦν.

Hic iaceo Egnolphus Christi de nomine dictus,
    hac qui chalcographus primus in urbe fui.

Für Eusebius Micyllus,
sein 1541 im Alter von 53 Tagen verstorbenes Söhnchen

Hier, hinweggerafft vom zärtlichen Busen der Mutter,
   liegt Eusebius: klein   war er, und klein ist sein Grab.
Noch nicht hatte der Mond sich zum zweiten Male gerundet,
   als er tot dalag,   kurz erst nach seiner Geburt.
Selten ist Reinheit auf Erden; drum wollte Christus, daß dieser
   nicht noch längere Zeit   fern seinem Himmel verbleib.

Auf den Tod seiner Frau

Stimme jetzt an, meine Muse, stimm an die trauernde Klage,
   und es mög dir ans Herz   gehen mein Kummer und Weh.
Siehe, da liegt mein ehelich Weib, das vormals ich liebte,
   welches zur Unzeit mir   grausam der Tod hat entrückt.
Lange war sie die Zier und der Schutz des liebenden Gatten,
   jetzt aber liegt sie entseelt   und in der Ferne, im Grund.
So wird Rose und Veilchen gebrochen auf grünender Aue,
   so muß alles, was gut,   schwinden in kürzester Zeit.
Liegst du also verscharrt im einfachen Grab in der Erde,
   die du so lang mein Gemach   liebend und treulich geteilt?   10
Schwer bedrückt dich, begraben im fremden Lande, der Rasen,
   nicht die Heimat, die du   kanntest, nicht sieht dich dein Haus.
Was für Tränen soll dann ich vergießen, welch Klagen erheben,
   o du Einzige, die   oft mir die Sorgen vertrieb.
Wie kann in Kummer und Gram mein Herz ich nunmehr
                            entladen?
Unter so furchtbarem Weh   schwindet versagend mein Geist.

Grabschrift für den ersten Drucker in Leipzig

Hier liege ich, Egnolph, nach Christus ward ich benennet,
   der in hiesiger Stadt   erstmals ein Drucker ich war.

Conflagratio arcis veteris Heidelbergensis:
Distichon numerale continens annum eius tempestatis

FVLMInIs affLatV IaCet et VI pVLVerIs atrI
ILLa paLatInI regIa prIsCa senIs.

Roma capta ab Hispano

ALtera post Captos GaLLos popVLIqVe fVrores
aestas te Capta, RoMa CrVenta, fVIt.

Cur pauci poetae boni

Non bene conveniunt trepidae cum carmine cunae,
  non eadem versus cura lucrumque facit.
Pierides silvas atque otia libera quaerunt
  et tacitas inter flumina sacra vias.
at fora sollicitae curae populosa frequentant
  et strepitus vulgi iudiciumque colunt.
hinc est quod raros aetas habet ista poetas
  et nostra nullum carmen ab urbe venit.
divitias quando solum spectamus et aurum,
  curarum fontes et caput omne mali,   10
nec studium recti nec fas laudatur, et omnis
  a pretio virtus famaque victa iacet.

Zum Brand der alten Burg in Heidelberg
(Chronostichon mit dem Datum der Katastrophe: 1531)

Hier vom Blitze getroffen, von schwarzem Pulver vernichtet,
   liegt die ehrwürdige Burg,   die einst der Pfalzgraf besaß.

Einnahme Roms durch die Spanier
(Chronostichon: 1527)

Es kam der zweite Sommer nach der Gefangennahme der Franzosen (Franz I. bei Pavia) und der Volkswut (Bauernaufstand;
beides 1525), als du, blutbeflecktes Rom, eingenommen wurdest.

Warum so wenig gute Dichter?

Nicht sehr gut paßt Wiegengeschaukel zum Schmieden von
                               Versen,
   nicht mit gleichem Bemühn   schafft man Gedichte und Brot.
Wälder verlangen die Musen und Leben in Freiheit und Muße
   und den verschwiegenen Pfad,   führend zum heiligen Fluß.
Aber am volkreichen Markt sind Ärger und Sorge zu finden,
   und des Pöbels Gebrüll   folgen sie, wie's ihm gefällt.
Deshalb bringt diese Zeit hervor nur wenige Dichter,
   und aus unserer Stadt   kommt überhaupt kein Gedicht,
da wir allein auf Reichtum und Geld die Blicke gerichtet –
   Quell von Sorgen ist das,   Ursprung von allem, was bös.   10
Anerkennung versagt man dem Streben nach Gutem und
                             Rechtem,
   gänzlich darnieder liegt,   nichts mehr gilt Tugend und Ruhm.

JOHANNES MURMELLIUS

1480–1517

De librorum amatore
Ad Henricum Morlagium

Inclyta laudetur merito Germania claris
    artibus, eximio carmine digna cani;
non tam Mavorti quod gentes educet aptas,
    quas olim populus Romuleus timuit;
aut quia tormentis dederit reboantibus uti,
    bellica quae diro fulmine castra terunt:
quam quod chalcotypam solers invenerit artem,
    qua recipit cultos mens studiosa libros.
o felix tellus, felix inventor et auctor
    muneris et quisquis vivit, Apollo, tibi!   10
nunc pretio parvo divina volumina constant
    omnibus, et late Pallados arma patent;
obruta quae densis quondam latuere tenebris,
    in lucem redeunt accipiuntque decus.
sic redivivus adest Plautus, sic Quintilianus,
    sic bona scriptorum pars in honore manet.
ingentes alii Persarum quaerere gazas
    pergant et medio clausa metalla solo;
sardonychas laudent, capiantur iaspide, vestes
    suspiciant Tyrias, munera Gangis ament: 20
te iuvet egregiam, Morlagi, bibliothecam
    condere et innumeros explicuisse libros.
Atticus emeruit famam, Pisistratus inde,
    Pamphilus et nomen nobile martyr habet;
inde vel aeterna Philadelphus laude probatur,
    rex Aegyptiaci gloria magna soli,

JOHANNES MURMELLIUS

1480–1517

Der Bücherfreund
An Heinrich Morlage

Tönen möge zurecht der hehren Germania Lobpreis,
  hoch durch Künste berühmt, würdig gefeiert im Lied.
Nicht so sehr, weil Völker sie nährt, geschickt in der Kriegskunst,
  welche in Schrecken versetzt einstmals des Romulus Stamm;
oder weil sie erfunden Gebrauch des Donnergeschützes,
  das mit gräßlichem Blitz feindliches Lager zerschmeißt.
Nein: weil sinnreich diese die Kunst des Druckens erfunden,
  welche dem forschenden Geist bildende Bücher verschafft.
Glückliches Land, und glücklich auch du, du erster Erfinder
  dieses Geschenkes; beglückt auch wer, Apollo, dir lebt! 10
Jetzt kann heilige Schriften ein jeglicher billig erstehen,
  und zugänglich ist nun Rüstzeug Minervas der Welt.
Was verborgen dereinst in tiefem Dunkel gelegen,
  kehrte ans Licht nun zurück, wird nach Gebühr jetzt geehrt.
Lebend sind wieder bei uns jetzt Plautus, Quintilianus,
  und es werden fortan viele Autoren verehrt.
Mögen andere weiter nach riesigen Schätzen der Perser
  trachten und schürfen nach Gold, welches das Erdreich
                                     verbirgt,
preisen den Sardonyx, vom Jaspis schwärmen, bewundern
  purpurnes Tyrergewand, lieben des Ganges Geschenk – 20
dich, Morlage, erfreut's, die herrliche Bibliothek zu
  gründen und Büchern – an Zahl endlos – Ausleger zu sein.
Ruhm erwarben sich Atticus und Pisistratus dadurch,
  glorreicher Name ward so Pamphilus Martyr zuteil;
dadurch hat ewiges Lob sich auch Philadelphus erworben,
  der als König die Zier war des ägyptischen Lands

Demetrii monitu qui sacra volumina iussit
  in Graecae linguae vertere verba senes;
Aemilius Paulus, Lucullus, Pollio, Caesar,
  Attalus hinc clarum promeruere decus.   30
haec sunt arma sacrae multum tractanda Minervae,
  quae pretio nullo non meliora puto;
haec est regalis valdeque probanda supellex,
  haec et Deliaco pulchrius aere nitet;
hi conducibiles famuli gratique sodales,
  citra clamores et sine fraude boni;
hic tecum docta, cum iusseris, arte loquuntur,
  et tacito, postquam iusseris, ore silent;
arrident laeto consolanturque dolentem,
  eripiunt curas, gaudia vera ferunt.   40
his opibus fretus pretiosam despice citrum,
  Phasiacas volucres Hesperiaeque boves;
Caesareas trabeas contemne superbaque sceptra,
  et quicquid magni turba profana facit.

Ad Carolum principem paraeneticon

Sis pius imprimis et toto pectore tota
dilige mente Deum; cuius pendere memento
omnia ab arbitrio et venerando numine regna.
huc quaecumque facis refer et quaecumque capessis
pertractasve animo. sine Christi nulla potestas
praesidio durat, nec habet sors laeta tenorem.
sollicitus fac sis populorum pastor, et omnem
assidue vertas in publica commoda curam.
mens et sol patriae rex est; ut corpora luce
vitali, iusto res publica principe constat.   10
prospice, ut annona longe malesuada fugetur
sufficiente fames; vigila semperque tuorum,
ut pater utque gubernator, servare salutem.

und auf Demetrius' Mahnung den Greisen geboten, sie sollten
   heilige Schriften nunmehr   kleiden in griechisches Wort.
Paulus Aemilius auch, Lucullus, Pollio, Caesar,
   Attalus, haben dadurch   rühmliche Zier sich verschafft.   30
Führen sollen wir dies Gewaffen der hehren Minerva,
   welches mit keinerlei Preis,   glaub ich, zu hoch wird bezahlt.
Dies ist fürstlicher Hausrat, der höchste Schätzung verdienet,
   weitaus schöner erglänzt   dieser, als delisches Erz.
Hier kann Diener man mieten und angenehme Gefährten,
   weit entrücket dem Lärm,   gut ohne List und Betrug.
Willst du es, werden zu dir sie reden gelehrt und gebildet,
   willst du es, schweigen sie auch   gleich mit verstummendem
                          Mund.
Bist du fröhlich? Sie lächeln mit dir. Sie trösten im Kummer,
   Sorgen treiben sie aus,   bringen dir wahrhafte Lust.   40
Tische aus seltenen Hölzern verachte als Herr solcher Schätze,
   auch Fasanen sowie   Ochsen hesperischen Lands,
ja, des Kaisers Ornat und stolzes Zepter verschmähe
   und was sonst noch für groß   achtet die Menge des Volks.

Ermahnung an Erzherzog Karl

Fromm sei vor allem aus tiefstem Herzen; aus inniger Seele
liebe den Herrn und bedenke, daß ganz vom göttlichen Ratschluß
seiner erhabenen Hoheit abhängig die Reiche und Fürsten.
Hierauf beziehe, was immer du tust, was immer du angreifst
oder im Geiste erwägst; denn keinerlei Macht kann bestehen,
wenn nicht Christus sie schützt, noch hat sie glückliche Dauer.
Sei ein sorglicher Hirte der Völker, und richte beständig
deine Sorge darauf, dem gemeinen Wohle zu dienen.
Seele und Sonne des Lands ist der Fürst: wie Leibern belebend
Licht vonnöten, beruhet der Staat auf gerechter Regierung.   10
Siehe, daß reichliches Brot weit fort die Hungersnot banne,
welche zum Bösen nur rät; sei wachsam, immer der Deinen
Vater und Lenker zu sein und immer ihr Heil zu beschützen.

Der Prinz (Karl V.) zwischen Tugend und Laster. Holzschnitt von Hans Burgkmair in: Johann Pincianus, Carmina, 1511.

VIRTVS

VOLVPTAS

H B

expete, consulito recte et, quae iusta periti
constituere viri, quorum prudentia nota,
mature facito; dic optima et omnibus esto
obvius ac facilis mansueto et corde benignus.
comiter excipias adeuntes, Caesar ut olim
Augustus totum moderans feliciter orbem
ad sese trepidos affabilitate vocavit.   20
vilis adulator culta procul exulet aula
et delator iners et iniqua mente susurro.
pelle venenatas viroso murmure linguas;
illibata reo servetur ut altera tantum
accusatori cautam permiseris aurem.
sit dos prima tibi regum clementia, cuius
munere divinus fies et dignus Olympo.
praemia constituas meritis; at poena nocentes
turpibus a vitiis deterreat: ense recidi,
ne reliquis noceat, solet insanabile membrum.   30
magnificus, prudens, fortis, moderatus, amator
iustitiae, castus, sapiens et amabilis esto.
ingenuis studiis tua munificentia prosit;
quas bene contuleris, recta ratione locatas,
semper habebis opes, nec eas fortuna novercans
auferet. in caelum praeclaris laudibus effert
larga manus reges; at avaro principe nullum
foedius est monstrum; nihil est odiosius illo,
qui nimis extorquet subiecta e plebe tributa.
vile, quod e vulgi lacrimis corraditur, aurum   40
credendum est; gemitu collata pecunia sordet.
regali niteat spectabilis aula paratu,
hospitibusque tuae pateant illustribus aedes.

Frage nach tauglichem Rat, und was erfahrene Männer,
die als verständig bekannt, als Recht und Satzung erkannten,
mache das bald auch zur Tat. Sprich Gutes nur; allen jedoch sei
leicht der Zutritt zu dir, und sanft und gütig empfang sie.
Freundlich nimm Bittsteller auf, wie weiland Caesar Augustus,
der einstmalen gar glücklich den ganzen Erdkreis regierte
und, wenn einer wohl zagte, ihn gnädiglich zu sich entboten. 20
Doch vom gebildeten Hofe verbannt sei niedriger Schmeichler,
plumper Denunziant und Ohrenbläser voll Tücke.
Treibe die giftigen Zungen vondann und ihr geiferndes
                    Flüstern.
Ungeschmälert sei Recht des Beschuldigten, daß man ihn höre:
nur mit Vorsicht daher sollst leihen dein Ohr du dem Kläger.
Höchste Gabe sei dir die fürstliche Gnade: sie wird dir
göttliches Wesen verleihn, daß würdig du wirst des Olympus.
Zoll dem Verdienst seinen Lohn, doch Strafe schrecke die
                    Bösen
ab von schändlichem Laster: entfernt das Schwert ja die Glieder,
welche man heilen nicht kann, auf daß sie nicht andre
                    verdürben.   30
Sei in Größe drum klug, sei tapfer, mäßig, und liebe
Recht; sei weise und keusch, und trachte, daß man dich liebe.
Mögest die edlen Künste freigebig immer du fördern:
Mittel, die gut bestellt du anlegst zu trefflichen Zwecken,
diese verbleiben dir stets: stiefmütterlich raubt sie kein
                    Schicksal.
Offene Hand wird Preis des Königs zum Himmel erheben,
häßlicher aber ist nichts als ein Fürst, dem Geize ergeben.
Garstig findet man dies, und nie ist einer verhaßter,
als wer maßlose Steuern erpreßt vom wehrlosen Volke.
Schäbig ist Gold, zusammengescharrt unter Tränen des
                    Volkes,   40
schmutzig ist Geld, erworben durch anderer Stöhnen und
                    Leiden.
Herrlich glänze dein Hof im Prunke, der Königen ziemet,
und geöffnet sei stets dein Haus ansehnlichen Gästen.

dulcia pacifici fac serves otia regni,
inclyta quo merito capias cognomina regum,
atque pius, magnus, patriae pater, optimus idem
dicaris, nec te rex sit praestantior alter.

Ad eundem

Non facit verum diadema regem.
non ebur sceptri, Tyria nec ardens
purpura vestis, nec opum referti
    semper acervi.

qui voluptatem nimiam, dolorem,
spem, metum sacris animi removit
sedibus, rex est, metuens tyranni
    nullius arma.

dignior, qui se moderatur ipsum,
gentium quam qui domitor superbus   10
haud suae mentis cohibet tumultum,
    servus et exsul.

Trachte, dem Reich zu bewahren die süße Muße des Friedens,
daß Beinamen zurecht du großer Herrscher erwerbest:
daß man den Frommen, den Großen, des Vaterlands Vater, den
                                  Besten,
dich benenne und daß kein anderer Fürst dir voransteh.

An denselben

Wahren Fürsten macht nicht die Königskrone,
elfenbeinern Zepter nicht, purpurschimmernd
Staatskleid nicht, noch zuhauf getürmt beständig
       wachsende Schätze.

König ist, wer ein Übermaß von Lüsten,
Schmerz, Furcht, Hoffen, dem heil'gen Thron der Seele
ferngehalten: er braucht zu scheuen Waffen
       keines Tyrannen.

Höher steht, wer selbst sich beherrscht, als jener,
der sich stolz Nationen unterworfen,   10
doch nicht bändigt der eignen Seele Aufruhr,
       Sklav und Verbannter.

JANUS PANNONIUS

1433–1472

Elegia XII. Ad Somnum, cum dormire nequiret

Cymmeria seu valle iaces, seu noctis opacae
    axe sub occiduo mollia strata premis,
seu tua gentili madidum te nectare Lemnos
    Pasitheae tepido detinet in gremio,
seu Iovis ad mensas resides conviva supernas,
    inter siderei numina sancta poli,
nam quis tam mitem crudelibus inserat umbris,
    Orci qua fauces horrida monstra tenent?
huc ades, o hominum simul et rex Somne deorum,
    huc ades et placidus languida membra leva!   10

septima iam fulget pulsis aurora tenebris,
    pectora ut in duro volvimus aegra toro.
multum equidem morbus, sed plus insomnia torquet,
    ante diem vires obruit illa meas.
quod modo corpus erat, nunc est cutis ossibus haerens,
    nunc tantum larva est, qui modo vultus erat.
comprimo saepe genas, et lentum invito soporem,
    nec tamen in pressas labitur ille genas:
tantum dira meis monstra obversantur ocellis,
    quîs nasi ingentes, et Stygiae effigies.   20
qualis Alcmaeon, quales cernebat Orestes,
    qualis tu caeso, Romule maeste, Remo.
immites Superi, faciles per littora phocas
    sternitis, et gliri tota cubatur hiems.

JANUS PANNONIUS

1433–1472

Elegie 12. An den Schlaf, als er nicht schlafen konnte

Ob in Cymmerischem Tale du liegst, ob fern du im Westen
    sanft auf weichem Pfühl   lagerst in finsterer Nacht,
ob, berauschet vom Nektar, der deinem Lemnos zu eigen,
    heiß dich Pasithea   hält an den Busen gepreßt,
ob an Jupiters Tafel als Zechgenosse du sitzest
    hoch am himmlischen Pol   heiligen Göttern gesellt –
denn wer möchte dich Milden zu grausamen Schatten versetzen
    dort, wo gräßlich Getier   Wache am Höllenschlund hält? –
Schlaf, o komme zu mir, Beherrscher der Menschen und Götter
    und dem erschöpften Leib   bringe erleichternde Ruh!   10

Schon zum siebenten Mal hat Eos das Dunkel vertrieben,
    seit ich auf hartem Bett   wälze die leidende Brust.
Arg zwar quält mich die Krankheit, doch schlimmer noch Mangel
                          des Schlafes,
    welcher zur Unzeit mir   Kräfte des Lebens zerstört.
Was mein Körper einst war, ist Haut, die an Knochen nur haftet,
    und ein Totenkopf ist   nur, was mein Antlitz einst war.
Oft drück die Lider ich zu, daß Schlummer mich sanft
                          überkomme,
    drück ich die Lider auch zu,   schleicht er sich doch nicht
                          hinein.
Denn es schweben mir vor den Augen Schauergesichte –
    Nasen, wie Rüssel so lang,   hat dieses Höllengebild –   20
wie Alcmaeon sie einst, wie einst Orest sie gesehen,
    so wie Romulus, den   Totschlag des Remus gereut.
Grausam seid ihr, ihr Götter: leicht laßt ihr den Seehund am
                          Ufer
    ruhen; das Murmeltier auch,   welches den Winter verschläft.

iam pecudum vobis maior quam cura virorum,
    at genus hoc vestrae semina stirpis habet.
si tamen Endymion triginta dormiit annos,
    causa erat ut Lunae gaudia longa forent.
huc ades, o hominum simul et rex Somne deorum,
    huc ades et placidus languida membra leva!   30

quod fuit humanae totum tentavimus artis,
    inventa est nostri nulla medela mali.
nil rosa, nil violae, nil semina lactucarum,
    nil me cum lolio iuvit hyoscyamus.
frustra alce, frustra nobis fragravit anethum,
    nec gelidis linier profuit unguinibus.
non habuere suas in me ulla papavera vires,
    in me Mandragorae non habuere suas,
ergo ego vel Phariae possim perferre venenum
    aspidis, unde tibi mors, Cleopatra, fuit.   40
blanda nec arguta Siren me voce resolvat,
    nec Circe Eois Daedala graminibus:
nec si pollenti tangat mea corpora virga
    Mercurius, qua tu, pervigil Arge, iaces.
huc ades, o hominum simul et rex Somne deorum,
    huc ades, et placidus languida membra leva!

te Lethaea parens ad lumina progenuit Nox,
    cyaneos multo sidere picta sinus:
praebuit et plantis alas, et cornua fronti,
    ac ferrugineam texuit ipsa togam.   50
addidit et comites totis tibi moribus aptos,
    in quibus est segnis Torpor et uda Quies.
sunt et mordaces pulsura Oblivia curas,
    sunt testudineos Otia nacta pedes.
muta sed in primis tibi adesse Silentia iussit,
    assidue murmur quae procul omne fugant.

---

56. assidue *scripsi pro* assiduae.

Schon liegen Tiere, so scheint es, euch mehr am Herzen als
                                                    Menschen,
    wo doch unser Geschlecht   auch eurem Samen entsproß.
Ließet Endymion auch ihr dreißig Jahre verschlafen,
    tatet ihr's nur, daß dies   Luna verlängre die Lust.
Schlaf, o komme zu mir, Beherrscher der Menschen und Götter,
    und dem erschöpften Leib   bringe erleichternde Ruh!   30

Alles hab ich versucht, was menschliche Künste vermögen,
    Heilung hab ich jedoch   nicht meines Leidens entdeckt.
Rosen und Veilchen vermochten nichts noch auch Láttichsámen,
    auch die Trespe half mir,   und auch das Bilsenkraut, nicht.
Malven haben umsonst mir, umsonst Anethum geduftet,
    nichts hat das Einreiben mir   kühlender Salben genutzt.
Wirkungslos blieben bei mir die Säfte aus Samen des Mohnes,
    ja, Mandragora selbst   hatt über mich keine Macht.
Aushalten könnt ich drum wohl das Gift der Nattern von
                                                    Pharos,
    welche dereinsten gebracht   dir, Kleopatra, den Tod.   40
Einschläfern könnten mich nicht Sirenen mit hellem Gesange,
    Circe, die Zauberin, mit   Kräutern des Orients nicht
noch auch Merkur, mit mächtigem Stab meinen Körper
                                                    berührend,
    Stab, der den Argus gefällt,   welcher vordem stets gewacht.
Schlaf, o komme zu mir, Beherrscher der Menschen und Götter,
    und dem erschöpften Leib   bringe erleichternde Ruh!

Unter lethäischem Licht hat einst die Nacht dich geboren,
    deren dunkelndes Blau   Sternengefunkel verbrämt.
Flügel gab sie den Sohlen, und Hörner gab sie der Stirne,
    und dein dunkles Gewand   hat sie dir selber gewebt.   50
Gab dir Gefährten zur Seite, die ganz dir ähnlich an Sitten:
    Starre und Trägheit ist da,   feucht-warme Ruhe zugleich,
auch Vergessen, das scheucht hinweg die nagenden Sorgen,
    Müßiggang ist auch dabei,   der wie die Schildkröte schleicht.
Stille jedoch und Schweigen gab sie zuerst dir zur Seite,
    weit zu treiben hinweg   jegliches störend Geräusch.

his tu quicquid agis semper stipare ministris,
   his quicquid toto vivit in orbe domas.
huc ades, o hominum simul et rex Somne deorum,
   huc ades et placidus languida membra leva!   60

serus ab obscuris te suscitat Hesperus antris,
   clarus in antra iterum Lucifer astra fugat.
luce vacas ipsive tibi, dulcive Lyaeo,
   facta e nigranti fulcra premens hebeno.
in tenebris volitas, et latum spargis in orbem
   lecta soporiferis grana papaveribus,
quae postquam in terras ceciderunt, oppida et urbes,
   aequoris et fluctus, et nemora alta silent.
tu potes et patulo luctantes aere ventos,
   tu potes et rapidi sistere solis equos.   70
si libeat, stabunt iam fusi nubibus imbres,
   haerebunt medio fulmina torta polo.
te quondam custos aurati velleris Hydrus
   sensit et anguineis torva Medusa comis.
dum tibi iuncta fovet Tithonum longius Eos,
   in Iovis officium nox geminavit iter.
huc ades, o hominum simul et rex Somne deorum,
   huc ades et placidus languida membra leva!

non ego te hostiles iubeo defigere turmas,
   caedibus ut subitis castra inimica premam,   80
fraude nec audaci magnum sopire Tonantem,
   Iunonis toties quod meruere preces:
[vel cum decepto Tirynthia vela marito
   egit ab Iliacis littora Coa vadis,
vel cum cedentes Phrygibus miserata Pelasgos
   callida in Idaeis rupibus accubuit:]
obsequium posco divum, quod nemo queratur,
   quod pater aethereus consulat ipse bonis,

---

62. astra *scripsi:* antra *textus.* – 71. imbres *scripsi pro* hymbres. – 76. nox
scripsi pro nos.

Was du auch tust, es umdrängen dich stets diese Diener in
                                        Scharen,
    helfen dir, daß du bezwingst   alles, was lebt in der Welt.
Schlaf, o komme zu mir, Beherrscher der Menschen und Götter,
    und dem erschöpften Leib   bringe erleichternde Ruh!   60

Spät erweckt dich der Abendstern aus dunkelnder Höhle,
    hell treibt Morgenstern dann   dich in die Höhle zurück.
Tagsüber rastend, hast Zeit du für dich und den Sorgenerlöser
    Wein, und Lagerstatt ist   schwärzliches Ebenholz dir.
Dunkelt's, so fliegst du umher und streust in die Weiten des
                                        Erdrunds
    Samenkörner von Mohn,   die du gelesen zuvor.
Sind die zur Erde gesunken, so schweigen die Dörfer und Städte,
    still sind die Wogen der See,   still sind die waldigen Höhn.
Du vermagst es, den Streit der stürmenden Winde zu stillen,
    auch das Sonnengespann,   schnell wie es ist, hältst du an.   70
Willst du's, so halten den Regen zurück die schwangeren
                                        Wolken,
    selbst der zackige Blitz   zögert in himmlischer Höh.
Hydrus erfuhr deine Macht, der Wächter des Goldenen Vlieses,
    auch Medusa, ihr Blick   gräßlich und Schlangen ihr Haar.
Während Aurora im Bunde mit dir länger kost mit Tithonus,
    hat für Jupiters Werk   doppelt gelängt sich die Nacht.
Schlaf, o komme zu mir, Beherrscher der Menschen und Götter,
    und dem erschöpften Leib   bringe erleichternde Ruh!

Nicht gebiete ich dir, daß feindliches Heer du bewältigst,
    daß ich mit plötzlichem Mord   heimsuche Lager des Feinds   80
noch mit verwegener List einschläferst den Donnergewaltigen,
    so wie oftmals dies hat   Bitte der Juno erreicht:
[als sie den Gatten getäuscht und von Ilions Ufer die Schiffe,
    welche Tiryns entsandt,   trieb an den koischen Strand
oder als sie's der Pelasger erbarmte, die wichen den Phrygern,
    und sie auf Idas Gebirg   schlau mit ihm Beilager pflog –]
Gunst nur der Götter erbitt ich, darob sich keiner beklaget,
    wie sie der Vater des Alls   selber den Guten vergönnt.

obsequium posco tutum tibi, et utile nobis,
    nam nec servari per tua damna velim.   90
quod nisi tu nostros claudas paulisper ocellos,
    aeternum claudat mox tua furva soror.
huc ades o hominum simul et rex Somne deorum,
    huc ades, et placidus languida membra leva!

non ingratus ero, viridi de caespite surget
    fumatura tuis haud semel ara sacris.
hic tibi ponetur tenerum iecur anseris albi,
    altera cristatus victima gallus erit.
haec super adiiciam flavi duo cymbia mellis,
    ac totidem lactis cymbia mixta mero.   100
alme pater rerum, miserae pars optima vitae,
    mens simul et corpus quo recreante vigent,
index venturi, superas qui mittis ad oras
    somnia per geminas illa vel illa fores:
sit tibi parva dies, et sit nox annua semper,
    nec desit longae copia desidiae,
sic sine fine tuo facilem se praestet amori
    inter Acidalias maxima Naiadas.
huc ades, o hominum simul et rex Somne deorum,
    huc ades et placidus languida membra leva!   110

Elegia XIII.
Conqueritur de aegrotationibus suis. in mense Martio 1466

Ergo ego quae nobis fuerint data tempora vitae
    infelix inter tot mala semper agam?
semper erit nostras urat quae flamma medullas?
    numquam ego non aeger, numquam ego sospes ero?
ut taceam mater pia quae narrare solebat
    aetatis tenerae mille pericla mea.
reddiderat patriae reducem vix Itala tellus,
    damnavi reditus protinus ipse novos.

Gunst erbitt ich, die dir nicht Schaden bringt, mir jedoch Nutzen:
   Rettung begehrte ich nicht,   fügte sie Schaden dir zu.   90
Wenn du aber nicht bald ein wenig die Augen mir schließest,
   mag deine Schwester sie bald   schließen für immer mir zu.
Schlaf, o komme zu mir, Beherrscher der Menschen und Götter,
   und dem erschöpften Leib   bringe erleichternde Ruh!

Undankbar werd ich nicht sein: es steigt dir vom grünenden
                              Rasen
   Rauch vom Altare empor,   vielfachem Opfer entstammt.
Zarte Leber von weißer Gans lasse vor ich dir legen,
   stolzen Kamms einen Hahn   bringe als zweites ich dar.
Noch zwei Schalen füg ich dazu voll goldenen Honigs,
   ebenso viele voll Milch,   welche mit Wein ich gemischt.   100
Allesbelebender Vater, du bester Teil dieses Lebens,
   der du Körper und Geist   beide belebst und erquickst,
Künder der Zukunft, der Träume zu uns hinauf du entsendest,
   durch das zwiefache Tor,   dies oder jenes, geschickt,
kurz nur sei dir der Tag, die Nacht jedoch daure ein Jahr dir,
   und mit Muße sollst auch   reichlich versehen du sein,
so gebe endlos und leicht deinem Liebesverlangen die schönste
   der Najaden sich hin   am Acidalischen Quell:
Schlaf, o komme zu mir, Beherrscher der Menschen und Götter,
   und dem erschöpften Leib   bringe erleichternde Ruh!   110

Elegie 13. Klage über seine Kränklichkeit (März 1466)

Muß ich nun also die mir beschiedene Spanne des Lebens
   unter so vielerlei Leid,   weh mir, verbringen durchaus?
Wird es die Flammen stets geben, die in der Brust mich
                              verbrennen?
   Werde ich immer nur krank,   werd ich gesund nimmer sein?
Schweigen will ich von dem, was die liebe Mutter berichtet,
   wie ich tausendfach Not   schon in der Kindheit bestand.
Kaum hatt Italien mich zurück in die Heimat entlassen,
   da habe schon alsbald   selbst ich die Heimkehr verflucht,

nam male profluvio ventris cruciatus amaro,
    turbavi attonitae gaudia paene domus.   10
mox avibus laevis regalia signa sequenti
    funestae cantum non sonuere tubae:
sic gravis heu miserum flammaverat hemitriteos,
    tantus in accensis ossibus ardor erat.
saevior en rursus capiti fortuna minatur,
    incolumi tamquam faverit illa diu.
quippe velut telis costae punguntur acutis,
    sputa simul large sanguinolenta fluunt,
additur his pulmo quod vix respirat anhelus,
    nec tamen interea torrida febris abest.   20
at sopor almus abest, nec luce aut nocte quiesco,
    sed vigil horrendis vexor imaginibus.
tristia morosi lucratur taedia morbi
    aeger, cui pressit languida membra quies:
in me nulla truces interpolat hora dolores,
    cogor et in gemitus pervigilare meos.
sic quondam Libyca fidei servator in urna
    traditur abscissis excubuisse genis.
qualis erit nobis, si forte erit ulla, senectus,
    cum sit in assiduis prima iuventa malis?   30
tricenis geminos tunc annumerabimus annos,
    cum peraget senas menstrua Luna vias.
tollite me potius, nec in hos servate labores,
    o si quos tangunt inferiora, dei!
his ego dum poenis vel Croeso regna recusem
    his ego cum poenis nec deus esse velim.

---

11. laevis *scripsi pro* levis. – 35. *fortasse rectius* Croesi.

denn gar bitter gequält vom bösen Flusse des Bauches
   hab des bestürzten Heims   Freude ich beinah verstört.   10
Als unter bösen Vorzeichen dann ich den Bannern des Königs
   folgte, blies beinah man mir   schon zur Bestattung das Horn:
so sehr hatte das halbe Tertian mich Armen befallen,
   so sehr brannte in Glut   schon mir das ganze Gebein.
Doch noch grausamer Schicksal bedrohte dann Leib mir und
                                 Leben,
   gerade als ob es bisher   lang sich mir günstig gezeigt:
denn mich sticht's in den Rippen, als ob sie Geschosse
                           durchbohrten,
   reichlich rinnt mir dabei   blutiger Auswurf heraus.
Kaum gelingt es dabei meiner Lunge, noch Atem zu holen,
   unablässig dazu   weicht nicht das Fieber von mir.   20
Nie stellt Schlummer sich ein: keine Ruhe bei Nacht noch am
                           Tage,
   stets lieg ich wach, und mich quält   grauser Erscheinungen
                           Bild.
Einen Gewinn hat ein Kranker im grämlichen Ekel des Leidens:
   wenn den erschöpften Leib   ruhiger Schlummer umfängt;
doch mich täuscht keine Stunde hinweg über gräßliche Schmerzen,
   wachend beständig, muß ich   lauschen dem eignen Gestöhn.
So lag in Afrika einst mit abgeschnittenen Lidern
   wach in der Tonne der Mann,   der sein Versprechen nicht
                           brach.
Wie wird's im Alter mir gehen, falls je ich das Alter erreiche,
   wenn meine Jugend bereits   endloses Leiden erfährt?   30
Dreißig Jahre und zwei erst werde vollendet ich haben,
   wenn zum sechsten Mal   Luna den Kreislauf vollbracht.
Raffet mich lieber hinweg, statt mich solcher Pein zu erhalten,
   Götter, falls etwas euch rührt,   das hier auf Erden
                           geschieht!
Um den Preis solcher Schmerzen verwürfe das Reich ich des
                           Krösus,
   um den Preis solcher Pein   möcht ich ein Gott selbst
                           nicht sein.

nam quid me tam dura inter tormenta iuvarent
  ambrosiaeve dapes nectareusve latex?
ipsa ministraret nobis licet Herculis uxor
  pennatove Iovi raptus in astra puer.   40
vita valetudo est: iugi qui peste laborat,
  non vivit, lenta sed mage morte perit.

Denn was fruchtete mir's, da solche Qualen ich leide,
   hätt ich Ambrosia zum Mahl,   hätte ich Nektar zum Trank?
Sollte mich selbst beim Gelage des Herkules Gattin bedienen
   oder der Knabe, den Zeus'   Adler zum Himmel entführt: 40
Leben bedeutet Gesundheit; wen solches Verderben befallen,
   lebt nicht – nein, er vergeht   eher durch langsamen Tod.

WILLIBALD PIR(C)KHEIMER

1470–1530

Elegia in mortem Dureri

Qui mihi tam multis fueras iunctissimus annis,
    Alberte, atque meae maxima pars animae,
quo cum sermones poteram conferre suaves,
    tutus et in fidum spargere verba sinum:
cur subito infelix maerentem linquis amicum
    et celeri properas non redeunte pede?
non caput optatum licuit, non tangere dextram,
    ultima nec tristi dicere verba vale.
sed vix tradideras languentia membra grabato,
    cum mors accelerans te subito eripuit.   10
eheu spes vanas! heu mens ignara malorum!
    quam lapsu celeri cuncta repente cadunt!
omnia pro merito dederat Fortuna secunda:
    ingenium, formam, cum probitate fidem.
omnia sed rursus celeri Mors abstulit ausu,
    tollere sed laudes improba non valuit.
virtus namque manet Dureri atque inclita fama,
    splendebunt donec sidera clara polo.
i, decus, i, nostrae non ultima gloria gentis,
    ductore et Christo caelica regna pete.   20
illic non vano gaudebis semper honore
    pro meritis felix praemia digna ferens,
dum nos hic fragiles erramus mortis in umbra
    et cymba instabili labimur in pelago.
tandem cum annuerit clementis gratia Christi,
    nos quoque idem te post ingredemur iter.

WILLIBALD PIR(C)KHEIMER

1470–1530

Auf den Tod Dürers

Der du so viele Jahre aufs engste mir warest verbunden,
   Albrecht, der größerer Teil   stets meiner Seele du warst.
Angenehm konnte mit dir Gespräch und Rede ich tauschen,
   und vertrauliches Wort   bargst du in treulicher Brust.
Warum mußtest den trauernden Freund du so plötzlich
                verlassen?
   Armer, was eilst du hinweg,   nimmer zu kehren zurück?
Nicht dein liebes Haupt, deine Rechte nicht konnt ich
                berühren,
   noch dir als letzten Gruß   bieten ein traurig Fahrwohl.
Nein, kaum hattest den kranken Leib du aufs Lager gebettet,
   als ein plötzlicher Tod   jählings dich raffte dahin.   10
Ach, wie eitel ist Hoffen! Wie wenig erwarten wir Böses!
   Wie sinkt in eilendem Fall   alles doch jählings dahin!
Alles verlieh dir ein günstig Geschick gemäß deinem Werte:
   Schönheit, hohes Talent,   Treue und Rechtschaffenheit.
Alles jedoch hat der Tod brutal dir wieder entrissen,
   aber den Ruhm konnt er dir   rauben, der Ruchlose, nicht.
Dürers hohes Verdienst und Ruhm wird so lange dauern,
   wie am himmlischen Pol   leuchtendes Sternbild erglänzt.
Gehe denn hin, du Zierde, du höchster Ruhm unsres Volkes,
   und mag Christus dich hin   führen ins himmlische Reich!   20
Dort, Vergänglichem fern, wirst du ewige Ehren genießen,
   glücklich erntest du dort,   den du verdientest, den Lohn.
Während hinfällig hier wir irren im Schatten des Todes
   und in zerbrechlichem Kahn   treiben auf wogender See,
wenn sich schließlich auch uns die Gnade Christi geneiget,
   werden folgen wir dir   nach auf dem Weg, den du gingst.

Der heilige Hieronymus in der Felsengrotte. Holzschnitt von Albrecht Dürer (1512).

interea maesti lacrimas fundemus amico,
   nil quibus afflictis dulcius esse potest,
accedentque preces summum placare Tonantem
   quae possint, quicquam si pia vota valent.   30
et ne quid tumulo desit, spargemus odores:
   narcissum, violas, lilia, serta, rosas.
felix interea somno requiesce beato,
   dormit enim in Christo vir bonus, haud moritur.

———

Doch um den Freund vergießen derweilen wir Tränen der
                     Trauer:
  den Geschlagenen ist   nichts ja ein süßerer Trost.
Auch besänftigen wollen den Donnerer wir mit Gebeten,
  wenn denn frommes Gebet   dies zu erreichen vermag.   30
Daß dem Hügel nichts fehle, so sei er mit Düften begossen,
  Veilchen, Narzissen im Kranz,   Lilien und Rosen dazu.
Du aber ruhe nun glücklich in seligem Schlafe geborgen,
  denn in Christo schläft,   aber es stirbt nicht, wer gut.

ELIAS REUSNER

1555–1619

In nuptias Friderici Guilielmi Ducis
Saxonia secundas

ΓΛΥΚΥΠΙΚΡΟΝ

Cuncta dies affert secum: Sors omnia versat,
  perstat et haud ullo certa tenaxque loco.
nam modo laeta viget, vultus modo sumit acerbos:
  semper et instabiles fertque refertque vices.
cunctis rebus inest quiddam velut orbis, et unus
  permanet haud vitae perpetuusque tenor.
ipsa dies quandoque parens, quandoque noverca est:
  sors miscet maestis laeta, malisque bona.
sic Sophiam Friderice tibi Guilielme maritam,
  inclyte Dux, mors (heu) sustulit atra prius: 10
dulce domus decus, et columen patriaeque parentem:
  suaviolum cordis deliciumque tui.
at melior nunc sors arridet ab aethere laeto:
  laeta refert pulsa gaudia nube dies.
ipse Deus, Deus ipse, tuo Deus aequus amori,
  inclyte Dux, funus coniugis (heu) Sophiae
triste, novae laeto compensat faenore rursus
  coniugis, et luctus ponere corde iubet.
nempe Palatina princeps de stirpe creata,
  intrat iam thalamos Anna Maria tuos,   20
ingenii dotes cui Pallas contulit omnes,
  addidit et dotes Iuno Venusque suas.

ELIAS REUSNER

1555–1619

Zur zweiten Eheschließung Friedrich Wilhelms,
Herzog von Sachsen

ΓΛΥΚΥΠΙΚΡΟΝ

Alles bringt mit sich die Zeit, und es wandelt alles Fortuna,
  welche auf einem Platz   niemals beständig verbleibt.
Lächelt zuweilen gar freundlich, ein andermal blicket sie
                      grämlich:
  unbeständig, bringt stets   wechselndes Schicksal sie uns.
Alles hat etwas an sich von der Art eines Kreises: nie bleibet
  unverändert und fest   Richtung des Lebens und Kurs.
Mutter ist manchmal der selbige Tag und Stiefmutter wieder,
  Freuden und Leiden vermischt,   Gutes und Böses,
                         das Los.
So hat Sophie, deine Gattin, der grimmige Tod, Fridericus
  Wilhelm, durchlauchtiger Herr,   wehe, vormals dir geraubt.
Süße Zier deines Hauses und Stütze und Mutter des Landes,   11
  süßes Küßchen war sie,   welche dein Herze entzückt.
Besser Geschick aber lächelt dir nun vom heiteren Äther,
  Wolken verschwinden: nun bringt   Lust dir und Freude der
                         Tag.
Gott selbst, ja, ein Gott, ein Gott, der gemäß deiner Liebe,
  hoher Herzog, er bringt   dir für Sophiens Verlust
(oh, der Trauer!) nunmehr Ersatz mit froher Verzinsung –
  neues Gemahl! –, und er will,   daß du der Trauer entsagst.
Denn es tritt die Prinzessin, aus Pfälzer Stamme entsprossen,
  Anna Maria genannt,   schon in dein Schlafgemach ein.   20
Pallas Athene hat ihr alle Gaben des Geistes verliehen,
  Juno und Venus dabei   fügten die ihren hinzu.

cui par nec fuerit Pallantias aurea forma,
    principe digna viro, principe digna patre.
illa tibi veteris curas sedabit amoris,
    illa tui luctus dulce levamen erit.
scilicet hoc γλυκύπικρον amoris dulcis amaror,
    tristibus alternans dulcia miscet amor.
sit felix amor hic novus expers omnis amari:
    diffluat et thalamus melle meroque novus.   30
absit amarities luctus procul omnis amari:
    prole ferax semper floreat ille nova.
mille voluptates ferat haec, et gaudia mille,
    auctaque caelesti semper abundet ope.

Ihr kann an Schönheit sich nicht die goldne Aurora
vergleichen:
   wert, eines Fürsten Gemahl,   wert, Fürstentochter zu sein.
Sie wird besänftigen dir den Kummer um frühere Liebe,
   deines Trauerns wird sie   zärtliche Tröstung nun sein.
Solch *glykypikron* nämlich, das Bittersüße der Liebe –
   Süße und Trauer gemischt –   Amor läßt wechseln sie ab.
Glücklich sei nun die Liebe, die neue, des Bittern entbehrend,
   und das Ehegemach   rinne von Honig und Wein!   30
Bitternis bleibe ihm fern und jegliche bittere Trauer:
   fruchtbar an Nachwuchs soll stets   euch diese Liebe erblühn;
tausend Wollüste bringe sie euch und tausend Entzücken,
   und vom Himmel ruh stets   Fülle des Segens auf ihr!

NIKOLAUS VON REUSNER

1545–1602

Ad Ioachimum Fridericum
Administr. Magdeburg. March. Brandeburg.

O mea si dulci frueretur Musa quiete,
   otia si studiis mollia cura daret,
quam te iucundo ferrem per sidera cantu,
   o decus, o gentis lux, Ioachime, tuae!
te canerem solum, meriti non immemor umquam,
   quo sibi devinxit me tu magna fides.
quid tibi deberem, praesens et serior aetas
   sciret et haec culto carmine nota forent.
nec bene docta tibi dubitaret turba precari,
   perpetuaque tuus laude vigeret honos.   10
tu columen patriae, Musarum dulce levamen,
   largiris studiis praemia digna bonis.
indole tu felix animi, morumque benigna
   temperie praestas, iudicioque gravi.
te matura senem reddit prudentia mentis,
   lustra licet nondum bis duo natus agas.
te sibi Pieridum, te vatum vindicat agmen:
   pro meritis celebrant nomen ubique tuum.
macte novis animi virtutibus, inclyte Princeps,
   ingenii felix macte vigore tui.   20
dii tibi se tribuant faciles, semperque benignos:
   quod mentis votum plenius esse potest?
en mea Musa tibi gestit bene laeta precari
   principis aspectus ausa subire sacri,
perque tuos titulos desiderat ire, tuaeque
   splendida virtutis ferre per astra decus.

NIKOLAUS VON REUSNER

1545–1602

An Joachim Friedrich,
Administrator von Magdeburg, Markgraf zu Brandenburg

Wäre doch meiner Muse die Süße der Ruhe beschieden,
  hätte, von Sorgen befreit, Muße zum Dichten ich doch!
Mit welch lieblichem Sange erhöb ich dich dann zu den Sternen,
  o Joachim, du Licht, Zierde du deines Geschlechts!
Dich allein dann besäng ich, nie deines Verdienstes vergessend,
  dir verbunden, wenn du mir dein Vertrauen geschenkt.
Was ich dir schuldete, wüßten dann Zeitgenossen und Nachwelt,
  denn in kunstreichem Sang täte ich dies ihnen kund.
Beten würde für dich die Menge, der gut du bekannt wärst,
  ewigwährend ist dann Lob dir gesichert und Preis.   10
Säule des Vaterlands du und edler Schützer der Musen,
  der du mit offener Hand würdig die Bildung belohnst.
Herrliche Gaben des Geistes, gepaart mit Milde der Sitten,
  zeichnen dich aus und dabei Urteil, gewichtig im Rat.
Weit deinen Jahren voraus, hast du schon die Reife des Alters,
  ob du auch noch nicht einmal zweimal zwei Lustren
                              vollbracht.
Auserkoren hat dich die Schar der Musen und Dichter,
  welche, wie du es verdienst, überall singen dein Lob.
Heil dir, durchlauchtiger Fürst, erhaben durch Tugend der Seele,
  heil dem hochherzigen Mut, welcher den Sinn dir erhebt! 20
Seien die Götter dir gnädig gewogen und stets dir zur Seite:
  kann mein Gebet dir wohl besseres wünschen als dies?
Siehe, schon schickt meine Muse sich an, dir Gutes zu wünschen,
  die deinem fürstlichen Blick kühn sich zu nahen gewagt.
Aufzählen will deine Ehrungen sie, und das Lob deiner Tugend
  heben in strahlendem Glanz hoch zu den Sternen empor.

magne fave Princeps, Musarum magne patrone,
　　utque facis, coeptis dexter adesto meis!
tu Musae vatique tuo da vela secunda,
　　dum tua maiori carmine facta canam.　　　　　　30

Sei, hoher Fürst, mir gewogen, du großer Beschützer der Musen,
  huldreich, wie's deine Art,   neige dich meinem Beginn.
Günstigen Fahrwind gewähre den Musen und mir, deinem
                              Dichter,
  daß deine Taten ich kann   künden in längerem Sang.   30

MATTHIAS RINGMANN PHILESIUS

1482–1511

Carmen de Vogeso

Mons Vogesus sumit Rhaetis ex Alpibus ortum
    et viridi costa te quoque, Trevir, adit,
Gallica Teutonicis qui separat arva colonis,
    ex cuius venis multa fluenta scatent.
occiduum pars aspectans Titana perenne
    frondet pinetis conspicienda suis,
et Mosam et Mortam, Mortanam, te quoque, Sella,
    immittit Gallis divite fonte plagis.
confluit unda omnis haec antea (vidimus ipsi),
    quam Mediomatricum videt urbis agros.   10
hinc Mosella, unum gemino de nomine nomen,
    ingreditur Rhenum, pluribus auctus aquis.
sed quae pars solem versus se exponit Eoum,
    ostendit nostris et iuga celsa locis
(quamvis ornetur nemorosis vallibus atque
    arboribus variis floreat omnis apex),
munera cum liquido praebet Cerealia Baccho
    ipsaque frondescit frugibus omnigenis.
mitis in apricis ibi crescit collibus uva,
    Alsaticam dicunt, nomen ei Alsa facit.   20
hinc Bavari, Suevi praedulcia dona Lyaei,
    potum Teutoniae maxima parsque capit.
hinc Bruscha, hinc Matra et decurrit origine Sara,
    Alsa hinc cum vico, tu quoque, Schara, fluis,
torrentem pratis villanum immittit amoenis,
    qui radit patrias valle virente domos.

MATTHIAS RINGMANN PHILESIUS

1482–1511

Die Vogesen

Bei den Rätischen Alpen beginnt das Vogesengebirge,
   und mit grünendem Hang   streckt bis nach Trier es sich hin.
Galliens Äcker trennt das Gebirg vom Lande der Deutschen,
   seinen Adern entspringt   Fülle von strömendem Naß.
Jene Seite, die sich gen Sonnenuntergang wendet,
   zeigt, mit Tannen geschmückt,   immer beständiges Grün.
Mosel, Meurthe, Mortagne und dich auch, Seille, entsendet
   es aus reichlichem Quell   hin zu der Gallier Strand.
Es vereinigen sich – selbst sah ich's – alle die Flüsse,
   ehe sie noch erblickt   Mediomatrisch Gefild.   10
Hiernach strömet die Mosel, aus doppeltem Namen entstanden,
   um viel Wasser vermehrt,   nun in den Rheinstrom hinein.
Wo sich aber gen Osten kehrt das Vogesengebirge,
   zeigt es unserem Land   Kuppen von ragender Höh,
ob es auch waldige Täler verzieren und jeglicher Gipfel
   trägt (sie blühen auch dort)   Bäume von vielerlei Art.
Gaben von Korn und von Wein bieten hier uns Täler und
                Hänge,
   und es erblühen dort auch   Früchte von vielerlei Art.
Milde Rebe wächst dort auf sonnenbeschienenen Hügeln,
   Elsässer heißt dieser Wein,   so nach der Alsa benannt.   20
Bayern und Schwaben beziehen die süße Gabe des Bacchus
   hier: ja, der größere Teil   Deutschlands kauft hier sein
                Getränk.
Breusch und Moder und Sauer entspringen hier ihren Quellen,
   hier wo die Ill fließt, strömst,   Scher, du am Dorfe vorbei.
Rauschend ergießt durch das Land sich der Bach in liebliche
                Auen,
   und in grünendem Tal   streift er mein väterlich Haus.

et iuvat a longe spectare cacuminis arces,
    quas servant clari nobilitate viri.
Odilia in summo requiescit vertice montis,
    Odilia Alsatici gloria summa soli.   30
felix ante alios Vogesus (mihi patria) montes,
    Bacchica qui liquidis pocula iungit aquis.

Schön ist's, Burgen zu sehn von weitem auf ragenden Kuppen,
  denen Schirm sind und Schutz   Edle aus Adelsgeschlecht.
Auch Odilia liegt am Bergeskamme begraben,
  sie, die höchsten Ruhm   einstens dem Elsaß gebracht.   30
Glücklich bist du vor allen, Vogesengebirg, meine Heimat,
  die du an Kelchen voll Wein   reich bist und Wasser dazu.

GEORG SABINUS

1508–1560

Aus *Elegia III*

Urbs antiqua iacet, celebri contermina Rheno,
  Vangionum longe non ea distat humo:
nescioqui Nemetes hanc incoluisse feruntur,
  sunt ibi Francorum busta quaterna ducum.
Caesareis sedes fuit illa cohortibus olim,
  nomen ob id Graium, Spira vocata tenet.
hic a stirpe humili modicisque parentibus ortus,
  exiguae quidam navita puppis erat:
qui calamo pisces linoque madente solebat
  fallere iam radios sole tegente suos.   10
is dum forte leves hamos ac retia tractat,
  non procul a ripa, lubrice Rhene, tua:
ecce per obscurae tenebrosa crepuscula noctis,
  obtulit ignoti se nova forma viri.
atro tectus erat monachum simulante cucullo,
  utque solent, raso vertice tonsus erat.
nauta propinquantem consueto more salutans,
  ecquid agis serae tempore noctis? ait.
ille sub haec: adsum longinquis missus ab oris
  nuntius, ipse tua me rogo lintre vehas,   20
ut cito transmisso contingam flumine ripam. –
  dixerat, assumptum navita lintre tulit.
iamque fere medios cursus nox atra tenebat,
  flexaque lenta pigri plaustra Bootis erant,
cum procul in viridi venientes margine ripae
  quinque cuculligeros rursus adesse videt.

GEORG SABINUS

1508–1560

Teufelsspuk

Unweit der Landschaft, die einst der Stamm der Vangionen
bewohnte,
    liegt eine alte Stadt, nahe dem ruhmreichen Rhein.
Nemeter auch haben einst, wie es heißt, diese Gegend besiedelt,
    und es haben hier vier fränkische Fürsten ihr Grab.
Caesars Kohorten auch lagen im Altertum hier im Quartiere,
    und mit griechischem Wort nennt man jetzt Speyer die Stadt.
Hier war ein Schiffer aus niederem Stand, von bescheidenen
Eltern:
    alles, was er besaß, war nur ein winziger Kahn.
Fische pflegte der Mann mit Angel und Netzen zu fangen,
    wenn sich zum Abend schon sinkend die Sonne geneigt.   10
Einmal war er nun so mit Angel und Netzen beschäftigt:
    nahe dem Ufer des Stroms saß er und fischte im Boot.
Siehe, da kam auf ihn zu im dunkelnden Nebel des Abends
    eines Mannes Gestalt, den er zuvor nie gesehn.
Der war in schwarze Kutte gehüllt: er glich einem Mönche,
    und am Scheitel trug er, wie sie es tun, die Tonsur.
Als er sich nahte, begrüßt' ihn geziemenden Brauches der Fischer:
    „Sag, was willst du", sprach er, „hier noch so spät in der Nacht?"
Jener entgegnete drauf: „Als Bote von fernen Gestaden
    ward hierher ich gesandt. Setze mich über im Kahn,   20
daß ich so schnell wie möglich das andere Ufer erreiche."
    Sprach's, und der Schiffer im Boot setzte ihn über den Strom.
Nun ging's auf Mitternacht schon: zum Untergang neigte sich
langsam
    des Bootes Gestirn, das man den „Wagen" auch nennt –
sieh, was erblickt er auf einmal am grünenden Hange des Ufers?
    Kuttenträger stehn da – fünf sind es jetzt an der Zahl.

exoptatque illis piscator, ut ante, salutem,
  quoque velint media pergere nocte, rogat.
e quibus unus ait: nos magna pericula cogunt,
  obscura tutas carpere nocte vias.   30
omnibus invisi sumus, intentatque nefandam
  sacrificis nobis turba profana necem.
at te si quis amor tangit, si cura piorum,
  transvehe navigio corpora nostra tuo,
ut tumidas lati superemus fluminis undas,
  neve moraturis impediamur aquis.
sic optata tuis fortuna laboribus adsit,
  in tua sic multus retia piscis eat. –
annuit, et remo propellens navita cymbam,
  mox iubet adducta scandere puppe ratem.   40
sed mihi quis, dixit, solvet mercede laborem?
  alter ad haec: nullas scis quod habemus opes,
raraque percipimus discordi munera vulgo,
  non tamen ingratos nos habiturus eris.
si nos in solido rursus fortuna locabit,
  praemia pro tali digna labore feres. –
solverat extremo piscator margine navem,
  iamque fere medias illa secabat aquas:
sidereas removent subeuntia nubila stellas,
  praecipiti fertur puppis et icta Noto.   50
incipiunt nigris horrescere fluctibus undae,
  saevaque tempestas imbribus orta furit.
ipse repentino fassus pallore timorem,
  nauta, quid haec, inquit, vult nova causa mali?

Wiederum beut ihnen freundlichen Gruß, wie vorher, der
                        Schiffer;
  sie auch fragt er: „Wohin   wollt ihr so spät noch zur
                     Nacht?"
Drauf spricht einer von ihnen: „Es zwingt uns gefährliche
                     Drohung
  selbst im Dunkel der Nacht   weiterzuziehen des Wegs.   30
Jedermann sind wir verhaßt: der gottlose Pöbel bedroht uns –
  uns, die Priester wir sind –   mit dem entsetzlichsten Tod.
Sind fromme Männer dir teuer und liegt dir ihr Wohlsein am
                     Herzen,
  fahre doch über den Fluß   unsere Leiber im Kahn,
daß wir die schwellenden Wasser des breiten Stromes
                     durchqueren
  und die wogende Flut   unsere Eile nicht hemmt.
Möge dafür das Glück deine Mühe und Arbeit belohnen,
  daß sich in Menge der Fisch   dir in dem Netze verfängt."
Dies war dem Fischer recht: er ruderte näher ans Ufer,
  und als das Land er berührt,   sagte er: „Steiget nur ein.   40
Was aber werdet ihr mir für meine Bemühung bezahlen?"
  Drauf sprach der andre: „Du weißt,   Geld und Gut haben wir
                     nicht.
Spärlich nur gibt uns Almosen die wankelmütige Menge,
  aber sieh uns, mein Freund,   drum nicht für undankbar an.
Wenn das Geschick uns vergönnt, das feste Land zu betreten,
  wird für solches Bemühn   dir der gebührende Lohn."
Also löste der Fischer das Tau am Bug seines Nachens,
  und die Mitte des Stroms   hatte der Kahn bald erreicht.
Plötzlich zogen jetzt Wolken herauf, die Sterne verdunkelnd,
  fort riß in wirbelndem Braus   stürmende Windsbraut den
                     Kahn,   50
dunkel in drohendem Schwall erhoben sich tosende Wellen,
  Wolkenbruch stürzte herab,   treibend in wütender Bö.
Jähes Bangen ergriff (er gestand's) den erbleichenden Fährmann:
  „Was für ein Unheil ist dies",   rief er, „das plötzlich uns
                     trifft?

nulla tamen pluviae venturae signa notabam,
  sol ubi flagrantes aequore mersit equos.
nulla lacus usquam circumvolitabat hirundo,
  ulla nec est oculis ardea visa meis.
tum neque Luna nigro surgebat pallida vultu,
  clarus et occiduo lumine Phoebus erat. –   60
talia iactanti disturbant verba procellae,
  impediuntque graves ora loquentis aquae.
paene procellosi subversaque turbinis ictu
  navis, et insanis fluctibus hausta fuit.
ardua sublata tendens ad sidera palmas,
  a superis orans navita poscit opem.
quid facis?, e monachis ait unus, et improbe dixit:
  desine voce tua sollicitare Deum. –
moxque graui tollens immanem pondere contum
  nauta parum felix quo prius usus erat,   70
illius hoc humeros pulsataque terga fatigat,
  caesus ad extremam dum fuit usque necem.
proditus est tandem perversi daemonis astus,
  detectusque fuit fraude patente dolus.
vana recesserunt in inanes corpora ventos,
  mansit et ingratus nave relictus odor.
mox quoque purgato fugerunt nubila caelo,
  et rediit pulsis aura serena notis.
territus hoc monstro gelidum sine sanguine corpus
  tollit et ad ripam navita puppe redit.   80
istic in viridi procumbit languidus herba,
  donec ab Eois sol fuit ortus aquis.
mane, sub Oceanum pulsis Hyperione stellis,
  ducitur a puero praetereunte domum:

Sah ich doch keinerlei Zeichen, die kommendes Unwetter künden,
    als zum Untergang sich   flammend die Sonne gesenkt.
Nicht flog niedrig und nahe der Wasserfläche die Schwalbe,
    auch einen Reiher hab ich   heute nicht fliegen gesehn.
Wäßrig-bleich war nicht der Mond, noch umgab ihn dunkles
                                              Gewölke,
    und die Sonne schien klar,   als sie zum Untergang sank."   60
Während er sprach, verschlug ihm die Rede der Wirbel des
                                              Sturmwinds,
    und eine Sturzflut von Gischt   füllte des Redenden Mund.
Beinahe brachte zum Kentern den Kahn die wütende Windsbraut,
    und schon hatte die Flut   beinah das Schifflein versenkt.
Hochauf streckte er da empor die flehenden Hände,
    jammernd im Stoßgebet,   daß sich der Himmel erbarm.
Lästerlich sagte da einer der „Mönche" zum Schiffer: „Was soll
                                                        das?
    Hör mit dem Plärren schon auf,   laß dies Gebete zu Gott!"
Schnell ergriff da der Fährmann die Ruderstange, die schwere,
    die er bisher benutzt   hatte mit wenig Erfolg;   70
schlug den auf Schulter und Rücken: mit solchem Hagel von
                                                        Schlägen
    drosch auf den „Mönch" er ein,   daß er ihn beinah erschlug.
Da enthüllte sich endlich die List und Tücke des Teufels:
    aufgedeckt ward jetzt   Fallstrick und höllischer Trug.
Plötzlich verschwanden die Körper, in Nebelschwaden
                                                        zerstiebend,
    und nur ein übler Gestank   blieb in dem Nachen zurück.
Schnell erklarte der Himmel: die Wolken waren zerstoben,
    fort war der wütende Sturm,   sanft wehte nächtlicher Hauch.
Tödlich entsetzt, mit stockendem Blut, erhob sich der Ferge,
    und ans Ufer des Stroms   lenkte das Boot er zurück.   80
Gänzlich erschöpft sank er nieder und lag im Grase des Ufers,
    bis im Morgengraun   wieder die Sonne erschien.
Als die Gestirne der Nacht dann endlich im Meere versunken,
    bracht' ihn ein Knabe, auf den   schwer er sich stützte,
                                              nach Haus.

omnia commemorans praesentibus aeger amicis,
    clausit adhuc illo fata suprema die.

accidit et similis diverso tempore casus,
    acta sed eventu res meliore fuit.
summa procul radiis feriente cacumina Phoebo
    carpebat solus mane viator iter.   90
qui Nemetum postquam digressus finibus esset,
    primus ubi positus distat ab urbe lapis:
adventare nigro tectum velamine currum
    conspicit, hic monachis currus onustus erat.
ordine quem iuncti septem traxere iugales,
    quarta sed ablato defuit axe rota.
quique manu flexas auriga tenebat habenas,
    terribili naso conspiciendus erat.
attonitus curru stat praetereunte viator
    nec monachos illos spectra sed esse videt.   100
evolat extemplo sublatus ad aethera currus,
    mistaque cum fumo flamma secuta fuit.
tristis et infaustum belli mortalibus omen
    horrida per nubes arma dedere sonum.
ille statim rediens, quae viderat indicat urbi,
    est ea res certa cognita vera fide.
haec igitur vobis alius quos sustinet orbis,
    carminibus duxi significanda meis.
expositurus eam, si res interprete egeret,
    spectra quid infesti daemonis ista velint.   110
effera Germanos agitat discordia reges,
    proque cuculligeris impia bella parant.
haec ea tempestas hic impar ordo rotarum,
    haec et cum fumo lucida flamma fuit,
sed Deus est nobis orandus ut arma quiescant,
    ille precaturis mitia fata dabit.

Alles erzählte der Sieche den Freunden, die um ihn sich scharten,
    und noch am selbigen Tag   raffte der Tod ihn dahin.

Auch zu anderer Zeit geschah dort ein ähnlicher Vorfall,
    doch die Begebenheit lief   diesesmal glücklicher aus.
Hoch stand die Sonne am Himmel, der Berge Gipfel bestrahlend,
    als ein Wandrer allein   morgendlich zog seines Wegs.   90
Als der Nemeter Landschaft er nunmehr hinter sich hatte
    und er den Meilenstein   hinter der Stadt schon erreicht,
sieht einen Karren er nahn, den schwarze Plane bedeckte,
    und mit Mönchen, so schien's,   war das Gefährte gefüllt.
Sieben Pferde zogen am selben Geschirre den Wagen,
    welchem das vierte Rad   mitsamt der Achse entbrach.
Aber der Fuhrmann, welcher die Zügel führte, war gräßlich
    anzusehn, so lang   stak seine Nase hervor.
Wie vom Donner gerührt steht der Mann, als der Karren
                          vorbeisaust,
    und jetzt sieht er: dies sind   Mönche nicht – Spuk war es nur.
Denn es erhob sich alsbald in die Lüfte fliegend der Wagen,   101
    und es folgte ein Schweif   nach ihm von Flammen und Rauch.
Hoch in den Wolken erklang – Vorzeichen unseligen Krieges –
    grausiges Waffengeklirr,   kündend von künftigem Leid.
Gleich eilt zurück in die Stadt er und meldet, was er gesehen,
    und man glaubte auch fest,   daß dieses wirklich geschehn. –
Euch, die ihr anderwärts wohnt, von solchem Kunde zu geben
    im Gedichte, sah ich   für meine Schuldigkeit an.
Auslegen will ich euch auch, sofern euch Deutung noch not tut,
    was für Bewandtnis es hat   mit diesem teuflischen Spuk. 110
Gegeneinander hetzt wild die Zwietracht Germaniens Fürsten:
    Kuttenträgern zulieb   rüsten sie ruchlosen Krieg.
Dies bedeutet der Sturm, dies die ungleiche Anzahl der Räder,
    dies auch kündeten an   lohende Flamme und Rauch.
Wir wollen beten zu Gott, daß ruhen er lasse die Waffen:
    unserm Gebete wird er   gnädiglich schenken Gehör.

Aus *Hodoeporicon itineris Italici*

Post haec ingredior docti conclave Philippi,
   discipulus pariter cuius et hospes eram.
hunc, ubi facta fuit coram mihi copia fandi,
   alloquor, ac tales profero voce sonos:
quas tibi docte tua pro sedulitate, Melanchthon,
   pro meritis grates, hinc abiturus, agam?
qui rude formasti, teneris praeceptor ab annis,
   artibus ingenium per duo lustra meum.
non haec labra sacro perfusa liquore rigasset,
   Pegaseae fons est qui mihi potus aquae,   10
si mea non esset primae lanuginis aetas
   tradita praeceptis erudienda tuis.
ardua conscendi Parnasi culmina montis,
   te duce Nasonis molle secutus iter.
ergo quod annumerat me Teutona terra poetis
   notaque principibus quod mea Musa placet,
me debere tibi fateor semperque fatebor,
   dum mea vitalis spiritus ossa reget.
hinc sed ad Euganeam cum nunc Antenoris urbem,
   praeceptore meo te cariturus eam.   20
vive tuaque vale salvis cum coniuge natis,
   o mihi vir cari patris amate loco. –
ipse sub haec, pleno singultibus ore locutus,
   carpe Deo felix auspice, dixit, iter.
quae cum fatus erat pro tempore pauca: minister
   cornipedem frenis impediebat equum.
tum formosa mihi patre nata Melanchthone virgo
   serta profecturo, matre iubente, dedit,

Abschied

Drauf betret ich die Klause des hochgelehrten Philippus:
    Schüler und Gast zugleich   war ich gewesen im Haus.
Als ich nun vor ihm stand und er mir zu reden erlaubte,
    sprach zum Abschiede ich   folgendermaßen zu ihm:
„Wie kann ich, weiser Melanchthon, für deine Mühen dir danken,
    die du mir gütig erzeigt,   nun da ans Scheiden es geht?
Seit meiner Jugend, zehn Jahre lang, hast du als Lehrer den rohen
    Geist mir zur Bildung geformt   und mich die Künste gelehrt.
Hättest nicht du aus des Pegasus Quell mich getränkt – meine
                            Lippen
    hätte das heilige Naß   nimmer der Dichtkunst berührt;   10
hätt man mich nicht, als der erste Flaum mir die Wangen
                         umsprossen,
    dir übergeben, daß du   lehrend den Jüngling erziehst.
Du warst mein Führer, als ich des Parnassus Steilhang
                         erklommen,
    und zu den Spuren Ovids   hast du den Weg mir gezeigt.
Wenn zu den Dichtern mich Deutschland jetzt zählt, ja wenn
                         meine Muse
    weithin Ruhm sich erwarb   und sie selbst Fürsten gefällt,
so verdank ich es dir. Ich gesteh's, und werd's solang gestehen,
    wie noch lebendiger Geist   meine Gebeine regiert.
Jetzt aber muß ich hinweg zur euganischen Stadt des Antenor,
    und mein Lehrer wird mir   fehlen, wenn fort ich jetzt zieh.   20
Lebe denn wohl, und wohl ergeh's deiner Gattin und Kindern,
    Teuerster, den ich zutiefst,   wie einen Vater, geliebt." –
Da sprach er – doch häufiges Schluchzen verschlug ihm die Rede:
    „Reise glücklich, und Gott   möge dich schützen am Weg."
Wenig nur sprach er: es drängte die Zeit, und draußen der
                         Diener
    hielt kaum das stampfende Roß   an der Kandare zurück.
Auf der Mutter Geheiß bringt Melanchthons reizende Tochter
    noch ein Sträußchen, das sie   schüchtern zum Abschied mir
                         reicht.

castaque demittens pudibundo lumina vultu,
    hoc tibi sit nostri pignus amoris, ait.   30
dulcia suscipiens innuptae dona puellae,
    ipse resolvebam talibus ora iocis:
mollia si dextro me sidere fata reducent,
    Anna, tori consors efficiere mei.

Aus *Hodoeporicon itineris Italici*

Inde Tridentinae portas intravimus urbis,
    hospita nos illic excipiebat anus,
quae iam facta licet rugosa senilibus annis
    esset, adhuc scortum Thaide peius erat.
haec ad amatorem veniebat adultera noctu,
    contemerare sui coniugis ausa torum.
atque ita nescio quo discessit ab urbe profectus
    vir meus, ante dies non rediturus, ait.
dum locus ergo datur, cupidisque occasio furtis,
    praebeat hac nobis gaudia nocte Venus. –   10
dixerat: ingreditur thalamos, ultroque sequentem
    turpis amatorem duxit amica suum.
at simul in Venerem somnosque fuere soluti,
    criminis exigitur vindice poena Deo.
vir procul a laribus quem discessisse putabant,
    tecta gradu strepitum non faciente subit.
vidit ut ingressus temerati crimina lecti,
    crimina cordato non patienda viro,
intumuit iustaque fremens expalluit ira,
    ultrici gladium corripuitque manu.   20

Züchtig senkt sie zur Erde die Augen und lispelt errötend:
    „Dies hier soll ein Beweis,   daß wir dich liebhaben, sein."   30
Ich empfing das liebe Geschenk des noch kindlichen Mägdleins
    und mit scherzendem Wort   lenkte die Rührung ich ab:
„Ist das Geschick mir günstig und gönnt es mir glückliche
                                Heimkehr,
    dann komm ich wieder zu dir, Anna, und heirate dich."

Schuld und Sühne

Weiter ging's: in Trient nahmen nun wir unseren Einzug:
    bei einer älteren Frau   fanden wir unser Quartier.
Runzeln schon hatte das alternde Weib, aber trotzdem betrieb
                                  sie
    immer noch Hurerei,   schlimmer als Thais dereinst.
Nachts schlich ins Haus ihres Buhlen die ehebrechrische Vettel
    und entehrte dadurch   frech ihres Ehemanns Bett.
„Irgendwohin", sprach sie, „nach außerhalb reiste mein Gatte,
    mehrere Tage vergehn,   ehe nach Hause er kommt.
Schön paßt uns das in den Kram: wo sich jetzt die Gelegenheit
                                   bietet,
    wollen wir heute bei Nacht   lustig der Liebe uns freun."   10
Sprach's, und ins eigene Haus, ins Schlafgemach, geht sie;
                               der Liebste
    folgt, o Schande, dem Weib,   das in die Kammer ihn führt.
Als ihre Brunst sie gestillt und endlich der Schlaf sie umfangen,
    wird ihre Untat gebüßt,   denn es bestraft sie der Herr.
Leise naht sich der Gatte, den fern auf Reisen sie wähnten,
    still und ohne Geräusch   schleicht in sein Haus er zurück.
Wie er hereinkommt, sieht er, wie frech man sein Ehebett
                                  schändet:
    solche Schandbüberei   duldet kein richtiger Mann.
Zornig schwillt ihm die Ader, er flucht, er wechselt die Farbe,
    und in rächender Hand   hält er den Degen gezückt.   20

Der ertappte Ehebrecher. Holzschnitt in: Der Ritter vom Turn von den Exempeln der gotsfurcht und erberkeit, 1493.

conscia mens scelerum formidine terruit ambos,
    attoniti gelido stantque paventque metu,
iratumque virum pretio precibusque fatigant,
    cum pretio vanas respuit ille preces.
fulmineoque petens meretricia pectora ferro,
    perforat infidae coniugis ense latus.
at se praecipitem dedit ex bipatente fenestra,
    legitimi thalami qui violator erat.
fugerat elapsus metuendi tela mariti,
    sed non iudicium fugerat ipse Dei.   30

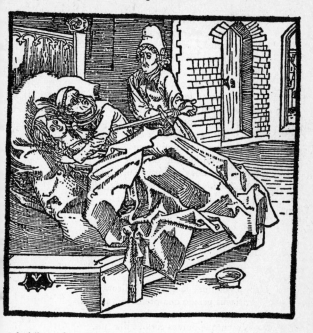

Schuldbewußt stehen die zwei, erstarrt vor Entsetzen; sie
                         schlottern
  eiskalt, vom Donner gerührt: Todesangst hält sie gelähmt.
Flehentlich betteln sie, bieten auch Gaben dem zornigen Gatten,
  aber die Gaben weist er, wie auch die Bitten, zurück.
Auf die Buhlerin stürmt er los mit blitzendem Degen,
  stößt ihn dem treulosen Weib tief in die Flanke hinein.
Aber der Liebhaber, der das ehliche Lager geschändet,
  wirft mit verzweifeltem Sprung sich aus dem Fenster heraus.
So entzog er sich zwar der furchtbaren Waffe des Mannes,
  aber der Strafe des Herrn konnte auch er nicht entfliehn. 30

nam loca nocturnis tenebris dum caeca pererrat,
  in puteum fato mortis agente cadit.
sic ubi praeteriit vitatae monstra Charybdis,
  in Scyllam stolidus navita tendit iter.
reddidit hic animam sontem culpamque piavit,
  talia sed fatus cum moreretur ait:
hei mihi quanta fero proiecti damna pudoris,
  res est insani plena furoris amor.
alterius violare torum qui coniugis audes,
  hoc scelus exemplo disce cavere meo. –   40
his actis, postquam nox importuna recessit
  lucifero clarum iam retegente diem,
nos iter ingressos rapidorum cursus equorum,
  huc, Athesis latus qua fluit amne, tulit.

Aus *Hodoeporicon itineris Italici*

Urbs procul inde iacet crudeli diruta bello,
  Adriacus pelago qua premit arva sinus.
Mestrum nomen habet, cultissima moenibus olim,
  divitibusque potens civibus illa fuit.
nunc ubi rara tenent inopes magalia nautae,
  vela per aequoreas qui moderantur aquas.
hinc ab arenoso solventes litore cymbam,
  carpimus insuetas per vada salsa vias.
insurgunt nautae remis, et caerula verrunt,
  uncta per impulsas labitur arbor aquas.   10
apparent Venetae mediis in fluctibus arces:
  ut, quas Aegeum, Cyclades, aequor habet.
quas ubi vidissem, nullos ego moenia, dixi,
  arbitror haec homines, sed posuisse Deos.

Denn wie im nächtlichen Dunkel der Gassen blindlings er
            flüchtet,
 trifft ihn der Tod: er stürzt tief in den Brunnen hinein.
So vermeidet der Schiffer in seiner Torheit Charybdis,
 nur um zur Scylla sodann gradwegs zu steuern hinein.
So gab er auf den schuldigen Geist und büßte die Sünde,
 dies aber sagte er noch, als er im Sterben schon lag:
„Wehe, wie büß ich es jetzt, daß ich Zucht und Ehre verachtet:
 Irrsinn und rasender Wahn – das ist, was Liebe man nennt.
Wer eines anderen Ehe vermessen schändet, der lerne,
 daß er sich hüten soll, wie mein Exempel beweist." – 40
Als vorbei war die Unglücksnacht und des Morgensterns
            Schimmer
 Kunde gab, daß im Licht hell sich jetzt nahte der Tag,
ritten wir weiter auf hurtigen Pferden; es führte der Weg uns
 hierher zur breiten Etsch, wo durch die Täler sie fließt.

Venedig

Nahebei liegt eine Stadt, von grausamen Kriegen verwüstet,
 dort wo das Adriameer nahe dem Ackerland wogt.
Mestre wird sie genannt: einst blühte in ragenden Wällen
 mächtig die Stadt, solang reich ihre Bürgerschaft war.
Jetzt wohnen wenige Schiffer nur dort in ärmlichen Hütten,
 und in bescheidenem Kahn segeln sie über das Meer.
Dort am sandigen Strand machen los wir die Barke und schiffen –
 ungewohnt solchen Pfads – über die salzige See.
In die Riemen legt sich das Schiffsvolk; durch blauende Fluten
 die das Ruder durchpflügt, gleitet der hölzerne Kiel. 10
Siehe, da ragen Venedigs Paläste inmitten der Wasser,
 wie im Ägäischen Meer man die Kykladen erblickt.
Als diese Bauten ich sah, da sprach ich: „Nicht waren es
            Menschen,
 die solches Bauwerk vollbracht: dies haben Götter getan."

ambit aquis Nereus pro muro spumeus urbem,
    fluctibus est omni tutus ab hoste locus.
nec minus excelsis in moenibus aestuat aequor,
    per medias agitur remige cymba vias.
arcibus aequandas urbs inclita continet aedes,
    principis est magni regia quaeque domus.   20
plenaque divitiis sunt atria, cernitur illic
    quicquid habet tellus, aequora quicquid habent.
quid magnos referam proceres, amplumque senatum?
    mille Senatorum continet ordo patres,
splendida regali quos purpura vestit amictu:
    talis prisca tuus, Roma, Senatus erat.
templa sed inprimis divique palatia Marci
    ingentes Venetum testificantur opes,
condita Tenario quae marmore, plenaque gemmis
    intus et aurato fornice culta nitent.   30
quattuor alta tenent summi fastigia templi,
    qui similes vivis conspiciuntur equi.
maximus imperii iuraverat arbiter olim,
    infestus Venetis qui Fridericus erat,
quod foret e templo stabulum facturus equorum,
    Adriaci caperet moenia quando maris.
acre sed in longos bellum cum duceret annos,
    nec Venetae posset frangere gentis opes,
hos ibi iussit equos in summo culmine poni,
    nominis extarent ut monumenta sui.   40
area lata patet Marci contermina templo,
    illo turba frequens itque reditque loco.
non audita mihi quae visa nec ante fuerunt,
    his oculis et sunt auribus hausta meis.

Statt eines Walles umgibt Venedig der schäumende Nereus,
    und vor jeglichem Feind   sichert das Wasser die Stadt.
Meeresflut fließt hindurch inmitten der ragenden Häuser
    und durch die Gassen der Stadt   wird man in Gondeln
                geführt.
Schlössern gleichen die Häuser der Stadt, der hehren: ein jedes
    ist ein Palast, wie er   mächtigen Herren gemäß.   20
Reichtum füllt die Paläste; was immer zu Land und zu Wasser
    kostbar und selten ist, kann   hier in Venedig man sehn.
Muß ich den hohen Adel, den würdgen Senat noch erwähnen?
    Tausend Patrizier sind   hier im Senate vereint.
Prächtig sind alle gekleidet: sie tragen Purpurgewänder,
    so wie im alten Rom   einst der Senator erschien.
Doch die Kirchen vor allem, der Dom des heiligen Markus,
    zeugen vom Reichtum der Stadt,   den man ermessen nicht
                kann.
Griechischer Marmor von außen, Juwelenfunkeln im Innern
    schmückt ihn; mit Gold verziert   ragen die Bogen empor.   30
Von vier Rossen wird gekrönt der Dachfirst des Domes:
    jedermann, der sie erblickt,   sieht für lebendig sie an.
Einst war der höchste Herrscher des Reichs mit Venedig
                verfeindet.
    Kaiser Friederich tat   damals den folgenden Schwur:
Habe er erst die Adriastadt im Sturme genommen,
    werde als Pferdestall   dann er gebrauchen den Dom.
Jahrelang aber zog hin sich der Krieg: es vermochte der Kaiser
    nicht zu besiegen dies Volk;   allzu stark war ihre Macht.
Da ließ der Kaiser die Rosse aufstellen am Dache des Domes,
    seines Namens und Ruhms   Denkmäler sollten sie sein.   40
Vor dem Dome des Markus erstreckt sich breit die Piazza;
    auf und ab promeniert   dorten die Menge des Volks.
All dies, wovon ich noch niemals gehört, das noch nie ich
                gesehen,
    nahm ich mit eigenem Aug   auf und mit eigenem Ohr.

Elegia XII. ad Germaniam

Quo tua bellatrix abiit Germania virtus,
  dissimilis nostro tempore facta tui?
Vindelicis olim pepulisti finibus Hunnos,
  imperium magno cum sub Othone fuit.
ad Solymas urbes victricia signa tulisti,
  sceptriger imperii cum Fridericus erat.
nunc procul a Tanai ducentes agmina Turcae,
  Danubii ferro depopulantur agros.
in tua grassatur terrarum viscera praedo,
  ausa nec hostiles es cohibere manus.   10
te quibus ostentas, nunc utere grandibus hastis,
  et quibus in circo ludicra bella geris!
his animosa pias hastilibus assere gentes,
  si quid in audaci pectore Martis habes.
ah, pudeat Scythicis egressum finibus hostem
  militiae nobis praeripuisse decus!
mollia dum sequimur nos desidis otia vitae,
  aspera bellator proelia Turca facit.
dum cane venamur lepores, aut cuspide damas
  figimus, ille suo milite regna capit.   20
denique nos tantum sine sanguine ludimus armis,
  ille gerit forti seria bella manu.
at generosa tuis Germania consule rebus,
  coge pharetratos vertere terga Getas.
ipsa tuas urbes e faucibus eripe leti,
  et vetus imperii Marte tuere decus.
si secura mali non profligaveris hostem,
  tristia crudeli vulnera clade feres.

Elegie 12. An Deutschland

Wohin, Germania, ist deine Kriegestugend entflohen,
  da zu heutiger Zeit   nicht mehr dir selber du gleichst?
Einstmals vertriebst du die Hunnen aus Vindelicergebiete,
  als im Römischen Reich   Otto der Große geherrscht.
Bis nach Jerusalem hast du dein Banner siegreich getragen,
  als das Zepter des Reichs   Friederich hatte geführt.
Jetzt aber bringen die Türken weither vom Don ihre Scharen,
  und es verwüstet ihr Schwert   schon an der Donau das Land.
In deinem Innersten wütet nunmehr der Räuber der Länder,
  Einhalt gebotest jedoch   nicht du der feindlichen Hand.   10
Jetzt mach Gebrauch von den langen Lanzen, mit denen du
                                        prahlest
  und womit beim Turnier   Schauspiel des Kampfes du zeigst!
Hochgemut schare jetzt frommes Volk um deine Paniere,
  wenn dir der Kriegsgott noch stets   lebt in der mutigen Brust.
Schämen müssen wir uns, daß ein Feind aus skythischen Landen
  uns der Kriegstaten Ruhm   heute so gänzlich entriß.
Während ein weichliches Leben in träger Muße wir führen,
  stehen in harter Schlacht   türkische Krieger im Feld.
Während mit Hunden auf Hasen wir hetzen, mit Spießen den
                                        Damhirsch
  treffen, bringt sein Soldat   Länder und Reiche zu Fall.   20
Kurz: wir spielen mit Waffen, wobei kein Blut wir vergießen,
  aber mit mächtiger Hand   führet *er* wirklichen Krieg.
Edle Germania, sei nun bedacht auf eigene Rettung,
  zwinge zu eilender Flucht   Geten, mit Köchern bewehrt.
Deine Städte errette du selbst aus dem Rachen des Todes,
  schütze im Kampfe den Ruhm,   welcher das Reich einst
                                        geziert.
Wähnst du dich sicher und schmetterst du nicht zu Boden die
                                        Feinde,
  wirst du zu Tode wund   sein nach verlorenem Kampf.

Decoctoris iocus

Cum sua decoctor subeuntem limina furem
    quaerere speratas nocte videret opes,
,nocte quid in nostris circumspicis aedibus?' inquit,
    ,hic ego nil media cernere luce queo.'

De Pegaso suo

Hoc insigne mea peperi virtute Sabinus,
    cum mihi nobilitas nomen equestre dedit.
in sublime volans caelum pernicibus alis
    ardua Gorgoneus nubila findit equus.

Der Bankrotteur

Als der Bankrotteur bei Nacht einen Einbrecher wahrnahm,
    der verstohlen das Haus,   hoffend auf Schätze, durchsucht',
rief er: „Was stöberst herum in meinem Hause bei Nacht du,
    wo ich selber doch nichts   finde am hellichten Tag?"

Auf seinen Pegasus

Dieses Wappen hab ich, Sabinus, durch Leistung erworben,
    als in den Adelsstand man   mich und zum Ritter erhob.
Hoch zum Himmel sich schwingend empor mit sausendem Flügel
    bahnt das gorgonische Roß   sich durch die Wolken den Pfad.

HARTMANN SCHOPPER

1542–nach 1595

Reinike

CAPUT VII

Argumentum

Callida sollerti meditatur pectore vulpes,
  excipiat missum qua ratione Ducem.
heu mihi quot numerant haec ferrea saecula vulpes,
  qui grave mellito virus ab ore* vomunt.

Brunonis ut perceperat / acerba verba Reinike, / non
credulum se praebuit / donec videret neminem / praeter
Brunonem nuntium. / tunc exit arcem protinus / ursumque blandis excipit / salutat atque vocibus: / ‚ad-
ventus hic precor tibi, / Bruno, sit optatissimus: [10] /
non ante dictas vesperas, / exire castrum debeo: / qua-
propter adsum tardius. / sed huic agat quis gratias, /
qui te coegit hanc viam / vorare, nobilissime? / sudore
manas anxio / labore fessus maximo. / te credo praeter, neminem / quem mitteret Rex nuntium [20] /

* *textus*: orbe.

HARTMANN SCHOPPER

1542–nach 1595

Reinike

Reinike Fuchs, der fromme Heuchler in der Mönchskutte, ist wegen vielfacher Übeltaten bei dem Löwen, dem König der Tiere,
verklagt worden, hat sich jedoch durch lügnerische Kniffe aus
der Klemme gezogen. Erneuter Vorladung hat er sich durch vor-
geschützte Krankheit entzogen, bis der König schließlich den
Bären Bruno (Braun) mit einem scharfen Ultimatum zu ihm
schickt: Bruno verspricht dem König, Reinike auf jeden Fall vorzuführen.

7. KAPITEL

Inhalt

Listig erwägt der schlaue Fuchs in seiner Besorgtheit,
  wie diesen hohen Herrn   wohl er am besten empfängt.
Ach, wieviel Füchse kann doch dies eiserne Zeitalter zählen:
  honigsüß reden sie wohl,   Gift jedoch speit aus ihr Mund.

Als Reinike das harte Wort, / von Bruno überbracht, vernahm, /
da traute er der Sache nicht, / bis er davon sich überzeugt, / daß
niemand sonst mit Bruno war. / Dann kam er aus dem Bau hervor, / und freundlich grüßend gab der Fuchs / dem Bären diese
Antwort nun: / „Sei, Bruno, hochwillkommen mir, [10] / und
die Verspätung sieh mir nach, / denn eher konnt ich nicht heraus, / eh ich die Vesper nicht gesagt. / Doch der hat kaum wohl
Dank verdient, / der, Edler, dich gezwungen hat, / den langen
Weg hierher zu gehn. / Du schwitzt ja und bist ganz erschöpft. /
Gab's keinen andern in der Burg / des Königs, den er senden
konnt, [20] / da du der Tiere Größter bist, / der stolz in könig-

sustentat arce regia? / cum sis ferarum maximus, /
inter minores belluas / parem nec aula iactitet: / mi
spero felicissima / eritque commodissima / Brunonis
haec profectio; / nam subvenire sontibus / in Regis
aula plurimum / te consulendo novimus. [30] / venire
cras decreveram; / profectus huc nisi fores, / morbo
licet gravissimo / me frangat imbecillitas / et difficul-
ter ambulem. / cibis enim recentibus, / dum plenius
refercio / latrantis alvi viscera, / nunc omne corpus
angitur / et concipit molestias.' [40]

Bruno sed inquit: ,Reinike, / dilecte, quid come-
deras / quod aeger esse coeperis?'

respondet acer Reinike: / ,nos more vili pauperum /
qui victitare cogimur, / si carnibus non possumus, /
cibisve gratis perfrui, / tunc lacte, pane, caseo, / vel
melle flavo vescimur. [50] / id me gravis necessitas /
vorare nuper compulit. / inflatus ecce sed mihi / est
melle venter turgidus, / tument dolentque viscera. /
sed quando possum carnibus. / ovisque vesci candi-
dis, / non mella propter surgerem.' – / Bruno ,quid
inquis, optime?'

dicebat: ,hoc incognitum [60] / nisi fuisset hactenus, / huc advolassent, arbitror, / vel orbis omnes
bestiae. / an mella vobis aurea / sordent in istis finibus? / quae piscibus, quae carnibus, / cunctisque prae
cibariis / electa sponte sumerem. / quod copiam si
feceris / mellis mihi largissimam, [70] / in omne tempus maximas / memor referrem gratias.' –

ridere secum Reinike / clam coepit astutissimus, / et
mox Brunonem credulum / affatur his sermonibus: /
,si mellis optas serio / favum tibi dulcissimum / et hoc
libenter vesceris: / frondosa villae culmina, [80] / scio
coloni Rustefeils: / quotannis ille colligit / mellis favos
purissimi / quot te, vel ullam bestiam, / vidisse nunquam suspicor. / nec villa dicti rustici / plus distat
illa millibus / decem, vel octo passibus.' –

licher Burg / die mindre Tierwelt überragt. / Daß Bruno sich
zu mir bemüht, / ist Ehre mir und Vorteil auch, / denn daß mit
Rat und Tat du hilfst, / wenn im Palast wer angeklagt, / das ist
mir wahrlich wohlbekannt. [30] / Wärst heute du gekommen
nicht, / wär morgen ich dorthin gereist, / wenngleich von Krankheit arg geschwächt / ich nur mit Mühe laufen kann. / Denn da
mein knurrend Eingeweid / mit Speisen kürzlich ich gefüllt, /
hat sich mein ganzer Leib versehrt / und leidet darum arge
Pein." [40]

Da sagte Bruno: „Reinike, / mein Lieber, was denn aßest
du, / daß du so übel jetzt dich fühlst?"

Da sprach der schlaue Reinike: / „Wie armes Volk ernähr ich
mich, / und billig muß mein Essen sein. / Zum Fleische langt's
nicht, und ich kann / mir Leckerbissen leisten nicht. / So eß ich
denn Milch, Käse, Brot, / und auch von Honig lebe ich. [50] /
Den aufzuessen zwang mich jüngst / gebieterisch die harte
Not. / Schau, wie von Honig jetzt mein Bauch / geschwollen ist
und weh mir tut. / Wenn ich von Fleisch mich nähren könnt /
und weiße Eier speisen auch, / um Honig stünde ich nicht auf. /
Was sagst du, guter Bruno, drauf?"

„Wär dies nicht", sprach er, „unbekannt [60] / geblieben bis
zum heut'gen Tag, / so flögen, glaub ich wohl, hierher / die
Tiere aus der ganzen Welt. / Ist goldner Honig denn bei euch /
so wohlfeil? Vorziehn würd ich ihn / vor allen Fischen, allem
Fleisch / ja allen Speisen jeder Art. / Wenn du mir reichlich Honig schaffst, / so will ich dir zu jeder Zeit [70] / aus tiefstem
Herzen dankbar sein."

Ganz heimlich lachte da bei sich / der listig-schlaue Reinike, /
und Bruno, dem Leichtgläubigen, / gab dies zur Antwort er sodann: / „Wenn süße Honigwaben du / dir so gar ernstlich denn
ersehnst, / und gar so gern davon dich nährst, / kenn ich das
strohgedeckte Dach [80] / vom Haus des Bauern Rustefeil. / All-
jährlich sammelt dieser sich / voll reinsten Honigs Waben ein, /
so viele, wie ich glaube, nie / du noch ein andres Tier erblickt. /
Auch liegt besagten Bauersmanns / Haus weiter nicht von hier
entfernt, / als zehn – vielleicht acht Meilen nur."

*Illustration zu Caput VII
in der Ausgabe von 1574*

Brunonis os invaserat / ardor, cupiditas, et sitis,
[90] / ut mella votis Rustefeils / desideraret omnibus. /
vulpem nec orat amplius / sed postulat, sed impe-
rat: / ‚pergamus ergo, Reinike‘, / dicebat, ‚atque per
brevem / viam teramus ocius.‘ –

‚quamvis ob aegritudinem / deambulatum non eam, /
tamen, Bruno carissime, [100] / nos inter ambos mutua /
communitas antiquitus / conflata, ne iam concidat, /
tecum lubenter ambulo. / nam tu favore me tuo /
iuvare rursus plurimum / apud Leonem praevales, /
adversus infensissimos / hostesque perfidissimos. / sic
absque diris fraudibus [110] / te melle iam refarciam /
amice delectabilis.‘

Bruno secutus Reiniken / ceu stultus ales aucupem /
tollit moras velocius. / ‚pro melle sed (vulpecula /
putabat) in te conferam, / Bruno, libenter verbera. /
et omnium stultissimum, / te fellis in forum traham.‘
[120]

Illustration zu Caput IX
in der Ausgabe von 1574

Da troff dem Bruno schier das Maul / von Gier und Lüstern-
heit und Durst, [90] / so daß dem Honig Rustefeils / sein ganzes Trachten nunmehr galt. / Schon bat er auch den Fuchs nicht
mehr, / nein, fordern tat er und befahl: / „So laß uns gehen,
Reinike", / sprach er, „und auf dem schnellsten Pfad / sofort
uns machen auf den Weg."

„Obwohl ich, kränklich wie ich bin, / nicht gut zu Fuß bin,
will ich gern, / mein liebster Bruno, da wir doch [100] / von alters her befreundet sind, / um dessentwillen mit dir gehn. / Dafür wirst du mir günstig sein, / soweit in deiner Macht es steht, /
beim Löwen, wo mich schnöd verklagt / der Widersacher böse
Schar. / Drum will ich, teurer Herzensfreund, [110] / dich fern
von allem Lug und Trug / mit süßem Honig stopfen voll."

Dem Reinike folgt Bruno nach, / wie auf den Leim der Gim-
pel geht, / und eilte sich, so sehr er konnt. / Das Füchslein aber
dacht bei sich: / „Bruno, statt Honig will ich dir / besorgen Prü-
gel liebend gern, / und bitter soll es schmecken dir, / wenn alles
deine Dummheit sieht." [120]

postquam coloni Rustefeils / propinquat altis saepi-
bus / gaudebat ursus intimo / ex corde dementissi-
mus. / mellis tamen nec particeps / factusve compos
est favi / aetate nostra sicuti / plerisque stultis evenit.

CAPUT VIII

Argumentum

Ecce per infidam vulpem deducitur ursus,
　　ut rapiat dulci condita mella favo.
ipse sed hospitii vinclis religatus iniqui
　　ingemit, et captus vincula sera videt.
sic hodie cum mella legunt plerique sub aulis,
　　mortiferam lingunt fellis amaritiem.

Cum noctis irent tempora, / et astra caelo spargerent, /
essetque certus Reinike, / quod fessa membra languidus / toro dedisset Rustefeil, / dulcique somno corporis / levaret artus debiles – / fores sed ante rustici, /
qui percolebat strenue / artem fabrili gnarii, [10] /
quercus iacebat ardua / nondum tamen securibus /
ubique fissa ferreis. / cunei adhuc ahenei / fixam tene-
bant mordicus.

　　ut ista vidit Reinike, / hortatur ursum taliter: /
,Bruno, quid obstat amplius? / accurre velox, et vola: /
plus mellis huius arboris [20] / fissura lata continet, /
quam fas sit ulli credere. / tu mella lambe dulcia, /
audacter imponens caput: / sed plura ne voraveris, /
venter tuus quam digerat. / edendo nam fastidium, /

Als sich genähert nun der Bär / dem hohen Zaune Rustefeils, /
da freute sich im Innersten / dies donnerhageldumme Vieh. /
Doch Honig ward ihm nicht zuteil, / auch fiel ihm keine Wabe
zu, / wie's heutzutage ebenso / den Dummen zu ergehen pflegt.

Inhalt

Sehet allhier, wie der Bär von dem treulosen Fuchse verführt
wird,
daß süßen Honig er raub,   welchen die Wabe umschließt.
Doch von den Banden des feindlichen Wirtes gefesselt, muß
brüllen
stöhnend der Bär, der zu spät   Falle und Hinterhalt sieht.
So suchen heut auch am Hof wohl viele den Honig zu schlecken,
was aber lecken sie auf?   Galle und tödliches Gift.

Als nun die Nacht gekommen war / und sternbesät des Himmels
Rund, / auch Reinike ganz sicher war, / daß müde von des Tages Fron / im Bette Rustefeil jetzt lag, / wo sanfte Ruhe nun und
Schlaf / dem schwachen Leib Erfrischung gab, / da sah er vor
des Bauern Tor / (der auch das Zimmerhandwerk trieb, / worauf
er sich recht gut verstand), [10] / wie dort ein großer Eichbaum
lag. / Noch war der Stamm nicht ganz zerhackt, / doch mit dem
Beil gespalten schon, / und Eisenkeile hielten ihn, / fest einge-
bissen, klaffend auf.
    Als Reinike dies sah, sprach er / zum Bären dieses: „Sage
mir, / worauf noch, Bruno, wartest du? / Komm schnell, lauf zu,
so rasch du kannst: / mehr Honig steckt in diesem Spalt [20] /
verborgen, als es glaublich ist. / Steck brav nur deinen Kopf
hinein / und schleck den süßen Honigseim! / Doch mehr verschlinge nicht, als was / dein Bauch vertragen kann; denn wenn /
zuviel du frißt, so wird's dir leid, / so daß speiübel dir's be-
kommt. / Arg schmerzen kann dich dann dein Bauch / und ekler

et concitabis nauseam, / dolebit alvus insuper / et
sordide laxabitur, [30] / rumpetur aut voragine' –

respondet ursus horridus: / ,amice numquid Reinike / voraciorem neminem / Brunone credis? qui modum / in rebus atque singulis / observo continentiam.'

sic ursus indignissima / se fraude passus decipi /
rimas in altas arboris [40] / pedes priores intulit, /
atque aurea mella Rustefeils / fumante naso quaeri-
tat. / tunc cogitabat Reinike: / ,nunc, urse, mella
rustici / gustabis impiissimi.' / cuneosque fixos arbore /
pedum movebat viribus, / et extrahebat: fortiter /
diffissa quercus clauditur, [50] / ursumque captum
detinet / in vinculis arctissimis. / nihil iuvabant asperis / cum iurgiis convicia / Brunonis erga Reiniken, /
nec robur ingens corporis / hunc liberare carcere /
valebat aut custodia. / tendebat is virilibus / pro par-
tibus perrumpere, [60] / quercusque rimas scindere, /
et plorat alto murmure. / strepens aduncis unguibus, /
raucique voce gutturis: / instare letum cogitat, / salutis et spe decidit.

quod audiens in horreo / colonus audax Rustefeil, /
armatus et securiger / accurrit, ursum conspicit. [70] /
tunc hospitem mordacibus / ridens petit conviciis /
versutus ursum Reinike: / ,Bruno, salutis immemor, /
ne dulcibus cibariis / et melle te sic repleas: / ne forte
rumpas viscera: / satisne mella dulcia / videntur huius
Rustefeils? / en appropinquat ocius [80] / fructum
daturus optimum / pro melle pro convivio.'

his lusit ursum cum satis / et pluribus conviciis, /
acutus ille Reinike, / aulam profectus ad suam / sese
dolosus occulit.

Durchfall plagt dich auch, [30] / ja, platzen kannst du selbst vor Gier."

Da sprach der Bär im rauhen Pelz: / „Freund Reinike, glaubst wirklich du, / daß Bruno so gefräßig sei, / wo ich in jeder Hinsicht doch / ein Musterbild der Mäßigkeit?"

So ließ von arger List der Bär / sich täuschen: in die Eiche Spalt [40] / führt' er die Vorderpranken ein, / und nach dem Honig Rustefeils / sucht' mit der Nase witternd er. / Da dachte bei sich Reinike: / „Jetzt koste, Bruno, gründlich du / des bösen Bauern Honig aus." / Mit seinen Pfoten macht' er drauf / die Keile in der Eiche los / und zog sie aus dem Stamm heraus. / Da schnappte wuchtig zu der Baum [50] / und hielt den Bären eisern fest / in enger Fessel eingeklemmt. / Nicht half es Bruno, daß er wild / beschimpf't' und fluchte Reinike, / noch konnte seine große Kraft / aus diesem Kerker ihn befrein. / Mit aller Macht versuchte er / sich freizumachen und den Spalt [60] / der Eiche aufzubrechen: laut / brummt' er dabei und winselte; / mit seinen Klauen kratzte er / und brüllte laut vor Todesangst, / denn schon schien ihm sein Ende nah.

Das hört' in seiner Scheune nun / der kühne Bauer Rustefeil; / mit einer Axt bewaffnet kam / er angerannt und sah den Bär. [70] / Da sprach mit Hohn und bösem Spott / zu seinem Gast der schlaue Fuchs: / „Bruno, vergiß die Vorsicht nicht, / und fülle dich zu sehr nicht voll / mit Honig und mit Süßigkeit, / daß dir nicht gar der Leib zerspring. / Schmeckt süß genug der Honig dir, / der diesem Rustefeil gehört? / Sieh da, hier kommt er eilends schon [80] / und bringt zum Honig und zum Mahl / dir auch noch leckern Nachtisch dar."

Als er den Bären so mit Spott / und schnödem Schimpf genug verhöhnt, / zog sich der schlaue Reinike / in seinen Bau zurück, wo er / sich klüglich im Verstecke barg.

CAPUT IX

Argumentum

Captus ab agricolis misere tractatur iniquis
extremam plagis ursus ad usque necem.
vixque fuga celeri sibi consulit, atque cruento
vulnere vicinas saucius intrat aquas.

Ut videt ursum Rustefeil / non vincla posse rumpere, /
mox convocabat ebrios, / sed e taberna rusticos. /
,adeste', dicit, ,ad meam / ligatus ursus ianuam, /
abire nescit maximus. / vos arma nunc capessite, / et
iuncta ferte spicula, / ut enecetur bellua.' [10] / tunc
ira grandis omnibus / ministrat arma rusticis, / insa-
nus ille stipitem, / rastrum sed alter, tertius / furcam
bicornem corripit. / minister aedis publicae / torrem
praeustum sublevat, / quem non secuta tardius / iniqua Iutte femina / colum ferebat ligneam, [20] / et
omnibus crudelius / spirabat ore rusticis.
   ut esse se circumdatum / Bruno videbat hostibus, /
tunc colligebat maximam / vim, robur atque corporis / et ora latis rictibus, / et crinibus deformia / quercu
coactus extrahit / non absque multo sanguine, [30] /
villos tamen densissimos / unguesque tristis horridos, /
in rimulis hiantibus / cavae relinquit arboris. / dolore
prae gravissimo, / vix ambulare noverat. / immane
spirans Rustefeil / is primus omnium fero / prosternit
ursum vulnere, / sequuntur illum ceteri, [40] / plagis-
que mulctant asperis / tergum Brunonis saucium. /
hastas faber cum malleis. / in ora mittit saucia / Brunonis afflictissimi. / Ludolphus impar gressibus / Acon-
que laesus lumine / ruberque crine Tityrus: / omnes
petebant anxium.

9. KAPITEL

Inhalt

Von den Bauern erwischt, wird der Bär gar schrecklich
geprügelt;
elend verdreschen sie ihn: beinahe schlägt man ihn tot.
Kaum kann in eilender Flucht sein Leben er retten; von Blute
und von Wunden bedeckt, stürzt in den Fluß er hinein.

Als Rustefeil sah, daß der Bär / die Fesseln nicht zerbrechen
konnt, / rief aus der Kneipe er herbei / die vollgesoffne Bauernschar. / "Kommt her", rief er, "zu meinem Tor, / dort liegt
in Banden fest ein Bär, / ein Riesenviech, und kann nicht fort. /
Greift zu den Waffen jetzt, und bringt / gleich eure langen
Spieße mit, / so schlagen wir die Bestie tot." [10] Da packt die
Bauern wilde Wut, / gibt ihnen Waffen in die Hand. / Den
Knüppel greift sich wütend der, / die Hacke schwingt ein zweiter; auch / Mistgabeln holen andre sich. / Der Küster hebt ein
glühend Scheit, / das schon im Feuer angebrannt; / es folgt ihm
auf dem Fuß sein Weib, / die böse Jutte: wilder noch / schwang
sie den Rocken, als vor Grimm [20] / die ganze Bauernschar entbrannt.

Als Bruno so umringt sich sah / von Feinden, spannte er sich
an / mit letzter Kraft und Wucht – ruck zuck / riß er in höchster
Not sein Haupt / mit Haut und Haar vom Stamm heraus; /
verlor dabei auch reichlich Blut, [30] / und Büschel Fell und
Haar ließ er / im Spalt des Eichenstamms zurück; / die Klauen
auch riß er sich aus / und litt so argen Schmerz, daß er / zum
Laufen kaum imstande war. / Vor allen andern schlug ihn da /
zornschnaubend nieder Rustefeil / und bracht ihm schwere Wunden bei. / Die andern taten es ihm nach; [40] / mit harten Streichen prügeln auf / des wunden Bären Rücken sie. / Die Eisen-
stange stößt der Schmied / dem armen Bruno in das Maul; / der
lahme Ludolf prügelt ihn, / auch Acon, dem ein Auge fehlt, /
mitsamt dem Rotkopf Tityrus: / sie alle dreschen auf ihn los.

quin et nurus agrestium [50] / conantur ursum tol-
lere. / pars saxa torquet aspera, / pars instat et ligoni-
bus. / ad haec acuto Rustefeils / cum fuste frater
advolat, / et sic Brunonem verberat, / ut totus ex-
pavesceret / invaderetque feminas. / ira metuque per-
citus, / fragore cunctas terruit, [60] / et morsibus leta-
libus, / ut currerent in proximam / ripam palustrem
feminae.

sed pastor aedis sacrae, cum / in amne nare coniugem /
conspexit, omnes invocat: / ,o filii, carissimae / nunc
subvenite coniugi, / ne mersa lymphis occidat. / sum
namque vobis optimi [70] / vini daturus dolium.' / urso
relicto rustici / ripam subintrant ocius, / opem feren-
tes feminis. / quas dum potenter extrahunt / ex sordi-
dis paludibus,

Bruno capessit ebrii / ripam cruentus fluminis; /
et cum labore maximo, / urgebat ut necessitas [80] /
iter per amnem conficit.

Es fehlen bei der Bärenhatz [50] / hier auch die Bauernwei-
ber nicht: / es schmeißen ihn mit Steinen die, / die gehn mit
Flegeln auf ihn los. / Mit spitzem Stock eilt nunmehr auch / herbei der Bruder Rustefeils / und schlägt auf Bruno derart ein, /
daß dieser vor Entsetzen flieht / und nun sich auf die Weiber
stürzt. / In seiner Panik, seiner Wut / erschreckt er sie und brüllt
so laut [60] / und fletscht sein tödliches Gebiß, / daß in den
Sumpf beim nahen Fluß / entflieht die ganze Weiberschar.

Im Flusse schwimmen sah sein Weib / der Pfarrer; darauf schrie
er laut: / „Helft, Kinder, meinem teuren Weib, / daß sie im Flusse
nicht ertrinkt. / Ich will euch stiften auch dafür [70] / ein Faß
voll allerbestem Wein." / Vom Bären lassen drauf sie ab / und
wenden rasch zum Ufer sich, / um ihren Weibern beizustehn; /
die ziehen sie mit Mann und Macht / jetzt aus dem Schlamm und
Dreck heraus.

Blutüberströmt wirft Bruno sich / jetzt in des Flusses Schwall
hinein / und bringt mit schwerem Weh und Ach, / wie harte Not
es ihm gebeut, [80] / durch Schwimmen sich in Sicherheit.

JOHANNES SCHOSSER

1534–1585

In cultrum Dedekindi

Expolit hoc cultro rigidos Dedekindus alumnos,
    dogmata dum vitae mira, sed apta canit.
vidit ut id, subito subridens dixit Apollo:
    ‚in clipeo cultrum ceu monumenta geras
inde queant olim seri meminisse nepotes
    te scite mores expoliisse rudes.‘
tradimus effrenae quoties praecepta iuventae,
    hoc cultro nobis quid magis esset opus?

In cervum alatum stantem supra librum.
Iohannis Secundi Poetae

Corpora si tollat per inania nubila cervus
    aethereumque gradu praepete findat iter,
avia nequicquam latratibus antra lacesset,
    quae struet insidias turba cruenta canum.
irrita venator praetendet retia silvis,
    ridebit vanos praeda superna dolos.
quis neget et simili ratione poemata vatum
    faucibus horrendos non timuisse canes?
omnia quantumvis immani dente minetur
    Zoilus et rictu multa sonante fremat,
scripta poetarum tamen et monimenta supersunt
    effugiuntque minas, Zoile dire, tuas.

10

JOHANNES SCHOSSER

1534–1585

Das Wappen des Friedrich Dedekind:
ein Messer, das Blätter stutzt

Dedekind stutzt mit *dem* Messer zurecht seine rüden Studenten,
    während er Lehren erteilt, herrlich und praktisch zugleich.
Als Apollo dies sah, da lächelte er und sprach also:
    „Mag er hinfort als Emblem führen dies Messer im Schild.
Dadurch kann sich einmal die fernste Nachwelt erinnern,
    daß rohe Sitten du fein schliffest mit kundiger Hand."
Wenn unbändiger Jugend wir Unterweisungen geben,
    was kann nützlicher sein, als dieses Messer es ist?

Der Dichter Johannes Secundus:
Geflügelter Hirsch, auf einem Buch stehend

Wenn sich der Hirsch erhebt, empor durch substanzlose Wolken,
    und mit geflügeltem Schwung nimmt durch den Äther den
                                     Weg,
sucht mit vergeblichem Bellen sein unzugängliches Lager
    Meute, dürstend nach Blut, die an das Leben ihm will.
In den Wäldern spannt dann vergeblich sein Fangnetz der Jäger,
    solche Listen verlacht hoch in den Lüften das Wild.
Haben denn gleichermaßen nicht auch der Dichter Gesänge
    nicht gefürchtet den Hund, schrecklich mit blutigem Schlund?
Mag dann Zoilus dräuen, die Zähne bleckend, und soll er
    aufgerissenen Mauls noch so laut kläffen danach: 10
was die Dichter geschrieben und hinterlassen, das bleibet;
    deinem gehässigen Drohn, Zoilus, sind sie entflohn.

Liber malus pulchre compactus

Exteriora placent, intus mera somnia. fallor,
vasave sunt istaec aurea, Bassa, tua.

Ein schlechtes Buch in schönem Einband

Hübsch ist das Äußere zwar, doch wertlos der Inhalt. Es
         scheint mir,
daß du, täusch ich mich nicht, goldene Töpfe gebrauchst.

JOHANNES SECUNDUS

1511–1536

Basia

II

Vicina quantum vitis lascivit in ulmo
    et tortiles per ilicem
brachia proceram stringunt immensa corymbi:
    tantum, Neaera, si queas
in mea nexilibus proserpere colla lacertis!
    tali, Neaera, si queam
candida perpetuum nexu tua colla ligare
    iungens perenne basium!
tunc me nec Cereris nec amici cura Lyaei
    soporis aut amabilis,   10
vita, tuo de purpureo divelleret ore;
    sed mutuis in osculis
defectos ratis una duos portaret amantes
    ad pallidam Ditis domum.
mox per odoratos campos et perpetuum ver
    produceremur in loca,
semper ubi antiquis in amoribus heroinae
    heroas inter nobiles
aut ducunt choreas alternave carmina laetae
    in valle cantant myrtea,   20
qua violisque rosisque et flavicomis narcissis
    umbraculis trementibus
inludit lauri nemus et crepitante susurro
    tepidi suave sibilant
aeternum zephyri nec vomere saucia tellus
    fecunda solvit ubera.
turba beatorum nobis adsurgeret omnis,
    inque herbidis sedilibus

JOHANNES SECUNDUS

1511–1536

Basia

2

Wie an benachbarter Ulme sich üppig die Rebe emporrankt,
    und wie den hohen Eichenstamm
Trauben des Efeus geschmeidig mit tastenden Armen umschlingen,
    so sollst, Neaera, wenn du's kannst,
mir umrankend den Hals du mit zärtlichen Armen umwinden;
    so will auch ich, wenn ich es kann,
dir mit beständiger Fessel den schneeweißen Nacken umfassen,
    in ewigem Kuß mit dir vereint.
Ceres vermag dann nicht, nicht Freudenspender Lyaeus,
    noch auch des Schlummers süße Ruh,   10
von deinem roten Mund mich fortzureißen, Geliebte.
    In *einem* Kuß vergehen wir,
und es soll dann *ein* Boot hinüber zwei Liebende tragen
    ins fahle Reich der Unterwelt.
Bald durch duftende Wiesen und ewiges Frühlingsgefilde
    wird dann man leiten uns des Wegs,
dort wo Frauen heroischer Vorzeit in ewiger Liebe
    gesellt der Helden edler Schar
Reigen schlingen im Tanz oder fröhliche Wechselgesänge
    im Myrtentale tauschen aus.   20
Dort wo im Lorbeerhain die Schatten flimmern und zittern,
    wo Veilchen und wo Rosen blühn
und goldgelbe Narzissen, wo stets mit säuselndem Wehen
    des lauen Zephyrs Brise spielt
und wo, nie von der Pflugschar verletzt, die fruchtbare Erde
    der Gaben Überfluß entläßt:
dort werden ganz uns dann der Seligen Scharen umströmen,
    und zu begrüntem Rasensitz

inter Maeonidas prima nos sede locarent;
    nec ulla amatricum Iovis   30
praerepto cedens indignaretur honore
    nec nata Tyndaris Iove.

IV

Non dat basia, dat Neaera nectar,
dat rores animae suaveolentes,
dat nardumque thymumque cinnamumque
et mel, quale iugis legunt Hymetti
aut in Cecropiis apes rosetis
atque hinc virgineis et inde ceris
saeptum vimineo tegunt quasillo.
quae si multa mihi voranda dentur,
immortalis in iis repente fiam
magnorumque epulis fruar deorum.   10
sed tu munere parce, parce tali,
aut mecum dea fac, Neaera, fias.
non mensas sine te volo deorum,
non, si me rutilis praeesse regnis
excluso Iove dii deaeque cogant.

VIII

Quis te furor, Neaera
inepta, quis iubebat
sic involare nostram,
sic vellicare linguam
ferociente morsu?
an, quas tot unus abs te
pectus per omne gesto
penetrabiles sagittas,
parum videntur, istis
ni dentibus protervis   10

führen sie uns, zum Ehrenplatze der liebenden Paare,
    und keine Frau, die Zeus geliebt,   30
wird es mit Mißgunst beschauen, daß uns diese Ehre zuteil ward,
    nicht Helena, von Zeus erzeugt.

4

Nicht gibt Küsse Neaera: Nektar gibt sie,
gibt süßduftenden Tau aus ihrer Seele,
Narden gibt sie und Thymian und Zimt mir,
Honig auch, wie ihn auf Hymettushängen
oder in der Athener Rosengärten
Bienen bergen im Stock aus Weidenflechtwerk
und in Zellen aus reinstem Wachs ihn speichern.
Gibt sie viel solcher Küsse mir zu schlürfen,
werd alsbald ich dadurch unsterblich werden
und das Festmahl der hohen Götter teilen.   10
Doch sei sparsam mit deiner Gabe, sparsam,
oder werde mit mir, Neaera, Göttin.
Ohne dich will ich nicht mit Göttern tafeln,
zwängen selbst mich die Göttinnen und Götter,
anstatt Zeus übers goldne Reich zu herrschen.

8

Welch Rasen hat, Neaera,
du Törin, dir geboten,
so anzufallen, so zu
verletzen meine Zunge
mit grausam-wildem Bisse?
Genügt's nicht, daß im Herzen
so viele deiner Pfeile,
die es durchbohrten, ich nun
allein muß tragen? Mußt du,
mit dreisten Zähnen frevelnd,   10

exerceas nefandum
membrum nefas in illud,
quo saepe sole primo,
quo saepe sole sero,
quo per diesque longas
noctesque amarulentas
laudes tuas canebam?
haec est, iniqua, (nescis?),
haec illa lingua nostra est,
quae tortiles capillos,   20
quae paetulos ocellos,
quae lacteas papillas,
quae colla mollicella
venustulae Neaerae
molli per astra versu
ultra Iovis calores
caelo invidente vexit,
quae te, meam salutem,
quae te, meamque vitam
animae meaeque florem,   30
et te, meos amores,
et te, meos lepores,
et te, meam Dionen,
et te, meam columbam
albamque turturillam
Venere invidente dixit.
an vero, an est id ipsum,
quod te iuvat, superba,
inferre vulnus illi,
quam laesione nulla,   40
formosa, posse nosti
ira tumere tanta,
quin semper hos ocellos,
quin semper haec labella
et qui sibi salaces
malum dedere dentes

vergehn dich an *dem* Gliede,
womit ich oft frühmorgens,
womit ich oft spätabends,
womit ich lang am Tage,
in bittersüßen Nächten,
dein Lob zu singen pflegte?
Dies ist (weißt du's nicht?), Böse,
dies ist dieselbe Zunge,
die deine Ringellocken,
die dein verschwimmend Auge,   20
die deine weißen Brüste,
die auch den zarten Nacken
der reizenden Neaera
in weichem Vers erhoben
zu Sternen, höher noch als
zum sonnenwarmen Himmel,
der diesen Ruhm dir neidet;
die dich, mein Heil und Leben,
die dich, mein ganzes Dasein,
du Blume meiner Seele,   30
und dich, du meine Liebe,
und dich, du mein Entzücken,
und dich, du meine Venus,
und dich, du meine Taube,
mein weißes Turteltäubchen,
zu Venus' Neid besungen.
Vielleicht ist's grade dieses,
was, Stolze, dich erfreuet:
die Zunge zu verwunden,
die (wie du weißt, du Schöne)   40
du nie so kränken konntest
noch so in Zorn versetzen,
daß nicht sie diese Äuglein,
daß nicht sie diese Lippen
und selbst die geilen Zähne,
die ihr so Böses taten,

inter suos cruores
balbutiens recantet?
o vis superba formae!

IX

Non semper udum da mihi basium
nec iuncta blandis sibila risibus
　　nec semper in meum recumbe
　　　　implicitum moribunda collum.

mensura rebus est sua dulcibus,
ut quodque mentes suavius adficit,
　　fastidium sic triste secum
　　　　limite proximiore ducit.

cum te rogabo ter tria basia,
tu deme septem nec nisi da duo　　　　　　　　　　10
　　utrumque nec longum nec udum
　　　　qualia teligero Diana

dat casta fratri, qualia dat patri
experta nullos nata Cupidines;
　　mox e meis lasciva ocellis
　　　　curre procul natitante planta

et te remotis in penetralibus
et te latebris abdito in intimis!
　　sequar latebras usque in imas,
　　　　in penetrale sequar repostum.　　　　　　　20

praedamque victor fervidus in meam
utrimque heriles iniciens manus
　　raptabo, ut imbellem columbam
　　　　unguibus accipiter recurvis.

in eignem Blut gebadet
selbst stammelnd noch besänge?
O stolze Macht der Schönheit!

9

Nicht immer feuchte Küsse nur schenke mir,
noch schmatz mich ab und kichere kosend dann,
    auch häng nicht immer engumschlungen
        mir um den Hals, als ging's ans Sterben.

Auch süße Wollust füge dem Maße sich:
so sehr der Sinne Lust uns Entzücken schenkt,
    so schnell bringt Überdruß und Unlust
        sie uns alsbald und auf schnellerm Pfade.

Wenn ich verlange, daß du mich neunmal küßt,
laß sieben aus: auf zwei nur beschränke dich,   10
    noch seien lang und feucht die beiden,
        solche vielmehr, wie Diana züchtig

dem Bruder gibt, dem Schützen; den Vater küßt
die Tochter so, der fremd noch die Sinnlichkeit.
    Dann flieh mir schalkhaft aus den Augen,
        weit flüchte fort und mit zitterndem Fuße.

Verstecke dann im fernsten Gemache dich,
verbirg dich dann im innersten Winkel. Ich
    werd tief in dein Versteck dir folgen,
        ja, ins geheimste Gemach werd ich dringen.   20

Dann, Herr und Sieger, brennend vor Lust, raub ich
mit beiden Armen Beute, die ich erjagt,
    wie Falken mit gekrümmten Klauen
        wehrlose Tauben im Fluge schlagen.

tu deprecantes victa dabis manus
haerensque totis pendula brachiis
    placare me septem iocosis
        basiolis cupies, inepta.

errabis! illud crimen ut eluam,
septena iungam basia septies   30
    atque hoc catenatis lacertis
        impediam, fugitiva, collum,

dum persolutis omnibus osculis
iurabis omnes per Veneres tuas
    te saepius poenas easdem
        crimine velle pari subire.

Um Gnade flehend hebst du, besiegt, die Hand,
und ganz am Hals mir hängend suchst, Dummchen, du
   zum Frieden mich mit sieben Küssen –
      grad so als wär's nur ein Scherz – zu stimmen?

Du irrst! Nur dann verzeih ich dir dein Vergehn,
wenn ich dir Küsse, siebenmal sieben, geb,   30
   Ausreißerin – und das verhindr ich
      da dir mein Arm deinen Hals umkettet.

Nur wenn du alle Küsse mir abgezahlt
und wenn du mir bei all deiner Schönheit schwörst,
   daß du bereit bist, solche Strafe
      oft noch für solches Vergehn zu dulden.

X

Non sunt certa, meam moveant quae basia mentem.
    uda labris udis conseris: uda iuvant.
nec sua basiolis non est quoque gratia siccis,
    fluxit ab his tepidus saepe sub ossa vapor.
dulce quoque est oculis nutantibus oscula ferre
    auctoresque sui demeruisse mali,
sive genis totis totive incumbere collo
    seu niveis umeris seu sinui niveo
et totas livore genas collumque notare
    candidulosque umeros candidulumque sinum   10
seu labris querulis titubantem sugere linguam
    et miscere duas iuncta per ora animas
inque peregrinum diffundere corpus utramque,
    languet in extremo cum moribundus amor.
me breve, me longum capiet laxumque tenaxque,
    seu mihi das, seu do, lux, tibi basiolum.
qualia sed sumes, numquam mihi talia redde,
    diversis varium ludat uterque modis.
at quem deficiet varianda figura priorem,
    legem summissis audiat hanc oculis,   20
ut quot utrimque prius data sint, tot basia solus
    dulcia victori det totidemque modis.

XI

Basia lauta nimis quidam me iungere dicunt,
    qualia rugosi non didicere patres.
ergo ego cum cupidis stringo tua colla lacertis,
    lux mea, basiolis immoriorque tuis,
anxius exquiram, quid de me quisque loquatur?
    ipse quis aut ubi sim, vix meminisse vacat.
audiit et risit formosa Neaera meumque
    hinc collum nivea cinxit et inde manu

10

Es erregt mich zutiefst nicht *eine* Art nur von Küssen.
  Feuchte Lippen drückst auf   feuchte du? Feuchte entzückt.
Aber auch trockene Küsse entbehren nicht jeglichen Reizes,
  oft floß von diesen mir auch   Hitze ins innerste Mark.
Süß auch ist's, im Halbschlafe sich nur küssen zu lassen
  und, die dich so überfiel,   fest zu umschlingen sodann,
auf ihre Wangen sich ganz, ihren Hals sich rächend zu stürzen,
  schneeweißen Schultern sich dann,   schneeweißen Brüsten zu
                                                              nahn,
ihr die Wangen, den Hals, mit Kußmälern ganz zu beflecken,
  schneeweiße Schultern und auch   schneeweiße Brüste dazu; 10
auch mit gurrender Lippe bewegliche Zunge zu saugen:
  Mund an Mund werden zwei   Seelen zu einer vereint.
So ergießen wir beide uns in des anderen Körper,
  wenn die Liebe, dem Tod   nahe, in Wollust erstirbt.
Ob die Küsse kurz oder lang, ob lässig, ob drängend,
  ob du sie gibst oder ich,   Liebste, sie reißen mich hin.
Doch so wie ich dich küsse, sollst niemals zurück du mich küssen:
  andersgeartet soll uns   beiden das Liebesspiel sein.
Und wer als erster von uns nicht neue Methoden erfindet,
  höre gesenkten Blicks   diese Bestimmung sich an: 20
So viele Küsse, wie beide zuerst gewechselt, so viele
  geb er dem Sieger zurück   und auf so vielfält'ge Art.

11

„Allzu sinnliche Küsse soll ich, behauptet man, tauschen,
  wie griesgrämiger Ahn   niemals erlernte dereinst.
Wenn ich also den Hals mit verlangendem Arm dir umschlinge,
  wenn unter deinem Kuß,   Liebste, ich schier will vergehn,
soll ich ängstlich erforschen, ‚Was mögen die Leute wohl reden?' –
  weiß ich selber doch kaum,   wer ich und wo ich dann bin."
Lächelnd hört' es Neaera, die Schöne; die schneeweißen Arme
  wand um den Nacken sie mir,   eng ihn umfangend, herum.

basiolumque dedit, quo non lascivius umquam
    inseruit Marti Cypria blanda suo,   10
et: ‚quid‘, ait, ‚metuis turbae decreta severae?
    causa meo tantum competit ista foro.‘

XII

Quid vultus removetis hinc pudicos,
matronaeque puellulaeque castae?
non hic furta deum iocosa canto
monstrosasve libidinum figuras,
nulla hic carmina mentulata, nulla,
quae non discipulos ad integellos
hirsutus legat in schola magister.
inermes cano basiationes,
castus Aonii chori sacerdos.
sed vultus adhibent modo huc protervos   10
matronaeque puellulaeque cunctae,
ignari quia forte mentulatum
verbum diximus evolante voce.
ite hinc, ite procul, molesta turba,
matronaeque puellulaeque turpes!
quanto castior est Neaera nostra,
quae certe sine mentula libellum
mavult quam sine mentula poetam!

XIII

Languidus e dulci certamine, vita, iacebam
    exanimis, fusa per tua colla manu.
omnis in arenti consumptus spiritus ore
    flamine non poterat cor recreare novo.
iam Styx ante oculos et regna carentia sole,
    luridaque annosi cymba Charontis erat,

Gab einen Kuß mir dann, wie nie die schmeichelnde Venus
   lüsterner je den Mars,   ihren Geliebten, geküßt;   10
sprach dann: „Fürchte doch nicht Moralistenurteil: es kommt ja
   zur Entscheidung allein   vor *mein* Gericht dieser Fall."

12

Warum wendet ihr ab das zücht'ge Antlitz,
keusche Jungfern und ehrbare Matronen?
Sing ich doch nicht von loser Götterliebschaft
noch von Stellungen und von geiler Unzucht.
Hier sind keine – peniblen Verse, keine,
die den Knaben (die ja bekanntlich rein sind)
nicht der bärt'ge Magister zeigen könnte.
Ich sing nur von Küssen (nicht was danach kommt),
denn ich bin ja ein keuscher Musendiener.
Aber frech schauen oft mich an die ehrbarn   10
Frauen alle wie auch die keuschen Maiden,
weil vielleicht mal – natürlich ohne Absicht –
mir ein stärkeres Wort geflügelt abging.
Macht euch fort drum, geht weg, ihr böser Haufen,
Weiber ihr und ihr Jungfern, geile Bande;
denn so keusch ist meine Neaera, daß sie
gliedlos lieber ein Buch mag als den Dichter.

13

Matt lag ich da, mein Leben, nach süßem Kampfe der Liebe
   halb entseelt; es umfing   schlaff deinen Hals meine Hand.
Ganz war im brennenden Munde mir ausgegangen der Atem,
   nicht vermochte sein Hauch   neu zu beleben mein Herz.
Schon stand der Styx mir vor Augen, das Reich, wo die Sonne
                    nicht leuchtet,
   schon sah im fahlen Kahn   Charon, den Greis, ich vor mir,

cum tu suaviolum educens pulmonis ab imo
    adflasti siccis inriguum labiis,
suaviolum, Stygia quod me de valle reduxit
    et iussit vacua currere nave senem.   10
erravi: vacua non remigat ille carina,
    flebilis ad manes iam natat umbra mea.
pars animae mea vita, tuae hoc in corpore vivit
    et dilapsuros sustinet articulos;
quae tamen impatiens in pristina iura reverti
    saepe per arcanas nititur aegra vias
ac nisi dilecta per te foveatur ab aura,
    iam conlabentes deserit articulos.
ergo age, labra meis innecte tenacia labris,
    assidueque duos spiritus unus alat,   20
donec inexpleti post taedia sera furoris
    unica de gemino corpore vita fluet.

XIV

    Quid profers mihi flammeum labellum?
    non te, non volo basiare, dura,
    duro marmore durior, Neaera!
    tanti istas ego ut osculationes
    imbelles faciam, superba, vestras,
    ut nervo totiens rigens supino
    pertundam tunicas meas tuasque
    et desiderio furens inani
    tabescam miser aestuante vena?
    quo fugis? remane nec hos ocellos,   10
    nec nega mihi flammeum labellum!
    te iam, te volo basiare mollis,
    molli mollior anseris medulla!

als aus tiefster Brust einen Kuß empor du gezogen
  und befeuchtend ihn auf   trockene Lippen gehaucht –
einen Kuß, der zurück vom Tale des Styx mich gebracht hat
  und dem Greise gebot,   „Fahre mit ledigem Kahn!"   10
Nein, ich irre: nicht leer ist das Boot, das jener vorantreibt,
  denn ins Geisterreich fährt   kläglich mein Schatten schon hin.
Lebt in meinem Leibe doch, Liebste, ein Teil deiner Seele
  und erhält mein Gebein,   das am Zerfallen schon ist.
Ungeduldig jedoch strebt zurück sie zur früheren Herrin,
  krank auf verborgenem Weg   trachtet sie oft zu entfliehn.
Würde sie nicht von dir erquickt mit liebendem Hauche,
  ließe sie schon meinen Leib,   gänzlich verfallen, im Stich.
Auf denn! Verschmilz beständig mit meinen Lippen die deinen,
  und *ein* Hauch sei es stets,   welcher uns beide erhält,   20
bis, überdrüssig einmal der Brunst, die niemals zu stillen,
  aus zwei Körpern dann *ein*   einziges Leben entweicht.

14

Warum reichst du mir flammendrote Lippen?
Nicht will dich ich, du Harte, nicht dich küssen,
dich, Neaera, die härter als harter Marmor.
So hoch soll ich, du Spröde, deine Küsse
achten – und es dabei bewenden lassen –,
daß ich rücklings lieg mit gestrafftem Muskel
und mein Hemd und das deine schon durchstoße,
und, von ungestillter Begierde toll, ich
soll vergehn, ich Armer, in brünst'gem Rasen? –
Wohin willst du? Bleib hier! Versag die Augen   10
nicht mir und nicht die feuerroten Lippen.
Schon erweicht, will ich nichts als nur dich küssen:
weicher bin ich ja schon als Daunenfedern.

JOHANN STIGEL

1515–1562

Psalmus XXIII

Et Deus est pastor meus et me ducit euntem,
    eius et ad nutum pabula sector ovis.
hoc praesente mihi contagia nulla nocebunt,
    nil mihi praesidii, copia nulla deest.
namque vagam revocans in pascua pinguia misit
    et laeto irrigui gramine pascit agri.
fontis et illimes ad aquas deduxit amoeni,
    unde aura optati grata vigoris abit.
hic mihi languentes instaurat suaviter artus,
    hic animae recreat viscera tota meae.   10
ille, mihi custos, recto me tramite ducit,
    iustitiae tutum qua via monstrat iter
nomen ei iustus, causa mihi nominis ultro
    iustitiae donat robur et arma sua.
hinc etiam, mortis si caeca in valle vagabor,
    militiae metuam nulla pericla meae,
tu quoniam mecum, Deus, es, tu pastor euntem
    et tegis et tuto tramite ducis ovem.
vera mihi praebent dulci solatia fructu,
    virga tua et baculus, muneris arma tui.   20
virga tua et baculus, verbi divina potestas,
    ferrea quod subito corda tremore quatit.
haec ego dum laetor, te sic curante parata est
    ante oculos splendens regia mensa meos.
scilicet ut videant intabescantque videndo
    qui mihi perniciem nocte dieque parant.
tu mea balsamea perfundis tempora nardo,
    unde abit in totum cor mihi suavis odor.

JOHANN STIGEL

1515–1562

Der 23. Psalm

Gott ist mein Hirte; Er ist's, der auf dem Wege mich leitet,
    und nach Seinem Geheiß   zieh auf die Weide ich Schaf.
Ist Er mir nahe, so kann mir böse Berührung nicht schaden,
    nicht ermangelt dann Schutz, reichliche Nahrung mir nicht.
Denn das irrende Schaf rief zurück Er in üppige Auen,
    und im nährenden Gras   weidet Er's nahe dem Bach.
Führte es auch zum klaren Gewässer der lieblichen Quelle,
    wo mich erfrischender Hauch   wehender Lüfte erquickt.
Er läßt gnädig erstarken den Leib mir, wenn er geschwächt ist,
    Er erfrischet den Geist tief bis ins Innerste mir.   10
Er ist mein Schützer und führet auf rechtem Pfade dahin mich,
    dort wo gesicherter Weg   zeiget die Straße zum Recht.
Denn Er heißet ‚Gerechter' und bietet mir, um Seines Namens
    willen, als Waffen und Wehr   Seine Gerechtigkeit dar.
Wenn ich daher auch irre im düsteren Tale des Todes,
    werde ich keine Gefahr   fürchten, dieweil ich Ihm dien.
Herr, Du bist ja bei mir, beschirmst mich am Wege als Hirte,
    und auf sicherem Pfad   führst Du Dein Schäflein dahin.
Es gewähren mir süßen Nutzen und wahrliche Tröstung   19
    ja Dein Stecken und Stab, Wappen und Wehr Deines Amts.
Ja, Dein Stecken und Stab, die Macht des göttlichen Wortes,
    das selbst Herzen von Stahl   schnell zum Erbeben gebracht.
Da ich so mich ergötze, hast Du mir sorglich bereitet
    eines Fürsten Tisch   und ihn gebreitet vor mir,
daß dies möchten ersehen und daß beim Sehen vergehen
    sie, die bei Tag und bei Nacht   auf mein Verderben bedacht.
Du hast mir die Schläfen mit Nardenbalsam begossen,
    daß ins tiefste Gemüt   liebliches Duften sich zieht.

addo quod et latices mihi te miscente salubres
　　mensura est calicis plena fluensque mei.　　　　　　30
ergo ego dum carpam concessae pabula vitae,
　　donec in hac mundi faece superstes ero,
me tua contiguo praecedet gratia passu,
　　me tua non renuet cura paterna sequi
sic habitabo tui felix sacraria templi
　　perpetuoque domus me teget umbra tuae.
discite, mortales, summum decus esse bonumque,
　　unius in templo posse manere Dei.

Oratio Dominicana (iambico dimetro)

I Deus sator mortalium,
　　terrae potens et siderum,
　　qui mitis in nos asperos
　　gravisque culpae conscios
　　gaudes patris vocabulo.

II fac innotescat omnibus
　　nomen tuum mortalibus
　　verbi tui suavissima
　　sic instruat nos gratia
　　ut te colamus unicum,
　　sicut iubes per filium.

VII nusquam* sinas nos obrui
　　draconis astu perditi,
　　captos sed hostis artibus
　　tuis tuere viribus.
　　fac militemus strenue
　　et compotes victoriae.

* *Pro* nusquam *fortasse melius* numquam.

Sagen will ich es noch: Du mischest mir heilsame Tränke,
  und mein Kelch ist gefüllt, ja er fließt über sogar. 30
Drum, solang mir beschieden, auf Lebensweide zu grasen,
  und solange ich noch lebe im Kot dieser Welt,
wird auf Schritt und Tritt mich Deine Gnade begleiten,
  und mit Vaters Huld lässest Du folgen mich Dir.
Selig wohne ich dann im Heiligtum Deines Tempels,
  und auf ewig soll mich schirmen im Schatten Dein Haus.
Lernet, ihr Menschen: es ist das Höchste, Schönste und Beste,
  wenn in des einzigen Herrn Tempel verweilen man darf.

Sonntagslied

1 Gott, der die Sterblichen erschuf,
   auf Erden, ob den Sternen, herrscht,
   der huldreich, ob auch störrisch wir
   und tief in Sünd und Schuld verstrickt,
   doch gern sich Vater nennen läßt:

2 Gib, daß in aller Menschen Herz
   Dein Name werde wohl bekannt.
   Durch Deines Wortes Gnade sei
   Belehrung liebreich uns geschenkt,
   daß wir verehren Dich allein,
   wie Du geboten durch den Sohn.

7 Laß nimmer zu, daß uns verderb
   der alten Schlange böse List.
   Hat uns der böse Feind gepackt,
   so schütze uns mit Deiner Macht,
   daß eifervoll wir dienen Dir
   und uns der Sieg einst werd zuteil.

VIII nos asseras ab omnibus
         calamitatum casibus
         ducemque mentem corporis
         ex mole duri carceris
         cum postulabunt tempora,
         hinc transferas ad sidera.
                 Amen

De castitate monachi

Per lunam monachus gradum citatum
spe fervens avidae nimis palestrae
sub sparsa meretriculam cuculla
gestabat tacitum petens cubile.
cui quidam emeritus senexque frater
et divae veteranus impudicae
fit casu obvius, ac propensa crura
et moechae niveos pedes latentis
agnoscens, ,quid, amice frater' inquit
,aut quo sic properas? quid aut amabo   10
sudans sub tremula geris cuculla?' –
mox ille esse sui iugum caballi
et se cras alio parare abire.
at ridet senior dolum, ac facete
,mox ephippion hoc reconde' dixit
,si fratres etenim tui videbunt,
omnes hoc equitare concupiscent.'

Epitaphium Erasmi Roterodami

Hic tegitur magni venerabile corpus Erasmi:
   non ullo poterit tempore fama tegi.

8 Beschirme uns vor aller Not,
      vor bösem Zufall und Gefahr.
   Die Seele, so den Leib regiert,
   erlöse aus des Kerkers Band,
      wenn unser Stündlein kommen ist,
   und führ zum Himmel sie hinan.

                        Amen

Die keuschen Mönche

Im Mondschein hastete ein Mönch dahin,
nach heißem Ringkampf stand sein geiler Sinn:
ein Hürchen unterm Mantel trug nach Hause
er eiligst hin zu seiner stillen Klause.
Ihn traf ein Bruder, vorgerückt an Jahren,
der selbst im Venusdienste wohlerfahren.
Der sah ihr weißes Bein, das nicht verstecket,
da es zum Teil die Kutte nur bedecket.
Er sprach: „Warum, wohin so eil'ge Schritte?
Auch sage mir, geliebter Frater, bitte,   10
was ist denn diese gar so schwere Last,
die unterm Mantel du verborgen hast?"
Der sprach, es sei das Zaumzeug von dem Pferde,
mit dem er früh auf Reisen gehen werde.
Dem Greis ob dieser List das Lächeln kam;
er scherzte: „Pack nur gut ihn ein, den Kram,
denn wenn die Brüder diesen Sattel sehen,
so wolln sie alle auf ihm reiten gehen."

Grabinschrift für Erasmus

Hier liegt begraben der Leib des großen, verehrten Erasmus,
   doch es kann nimmer geschehn,   daß seinen Ruhm man
                        begräbt.

quo moriente ferunt Clarios cessasse liquores
et tremuisse altis totum Helicona iugis.
nemo roget causam, quam vesper novit et ortus,
cuius erit testis nescia fama mori.

Ex Germano cantilena

Si mundus hic daemonibus
scateret sicut vermibus,
nil timeremus anxie.
princeps mundi superbiat,
ringatur atque insaniat –
nocere nescit nebulo,
cum victus sit vel verbulo.

Ad Eustachium Stemdorffer

Quale sit inter te discrimen et Orphea, quaeris?
hoc certe est, homines tu trahis, ille feras.

Dystichon

Vinitor, agricola, et vox amputat, excitat, intrat
vites, rus, aures, falce, bidente, sono.

Ad amicam

Cum violas mittis, nempe ut violentior urer?
heu, violor violis, ah violenta, tuis.

Als er verschied, da stockten die Wässer der klarischen Quelle,
  und es erbebte, so heißt's, zitternd der Musen Gebirg.
Niemand erkunde den Grund: es kennt ihn ja Westen und Osten,
  und es bezeugt ihn sein Ruhm, welcher mitnichten vergeht.

Aus *Ein feste Burg ist unser Gott*

Und wenn die Welt voll Teufel wär
und wollt uns gar verschlingen,
so fürchten wir uns nicht so sehr,
es soll uns doch gelingen.
Der Fürst dieser Welt,
wie saur er sich stellt,
tut er uns doch nicht,
das macht, er ist gericht't.
Ein Wörtlein kann ihn fällen.

An Eustachius Stemmdorffer

Was zwischen Orpheus und dir der Unterschied sei, willst du
                                                    wissen?
  Sicher ist dieses: du ziehst Menschen an, jener das Wild.

Distichon

Winzer und Bauer und Stimme beschneidet, bebaut und erfüllet
Reben und Erde und Ohren mit Sichel und Hacke und Tönen.

An die Geliebte

Sendest du Veilchen mir zu, damit ich noch heftiger brenne?
  Veilchen, ach, schaffen mir Pein, die du mir, Grausame,
                                                    schickst.

In Franciscum Stancarum
Italum blasphemum et hostem Christi

Quid iste tandem Stancarus? quis est homo? –
non est homo, sed foetor execrabilis.
qui sic? malus dum concacat se Spiritus,
hoc stercoris deiecit in Germaniam,
ex quo repente natus est hic Stancarus,
foetore puras inquinans Ecclesias. –
at multa garrit: hominem ut haud negaveris? –
quid quod minatur Turcicas ad bestias
se transiturum, turbaturumque omnia,
ni detur hic quem postulat ferus locum,   10
damnatus urget hanc loquendi amentiam
sator necis mendaciique Spiritus.
hoc incantante, quando Christum Stancarus –
orbum sua divinitate scilicet –
nudarit et spoliarit et negaverit
et servitute in infima reliquerit,
ad impios ibit Getas, Apostata,
unum Deum culturus, ignotum tamen.
o Christe, vindex crimen hoc ulciscere,
inflige plagas huic tuo plagiario!   20

Auf Francesco Stancaro,
einen italienischen Gotteslästerer und Feind Christi

Wer ist denn dieser Stancaro? Wer ist der Mensch? –
Er ist kein Mensch; er ist ein scheußlicher Gestank. –
Wieso denn? – Als sich einst der böse Geist beschiß,
warf einen Teil vom Dreck er hier in Deutschland ab,
woraus alsbald dann Stancaro geboren ward,
der mit Gestank der Kirche Reinheit jetzt verdreckt. –
Doch schwätzt er: daß er Mensch sei, kannst du leugnen kaum. –
Er droht jedoch, er wird zum Türken übergehn,
der Bestie, und er stellte alles auf den Kopf,
gäb man den Platz ihm nicht, den dieser Wilde heischt.   10
Es treibt zum Irrwahn solcher Reden aber ihn
verdammter Lügengeist, der Tod und Irrtum sät.
Von ihm behext, wird Stancaro den Christus dann –
natürlich aberkennt er ihm die Göttlichkeit –
entblößen und entkleiden und verleugnen gar
und ihn verlassen als der Knechte letzten Knecht.
Abtrünnig, geht er über zu den Türken dann,
verehrend *einen* Gott, doch der ist unbekannt.
O Christus, strafe rächend diese Freveltat
und gib die Schläge dem, der dich geschlagen hat!   20

JUSTUS VULTEIUS

1528–1575

Nulla quies animo tristi, recreatio nulla est,
   confodit trepidum densa sagitta iecur.
ex alioque alius metus irruit agmine longo,
   multiplici pectus triste pavore labat.
contractus gelido miser undique nuto timore,
   cum sedeo, surgit me residente dolor.
seu quaero facili curas mollire sopore,
   in somnis vigilat sollicitudo meis.
seu male cedentis falluntur temporis horae,
   colloquiis propius, dum loquor, angor adest.   10
utque diem media lassus sub nocte reposco,
   sic lucente die, ,nox‘ (ego clamo) ,redi!‘
sive diem caelo sol arduus urget euntem,
   pallida sive suos luna gubernat equos,
non mihi sol curas adimit, non luna dolores,
   perpetuum motu cor trepidante gemit.

De tempore verno

Pellite tristitiam, mores revocate iocosos:
   nos similes huius temporis esse decet.
temporibus paret sapiens praesentibus, et quis
   se velit in stultis nomen habere choris?
ergo quod in praesens res postulat ipsa sequamur,
   praeteritum ratio nulla referre potest.

JUSTUS VULTEIUS

1528–1575

Depression

Ruhe nicht findet mein trauriger Sinn, und keine Erfrischung,
    Pfeil auf Pfeil durchbohrt   stets mir das zitternde Herz.
Furcht auf Furcht stürmt ein auf mich in beständigem Zuge,
    und vor vielfacher Angst   bebet die traurige Brust.
Kauernd zittre ich stets, von eisigem Schrecken geschüttelt;
    setz ich mich, steiget empor,   da ich so sitze, der Schmerz.
Wenn ich versuche, in leichtem Schlafe die Sorgen zu lindern,
    bleibt, und schlafe ich auch,   meine Beängstigung wach.
Will ich entgehen dem allzu trägen Ablauf der Stunden
    und bin noch im Gespräch,   stellt sich die Furcht wieder
                                     ein.   10
So wie um Mitternacht müde den Tag ich wieder ersehne,
    ruf ich am hellen Tag: „Nacht, kehre wieder zurück!"
Ob im Zenit die Sonne den Lauf des Tages vorantreibt
    Oder sein eigen Gespann   lenket der bläßliche Mond,
treibt mir die Sonne die Sorgen nicht fort, der Mond nicht
                                   den Kummer,
    immer erstöhnet mein Herz,   bebend in Unruh allzeit.

Frühlingslied

Nun vertreibet den Unmut, zurück ruft scherzenden Frohsinn,
    denn es ziemt sich, daß wir   gleichen dem heutigen Lenz.
Füget sich doch der Weise der Gegenwart; wer aber möchte,
    daß in der Törichten Zahl   werde sein Name genannt?
Folgen wir drum dem Gebot, das die Jahreszeit selber uns
                                   auflegt,
    denn Vergangenes kommt   nimmermehr wieder zurück,

at dubia sub nocte latet premiturque futurum,
    fors id spe melius deteriusve cadat.
laeta serenata facie capiamus, amici,
    pocula cum Cereris dote levique ioco.   10
non secus ac venti leve ver aurasque salubres
    restituunt timidam peste petente fugam,
corporibus vires redeunt roburque receptum
    plena reconlecto membra vigore novat,
convenit, ut mentes itidem maerore solutas
    exhaustum recreet nocte dieque merum.
sed modus et virtus convivia nostra gubernet,
    excluso pereunt omnia laeta modo.
nam quis ab immani cyatho grandique diota
    laetitiae sensus pectora fessa ciet?   20
ut Venus oblectat moderato gratior usu,
    sic tenuis vini me quoque gutta riget.
quid mihi cum turba levium grave olente bibonum?
    gaudia plus longe me moderata iuvant.
sic mihi contingat noctes sociare diebus,
    noctibus et longos continuare dies.
adsit vel dulcis vel non insulsus amicus,
    tempora colloquiis fallat et ille suis,
aut astent pueri variatas gutture voces
    fingentes modulo consona verba suo,   30
aut aliquis moveat dubium, quod solvere frustra
    convivae certent eliciatque iocos.

und es lauert die Zukunft verborgen in nächtigem Dunkel,
   Zufall bestimmt, ob gut   oder ob böse sie wird.
Lasset uns heiter darum, ihr Freunde, der Freude genießen,
   Wein und der Ceres Geschenk,   fröhliches Scherzen dabei. 10
So wie des Frühlings Wehen mit heilsamen Lüften erfrischt hat,
   wer aus Furcht vor der Pest   ängstlich entflohen zuvor,
so erneuert er auch des Körpers Säfte und Kräfte,
   und erstarken läßt er   wiederum völlig den Leib.
Ebenso ziemt es sich drum, daß den Geist, dem die Trauer
                              entwichen,
   reichliches Trinken von Wein   letze bei Tag und bei Nacht.
Mäßigkeit aber und Zucht soll unser Gelage regieren,
   fehlet nämlich das Maß,   schwindet der Frohsinn dahin.
Denn wenn einer aus riesigem Glas und gewaltigem Humpen
   trinkt, so ermüdet er bald;   wie kann er fröhlich dann sein? 20
So wie der Liebesgenuß in Mäßigung mehr uns erfreuet,
   so will tropfenweis ich   nur mich befeuchten mit Wein.
Mir mißfällt der Haufe der Säufer, denen man's anriecht:
   mich erfreuet viel mehr   Maßhalten auch im Genuß.
Drum sei so mir beschieden, die Nächte den Tagen zu einen,
   und zur Verlängung des Tags   möge mir dienen die Nacht.
Dabei sei mir gesellt ein Freund, geliebt und gebildet,
   der mit trautem Gespräch   helfe vertreiben die Zeit.
Oder es seien dort Knaben im Chor mit verschiedenen Stimmen,
   und es möge das Wort   passen zur Weise des Lieds. 30
Oder es gebe ein Rätsel wer auf: vergeblich versucht dann
   Lösung wetteifernder Gast,   Späße und Scherze gibt's dann.

JAKOB WIMPFELING

1450–1528

Ad Illustrissimum Principem Eberhardum
Virthembergensem Theccensemque Ducem
Hecatostichon Panegyricum Congratulatorium:
Iacobi Vymphelingi Sletstatini

Magnanime et prudens, prudentum summus amator,
iustitiae cultor, rigidus servator honesti,
quo nova relligio et felix academia floret
Vyrtembergensis, nactus virtute ducatum,
non est te melior quisquam, non promptior ullus
alter ad officium: facilem te adeuntibus offers
ipseque respondes, mitis, gravitate retenta.
nam te magnanimum monstrat patientia, qua tu
vincere lascivos didicisti fortiter hostes.
non ego magnanimum fateor, quem sola iuvabit   10
ultio: contemnit praestans opprobria virtus
ignoscitque libens fraudes oblita malignas.
turpe est principibus, si nugas forte dolosque
audierint, quales nebulo deblaterat excors,
invidus et tristis, veri contemptor et aequi,
si mox sancta putent quae fallax evomit ore.
inde fit ut princeps, facile qui credidit, atrum
aestuet in bellum, paret arma paretque caballos,
convocet et proceres, hastas, enses, catapultas,
bombardasque aptet Vulcano et pulvere plenas.   20
. . .

nempe susurrones, nugaces blandiloquosque   40
assentatores, spernis famulosque bilingues:
veraces, iustos, prudentes diligis, audis.

JAKOB WIMPFELING

1450–1528

An den großmächtigen und erlauchten Herrn und Fürsten,
Eberhard, Herzog zu Württemberg und Teck,
ein Lob- und Preisgedicht in hundert Versen,
von Jakob Wimpfeling aus Schlettstadt

Hohen Herzens und klug, den Klugen höchlichst geneigt,
Pfleger des Rechts, bist du der Ehrlichkeit strenger Bewahrer,
neu erblühet der Glaube, die glückliche Akademie auch
Württembergs, seit Herzog verdientermaßen du wurdest.
Niemand ist besser als du: kein anderer weiht sich den Pflichten
eifriger: kommt man zu dir, so bist du unschwer zu sprechen.
Selber gibst du Bescheid, bist mild, doch hoheitsvoll-würdig.
Daß hochherzig du bist, bezeugt deine Langmut: so lerntest
du zu besiegen mit starker Macht die höhnischen Feinde.
Hochherzig heiß ich nicht den, den nur die Rache ergötzet,   10
doch es verachtet das Lästern die ausgezeichnete Tugend.
Gerne verzeiht sie, vergessend, was arge Tücke verbrochen,
schmählich ist es, wenn Fürsten anhören listig Geschwätze,
wie es ein Nichtsnutz wohl in törichtem Unverstand plappert,
voll von hämischem Neid, die Wahrheit, das Rechte.
                                                verachtend.
Hält der Fürst dann für wahr, was ausspie jener Betrüger,
wird, wenn er leichtgläubig ist, er leicht zum Kriege getrieben.
Waffen rüstet er zu und Rösser; die Lehnsmannen ruft er:
Spieße und Schwerter, Geschütz, Kartaunen läßt er bereiten,
trächtig sind mit Vulkan, mit Kraut und Lot die Bombarden.   20
. . .

Ohrenbläser jedoch, Leichtfertige, schmeichelnde Schwätzer,   40
ständige Jasager sind dir verhaßt und Diener, die heucheln.
Aber du liebst und hörst auf Wahre, Gerechte und Weise;

castigas etiam sontes: ne vapulet insons,
nec sinis esse tuis praedae latrocinia terris.

. . .

o vos felices, genuit quos Suevia, nam vos   68
regia maiestas ornavit principe claro,
quo patriae vestrae nemo felicius umquam   70
praefuit, aut rexit sapientius: en meliora
iam vobis sperare licet, nam nulla tyrannis
vobiscum, sed lex, aequum, virtus dominatur.
barbariem tollit felix academia priscam
et iusti satrapae populo nunc praeficiuntur.

. . .

non latro, non raptor, et non impune satelles   83
qui causam iustae sibi litis ab arbore rupit:
irruit in timidos insontes et peregrinos.
tam crudele nefas, facinus tam turpe feroxque
dux prohibes. si quid meditaris acumine mentis,
cur tanta a superis tibi sit concessa potestas:
quippe ut conserves patriam, defensor ut adsis
pupillis, viduis, clero, cultoribus agri   90
atque peregrinis, qui postquam limina Rheni
aut Sueviae attigerint, sese evasisse latrones
raptoresque putant. Vestigia denique sancta
exemplumque pium iusto capis a Friderico,
qui matris germanus erat. qui funditus arces
praedonum stravit et fecit itinera terrae
tuta suae, pulsis raptoribus, ut decet; ergo
ultra Sauromatas nigrosque volavit ad Indos
gloria, fama, decus Friderici principis; et tu
omnibus in terris celebrabere laude perenni.   100

Finit Hecatoschycon (sic)

---

75. iusti *scripsi pro* iuste. – 96. *ultima vocis* stravit *syllaba producitur.*

Schuldige strafest du zwar, doch schützest du Unschuld vor
Schlägen,
Räuber jedoch willst du in deinen Landen nicht dulden.
. . .
Glücklich seid ihr, die Schwaben erzeugt: es hat euch des
Kaiser   68
Majestät verzieret mit einem durchlauchtigen Fürsten.
Nie hat glücklicher einer bei euch im Lande regiert,   70
nie ein weiserer Herrscher: auf Besseres dürft ihr nun hoffen.
Nicht herrscht hier Tyrannei: Recht, Billigkeit, Tugend regieren,
früherer Zeiten Verrohung beseitigt die Akademie nun,
rechtliche Obrigkeit wird nun auferleget dem Volke.
. . .
Diebe und Räuber gibt's nicht: den Lehnsmann erwartet
Bestrafung,   83
wenn vom Zaune er bricht den Grund zur Fehde und anfällt
Bangende, die ohne Schuld, und wenn selbst Fremde er angreift.
Solches grausame Unrecht, so schnöde Untat verbietest,
Herzog, du. Erwägst du indes im verständigen Sinne,
warum solche Macht dir wohl die Götter verliehen,
wisse: zu schützen das Land, zu Wehr und Schirme gewärtig
Waisen und Witwen, dem geistlichen Stand, dem Bauer am
Lande,   90
Fremden insgleich: sobald sie erreicht die Ufer des Rheines
oder das schwäbische Land, so wissen sie, daß sie Banditen
wie auch Räubern entronnen nunmehr. Du folgest den Spuren,
die dir Friederich einst als frommes Vorbild gewiesen
(Bruder der Mutter war er); er schleifte der Raubritter Burgen,
wie sich's gebührt, wurden so die Straßen im Lande gesichert,
seit die Räuber vertrieben; drum flog auch Friederichs Glorie
bis ins Land der fernen Sarmaten und schwärzlichen Inder:
du auch wirst ewigen Ruhm in allen Landen genießen.   100

ERLÄUTERUNGEN

Jakob Balde (1604–1668)

Er stammte aus Ensisheim im Elsaß. Den Jüngling vertrieben Mansfelds marodierende Banden aus seiner Heimat. In Ingolstadt begann er das Studium der Rechte, doch enttäuschte Liebe bewog ihn zur Abkehr von der Welt: 1624 trat er dem Jesuitenorden bei. Er studierte nun Humaniora und wurde 1628 Professor der Rhetorik zu Innsbruck. Auf Befehl seiner Oberen studierte er darauf Theologie in Ingolstadt; 1633 wurde er zum Priester geweiht und 1635 Professor in Ingolstadt. Seine Vorträge und Gedichte waren nun so berühmt, daß ihn Kurfürst Maximilian I. 1638 als Hofkaplan nach München berief. Im Jahre 1650 ging er nach Landshut; 1654 wurde er Hofprediger und Beichtvater des Pfalzgrafen zu Neuberg (Donau). – Seine Zeitgenossen, insbesondere die holländischen Humanisten, sowie Papst Alexander I. ehrten ihn als Wiederbeleber des Augusteischen Zeitalters; später stellte ihn Herder über Horaz. Ist dieses auch übertrieben, so nimmt er doch einen der höchsten Plätze unter den neulateinischen Dichtern Deutschlands ein.

Schwermut

Vers 1 und 7 klingen an Juvenal an: *semper ego auditor* ... und *Graeculus esuriens*. – *Graeculus*: Daedalus. – 3: *spatio in arcto*: Eine sonst vortreffliche Übersetzung irrt, wenn sie dies wiedergibt „im arktischen Raume". So nördlich liegt Bayern nun nicht; dieses *arctus* ist Nebenform von *artus*, eng. – 13 ff.: Ist es Zufall, wenn das hessische Volkslied singt: Und sperrt man mich ein in finsterem Kerker, das alles werden sein vergebliche Werker; denn meine Gedanken zerreißen die Schranken und Mauern entzwei : die Gedanken sind frei? – 16: *nubiferae Alpes* vgl. Salvianus. – 16: *clamor sidera pulsat* vgl. Silius Italicus.

An Julius Orstena: Über das Einbalsamieren von Leichen

37: Nero soll das Gesicht des durch Gift ermordeten Britannicus weiß haben schminken lassen, damit die schwärzliche Verfärbung nicht sichtbar werde, doch habe ein Regenguß die Farbe abgewaschen (Sueton).

Caspar Barth (1587–1658)

Aus einem bayrischen Adelsgeschlecht stammend, wurde er zu Küstrin geboren. Er war ein Wunderkind: mit 9 Jahren konnte er den ganzen Terenz auswendig, und mit 12 Jahren übersetzte er den Psalter ins Lateinische. Er studierte in Gotha, Eisenach, Wittenberg und Jena und unternahm dann weite Reisen. Seine lateinischen Gedichte, die er zwischen 1607 und 1624 herausgab, wurden berühmt. Er war wohlhabend, so daß er kein festes Amt bekleidete. Seine Neigung zur Vielschreiberei äußerte sich in 180 Büchern, von denen nur wenige erhalten sind: sie zeigen große Belesenheit, aber Mangel an Methodik. Es fehlte ihm an Selbstkritik, und er hatte wenige Freunde. Seine Kommentare zu Claudian und Statius waren verdienstlich.

In seinen Gedichten finden wir bereits eine Neigung zu anakreontischer Niedlichkeit sowie zur Barockschwulstigkeit; wie stark ihn Johannes Secundus beeinflußte, zeigt *An Neaera.*

An Neaera (aus Erotopaegnia, 3)

Man beachte, wie sich im Lateinischen die Zeilen (beinahe) reimen. Der Dichter gebraucht seltene oder späte Worte *(flammeolus, pusus),* das nach klassischem Brauch überflüssige *ego* sowie *unus* als unbestimmten Artikel; auch in der Wortstellung (3 f.: *quo fine*) nimmt er sich große Freiheit. – In den letzten 4 Zeilen artet das Wortgeklingel *(tuique – utrique – cuique;* Vokalhäufung *unum purpureum pusum)* ins Geschmacklose aus, so artig der Gedanke auch sein mag: weniger Künstelei wäre mehr Kunst gewesen.

Dichter – Dichtung (Amabilium)

Auf dieses (ebenfalls zum Teil gereimte) Versgeklingel trifft eigentlich seine eigene letzte Zeile zu. Dieses „anakreontische" Versmaß (erst später erkannte man, daß es viel mehr von Anakreons byzantinischen Nachahmern gebraucht wurde) verführt leicht zur Geschwätzigkeit: man hat das Gefühl, daß Barth die Reihe ins Endlose hätte fortsetzen können. Auch hier ist die Wortstellung gezwungen. – In Vers 29 gebraucht er metri gratia das archaische *genis* statt *gignis.*

Gregor Bersmann (1537–1611)

Schon als er die Fürstenschule zu Meißen besuchte, wurde sein poetisches Talent erkannt. In Leipzig studierte er Medizin und Philologie; er wurde u. a. von Camerarius gefördert. Nach Studienreisen durch Frankreich und Italien wurde er 1568 Professor zu Wittenberg und ab 1571 Professor der Poetik zu Leipzig. – Seine Klassikerausgaben waren wissenschaftlich wertvoll; seine lateinischen Dichtungen, von denen besonders seine witzigen Epigramme bemerkenswert sind, erschienen in zwei Bänden.

Auf Aniatrus, der an der Franzosenkrankheit litt

Der Syphilis, einem der ersten Exportartikel Amerikas, gab jedes Volk den Namen des Nachbarn: in Italien hieß sie „die spanische", in Spanien „die deutsche Krankheit".

Sebastian Brant (1458–1521)

Sein Name ist gleichbedeutend mit dem Beginn des Humanismus sowohl in Basel wie in Straßburg. Jurist, Verleger, Professor, Satiriker, war er eine der vielseitigsten Gestalten des Frühhumanismus. Zahlreich sind seine theologischen und juristischen Schriften; am berühmtesten jedoch war sein *Narrenschiff (stultifera navis)* in deutscher Sprache (es wurde ins Lateinische übersetzt). Seine Gedichte, teilweise noch in Form und Inhalt an Mittelalterliches anklingend, gelegentlich auch von ihm selbst mit deutscher Versübersetzung versehen, sind meist religiös-konservativ, doch trug seine satirische Kritik an kirchlichen Mißständen zur Vorbereitung der Reformation bei. Wie bei vielen frühen Humanisten Deutschlands, lag seine Bedeutung nicht nur in seinen Schriften, sondern in dem Einfluß, den er als Mittelpunkt eines Kreises Gleichgesinnter ausstrahlte. Er starb als Syndikus von Straßburg.

Über Petrarcas Ruhm und Größe

Brant gab 1498 Petrarcas Gedichte heraus; Amerbach war der Drucker. – Brant erkennt treffend das neue Naturgefühl, das mit Petrarca in die Literatur einzog. Bekannt ist Petrarcas Besteigung des Mont Ventoux, nahe Vaucluse: niemand hatte vor ihm zum Vergnügen Berge

bestiegen. Seine Reflexionen am Gipfel waren allerdings noch mittel-
alterlich-religiös und erbaulich.

*An Herrn Johannes Bergmann von Olpe, über den Vorzug der kürz-
lich von Deutschen erfundenen Druckerkunst; ein Preislied von S. Brant*

3: Er gebraucht irrtümlich *litura* (nicht *littura*), als wäre es ein Synonym für „Buchstabe, Schriftzeichen" – *littera*. Das Wort *litura* kann
nur „Ausgestrichenes" bedeuten. – 6: Die letzte Silbe von *solus* ist
regelwidrig verlängert: in mittelalterlicher Metrik bewirkte folgendes h oft (fälschlich) Positionslänge. – 33: *Celsus*: wahrscheinlich meint
Brant, selber Jurist, nicht den berühmten Arzt, sondern zwei her-
vorragende Juristen dieses Namens. – *Messalla*: da Brant hier ausdrücklich auf einen Rechtsgelehrten Bezug nimmt, kann es sich nicht
um den als Förderer der Literatur und Gönner vieler Dichter im
Augusteischen Zeitalter bekannten Messalla handeln, sondern wahrscheinlich um den um 400 wirkenden hohen Verwaltungsbeamten und
Redner dieses Namens, der im *Corpus Iuris* erwähnt wird. – 36: *Hesiod*
war nicht blind: auf welchen blinden Dichter seiner Zeit Brant an-
spielt, ist nicht bekannt. – 38: *Eurotas*: der Fluß Spartas. – 39: *Cyrrha*
ist schwer verständlich. Sollte es sich um das bei Ovid einmal Cyra
genannte Cyrene handeln, das Sitz einer Aristoteles folgenden Philo-
sophenschule war? – 40: Herzynischer Wald: die römische Bezeichnung
für den einst das ganze mittlere Deutschland bedeckenden Urwald;
dann allgemein das deutsche Mittelgebirge. – 44: Er mißt, mittelalter-
lichem Irrtum folgend, die zweite Silbe von *beneficio* lang.

Lob der Dichterin Hrotsvitha

Hrotsvitha von Gandersheim, um 935 bis nach 973, verfaßte Heiligen-
legenden in Versen; Dramen, die einen „christlichen Terenz" darstellen
sollten (dies meint Brant mit *comica sacra*), sowie historische Gedichte,
insbesondere über die Regierung Ottos I. Ihre lange verlorenen Werke
wurden von Conrad Celtis entdeckt und 1501 ediert. – Brants Verse
zeigen noch eine gewisse, an Mittelalterliches anklingende Härte.

Von dem erschröcklichen Donnerstein, so bei Ensisheim vom Himmel gefallen

Die lateinische Fassung, die Brants 1498 erschienenen *Varia carmina*
entnommen ist, ist mit deutscher Übersetzung in einem sehr seltenen,
schon 1492 erschienenen und mit einem Holzschnitt illustrierten Ein-

blattdruck erschienen. Dieser ist das älteste Erzeugnis der Presse des Johann Bergmann von Olpe, der von 1492 bis 1499 in Basel tätig war und sich um die Verbreitung humanistischer Werke verdient machte. – Brant schrieb noch ein zweites Gedicht auf diesen Vorfall. – In Vers 37 des lateinischen Originals wird der Philosoph Anaxagoras (um 500 bis 428) erwähnt, eine Anspielung, die für die volkstümliche Übertragung wohl zu gelehrt war. Anaxagoras erklärte, die Himmelskörper seien glühende Steinmassen: dies trug ihm wegen „Atheismus" Verbannung aus Athen ein. Einen 428 bei Aigospotamoi erfolgten Meteorfall erklärte er für ein natürliches Phänomen. – Am Schluß des Gedichtes, das sich noch in mittelalterlicher Denkweise bewegt und auch noch nicht volle Glätte klassischer Form zeigt (vgl. 30: *mittere habet*), wird der fromme Wunsch ausgesprochen, das Phänomen, obgleich im Elsaß erfolgt, möge Burgundern und Franzosen Unheil bringen.

Joachim Camerarius I (Kammermeister, 1500–1574)

Eine der glanzvollsten Erscheinungen des deutschen Humanismus, entstammte er einem alten adligen bzw. großbürgerlichen Geschlecht, das viele bedeutende Soldaten, Beamte und Gelehrte hervorbrachte. Träger seines Namens waren noch im 18. Jh. auf verschiedenen Wissensgebieten prominent.

Im Jahre 1518 wurde er ein Mitglied des Erfurter Humanistenkreises und war mit Eobanus Hessus eng befreundet, ebenso mit Melanchthon und Erasmus. Er leistete Hervorragendes auf vielen Gebieten, nicht nur als Philologe (er übersetzte viele griechische Werke ins Lateinische), sondern auch in der Philosophie, Theologie und Mathematik. Seine lateinische poetische Produktion war umfangreich und von hohem Wert.

Sein Schloß Aurach wurde im Bauernkrieg zerstört. Von 1535 bis 1540 wirkte er an der Universität Tübingen, „um sich daselbst eines ruhigeren Lebens zu bedienen". Schließlich wurde er Rektor zu Leipzig. Seine Söhne erbten viel von seinem Talent.

Reisegedicht und Preis des Landlebens

Dieses Gedicht zeigt viele Anklänge, nicht nur an die von Camerarius selbst erwähnten Dichter, sondern auch an Vergil und besonders Horaz *(Beatus ille . . .)*. Wie immer, verherrlicht hier das einfache Landleben ein wohlbegüterter Städter.

Joachim Camerarius II (1534–1598)

Alle Söhne des Camerarius zeigten außergewöhnliche Begabung; so auch sein Sohn Joachim (ein in der Familie von altersher gebräuchlicher Name), der ein berühmter Arzt wurde. Er hinterließ eine Sammlung von drei „Centurien" *symbola et emblemata*, also die Wahlsprüche adliger oder großbürgerlicher Familien, mit sehr kunstvollen Illustrationen aus der Pflanzen- und Tierwelt, gefolgt von erläuternden und moralisierenden Distichen. Ein viertes Hundert wurde von Philipp Camerarius (1537–1627), ebenfalls einem Sohne Joachims (I), hinzugefügt.

Das ist Liebe zur Tugend

Das Einhorn galt schon im Mittelalter als mystisches Symbol; es konnte nur gefangen werden, wenn es sein Haupt auf die Knie einer völlig reinen Jungfrau legte. Man fing aber nie eines!

Jedem das Seine

Dieses Emblem wurde von Karl V. benutzt, ebenso von Maximilian II., der die griechische Devise ἐν καιρῷ ἑκάτερον (jedes zu seiner Zeit) hinzufügte. Heute ist dieser Adler fast unverändert das Staatswappen der USA und erscheint z. B. auf den Eindollarscheinen; nur hält der Adler jetzt den Ölzweig in der rechten, ein Bündel Pfeile in der linken Klaue, während die Devise „e pluribus unum" lautet.

Hell und aufrichtig

1: Die erste Silbe von *illaesa* wird regelwidrig kurz gemessen; in V. 2 dagegen richtig lang.

Zu jeder Darstellung fügten die gelehrten Verfasser eine Folioseite mit Belegstellen aus antiken und mittelalterlichen Autoren. – Das umfangreiche Werk ist ein schönes Meisterstück der Druckerkunst und der Illustration. Über Embleme vergleiche das Literaturverzeichnis S. 506.

Anonym: Aus *Georgii Carolidae a Carlsberga Farrago Symbolica*.

Würde ist Bürde

Die Gleichsetzung *honos – onus* geht schon auf das 2. Jh. zurück, als städtische Würdenträger im römischen Reich kollektiv für Steuereingang haften mußten. – Faszes: das vom Amtsdiener (*lictor*) hohen römischen Beamten vorausgetragene Rutenbündel. – Auch hier wurde das Motto wohl durch ein Bild illustriert.

Conrad Celtis (1459–1508)

Die Größe und der Einfluß dieses ersten deutschen Humanisten können nicht überschätzt werden. Als Sohn eines Winzers namens Pickel oder Bickel zu Wipfeld bei Schweinfurt geboren, entfloh er früh dem Vaterhause und hatte das Glück, in Heidelberg die Protektion des kurpfälzischen Kanzlers Johann von Dalberg (des späteren Bischofs von Worms) zu finden. Der von Dalberg nach Heidelberg berufene Rudolf Agricola (1444–1485) – eigentlich Roelof Huysman, aus Holland – wurde der Lehrer des jungen Celtis. Dieser führte nach Beendigung seiner Studien das übliche Wanderleben des Renaissancegelehrten: er besuchte die meisten Länder Europas und stiftete überall gelehrte Akademien (*sodalitates*), die den neuen Geist der wiederauflebenden Antike kultivierten. Sein persönliches Leben spiegelt sich in seinen meisterhaften erotischen Dichtungen, worin er u. a. seine Erlebnisse mit vier schönen Frauen (bei denen allen ihn schließlich ein Kleriker ausstach) in vier Ländern schildert; die vorliegende Auswahl muß sich auf das reizende Gedicht auf die schöne Polin Hasilina beschränken. Noch nicht 28 Jahre alt, wurde er von Kaiser Friedrich III. zum poeta laureatus ernannt – eine Ehrung, die seine weit über dem zeitgenössischen Durchschnitt stehende Dichtkunst wohl verdiente.

Maximilian I. machte ihn 1497 zum Professor der Poetik in Wien und bald darauf zum Vorsitzenden des neugegründeten Collegium Poetarum et Mathematicorum (eine für unsere Begriffe eigenartige Kombination). Er machte sich um Verbesserung des Lateinunterrichts ebenso verdient wie um Ausgabe der antiken Klassiker; auch entdeckte er die Werke der Hrotsvitha von Gandersheim (die manche als eine Fälschung betrachteten); und er schenkte die einzige erhaltene römische Landkarte, die er aus einer Bibliothek entwendet hatte, dem Augsburger Verleger Peutinger (*Tabula Peutingeriana*).

Seine Dichtung zeichnet sich durch frische Unmittelbarkeit und ein Minimum von gelehrt-mythologischem Ballast aus. Wiederbelebung der Antike in Sprache und Geist war ihm eine Mission, die er trotz vielfacher Anfeindungen (besonders in Wien) mit einer Begeisterung verfocht, wie sie selbst aus unseren kurzen Proben ersichtlich ist.

Nacht und Hasilinas Kuß

15: Jupiter nahm die Gestalt Amphitryos, des Gatten der Alkmene, an und erzeugte mit ihr den Herkules, zu welchem Zweck er die Nacht ums Dreifache verlängerte.

Dieses Gedicht ist dem Besten, was das Altertum an erotischer Dichtung aufzuweisen hat, ebenbürtig; in der neulateinischen Liebesdichtung kann sich ihm außer den *Basia* des Johannes Secundus nur weniges zur Seite stellen.

Beim Betreten Roms und *Das römische Mädchen*

Diese beiden Epigramme bringen aufs deutlichste den Standpunkt der Humanisten – vor Beginn der Reformation – zum Ausdruck. Freidank und andere Kritiker der Kirche hatten diese getadelt, weil sie dem eigenen Ethos untreu geworden war, weil Korruption und Simonie herrschten und das Geld aus allen Landen nach Rom floß:

> Alles schatzes flüzze gânt
> ze Rôme, daz die dâ bestânt,
> unt doch niemer wirdet vol . . .

doch der Verlust von Roms alter Weltmachtstellung wird lediglich als Machtverlust, nicht als ethische Dekadenz, festgestellt:

> Rôme twanc ê mit ir kraft
> aller hêrren hêrschaft.

Der Humanist dagegen sieht den Ruhm der Vergangenheit im *nomen Romanum,* der *pietas* und *virtus* der Quiriten. Im Jahre 1485 grub man an der Via Appia die wohlkonservierte Leiche einer schönen Römerin aus (die auf Befehl von Papst Innozenz VIII. bald wieder bestattet wurde). Die Leiche wurde unter immensem Volkszulauf auf dem Kapitol ausgestellt: in ihren Mund legt Celtis seinen bitteren Vergleich mit der glorreichen Vergangenheit (der stark an Huttens spätere Gedichte anklingt).

An Sepulus, den Abergläubischen

Celtis erlebte die Reformation nicht mehr; dieses für seine Zeit erstaunliche Bekenntnis – man möchte beinahe sagen zum Deismus – nimmt manche Aspekte der großen Empörung vorweg. Vers 7 f. steht der Einstellung der Bilderstürmer nicht fern.

Ausdrücke wie *murmure dentifrago, passibus obterere, pictis aedibus* sind von absichtlicher Schärfe und klingen ans Voltairische an. Wir können annehmen, daß die Gunst des Kaisers den Dichter vor den Folgen solcher Freidenkerei schützte. – Ob *Sepulus* sich auf eine bestimmte Person bezieht, ist nicht festzustellen.

An Wilhelm Mommerloch aus Köln, einen Philologen

Zusammen mit dem Gedicht an Fusilius haben wir hier in vollster Reinheit sowohl die humanistische Kritik an der traditionellen Scholastik wie auch das neue Bildungsprogramm.

Über die Stadt Köln hatte sich Petrarca, der erste Humanist, als er sie um 1334 besuchte, recht unfreundlich geäußert:

> . . . quid inepta Colonia tantis
> una nocet titulis, fulvi cui gratia nummi,
> ventris amor studiumque gulae somnusque quiesque
> esse solet potior sacrae quam cura poesis.

Also: „das dumme Köln, wo man nur Geld, Fressen und Saufen sowie Schlafmützigkeit schätzt und treibt, sich aber aus der Poesie gar nichts macht". Diesen Vorwurf wiederholt Celtis in der 6. Strophe seines Gedichtes. – Albertus Magnus, der berühmte Scholastiker und Verfasser der *Summa Theologiae,* hatte um die Mitte des 13. Jh. ebenfalls in Köln gewirkt. Thomas von Aquin (um 1225–1274) war Alberts Schüler. Sein Hauptwerk, *Summa Theologica* (nicht zu verwechseln mit Alberts *Summa Theologiae*) wurde die Hauptgrundlage römisch-katholischer Lehre. Über beide äußert sich Celtis in der Form zurückhaltend, doch zeigt natürlich der Zusammenhang, daß diese Hauptvertreter der Scholastik ebenso das Ziel seiner Kritik waren wie die Vernachlässigung der anderen freien Künste.

Im Original bezeichnet Celtis seinen Freund als ‚Philosophen‘, doch kam bald darauf die Bezeichnung ‚Philologe‘ auf. Man sieht, daß beide Worte nicht in dem engen Sinn begriffen wurden, in dem sie leider heute aufgefaßt werden.

Die Einstellung der traditionellen Universität zum antiken Schrifttum war wie folgt: man lernte Latein, weil es die Universalsprache der Kirche und der Gebildeten war, ließ aber die antiken Schriftsteller allenfalls als Zeugen oder Vorläufer der christlichen Heilswahrheit gelten, weshalb man passende Stellen gelegentlich wie die Kirchenväter zitierte; ihr kulturell-ethischer Eigenwert wurde jedoch verworfen, und das verwahrloste Mönchslatein hatte für Eleganz von Stil und Sprache keinen Sinn. Antike wie auch die neu aufkommende Humanistenpoesie galt als frivol, unsittlich und – da ja die ‚falschen‘ Götter angerufen wurden – gottlos. Die Humanisten wurden wegen ihrer Erwähnung der heidnischen Gottheiten scharf angegriffen; manche verteidigten sich damit, daß diese ja nur Allegorien bzw. letztlich Attribute oder Aspekte der christlichen Gottheit seien; andere vermengten die Götterwelten, so daß z. B. Apollo und die Musen das Lob Christi singen; noch andere vermieden jegliche Erwähnung der Heidengötter; einige schließlich griffen zu Kompromissen, wie z. B. *Omnipotens* oder *Tonans* (das der Leser wahlweise als Gott oder Jupiter interpretieren konnte), oder gebrauchten die sonderbare Namensform *Jova, Jovae*, die zwischen Jehova und Jovis die Mitte hält. Fr. Taubmann zog den ganzen Streit ins Lächerliche, indem er darauf hinwies, daß dann ein frommer Dichter auch Worte wie *febris* (Fieber, Malaria) und *concordia* vermeiden müßte, die ja in Rom ebenfalls personifiziert und verehrt wurden.

Eine Wiederbelebung des alten Götterkultes wäre, wie aus vielen Äußerungen der Humanistenzeit ersichtlich ist, durchaus möglich gewesen, hätte es Glaubensfreiheit gegeben.

An Sigismund Fusilius aus Breslau: Was der künftige Gelehrte wissen muß

Dieses – für seine Zeit (und leider heute wieder) erstaunliche – Erziehungsprogramm hatte in seiner Erstausgabe (1492) den Titel *Unterrichtsstoff für die Jugend*. Es postuliert als sein (natürlich nur selten erreichtes) Ideal den Polyhistor (Polymath), wie es ihn infolge der stets wachsenden Spezialisierung aller Wissenschaften seit Goethe und Humboldt nicht mehr geben hat.

Es fehlen in der Liste der Disziplinen die spezifisch scholastischen, insbesondere Logik; auch „Juristerei und Medizin, und leider auch Theologie" sind nicht vertreten. Erstaunlich modern ist das Fehlen der Alchemie und der Astrologie; bemerkenswert der Nachdruck, der auf Naturwissenschaft einschließlich Astronomie, Meteorologie und Vulkanologie gelegt wird. Kosmographie und Geschichte werden hervorgehoben. Der polemische Ton von 20 ff. erklärt sich aus den Anfeindungen, denen die neue Richtung ausgesetzt war.

Dies ganze Erziehungsprogramm ist ein aristokratisches; es wendet sich an eine Elite – des Geistes, nicht der Geburt oder des Geldes – und kontrastiert mit unserer heutigen Forderung nach einer Massen-Universitätsausbildung.

1–4: Sarmatien ist Polen, wo Celtis ja auch die Hasilina-Episode erlebte. – 5–8: Dies gelehrte Einschiebsel entspricht dem damaligen Zeitgeschmack. – 14 ff.: Die ausgesprochene Feindseligkeit gegenüber dem Deutschen, wie sie auch in den letzten Zeilen seiner Ode an Apollo zum Ausdruck kommt, beruht natürlich auf der ungelenken Unfähigkeit der Sprache, die in ihrer stilistischen Roheit und bei mangelhaftem Wortschatz (wir befinden uns über ein Vierteljahrhundert vor Luthers Bibelübersetzung) ein für präzisen oder poetischen Ausdruck wenig geeignetes Vehikel war. – 29: „Heilige" Sprachen, zunächst weil sie Text bzw. Übersetzungen der Bibel waren. Immerhin muß sich *Cecrops* (32) auf das Attische beziehen, in dem ja weder Septuaginta noch Neues Testament abgefaßt waren. – 33: Hier und im folgenden wird anscheinend auf die Lukrezische (materialistische) Physik angespielt. – 43 f.: könnte auch folgendermaßen aufgefaßt werden: „Warum das Reich des Feuers (d. h. vulkanische Herde) durch Überschwemmung mit Wasser gefährdet wird." Daß das Eindringen von Wasser in Magma-Höhlen Eruptionen hervorrufen könne, ist eine noch in modernster Zeit vertretene Theorie. – 47 f.: ist die einzige allenfalls auf die Medizin anspielende Stelle. – 58 f.: *geminum cubile solis* – vielleicht weil die Sonne an extrem nordwestlichen (Sommer) und südwestlichen (Winter) Punkten gewissermaßen zur Rüste geht (*cubile* Lagerstatt, Bett). Vielleicht handelt es sich aber auch um eine astrologische Anspielung. – 59 f.: *gentes alio orbe sepultas* bezieht sich wohl auf die Gegenfüßler (Antipoden). – 69 bis Schluß: Vergleiche die 2. „Römerode" von Horaz (C. 3. 2, 17–24).

An Apollo, den Erfinder der Dichtkunst, daß er aus Italien nach Deutschland kommen möge

Vgl. zu diesem Gedicht die an Sigismund Fusilius gerichteten Verse sowie Anmerkung zu Vers 14 ff. ebd.

Nathan Chyträus (1543–1598)

Sein eigentlicher Name war Kochhaff; er war ein jüngerer Bruder von David Chyträus, einem bekannten protestantischen Theologen, der schon mit 21 Jahren Professor in Rostock wurde. Nathan studierte unter seinem Bruder zu Rostock und Tübingen. Er wurde 1564 Professor des Lateins ebenfalls zu Rostock, bereiste England, Frankreich und Italien und starb als Rektor des Bremer Gymnasiums. Sein lateinisches Dichtwerk ist umfangreich und von hoher Qualität; er übersetzte auch Georg Buchanans lateinische Paraphrase der Psalmen in deutsche Verse.

Germania entartet

Wen erinnerte diese Beschreibung nicht an Claudians Darstellung der vergreisten Roma (*Bell. Gild.* 18–25)?

Euricius Cordus (1486–1535)

Als Sohn eines Bauern in Oberhessen geboren, wurde er mit seinem Freund Eobanus Hessus in Frankenberg erzogen. Er studierte in Erfurt, wo er mit dem dortigen Dichter Thiloninus eine Fehde hatte; mit Mutianus und dessen Kreis, insbesondere Camerarius, war er eng befreundet. Er wurde Rektor zu Kassel, später Erfurt. Danach studierte er erstaunlicherweise in Italien Medizin, verfaßte medizinische Schriften (auch in deutscher Sprache), schrieb auch über Botanik und wurde schließlich Stadtarzt und Gymnasiallehrer in Bremen.

Luther unterstützte er aktiv und brach um 1525 mit Erasmus, dessen abwartende Haltung gegenüber Luther sowie die Tatsache, daß er Hutten und anderen seine Hilfe verweigerte, viele Humanisten enttäuschte.

Cordus zählt zu den bedeutendsten Dichtern seiner Zeit; er verbindet Witz und soziales Gefühl mit höchster Eleganz der Form. Lessing hat manche seiner Epigramme benutzt.

Bauernnot

1: Abwandlung des Vergilverses (*Georgica* 2, 458 f.) *o fortunatos nimium, sua si bona norint / agricolas.* In diesem Gedicht schlägt er bereits dieselbe gesellschaftskritische Note an wie in seiner 6. Ekloge.

Auf die Pfaffen und ihre Beischläferinnen

Das Wort *domina* (genau wie das franz. *maîtresse*) bedeutet sowohl „Herrin" wie auch „Geliebte".

An Kaiser Karl

Die dreifache Krone oder Tiara trägt der Papst lediglich als Symbol seiner Souveränität (vgl. Innozenz III. *Serm. VII in S. Silvest.*: „*Pontifex romanus in signum imperii utitur regno*" [regnum, auch *trire-*

gnum, sind andere Namen für diese Krone]). Bei liturgischen Anlässen trägt er dagegen die Mitra (= Hochhut), und zwar die *mitra pretiosa* oder die *mitra auriphrygiata.*

Beschwörungsformel

Eine Erklärung dieses Zauberspruches ist noch nicht gelungen; vielleicht ist der Text verderbt. Calpe ist der alte Name Gibraltars, *tarantula* ist verständlich; *für thymmula* wäre vielleicht *thynnula,* Thunfisch, zu lesen. *Dinari* mag die iotazistische griechische Aussprache von *denarii* darstellen; die zwei letzten Worte könnten *caduca,* hinfällig, und eine Form des griechischen *trepomai* (also etwa ‚wende dich fort‘) sein. Die ersten Worte könnte man lesen als (griech.) *Mān* (russ.) *stola* (lat.) *corripio,* also: Wahrlich, ich ergreife den Tisch (vielleicht zum Festhalten).

Immerhin hat der Übersetzer durch Experiment festgestellt, daß die Zauberformel auch gegen Zahnweh hilft; man kann hierbei je drei Glas Wein durch ein Glas Wodka ersetzen.

An Martin Luther

13 f.: Anspielung auf Matth. XIII, 18–23.

An Bartholomäus Gocius

11 f.: Diese Verse sind eine gelungene Nachahmung von Juvenal 3, 76 f.:

> grammaticus rhetor geometres pictor aliptes
> augur schoenobates medicus magus . . .

wie überhaupt „Kataloge" dieser Art von der ältesten bis zur jüngsten Latinität beliebte Proben der Geschicklichkeit waren.

Ekloge 6. Sylvius · Polyphemus

70: Vgl. Jörg Wickram, *Rollwagenbüchlein,* Nr. 3: Wie ein pfaff understünd mit fünff worten in himmel zü kommen. – 129 f. bezieht sich auf St. Nikolaus.

Friedrich Dedekind (um 1525–1598)

Friedrich Dedekind stammte aus Holstein, wurde nach Beendigung seiner Studien in Wittenberg daselbst Magister, später Pastor zu Lüneburg, und schließlich Inspektor der (lutherischen) Kirchen im Bistum

Lübeck. Seine anderen Werke, zwei Dramen, sind vergessen; der *Grobianus*, das köstliche satirische Sittengemälde seiner Zeit, blieb dagegen mit Recht berühmt; es wurde sogar ins Englische übersetzt. Er verfaßte auch einen *Grobianus* für Frauen. Die Roheit der Umgangsformen, wie sie auch aus der Polemik Luthers und seiner Gegner ersichtlich ist, hatte schon im 15. Jh. italienische Humanisten zu abfälligen Urteilen über deutsche Sitten veranlaßt – Urteile, die von vielen deutschen Humanisten (s. Celtis) geteilt wurden. Aus dem *Simplizius* kann man ersehen, daß neben dem verfeinernden Einfluß, der von Frankreich ausging, der „Grobianismus" noch lange bestehen blieb.

Dedekinds Verse sind humorvoll und technisch untadelig; parodierende Anklänge an klassische Autoren sind häufig. Allerdings ist inhaltlich die zweite Distichonzeile oft schwach: sie beschränkt sich dann auf das in vielfacher Variierung wiederholte, „das bringt großes Lob dir ein".

Im 1. Kapitel ist unser Grobian offenbar ein junger Mann, der noch im Elternhaus lebt; andere Kapitel des (sehr langen) Gedichtes behandeln Konversation bei Tisch, Umgang mit Damen, Tisch- und Kneipmanieren.

Über altmodisches Benehmen oder Der Grobian

11: *Sylvanus*, angeblich Sohn eines italischen Bauern und einer Ziege, wurde (nur in Italien) als Gott verehrt. Man darf ihn nicht, wie oft geschieht, mit Silenus verwechseln. Er wird, ähnlich den Faunen, halbtierisch dargestellt. – 17: „der die Obstgärten etc." Priapus, die phallische Gottheit, die dem Gartenfrevler beiderlei Geschlechts komischobszöne Bestrafung androht.

2. Kapitel
45: Angeblich dienten die auf die preußische Militärmontur aufgesetzten Knöpfe dazu, diesen Gebrauch des Ärmels zu verhindern. – 117 (siehe auch 5. Kapitel, 7 ff.): Diese medizinische Kontraindikation ist von ehrwürdigem Alter und wurde in der Tat durch eine Verfügung des Kaisers Claudius bestätigt, der auch an der Hoftafel Leibesgeräusche aller Art erlaubte (von Seneca und Petron parodiert). Dagegen erwähnt Dedekind noch nicht die wohl erst später in Studentenkreisen aufgekommene Sitte, sich durch einen auf den Aufstoßer unmittelbar folgenden Pfiff mannhaft zu demselben zu bekennen.

Erasmus von Rotterdam (1469–1536)

Die überragende geistesgeschichtliche Bedeutung dieses Mannes ist zu gut bekannt, als daß sie einer Würdigung bedürfte. Hier interessiert uns lediglich seine lateinische Dichtung. Erzogen in der harten Disziplin einer im Wesen noch mittelalterlichen Klosterschule, hatte schon der Vierzehnjährige das Formale soweit gemeistert, daß er bukolische und andere (auch erotische) Gedichte verfaßte, die trotz relativer Unreife des Inhalts formvollendet waren. Dieses Meistern strenger Form blieb seiner in vielen Versmaßen abgefaßten lateinischen (und auch griechischen) Dichtung eigen.

Das Schwergewicht seiner Tätigkeit lag auf anderen Gebieten; im Vergleich mit dem Volumen seiner Werke ist der Umfang seiner Dichtung sehr gering. Sie war auch nicht, wie bei Hutten, ein Vehikel seiner Sendung und blieb daher auf den privaten Bezirk beschränkt. – Abgesehen von obligaten Höflichkeits- und Huldigungsgedichten sowie kleineren Gelegenheitsgedichten, sind es meist fromme, moralisierende Stücke. Über die Bewertung von Erasmus' lateinischer Dichtung gehen die Ansichten auseinander: der Leser mag sich anhand der hier ausgewählten kurzen Proben sein eigenes Bild machen. – Eine gute Zusammenstellung und Würdigung (ohne Übersetzung) bietet C. Reedijk, *The Poems of Desiderius Erasmus*, Leiden 1956; über Erasmus im allgemeinen, siehe Friedrich Heer, *Erasmus von Rotterdam*, Frankfurt a. M./Hamburg 1962. Beide Werke enthalten reichliche Literaturnachweise.

Über sein Schicksal, an Robert Gaguin

Dieses 1496 verfaßte Gedicht ist Robert Gaguin gewidmet; er war General des Mathurinerordens und ein Förderer des Erasmus während seines Aufenthalts in Paris. Es spiegelt eine durch Krankheit verursachte Depression wider und mag mit dem *Carmen alpestre* (S. 112/113 ff.) verglichen werden.

Das in untadligen Asklepiadeen abgefaßte Gedicht weist nur eine metrische Freiheit auf: Vers 48, wo die letzte Silbe von *genite* durch zwei anlautende Konsonanten verlängert wird (doch mag die starke Zäsur dies gestatten).

Auf die ersten 16 Verse einnehmenden astrologischen Details braucht nicht näher eingegangen zu werden. – 14: *falcifer*: Saturn (Kronos) wurde mit einer Sichel dargestellt, angeblich, weil er damit Uranus entmannt hatte; wahrscheinlicher ist jedoch, daß Saturn in seiner ursprünglichen Rolle als Erntegottheit erscheint. – 15 f.: Vulkans Nebenbuhler wäre Mars, der ihn bekanntlich mit Venus betrog (*Odyssee* VIII); doch ist Darstellung des Ares/Mars als Greis in der Antike unbekannt. – 20: Fortuna. – 25: Sulla hatte den Beinamen „Felix". – 26: Der Mann aus Arpinum: diese Stadt war der Geburtsort Ciceros wie auch des C. Marius; dieser ist hier gemeint. Er bekleidete siebenmal das Konsulat. – 30: *foro*: hier nicht von *forum*, Markt, sondern dem seltenen *forus*, Spiel- oder Würfelbrett. – 32: die Herrin: Fortuna. 33–36: Gerade das Gegenteil von Dantes *nessun maggior dolore, che ricordarsi del tempo felice ne la miseria* (*Inferno* 5, 121). – 40: Die Büchse der Pandora, die eigentlich Epimetheus, der Bruder des Prometheus, erhielt. – 46: Junos Zorn, siehe den Anfang der *Aeneis*.

An den hochgelehrten Arzt Wilhelm Cop: Über das Alter

Erasmus verfaßte dies Gedicht auf der Reise durch die Alpen nach Italien 1506, kurz vor seinem 40. Geburtstag. Bekannt als *De senectute*, auch *Carmen alpestre*, gilt dieses in der Form vollendete Gedicht (Hexameter abwechselnd mit katalektischem jambischen Dimeter) als Erasmus' bestes – was sicherlich für dessen erste Hälfte zutrifft. Wie weit die gegen Ende angekündigte Weltabkehr konventionelle Frömmigkeit darstellt (Erasmus war ja zu dieser Zeit noch Mönch) oder einer vorübergehenden Depression entsprang, ist schwer zu entscheiden. Seine Gesundheit war stets labil: er litt an Blasenstein, Hämorrhoiden und was man heute Allergie nennen würde, erreichte aber immerhin das 70. Lebensjahr. – Wilhelm Cop, ein Schweizer, war nicht nur ein berühmter Arzt in Paris, sondern auch ein Humanist.

41 f.: Die angebliche Langlebigkeit des Hirsches und der Krähe war sprichwörtlich und wird von Cicero erwähnt. – 63 f.: Das Datum ist der 28. Oktober: der Römer zählte Anfangs- und Endtag mit, so daß nach römischer Zählung dieser Tag der fünfte vor dem 1. November ist. – 95: Man hat hierin eine Anspielung auf frühe Malversuche Erasmus' gesehen; doch einmal steht dies *pingere* zwischen ernsten Studien, und sodann sind *tenues sine corpore formae* doch wohl die imaginären Linien der Mathematik und Geometrie. – 98: *Matinus*: bewaldeter Berg Apuliens, nahe der Heimat Horazens, der ihn erwähnt.

Erasmus von Rotterdam schenkte Wilhelm Nesen diese Feder. Die Feder spricht:

Wilhelm Nesen (um 1494–1524) war ein Mitarbeiter und Freund des Erasmus; er wirkte an der Drucklegung einiger Werke mit und schloß

sich ihm in Löwen an. Nach 1520 wurde er Lutheraner, und seine
Beziehungen zu Erasmus erkalteten. Er ertrank auf einer Bootsfahrt in
der Elbe. – Reuchlin hatte Erasmus drei aus Ägypten stammende
Rohrfedern geschenkt. – Zu den „fremden Federn", die Nesen erhielt,
gehörte auch eine ihm von Melanchthon dedizierte; siehe dessen Epigramm.

4: *rude donatum*: von *rudis,* dem hölzernen Schwert, mit dem ein
ausgedienter Gladiator entlassen wurde; er erhielt eine kleine Pension.

Georg Fabricius (1516–1571)

Georg Fabricius, Dichter, Geschichtsschreiber und Archäologe, stammte
aus Chemnitz und studierte in Leipzig. Er hielt sich längere Zeit in
Rom auf und sammelte alle literarischen Anspielungen der Antike auf
die damals freigelegten Bauwerke der Stadt. Von 1546 bis an sein Lebensende war er Rektor der Fürstenschule zu Meißen. – Er mißbilligte
jede dichterische Anspielung auf heidnische Gottheiten und befehdete
deshalb Zeitgenossen (immerhin ruft er in diesem Gedicht die Muse
an!). – Das in trochäischen Septenaren verfaßte Gedicht trifft recht
glücklich den Ton von Kirchenhymnen, wie Prudentius' *pange, lingua,
gloriosum . . .* Der Übergang von quantitativem zu rhythmischem Vers
begann mit dem (wohl nicht vor dem 2. nachchristl. Jh. anzusetzenden)
Pervigilium Veneris; übrigens ist dies auch das Versmaß von Schillers
Lied an die Freude.

Johannes Fabricius Montanus (1527–1566)

Geboren im Elsaß, lebte und wirkte er in der Schweiz. Zur Dichtung
war er unter dem Einfluß seines Freundes Lotichius gekommen; seinem verehrten Lehrer Pellicanus widmete er seine *Tell-Elegie.* Er war
Lehrer und Prediger in Zürich und schließlich Pfarrer in Chur. Wenn
er sich auch als Dichter dem Lotichius nicht vergleichen kann, gehört
er doch zu den bedeutenderen Poeten seiner Zeit.

Grabschrift für Ulrich Hutten, den Dichter und fränkischen Ritter, der auf der Insel Ufenau im Zürcher See, welche die Gebildeten jetzt die Hutteninsel nennen, begraben ist

Wie später Gottfried Keller und C. F. Meyer, läßt der Dichter Hutten selbst sprechen. – Es ist schade, daß auf anmutige, an Vergil anklingende Naturbilder die letzten zwei Verse mit ihrem recht banalen Gedanken folgen.

Wilhelm-Tell-Elegie

Fabricius widmete die erste Fassung dieses Gedichtes (1550 oder 1553) seinem geliebten Lehrer Konrad Pellicanus (1478–1556) in Zürich, der besonders als autodidakter Hebraist bekannt war. In seiner Autobiographie, *Chronicon*, hatte er Tell als *primus libertatis assertor* gerühmt. In seiner Widmung bezeichnete Fabricius die Befreiungsgeschichte der Schweiz als jedermann bekannt und fügte bescheiden hinzu, der Leser möge eher auf die Tatsachen als auf die Darstellung blicken: diese sei ein Jugendwerk, das lediglich das Wichtigste im Umriß skizzieren wolle. Als Fabricius 1556 das Gedicht in seine *Poemata (silvarum liber unus)* aufnahm, unterzog er es einer Bearbeitung, wobei es teils gekürzt, teils erweitert wurde, aber denselben Umfang behielt.

Ob das Gedicht direkt von Aegidius Tschudis *Chronicon Helveticum* beeinflußt wurde (es wurde dieses zwar erst 1734–1736 veröffentlicht, lag jedoch im Zürcher Archiv vor) oder ob sich Fabricius auf die im *Weißen Buch von Sarnen* zur Einheit verbundenen Tell-Legenden (die bekanntlich völlig unhistorisch sind; vgl. aber: O. Hunziker, *Rütlibund und Wilhelm Tell*, Zürich 1934, wo mit – allerdings nicht völlig überzeugenden Gründen – die Historizität Tells behauptet wird) stützte, ist nicht festzustellen, und ebensowenig, ob Schiller das Gedicht des Fabricius gekannt hat.

Auffallend ist, daß die Sarner wie auch Stumpffs Chronik (1548) ebenso wie Tschudis erste Fassung den Landvogt fälschlich Grißler oder Gryßler nennen, was Fabricius gleichfalls tut. Auch daß bei Fabricius der Vogt nicht von Tell erschlagen, sondern sein Ende mit wenigen vagen Worten abgetan wird, fällt auf.

Ansonsten war Fabricius' Bescheidenheit leider berechtigt. Das Gedicht entbehrt jedes poetischen Schwungs: es ist eine todnüchterne und recht prosaische Versifikation, die gezwungen wirkt und manchmal fast ins Komische umschlägt (64: „zufällig war da auch ein Baumstumpf"; 94: „was bedeutet der zweite Pfeil, denn er hatte ihn gesehen"; 108:

„er rief aus . . . denn er war auch mit im Boot). In den Versen 84 bis
86 ist die Pointe des zweiten Pfeiles ganz unkünstlerisch vorweggenom-
men, so daß jede Spannung entfällt. – Der Ausdruck ist hart und gequält (126: *morte perire, perit*), Phrasen aus Vergil u. a. sind unorganisch eingeflochten – kurz: der Wert des Gedichtes liegt weit unter dem
sonstigen Niveau des Fabricius.

Felix Fi(e)dler (gest. 1553)

Über ihn ist wenig mehr bekannt, als daß er ein Schüler des Sabinus
in Königsberg war, außer der hübschen Flüssebeschreibung Elegien sowie eine Ekloge verfaßte und 1553 starb.

Neckar

2: *Abnoba*: alter Name für die Baar, wo Schwarzwald und Schwäbische Alb zusammentreffen. – 7 f.: Über das Mädchen aus Esslingen
gibt es einen – künstlerisch unbedeutenden – fliegenden Holzschnitt
von dem Wormser Maler Hans Schiesser aus dem Jahre 1549 (Geis-
berg 1118). In der Bildlegende heißt es, die Zweiundzwanzigjährige,
seit vier Jahren angeschwollen, seit drei Jahren ohne warme Nahrung und seit zwei Jahren gezwungen, die Nahrung auch durch den
Mund wieder von sich zu geben, sei trotzdem geduldig, „freundtlichs
gesprächs, schönen angesichts, güter farb, rotten munds“. Über den
Ausgang erfährt man leider nichts, wohl aber, daß ein solches Wunder
Gottes sehr zu beherzigen sei.

Mosel

3: Die *Obrinca* (besser: Obringa) ist neuerdings mit der Ahr identifi-
ziert worden. – 5: „Gewaltige“ Tiefen ist übertrieben. – 9: *Trebes* usw.
Wie die meisten populären Etymologien, ist auch diese falsch. – 25:
Ausonius schrieb das berühmte Gedicht *Mosella*.

Eger

7: Kaiser Friedrich I. Barbarossa ließ sich 1153 von seiner ersten Frau,
Adele (Adelheid) von Vohburg, angeblich wegen zu naher Verwandt-
schaft, scheiden und heiratete die reiche Erbin Beatrix von Burgund.

Havel

7: *Mincio*: versumpfter Nebenfluß des Po. – 8: *Brennus*: die Ableitung des (slawischen) Namens Brennabor (später Brandenburg) von dem Gallierhäuptling Brennus ist natürlich auch unrichtig. – 11: Sabinus: s. S. 338/339 ff.

Spree

6: Bärin: das Sternbild des Großen Bären hieß Ursa Maior bzw. Erymanthis, Maenalis oder Parrhasi, letzteres ein alter Name für Arkadien. Die Ableitung des Namens Berlin von Bär ist jedenfalls falsch; es gibt darüber verschiedene Hypothesen. – 9: mykenisch: Menelaus, König von Sparta, galt als der reichste Herrscher seiner Zeit. – 14: „marmorne Säule": der Text hat „oebalischen", d. h. spartanischen Marmor.

Andere von Fiedler bedichtete Flüsse sind: Rhein (Rhenus), Main (Moenus), Weser (Visurgis), Ems (Amasus), Lippe (Luppia), Leine (Lanus), Maas (Mosa), Etsch (Athesis), Donau (Danubius), Lech (Licus), Inn (Oenus), Naab (Nabus), Elbe (Albis), Saale (Sala), Oder (Odera), Warthe (Varta), Weichsel (Istula), Nogat (Nogadus), Osse (Ossa), Aller (Alla), Pregel (Bregela), Memel (Memela), Gilge (Gilga), Düna (Duna) und Narwa (Narva).

Laurentius Finkelthus (gest. 1601)

Er stammte aus Leipzig, wo er auch studierte und den Magistergrad erwarb; in Wittenberg setzte er seine Studien fort und erwarb, nach Unterbrechung durch eine Italienreise, in Jena den Doktortitel. Im Jahre 1596 wurde er Syndikus von Lübeck; dort wurde er dann von seinem Schreiber wegen eines harten Verweises tödlich verwundet. Er hinterließ lateinische Verse sowie Prosaschriften juristischen Inhalts und gab Bersmanns Werke heraus.

Hochzeitsgedicht für Gregor Bersmann

Dies Gedicht ist typisch für alle und besser als viele dieses Genres. Es lehnt sich – und was kann man in einem Hochzeitsgedicht schon Neues sagen? – in Aufbau und Inhalt eng an antike Vorbilder an. Typisch für Humanistendichtung ist jedoch die schöne pietas, mit der

der Schüler den verehrten Lehrer preist. – Ob in den Versen 81 bis 92 sich etwa eine den Anwesenden verständliche Anspielung auf einen Zeitgenossen verbirgt, ist nicht festzustellen, aber nicht ausgeschlossen.

2: klarisch: das Wortspiel *clare* – *clarii* ist nicht wiederzugeben. Claros, eine kleine ionische Stadt nahe Kolophon, besaß einen Tempel und ein Orakel des Apollo. – 20: Arar, die heutige Saône; Caesar beschreibt ihren trägen Lauf in *Bellum Gallicum* I, 12, 1. – 24 f.: ist eine Anlehnung an Vergil, *Aeneis* 2, 197 f. – 95 ff.: siehe Hesiod, *Erga* 695 bis 705. – 98: ein lustrum sind 5 Jahre. – 181: vgl: *Ilias* 1, 4 f. – 215 ff.: vgl. Catull 61, 211–217. – Genethliakon: ein Geburtstagsgedicht.

Paul Fleming (1609–1640)

Ein Produkt der Fürstenschule zu Meißen, studierte er Medizin in Leipzig (1633), ging aber, von den Kriegsunruhen verscheucht, nach Holstein. Dort schloß er sich einer Gesandtschaft nach Rußland, danach einer anderen nach Persien, an, kehrte mit zerrütteter Gesundheit zurück (1639) und starb im nächsten Jahr in Hamburg, wo er sich als Arzt niederlassen wollte. Seine deutsche Dichtung, voll Unmittelbarkeit des Gefühls, Kraft und Schönheit des Ausdrucks, war zu seiner Zeit wenig bekannt, übertrifft aber den (immer überschätzten) Opitz bei weitem.

Seine lateinischen Dichtungen zeigen ein originelles Talent, das ihn vielfach von der traditionellen klassischen Norm abweichen und sprachschöpferisch tätig werden ließ. Seine Liebesgedichte können es mit Johannes Secundus aufnehmen. In seinen Satiren zeigt sich ein manchmal grotesker Humor, in seinen Klagegedichten auf verstorbene Freunde tiefes Gefühl.

Deutschland

8: König: Gustav Adolf.

Merseburg

Merseburg wurde am 26. August 1631 von den Kaiserlichen eingenommen, aber schon am 9. September von Gustav Adolf zurückerobert.

Johannes Forster (1576–1613)

Geboren zu Anerbach, studierte er in Schneeberg und Leipzig. Er wurde
1599 Prediger an der Leipziger Thomaskirche, 1601 Rektor zu Schneeberg; 1603 erwarb er den Doktor der Theologie in Leipzig und wurde
Oberpfarrer von Zeitz, 1609 Professor der Theologie zu Wittenberg
und schließlich Präsident des Mansfelder Konsistoriums. Er hinterließ
zahlreiche lateinische Schriften über Theologie wie auch viele deutsche
Predigten; ferner lateinische Epigramme und schließlich *Joanni Fride-
riciados libri V, id est de rebus pie, fortiter et praeclare a Joh. Friderico, electore Saxoniae, gestis.*

Aus *Johann-Fridericiade*

Daß es zu erheblichen Geschmacksverirrungen kommen konnte, zeigt
das wohl albernste Epos, das je geschrieben wurde: die *Johann-Fride-
riciade.* Sie besingt den in der Schlacht bei Mühlberg gefangengenom-
menen Kurfürsten Johann Friedrich (den Großmütigen) von Sachsen.
Das ausschließlich aus „geborgten" bzw. leicht veränderten Vergilversen
bestehende Machwerk zählt 17 685 Verse – mehr als die *Ilias.* Die ersten
11 Zeilen der *Aeneis* seien zum Vergleich gegenübergestellt.

> Arma virumque cano, Troiae qui primus ab oris
> Italiam fato profugus Laviniaque venit
> litora. multum ille et terris iactatus et alto
> vi superum, saevae memorem Iunonis ob iram,
> multa quoque et bello passus, dum conderet urbem
> inferretque deos Latio, genus unde Latinum
> Albanique patres atque altae moenia Romae.
>
> Musa, mihi causas memora, quo numine laeso
> quidve dolens regina deum tot volvere casus
> insignem pietate virum, tot adire labores
> impulerit. tantaene animis caelestibus irae?

„Husaren" steht wohl für „Ungarn"; das Wort „huszar" wird vom
magyarischen „husz", zwanzig, abgeleitet. „Die Hure von Rom" ist
natürlich die Kirche; wer mit „Herrin des Landes" gemeint ist, ist nicht
klar.

Ein unverfrorenes Plagiat dieser Art (dem man allerdings zugute
halten muß, daß die Täuschungsabsicht fehlt, da ja das Original jedem
Schüler bekannt war) ist nicht zu verwechseln mit den zahlreichen, mit

Ausonius beginnenden Vergil-Centos. Dies sind aus vergilianischen Halbversen gebildete Gedichte, oft mit einer besseren Sache würdiger Geschicklichkeit zu „Montagen" zusammengeklittert; auch diese fehlen in der humanistischen Dichtung nicht. Erasmus verfaßte sogar einen kurzen (griechischen) Homer-Cento (*cento* = aus Flicken zusammengesetzte Decke).

Marquard Freher (1565–1614)

Hier nur mit einem schwachen, den Zeitgeschmack illustrierenden Vers vertreten, war Freher ein hochangesehener Staatsmann, Rechtsgelehrter und Diplomat zu Heidelberg. Auch um die Münzkunde und um die Erschließung deutscher Geschichtsquellen machte er sich verdient.

An Gruter

Die Verse beziehen sich auf Gruters bevorstehende Heirat mit der von Paul Melissus Schede (S. 290/291) beschriebenen Jungfrau. Dieses abgeschmackte Wortspiel ist unübersetzbar (*Seneca*: *senex* = Greis; *iuvenca* = Jungkuh klingt ähnlich wie *iuventa* = Jugend) und ein klassisches Beispiel dafür, wie man es nicht machen soll.

1: Die letzte Silbe von *amove* ist gegen die Regel kurz gebraucht.

Aus Zur Hochzeit des Hochmächtigen Pfalzgrafen Friedrich IV.

Dies ist ein sogenanntes Chronostichon, eine Versgattung, die geradezu desperaten Scharfsinn erfordert. Die Zahlenwert besitzenden Buchstaben – alle müssen verwendet werden, die im Vers vorkommen – ergeben das Jahr des betreffenden Ereignisses. Schon ein Chronogramm (dasselbe in Prosa) ist schwierig; einen Vers zu schreiben, der metrisch korrekt und einigermaßen sinnvoll ist, ist eine fast übermenschliche Aufgabe – und doch haben wir längere Gedichte dieser Art! Man bedenke nur, daß z. B. für die nächsten Jahrzehnte der Text nicht mehr als ein M enthalten darf. Im vorliegenden Fall ergibt die Addition 1592. – Erstaunlicherweise ergibt der Vers Ovids (*Metamorphosen* 1, 148) *filius ante diem patrios inquirit in annos*, Vorzeitig beschäftigt sich der Sohn mit der Lebensdauer seines Vaters (nämlich um sie gewaltsam abzukürzen) die Zahlensumme 1568 – das Jahr, in dem unter eben dieser Anschuldigung Don Carlos getötet wurde. – Aus neuerer Zeit ergibt der Vers non feLIX annVs, CeCIDIt qVVM Caesar VterqVe

Nicht ein glückliches Jahr, da beide Kaiser verstarben

die Zahl des „Dreikaiserjahres" 1888.

Salomon Frenzel (Frencel, gest. 1605)

Frenzel stammte aus Breslau, war anfänglich Professor zu Helmstedt und dann Inspektor der Schule in Riga. Er verfaßte u. a. poemata sacra, odas carminicas und epigrammata.

Sittenlehre

Dieses eine Verschen, das dem braven Schulmeister gelang, wurde noch nach dreihundert Jahren von seinen Kollegen gern zitiert.

Nicodemus Frischlin (1547–1590)

Geboren in Württemberg, wurde er schon mit 21 Jahren Professor der freien Künste (Tübingen). Im Jahre 1575 wurde er von Kaiser Maximilian nach Vorlesung seiner lateinischen Komödie *Rebecca* zum poeta laureatus gekrönt und später zum *comes Palatinus* ernannt. Durch eine Satire gegen den Adel erbitterte er diesen, so daß er unstet von Amt zu Amt, von Ort zu Ort wandern mußte. Als ihm nach Rückkehr in die Heimat ein Bittgesuch von der herzoglichen Kanzlei abgelehnt wurde, schrieb er einen die Beamten beleidigenden Brief, woraufhin er im Schloß Württemberg festgehalten und, nachdem er sich beim Kaiser beschwert hatte, auf der Festung Hohenurach in strenger Haft gehalten wurde. Dort schrieb er seine *Hebrais*. Bei einem Fluchtversuch stürzte er tödlich ab.

Seine Elegien und Komödien in lateinischer Sprache waren mit Recht berühmt. Auch als Philologe tat er sich hervor: seine Kommentare zu Persius und Vergils *Georgica* waren beim damaligen Stande der Wissenschaft wertvoll; auch übersetzte er Aristophanes ins Lateinische.

Gegen die Trunksucht

Viele Dichter des 16. Jh. behandelten dies Nationallaster. Das kulturhistorische Interesse dieses Gedichtes ist größer als sein poetischer Wert: Frischlins sonstige Dichtungen, insbesondere sein letztes Werk, die *He-*

brais, sind erheblich besser, aber, vom Epos ganz abgesehen, zu lang zur Wiedergabe. So umfaßt seine im fingierten Heroiden-Briefstil verfaßte Elegie zur Hochzeit Herzog Ludwigs von Württemberg mit Prinzessin Dorothea von Baden an die tausend Verse! Statt einer frostigen Allegorie, die noch dazu nicht konsequent durchgeführt ist (wie kann ein so scheußliches Weib so viele Freier anziehen? Wie kann sie auf gichtigen Beinen tanzen?), wäre es besser gewesen, anstelle der Trunksucht den Trinker vorzuführen, wie dies u. a. Dedekind tat. Auch stereotype, oft von antiken Dichtern geborgte Phrasen wirken störend.

10: Interessanterweise sehen viele deutsche Dichter der Zeit sich vom italienischen Standpunkt aus als Nordländer. – 47: Dies ist ein lustiger Einfall. – 50: Der Sinn ist nicht ganz klar. Ein Würfel*becher* (*fritillus, phimus*) wäre logischer, steht aber nicht im Text. – 52: Die Karten als „des Teufels Gebetbuch"! – 54: Diese Antithese gebraucht er zu häufig. – 55: Entliehen dem Vergilvers: *monstrum horrendum, informe, ingens, cui lumen ademptum.* – 67: Trinkgläser in Phallusform. – 95: *Lot. Genesis* XIX, 31 ff. – *Noah. Genesis* IX, 21 ff. – 100: *Eumenes von Pergamon* starb 343 v. Chr. an übermäßigem Weingenuß. – 101: *Elpenor:* Homer *Odyssee* 10, 552–560 und 11, 51–80. – 105: Ein bekannter Vergilvers, den Frischlin auch in Vers 167 wiederholt. – 107: Die 50 Danaïden, von denen 49 in der Hochzeitsnacht ihre Männer erschlugen und dafür in der Unterwelt die „Danaïdenarbeit" verrichten müssen. – 112: *Alexander* erschlug seinen Freund Kleitos, als sich beide im Zustand der Volltrunkenheit befanden. – 113: *Gallus.* Dichter und Soldat, Freund Vergils und des Augustus, benahm sich als Gouverneur Ägyptens indiskret, fiel in Ungnade und beging Selbstmord. – 116: Antonius. Über seine Trunksucht äußert sich Cicero (dessen eigener Sohn übrigens ebenfalls ein Trinker wurde). – 137 ff.: Skythien, Thrazien, Emathia (Mazedonien/Thessalien) wurden damals unterschiedslos für die zum Osmanenreich gehörenden Gebiete Südrußlands und des Balkans gebraucht. – 144: *Anacharsis:* möglicherweise historischer Skythenfürst und Philosoph, Freund Solons (6. Jh.). – 147: Arimaspien: die Arimasper, mehrfach bei Herodot erwähnt, sollen ein Volk von Einäugigen im Norden Skythiens gewesen sein, das mit Greifen um Goldvorkommen stritt. – 149: *tepidae Cyrenae:* schematische Verwendung des epitheton ornans; siehe auch Vers 68 *alma Ceres.* – 150: Gätulier: Nordafrika (Marokko). – 167 f.: Die lateinische Wortstellung ist recht gequält. Getae ist ein Synonym für Türken. – 173: Die kulturelle Unterlegenheit Deutschlands gegenüber Italien wurde seit Celtis immer wieder unumwunden zugegeben. –

Johannes Michael Gigas (Rise, 1580–nach 1650)

Gigas stammt aus Pyrmont; er leistete Hervorragendes als Mathematiker, Geograph und Arzt.

Grabschrift für Erasmus

Die Zahl der Lob- und Grabgedichte auf Erasmus ist Legion.

3: _maturus_ kann eigenartigerweise sowohl „reif, in vorgerücktem Alter" wie auch das Gegenteil, nämlich „vorzeitig, verfrüht" bedeuten (also dasselbe wie sein Antonym _immaturus_); doch paßt auf den im 70. Jahr Verstorbenen die erste Bedeutung wohl besser.

Auf Dolet

Etienne Dolet (1509–1546), französischer Gelehrter und Drucker, vertrat gegenüber Erasmus die streng ciceronianische Latinität; auch verfaßte er lateinische Gedichte. Er wurde mehrmals der Freigeisterei verdächtigt und eingekerkert; schließlich wurde er auf Betreiben der theologischen Fakultät der Sorbonne als Atheist gefoltert, erdrosselt und verbrannt, obwohl er viele Bücher religiösen Inhalts veröffentlicht und das Lesen der Hl. Schrift in der Landessprache befürwortet hatte. Auch auf ihn wurden zahlreiche Trauergedichte verfaßt.

1: Schwaben: natürlich nicht die Württemberger, sondern die gleichnamigen Insekten.

Joh. Glandorp (1501–1564)

Glandorp, aus Münster stammend, war ein von Melanchthon sehr gelobter Schulmann, der gute Kommentare zu Caesar und Cicero verfaßte, dazu – seltsamerweise – poetische argumenta (Inhaltsangaben) zu 15 Büchern Caesars. Für seine Schüler schrieb er viele Epigramme. Zeitweilig war er Professor in Marburg, dann Rektor in Goslar und schließlich in Herford, wo er – trotz Scheidung von einem bösen Weib – höchstes Ansehen genoß.

Frauengehorsam

Uxori parendum est kann heißen: sowohl „die Frau muß gehorchen" wie auch „man muß der Frau gehorchen".

Simon Grunaeus (1564–1628)

Grunaeus (nicht zu verwechseln mit mehreren ebenfalls Simon genannten und ungefähr gleichzeitigen Mitgliedern der Schweizer Gelehrtenfamilie Grynaeus) wurde zu Liegnitz geboren, wo er sein ganzes Leben verbrachte. Er studierte Theologie und wurde schließlich Superintendent von Liegnitz. Er verfaßte Werke historischen und antiquarischen Inhalts, darunter *Monumentorum Silesiae Pericula* sowie *Basileensium Monumentorum Antigraphe*; dieses Werk enthält 72 Grabschriften in lateinischen und griechischen Versen sowie eine Eulogie auf Grunaeus von seinem Freund Laubanus.

An Melchior Lauban, als er nach Danzig abreiste

Diese beinahe als Liebesgedicht zu bezeichnenden Verse nehmen die schwärmerische Freundschaftspoesie des 18. Jh. vorweg. – Formell ist dies in der Technik sich an Catull anlehnende Gedicht nach klassischen Begriffen nicht fehlerfrei: es hat zu viele Elisionen, besonders in der 2. Pentameterhälfte; Vers 19 ist ein wahres Elisionsmonstrum; Vers 8 hat keine Zäsur; Vers 6 hat den unschönen Hiatus *ego/ore*.

Michael Haslob (1540–1589)

Michael Haslob aus Berlin, ein Schüler des Georg Sabinus, heiratete die Tochter des nur wenig älteren Schosser (S. 374/375 ff.) und wurde gleichfalls Professor der Poesie in Frankfurt a. d. O. Er hinterließ religiöse, daneben Natur- und Gelegenheitsdichtung.

An Kurfürst Joachim II.

Früh schon begann, was wir „Serenissimus-Bedichtung" nennen wollen: kleine und kleinste Potentaten wurden mit dem ganzen Arsenal der alten Geschichte und Mythologie gelobhudelt. Dieses Gedicht ist noch gemäßigt; poetisch ist es recht schwach. Die Personifikation von Lusus – Spiel, Tändelei (auch erotisch) ist ebensowenig vertretbar wie die Nennung von Amor und Cupido als zwei verschiedenen Personen. Die Charitinnen oder Huldgöttinnen treten gewöhnlich selbdritt auf. Auch war Kurfürst Joachim II. nicht eigentlich als Spieler auf der Leier bekannt.

Daniel Heinsius (Heins, 1580–1655)

Heinsius war einer der größten Gelehrten seiner Zeit; seine kritischen Bemerkungen zu griechischen und römischen Klassikern sind noch heute wertvoll. Poetisch hochbegabt, verfaßte er lateinische und holländische Gedichte; auf seinen Schüler Opitz übte er großen Einfluß aus, so daß er indirekt auf die noch junge deutsche Dichtung einwirkte. Martin Opitz übersetzte oder paraphrasierte Heinsius' lateinische und holländische Gedichte und machte damit das deutsche Publikum mit dem gereimten Alexandriner bekannt, der in der Barockdichtung eine große Rolle spielte.

Trotz ehrenvollster Angebote vom Ausland wirkte Heinsius bis an sein Lebensende an der Universität Leiden. Aus seiner vielseitigen Produktion lateinischer Gedichte, die sich oft durch Humor auszeichnen, kann hier nur eine geringe Auswahl geboten werden.

Sein Sohn Nikolaus, ebenfalls ein geschätzter Gelehrter sowie ein sehr eleganter Latinist, schrieb gleichfalls lateinische Gedichte und gab die Werke seines Vaters heraus.

Heinsius hinterließ auch einen in seinem letzten Lebensjahre geborenen (!) unehelichen Sohn, gleichfalls Nikolaus genannt, der den einzigen holländischen Roman des 17. Jh. verfaßte, aber 1677 wegen eines von ihm begangenen Mordes aus Holland flüchten mußte.

Ein Bienenspäßchen

Metrischer Aufbau
 1 Hemiepes (¹/₂ Pentameter)
 2 Glykoneus
 3–5 Anakreonteen
 6 Anapäst + Spondeus
 7, 8 katalektische iambische Dimeter
 9 Glykoneus
10 Bi-Spondeus
11 Adoneus
12 Galliambus
13 ionischer Dimeter mit Anaklasis (Anakreonteus)
14 Pentameter
15 katalektischer iambischer Dimeter bzw. Anakreonteus mit Auflösung
16 Glykoneus
17 Bi-Spondeus
18 Adoneus

19 iambischer Senar
20 Hexameter
21 katalektischer iambischer Dimeter
22 Glykoneus
23–26 katalektische iambische Dimeter
27 akatalektischer iambischer Dimeter
28 Hemiepes
29–32 Phalaeceus (Hendekasyllabus)
33 Hexameter
34 katalektischer iambischer Dimeter mit Anaklasis (Anakreonteus)
35 akatalektischer iambischer Dimeter
36 Pentameter

Elegie 5. Hylas (Monobiblos)

Dieses Gedicht ist ein in mancherlei Hinsicht einzigartiges Meisterstück neulateinischer Dichtung, das den Vergleich mit dem Besten, was idyllische Dichtung der Antike hervorgebracht hat, nicht zu scheuen braucht.

Zunächst die Form: sie imitiert bewußt den alexandrinischen Stil der Neoteriker, wie er etwa in den längeren Gedichten Catulls gepflegt wird.

Charakteristisch ist die häufige Verwendung des spondeischen Hexameterschlusses (9, 19, 27, 47, 69, 99), den die Übersetzung nachzuahmen versucht; oft bedingt der Sinn diese Verlangsamung. Ferner verzichtet der Dichter bewußt auf ovidisch-glatten Pentameterschluß auf zweisilbiges Wort; auch bilden die Distichen nicht abgegrenzte Couplets, sondern oft längere Satzperioden. In Vers 79 bringt ein hypermetrischer Vers (die letzte Silbe von *tendent[em]* wird elidiert) das Stemmen und Sträuben trefflich zum Ausdruck. In Vers 50 nimmt sich der Dichter die (ebenfalls neoterisch-catullische) Freiheit, die strenge Zäsur des Pentameters durch die Elision *puer(um) a -vertere* zu verschleiern.

Kunstvoll ist gleichfalls der streng stilisierte parallelismus membrorum, wie etwa 23, 24, 28, 98 u. a. m. – Ganz griechisch ist auch die Freiheit, mit der in Vers 40 die offene Schlußsilbe von *lora*, wo das *-a* kurz ist, durch die zwei folgenden Konsonanten (noch dazu *muta + liquida*) verlängert wird.

Kunstvoll ist vielfaches Hyperbaton, Anaphora (z. B. 17, 49) sowie Wiederholung desselben Wortes mit verschiedener Betonung (93: *Álcidén, Alcídén*). Alliteration (Stabreim) wird effektvoll verwendet (21, 49, 94 usw.); die Lautmalerei von Vers 21 ist sehr schön.

Inhaltlich wird, auch nach alexandrinischem Vorbild, einige mythologische Kenntnis vorausgesetzt, die jedoch den Gebildeten der damaligen Zeit nicht überforderte. So war Cinyras (Vers 1) ein legendärer König von Cypern; seine Tochter Myrrha, in blutschänderischer Liebe zu ihm entbrannt, täuschte ihn, so daß er, ohne es zu wissen, mit seiner Tochter den schönen Adonis erzeugte. Alceus war der Großvater des Herkules; diesem wurde sein Liebling Hylas, ein schöner Knabe aus Argos, auf der Fahrt nach dem Goldenen Vlies mit den Argonauten (Jasons Schiff hieß Argo) in Mysien durch die Wassernymphen entrückt.

Die Handlung des Gedichtes – manieriert, wie es das Genre erfordert, aber reizend, originell und mit hoher Kunst dargestellt – ist wie folgt:

Venus, voll Liebeskummer, beaufsichtigt Amor nicht genügend; dieser verirrt sich im Walde und verliert Pfeil und Bogen im magischen Quell. Hierdurch wird dessen Wasser zu einem Liebestrunk, der die Nymphen in mänadische Lust versetzt (Vers 49 f.). Über Amor jedoch, der ja selbst ein Gott ist, haben sie keine Macht – obwohl sie, wie aus 22 ff. hervorgeht, andere Bewaffnete bezwungen haben. Die Besorgnis der liebenden Mutter Venus um ihr Kind, eine ihr bisher ungewohnte Art der Liebe (53 f.), leitet nach einer anmutigen Ermahnung des Dichters an die Mütter, sie möchten Knaben davor schützen, sich zu „verirren“, wieder zum Zauberbrunnen. Dort spielt sich schließlich, verschönt durch den Vergleich mit dem verlorenen Hirschkälbchen, die Hylaslegende ab.

Die Märchenstimmung eines farbig-klangvollen Sommernachtstraums – man denke an Vers 2 f. oder 31–34 – ist mit außergewöhnlicher, die Romantik vorausahnender Schönheit gestaltet. Eine eingehende Analyse dieses Gedichtes wäre eine dankbare Aufgabe; die Übersetzung versuchte, Form und Klang nachzuahmen, so gut es eben ging. Man beachte, wie die Schlüsselworte *occultus* und *furtivus* die Stimmung des Gedichtes andeuten.

5: Tempe (indeklinabler Plural): eigentlich ein schönes, vom Flusse Peneus durchflossenes Tal in Thessalien; dann auch allgemein für idyllische Täler gebraucht. – 10: *Assyria* wurde wahllos auch statt *Syria* gebraucht. – 38 f.: Memnon stammte aus Äthiopien; er war der Sohn Auroras. – 42: *parthenice* war eine nicht näher zu bestimmende Blume; manche identifizieren es mit dem (in weitesten Kreisen unbekannten) Polei, andere mit dem recht unpoetisch klingenden Flöhekraut. – 56: Diese Anspielung auf Venus/Aphrodites Mutter ist nicht ganz klar. Nach älterer Überlieferung (Homer) war sie die Tochter des Zeus und der Seenymphe Dione; diese geriet bald in Vergessenheit, und der Mythos von Aphrodites Geburt aus dem Meeresschaum (wahrscheinlich auf einer unrichtigen Etymologie beruhend) wurde allgemein akzeptiert. – 60 ff.: Eros/Cupido/Amor hatte ursprünglich mit Aphrodite nichts zu tun, wurde dann aber für ihren Sohn gehalten. Sein Bild schwankt hier, wie in der antiken Mythologie, zwischen dem eines kleinen Kindes und dem eines ehereifen Jünglings (Apuleius, *Amor und Psyche*). – 67: *infelix cura deorum,* unglücklicher Götterliebling: ein Oxymoron. – 78: *involuunt* statt *involvunt*: prosodische Diärese. – 80 und 82: Die Diminutive *lacrimulis* und *frigidula* (viersilbiger Pentameterschluß!) schwächen absichtlich das tragische Geschehen zum Niedlichen (fast Komischen) ab; vgl. Rubens' (und anderer Maler) derbkomische Darstellung der Entführung Ganymeds. – 84: *illā* kann sich kaum auf *verba* (82) beziehen: hier würde nichts die Längung der kurzen Endsilbe des acc. pl. rechtfertigen. Besser wird es daher als das aus dem abl. des Femininums abgeleitete Adverb ‚dort‘ betrachtet. – 86: *languida vis*: noch ein hübsches Oxymoron. – 99: Hiat vor *Hymenaeus* ist regelmäßig. Die Szene erinnert an die ‚Hochzeit‘ von Dido und Aeneas.

Elegie 8. An einen Nebenbuhler

Dieses humorvolle, offenbar an einen guten Freund gerichtete Gedicht wurde 1603 veröffentlicht, also als Heinsius 23 Jahre zählte. Wann war er (33 ff.) durch „Wogen“ vom Waal, dem südlichen Arm des Rheins, getrennt? Wohl war er zeitweilig in England und auch in Zeeland, doch war dies vor seinem 14. Jahr. Danach bezog er die Universität Franeker in Friesland; wahrscheinlich wird hierauf angespielt (Zuiderzee).

  5: *Cytherea*: Beiname Aphrodites nach der ihr heiligen Insel Cythera. – 25 f.: Diese Verse sind wohl nicht mehr Cupido zuzuschreiben, sondern stellen eine eingeschobene Bemerkung des Dichters dar. – 34: „Flamme“ als Synonym für den Gegenstand der Liebe ist klassischer Gebrauch.

Auf einen, der auf Anstiftung anderer ein mißlungenes Attentat auf den Prinzen von Oranien unternahm

Heinsius' Gedicht über das mißlungene Attentat bezieht sich höchstwahrscheinlich auf einen 1623 von den Söhnen des 1619 hingerichteten Oldenbarnevelt verübten Mordanschlag auf Moritz von Nassau.

8: *Brutus* = stumpfsinnig. Der erste Brutus, der der Überlieferung nach Tarquinius, den letzten König Roms, vertrieb, erhielt diesen Beinamen, weil er Geistesschwäche fingiert hatte. Brutus blieb danach ein Familienname der *gens Iunia*; bekanntlich waren zwei Bruti an der Ermordung Caesars beteiligt.

Michael Helding (Sidonius, 1506–1561)

Geboren zu Esslingen und von niederer Herkunft, studierte er in Tübingen und erwarb dort den Magistertitel; den Doktor der Theologie erhielt er 1543. Der Papst ernannte ihn zum Suffragan des Erzbistums Mainz und zugleich zum Titularbischof von Sidon. 1547 wurde er nach Augsburg gerufen; dort predigte er vor dem Kaiser und wirkte auf katholischer Seite an der Abfassung des „Interim" mit. Er wurde Bischof von Merseburg, wo er durch seine Güte gegen Arme und Studierende berühmt wurde, und „da er denn so moderat sich bezeigte, daß er hin und wieder die evangelische Lehre predigen ließ". Er hinterließ theologische Kommentare sowie Predigten.

Aus *Deutschland an alle seine Fürsten*

Die religiöse und politische Zerrissenheit Deutschlands erfüllte die Humanisten mit größter Sorge: vielfach ergingen Aufrufe dieser Art an die deutschen Fürsten; bedrohte doch das Vordringen der Türken, die vor noch nicht allzu langer Zeit Ostrom vernichtet hatten, nunmehr das weströmische Erbe.

77: („zu langsamen Schrittes *eilt* ihr gegen den Feind") ist etwas schwach. – 95: *Germani fuimus* stammt natürlich von Vergils *fuimus Troes*. – Der letzte Vers (97) enthält eine metrische Unregelmäßigkeit (*suplicem* mit kurzer erster Silbe statt *supplicem* mit langer Quantität). Trotzdem spricht aus dem Gedicht echtes Gefühl.

Johannes Hermann (1585–1647)

In der Nähe von Liegnitz geboren, wurde er Prediger zu Köben und Brieg. Er hinterließ zahlreiche theologische Schriften und Predigten, auch Gedichte in deutscher Sprache, und wurde zum poeta laureatus gekrönt.

An Caribella

Dieses überaus expressive (und ebenso gekünstelte) Gedicht läßt den Überschwang deutscher Barockdichtung vorausahnen. Es zeigt übrigens in Gedanken und Ausdruck eine auffallende Ähnlichkeit mit dem Gedicht des Grunaeus – gleichfalls eines Schlesiers (S. 182/183). Auch die Catull nachgeahmte Nachlässigkeit in der Form verbindet beide Gedichte: der vorletzte Vers hat 6 Elisionen!

Helius Eobanus Hessus (1488–1540)

Er wurde zu Bockendorf (nach anderen: Halgehausen) bei Frankenberg geboren. Sein Vater war (und hieß auch vermutlich) Koch im Kloster Haina. Der Dichter nannte sich später Hessus nach seinem Ursprungsland, Helius, weil am Sonntag geboren, und Eoban nach einem lokalen Heiligen. Er studierte in Erfurt, wurde 1509 Magister und Rektor der dortigen Severischule. Nach Aufenthalten in Ostpreußen und Leipzig wurde er 1516 Professor in Erfurt, wo er außerordentlich populär war. Später wirkte er in Nürnberg und starb schließlich als Professor in Marburg.

Seine Dichtungen waren von großer Eleganz: Luther nannte ihn den *rex poetarum*, andere feierten ihn als den „deutschen Ovid". Er schrieb u. a. eine lange Reihe christlicher *Heroïdes*, Briefe berühmter Frauen in Nachahmung Ovids. Für unseren Geschmack ist es vielleicht nicht ohne eine gewisse Komik, daß der erste Brief ein Schreiben von Gottvater an die Jungfrau Maria ist, in dem er ihr mitteilt, was mit ihr beabsichtigt sei. Ihr Antwortschreiben enthält die sehr richtige Bemerkung, „Warum schreibe ich an Dich, wo Du doch allwissend bist", und schließt mit der Wendung: „Wie kann ich mit *vale* schließen, da doch durch Dich alles sein Wohlergehen findet?"

Der vorliegende Brief *An die Nachwelt* gehört zu dem Originellsten, was neulateinische Dichtung hervorgebracht hat. Es ist eine reizende Idee, mit Geschicklichkeit und Humor ausgeführt, und zugleich die manchmal rührende Autobiographie eines jungen Genies, dem es gelang, in der streng ständisch geschichteten Gesellschaftsordnung jener Zeit aus niedrigsten Anfängen hochzukommen. Das Gedicht ist, von ein oder zwei schwächeren, z. T. durch den Zeitgeschmack bedingten Stellen abgesehen, von hoher Eleganz der Form.

Eobanus an die Nachwelt (Heroidum Liber III)

19: *Apelles von Kolophon,* hochberühmter Maler zur Zeit Alexanders, arbeitete in Kos. – 20: *Zeuxis* und *Parrhasius* – zwei berühmte Maler ungefähr 100 Jahre früher. – 21: *Proteus* – Seegottheit von unbegrenzter Verwandlungsfähigkeit. – 36: Zweitgrößte Sorge – seine größte Sorge muß natürlich sein Seelenheil sein. – 55 und 56 sind schwach: stereotype Wendungen, noch dazu wiederholt. – 57 f.: Da Zahlen sich nur schwer oder gar nicht in den Hexameter fügen, ist diese uns unnatürlich gewunden erscheinende Ausdrucksweise guter antiker Brauch und wurde als elegant betrachtet. – 59: *Lyra* – das Sternbild am nördlichen Himmel mit der Wega. – 62: Also der 6. Januar 1488. – 72: Er hatte gerade mit Latein begonnen, aber Vergil noch nicht gelesen. – 80: In der Klosterschule wurde schon von Zehnjährigen viel erwartet. – 81–87: Hier zeigt sich der freudige Stolz des Humanisten. – Ausonisch: Ausonia war ein alter Name für Italien. – 91: *In triviis*: dies könnte auch heißen: Beim Studium des Trivium (die sieben freien Künste waren eingeteilt in 3 + 4, Trivium und Quadrivium); der Übersetzer wagt dies nicht zu entscheiden. – 100: Lustren: ein Lustrum = fünf Jahre. – 103: Eine Olympiade ist nicht eine Sportveranstaltung, sondern der Zeitraum von vier Jahren zwischen zwei Olympischen Spielen. – 107: Der Text sagt: zum elften kommt dreimal das fünfte Jahr hinzu. – 110: Siehe Bemerkungen zu Huttens Gedichten. – 115: Preußen: er war einige Zeit in Riesenburg in Ostpreußen. – 119: Ovid stammte aus Sulmo im Gebiet der Peligni (Paeligni). – 125 ff.: Mit Hutten war er schon seit seiner Erfurter Studentenzeit befreundet und forderte ihn auf, sich Luther anzuschließen. *Alle bei Namen nennt er* – siehe Huttens polemische Gedichte. – 144: Die Wende: gemeint ist die Zielsäule, *meta*, um die der Wagen wendete. Hessus hat hier zwei Metaphern vermengt, da der Rennfahrer im allgemeinen nicht die Leier spielte.

Ulrich von Hutten (1488–1523)

Das Leben dieses vom Unglück verfolgten Genies zu beschreiben, würde den Rahmen dieses Buches sprengen; auch ist sein Lebenslauf vielfach dargestellt worden. Armut und Krankheit, Mißhandlung und Haß, Verfolgung von seiten seiner Gegner und Verweigerung von Freundeshilfe machten das Leben dieses quixotischen „letzten Ritters" zu einem Martyrium.

Nie verließ ihn jedoch sein Mut, nie jene *saeva indignatio*, die seine Feder – buchstäblich seinen einzigen Besitz – gefürchtet und bewundert und auf jeden Fall einflußreich machte. Seine satirische Fähigkeit war stark entwickelt (man hält ihn für einen der Verfasser der berühmten *Dunkelmännerbriefe*). Er war ein genialer Dichter, der glatte und gefällige Verse schreiben konnte; meistens jedoch ging seine ungestüme, kompromißlose Wahrheitsliebe auf Kosten formalen Schliffs.

Er polemisierte für die Reformation, obwohl er die Ideen Luthers (dem er sich erst 1520 anschloß) nie ganz verstand. In erster Linie war er ein deutscher Patriot der, wie so viele andere, eine Einigung Deutschlands gegen die Türken anstrebte; er war übrigens einer der erstaunlich wenigen Humanisten, die sich offen dem neuen Glauben anschlossen. Sein Zerwürfnis mit dem vorsichtigen Erasmus ist bekannt. – Auch in deutscher Sprache verfaßte er zündende Schriften und Gedichte. Einen Katalog seiner Werke veröffentlichte E. Böcking 1858 unter dem Titel *Index Bibliographicus Huttenianus*.

Die vorliegende Auswahl versucht, verschiedene Aspekte seines dichterischen Schaffens in lateinischer Sprache zu illustrieren.

Epigramme aus Rom an Rubianus Crotus geschickt

Des ausonischen Rom . . .

Dieses 1516 (also vor der Reformation) verfaßte Gedicht zeigt viel Ähnlichkeit mit den zwei in diesem Bande wiedergegebenen Rom-Epigrammen des Celtis, wie auch mit anderen zeitgenössischen Äußerungen, an die es gelegentlich wörtlich anklingt.

1: ausonisch = das alte, antike Rom. – 7 f.: Anklang an Juvenal 2, 3 *qui Curios simulant et Bacchanalia vivunt*; diese Satire verurteilt die männliche Homosexualität. Manius Curius Dentatus, der Besieger der Samniten und des Pyrrhus, galt als Sinnbild altrömischer Sittenstrenge. – 18: *O tempora, o mores*: der berühmte Ausruf Ciceros.

Der Adressat (auch in der Form Crotus Rubianus oder Rubeanus bekannt) war Mitglied des Erfurter Humanistenkreises.

Päpstliche Bullen, an die Deutschen

„Gold tausch' er usw." – bekanntes Zitat *(Ilias* 6, 236): die Helden Diomedes und Glaukos tauschen ihre Rüstungen zum Zeichen der Freundschaft, wobei der Grieche das vorteilhaftere Geschäft macht.

Aus dem Italienfeldzug:

Bei der Belagerung von Padua

Hutten hatte sich 1512 nach Pavia begeben, um dort die Rechte zu studieren. Auseinandersetzungen mit der französischen Besatzung sowie – nach der Einnahme Pavias – mit päpstlichen Schweizersoldaten brachten ihn in äußerste Lebensgefahr; auch wurde er seiner ganzen Habe beraubt und mußte schließlich als gemeiner Soldat im Heer Kaiser Maximilians Dienst nehmen. Der Feldzug mißlang völlig: Padua behauptete sich, Mailand wurde von den Franzosen genommen, die es auch behielten, und Verona fiel Venedig zu. – Hutten kehrte 1514 nach Deutschland zurück.

1: *Antenor:* trojanischer Prinz, der nach dem Fall Trojas die Stadt Padua gegründet haben soll. – 14: *Altinier:* Altinum, blühende Stadt Italiens nahe Aquileja. – *euganisch:* die Euganei waren ein an der Adria lebender Stamm. Als sie der Sage nach von Antenor vertrieben wurden, besetzten sie einen Teil des Alpenvorlandes und gründeten Verona und – nach anderer Überlieferung – Padua (Patavium).

Als er, von den Franzosen belagert, am Leben verzweifelte

2: zur See. – Er wurde schiffbrüchig bei Greifswald an die Küste geworfen. – 10 f.: Der König von Frankreich war ursprünglich mit dem Kaiser verbündet gewesen. – 12: Hutten wurde von einem Gläubiger beraubt und verprügelt; auch in Pavia (s. o.) verlor er alles. Von Jugend auf war er körperlich schwach und kränkelte, was ihn jedoch nicht hinderte, mutig zu kämpfen. – 13: im Elend: im älteren Sinne des Wortes, d. h. in der Fremde. Er starb an der Syphilis, der Franzosenkrankheit (*morbus gallicus*), über die er 1519 eine Abhandlung veröffentlichte. Diese aus Amerika eingeschleppte Krankheit benannte jedes Land nach seinem Nachbarn!

Der fliehende Hahn

Gallus heißt sowohl ,Franzose' als auch ,Hahn', weshalb der Hahn das Emblem Frankreichs ist. Der Kaiser wurde auch von anderen Dichtern der Zeit mit dem Adler verglichen, der den Hahn besiegt.

Niemand spricht

Auszug aus einem längeren Gedicht. Es geht auf die Odyssee zurück, wo sich Odysseus in der Höhle des Kyklopen den Namen „Niemand" beilegt. Als auf die Schmerzensschreie des von Odysseus geblendeten

Polyphem seine Genossen herbeieilen und fragen, wer ihn verletzte, antwortet der dumme Riese „Niemand", woraufhin seine Mitriesen in dem Glauben, er habe den Verstand verloren, wieder abziehen.

31: Stadt des Quirinus: Rom.

Hermann Kirchner (gest. 1620)

Hermann Kirchner, gebürtig aus Hersfeld, war Professor der Poesie zu Marburg; er starb 1620 in geistiger Umnachtung. Neben politischen und philosophischen Schriften hinterließ er eine *Centuria anagrammatismorum illustrium*, Frankfurt 1594, der diese Beispiele entstammen.

Anagramme

Es folgt jedem Anagramm noch ein Gedicht, das den Gedanken ausführt. – Diese wenigen Beispiele für eine mit bemerkenswertem Geschick und oft recht geistreich geübte Sprachspielerei mögen genügen.

Johannes Lauterbach Lusatius (1551–1593)

Geboren zu Liebau (Oberlausitz), war er ein Schüler Melanchthons; später wurde er Rektor zu Heilbronn. Wie viele seiner Zeitgenossen, schrieb er im Alter geistliche Lieder (deutsch und lateinisch), in der Jugend dagegen Leichteres.

Bohuslav Lobkowitz von Hassenstein (1462–1510)

Der aus einem alten böhmischen Adelsgeschlecht stammende Dichter war einer der gelehrtesten Männer seiner Zeit und hinterließ lateinische Oden und andere poetische Werke von hohem Wert. Das vorliegende Gedicht, noch an Mittelalterliches anklingend, verbindet souveräne Beherrschung der Form (ein prägnanter Dialog in nur 8 Versen, wobei jeder Sprecher sechs- bzw. fünfmal zu Worte kommt – eine aus der *Anthologia Graeca* übernommene Technik) mit einer von dem mittelalterlichen Totentanz schon verschiedenen Geistigkeit. Der Vergleich mit *Der Tod und das Mädchen* drängt sich auf.

Jakob Locher Philomusus (1471–1528)

Schüler des Celtis. Er übertrug Brants *Narrenschiff* ins Lateinische. Locher verbrachte einen Teil seiner Studienzeit in Italien, besonders als Schüler des Beroaldus zu Bologna, dessen Einfluß (vor allem sein oft nachgeahmter *Panthias Kuß*) sich in seiner Liebeslyrik widerspiegelt. Er war Professor in Ingolstadt und Freiburg, wo er jedesmal erbitterte Fehden führte. Äußerlich war er von wildtätigem Ungestüm (er verprügelte den Dichter Matthias Ringmann); sein wahrer Charakter zeigt sich jedoch in vielen seiner Gedichte, die einen höchst sensiblen, eigenste Gefühle ausdrückenden Dichter darstellen.

Liebesglück

2: Der Tagus (Tajo) war goldhaltig. – Der Schlußgedanke ist recht originell.

Abschied von Italien

2: Felsina ist der alte etruskische Name Bolognas. – 6: Wahrscheinlich auf Beroaldus bezogen. – Man vergleiche diesen von Italienheimkehrern oft geäußerten Gedanken z. B. mit der Klage des Janus Pannonius.

Johannes Lorichius (gest. 1569)

Nach dem Studium der Rechte trat Lorichius, der aus Hadamar in Hessen stammt, in holländische Kriegsdienste und wurde Rat und Geheimsekretär Wilhelms von Oranien; er fiel in der Schlacht. Er hinterließ 3 Bände Rätsel, ferner eine lateinische Tragödie *Hiob*; den Prediger Salomon sowie Jesus Sirach übertrug er in lateinische Verse und verfertigte auch (im elegischen Versmaß!) einen *Catalogus J⟨uris⟩ C⟨onsultorum⟩*.

In seinen *Rätseln in drei Büchern* (*Aenigmatum libri III*, 1545) bringt der Verfasser, dem Zeitgeschmack entsprechend, sowohl biblische wie profane Rätsel, darunter solche anderer Autoren. Diese meist recht abgeschmackten Scherzfragen mögen ein damals beliebtes Genre illustrieren.

Unter wem?

Das vorhergehende Rätsel drehte sich um Mönche. Den Doppelsinn „unter" = „zwischen" und „Gegensatz von ‚oben'" gibt es im Lateinischen nicht (inter!): hier liegt ein Germanismus vor.

Ehefreuden

Vgl.:   Zween guter tage tut der man vom weibe haben,
        wann er sie nehmen tut und wann sie wird begraben.

Petrus Lotichius Secundus (1528–1560)

Der Dichter, geboren zu Schlüchtern, bei Hanau, nannte sich „Secundus" zur Unterscheidung von seinem gleichnamigen Onkel, dem Abt des dortigen Klosters. Er studierte Medizin in Marburg, Philosophie, Rhetorik und klassische Sprachen in Wittenberg unter Camerarius und Melanchthon. Nach Kriegsdienst in den Truppen des schmalkaldischen Bundes machte er als Hofmeister wohlhabender junger Männer mehrere Reisen nach Frankreich und Italien, wobei er an dortigen Universitäten seine Medizinstudien fortsetzte. Er starb als Professor der Medizin in Heidelberg.

Die Eleganz seiner Dichtungen, deren sich Ovid nicht zu schämen bräuchte, machte ihn zu einem der bedeutendsten neulateinischen Dichter Deutschlands.

Er ist nicht zu verwechseln mit seinem Neffen Johann Peter (1598 bis 1669), gleichfalls Arzt und lateinischer Dichter, der außerdem einen sehr umfangreichen, aber wenig wertvollen Kommentar zu Petronius veröffentlichte (1640).

An Joachim Camerarius: Über die Belagerung Magdeburgs (1550)

Diese Elegie, eine der berühmtesten des Dichters, wurde von Opitz übersetzt. In Kretschmers Ausgabe (*Lotichii Poemata ... selectis P. Burmanni et C. F. Quellii notis illustrata*, Dresden 1773) steht zur Erklärung:

„Von allen Elegien des Lotichius ist dies ohne Zweifel die fürnehmste, doch haben sich ihrenthalben die Gelehrten weidlich gestritten. Vermeinten doch gar manche, darunter so hochgelahrte Herren als Morhoffius, Kortholtus und andere, es sey dies eine Prophezeyung, darinnen Lotichius das traurige Los, so die Stadt Magdeburg am 10. Mey 1631 betroffen, fast ein Jahrhundert zuvor vorausgesagt habe. Es vermeynen jedoch – und solches zu Recht – Ast, Baxlius, Heumannus und andere, es sey nur durch Zufall diese Elegie den Prophezeyungen zuzurechnen. Fest stehet nämlich, daß Lotichius diese Elegie verfaßt hat aus Anlaß der Belagerung der Stadt durch Kurfürst

Moritz von Sachsen, als welche dieser auf Befehl Karls des Fünften unternahm: so denn auch mit Lotichius männiglich vermeinte, es würde Moritz die hochberühmte Stadt verwüsten; doch ist uns aus jener Zeiten Geschichte kund, daß Magdeburg nicht stürmender Hand genommen wurde, sich vielmehro auf *Capitulation* ergeben."

Die bereits früh evangelisch gewordene Stadt hatte den „Interim" nicht anerkannt und wurde darum in die Reichsacht getan, mit deren Exekution der Kaiser den Kurfürsten beauftragte. Lotichius stellte sich freiwillig zur Verteidigung, doch war er für das Kriegshandwerk ungeeignet und hielt nur mit größter Anstrengung den Strapazen stand. Im Jahre 1551 kapitulierte Magdeburg, und zwar unter vorteilhaften Bedingungen: es wurde nicht geplündert und durfte Religionsfreiheit behalten. Im Dreißigjährigen Krieg dagegen wurde die Stadt zweimal belagert und litt fürchterlich: 1629 leistete sie Wallenstein sieben Monate lang Widerstand; 1631 wurde sie, wie oben erwähnt, von Tilly erstürmt. Fast die ganze Stadt wurde verbrannt, und ihre 36 000 Einwohner bis auf 400 ohne Ansehen von Alter oder Geschlecht niedergemetzelt. In Lotichius' Vision erscheint die „Magd" mit der Mauerkrone, die seit hellenistischer Zeit von personifizierten Städten bzw. deren schützenden Gottheiten getragen wird. Das Stadtwappen von Magdeburg ist ein auf den Zinnen zwischen zwei Türmen stehendes Mädchen, das einen Kranz in der rechten Hand erhebt. Die Stadt Magdeburg wird schon 805 als „Magathaburg" erwähnt. Der mythologische Name aus vorchristlicher Zeit verbindet *burg* + *magaþa* (Jungfrau), weshalb die Stadt auch schon in früher Zeit als „Parthenopolis" bezeichnet wurde.

Der Kampf zwischen Adler und Hahn (auch von anderen Dichtern behandelt) symbolisiert den Kampf Frankreichs gegen Karl V.: allerdings kann sich die Anspielung nicht auf Franz I. beziehen, da dieser schon 1547 gestorben war und nach anfänglicher Neigung zum Protestantismus schon 1540 das Toleranzedikt widerrufen und 1545 das Waldensermassaker durchgeführt hatte; sein Nachfolger, Heinrich II., übertraf ihn noch an Unduldsamkeit gegen den neuen Glauben. Immerhin kämpfte Heinrich aktiv gegen den Kaiser; in Deutschland boten ihm nach Karls Sieg bei Mühlberg (1547) die protestantischen Fürsten Metz, Toul und Verdun als Gegenleistung für seinen Beistand an. Über den Ausgang des symbolischen Vogelkampfes sagt Lotichius nichts.

Lotichius' Latein ist, wie in allen seinen Werken, von edelster klassischer Reinheit, wie auch seine Prosodie. Gelegentlichen Anklängen an antike Elegiker nachzugehen wäre müßig; jedenfalls kann sein Werk sich ihnen durchaus ebenbürtig zur Seite stellen.

7: *Callisto*: eine Nymphe im Gefolge der Artemis. Trotz ihres Keuschheitsgelübdes ließ sie sich von Zeus verführen; um sie den Nachstellungen seiner Gattin Hera zu entziehen, verwandelte er sie in ein Sternbild (Ursa Major oder Großer Bär). – 86 und 99: Der Schwan ist der Dichter selber.

Elegie 2: An seinen Gevatter Melchior Zobel

Melchior Zobel von Guttenberg studierte in Wittenberg, blieb aber dem alten Glauben treu. Geboren um 1500, verteidigte er im Bauernkrieg die Marienburg zu Würzburg und kämpfte 1532 freiwillig in Ungarn gegen die Türken, worauf sich dieses Gedicht wohl bezieht. Er wurde Fürstbischof von Würzburg, wo er 1558 einem Mord zum Opfer fiel.

16: nämlich als Landsknecht. – 18: Getisch und Hunne bezieht sich auf die Türken. – 48: „Geh nun" *(I nunc)*: ironische Aufforderung, die man oft in der römischen Satire findet. – 53 f.: Da dies Balkanlokalitäten sind, wird hier wohl auf den vom Kaiser gegen die Türken geplanten Krieg angespielt. – 69: Lehnt sich an einen Horazvers an.

An Johannes Altus, den liebenswürdigen Dichter

Der Brauch, auf jeden Buchstaben des Namens der Geliebten ein Glas zu leeren, wird vielfach erwähnt, u. a. von Martial. Es setzt dieser Brauch ein nicht geringes Maß an Trinkfestigkeit voraus, und ob Violantillas Liebhaber fähig war, zur zweiten Runde anzutreten, entzieht sich unserer Kenntnis.

Auf ein Bild deutscher Landsknechte

Das Gedicht geht zurück auf die persönlichen Erlebnisse des Dichters, als er sich zur Verteidigung Magdeburgs 1550 freiwillig zum Kriegsdienst gemeldet hatte, dessen Roheit und Strapazen jedoch nicht zu ertragen vermochte. Die Landsknechtskleidung war „abscheulich", nicht nur weil sie buntscheckig und geschmacklos zusammengestellt war, sondern durch Überbetonen des „Hosenlatzes" Phallusaggressivität demonstrierte: man vgl. die Darstellungen aus dem Landsknechtsleben von Joh. Utz, der selber Landsknecht war.

Das unglückliche Mädchen

Der Dichter findet volksliedhafte Töne in einfachen Worten; mythologische Anspielungen oder klassische Reminiszenzen werden nicht bemüht.

Ekloge 2. Viburnus, Lycidas, Acron: drei Jäger

Inhaltlich ist das Gedicht autobiographisch; im Süden, wohin Lotichius zwei adlige Jünglinge als Hofmeister begleitete, erreichte ihn die Nachricht von den Verwüstungen, die Albrecht „Alcibiades"[1] von Brandenburg 1553 in Franken anrichtete.

Echtes Gefühl vertieft das formvollendete Gedicht, dessen Sprache von klassischer Schönheit ist. Anklänge an Vergil und Ovid sind natürlich zahlreich; man vergleiche etwa Vers 33–37 mit Vergil *Ecloga* 1, 64–72; oder Vers 32 f. mit *Aeneis* 1, 100 f. *ubi tot Simois sub undis / scuta virum galeasque et fortia corpora volvit* – es fehlt nicht an Reminiszenzen dieser Art. Trotzdem ist das Werk nicht, wie manche andere der Zeit, eine bukolische Pastiche à la Vergil (oder Baptista Mantuanus). Wie in seiner Vision vom Falle Magdeburgs zeigt sich der Dichter in erstaunlicher Weise als *vates* – Seher, indem er die Greuel des nächsten Jahrhunderts voraussahnt.

Kompositorisch leidet das Gedicht daran, daß es aus zwei verschiedenen Teilen besteht, deren Zusammenschmelzen zur Einheit nicht ganz gelungen erscheint. Mit Vers 66 schließt der erste Teil, der gut selbständig bleiben könnte; der etwas kürzere zweite Teil, so schön auch der Zwiegesang der Jäger ist, folgt unorganisch und mit nicht ganz zwangloser Überleitung – „zufällig saßen beide in der Höhle nebenan". Die Absicht, „den Freund zu trösten", kommt erst in 118 und 122 zum Ausdruck, wo der von Seneca, Petronius und anderen formulierte Gemeinplatz ausgeführt wird (vgl. Heine: „Immerhin! Mich wird umgeben / Gotteshimmel dort wie hier / Und als Totenlampen schweben / Nachts die Sterne über mir").

3: *Varus*: der Var (nicht im gleichnamigen Departement, sondern im Alpes-Maritimes, der französischen Riviera). – 13: Es liegt ein gewisser Widerspruch darin, wenn ein „durch Taten des Krieges berühmtes" Land sich nun beklagt, daß es die Kriegstaten anderer erleidet.

40 ff.: Austern usw. Dies waren (und sind) Delikatessen; Horaz z. B. rühmt Austern und die Seeigel von Misenum. Der Seeigel *(Echinus esculentus)* gehört zur Familie der Echinoiden, Ordnung Echinodermata, Klasse Radiaten (Strahltiere); zusammen mit Austern und Muscheln gehört er zur dritten Art des Tierreiches (Mollusken). Nach

heutigen Begriffen wäre es nicht eben schrecklich, von diesen Ingredienzien der zu Recht berühmten Bouillabaisse leben zu müssen. Lotichius jedoch vertritt sowohl die Auffassung seiner Zeit, wonach der Fischer geringer geachtet wurde als der Jäger, wie auch die antike Meinung, daß Fischnahrung „unheroisch" sei. Obwohl die Griechen seit frühester Zeit natürlicherweise weitgehend von Fisch lebten (dies war, getrocknet, ihr erster Import vom Schwarzen Meer), essen Homers Helden nur Fleisch und Brot (so wie der primitive Nicht-Feinschmecker in Amerika sich noch heute als „meat-and-potato-man" bezeichnet). Viburnus' Klage wird übrigens bald durch die detaillierten Jagdschilderungen seiner Genossen widerlegt: ihre Netze sind Jagd-, nicht Fischnetze.

46: *Cynthius.* Dies dürfte die nahe Lotichius' Geburtsort Schlüchtern im Hessischen entspringende Kinzig sein (nicht zu verwechseln mit dem gleichnamigen Nebenflüßchen des Rheins im Badischen). – 51: Die doppelte Zäsur nebst Binnenreim geben Hall und Widerhall trefflich wieder. – 66: Die Elision von *eum* ist etwas hart. – 68: *descendens*: mangels eines Part. Perf. Act. muß im Lateinischen das Präsens stehen; natürlich *ist* er schon herabgestiegen. – 69 f.: Vgl. Vergil *Ecloga* 7, 4 f. *ambo florentes aetatibus, Arcades ambo, / et cantare pares et respondere parati.* – 78. Myrten: die Myrte war Venus geweiht. Der Sinn ist also: jetzt noch fast ein Knabe, werde ich bald der Liebe huldigen. – 83 ff.: Vgl. Vergil *Ecloga* 2, 63–65. – 92 f.: Vgl. Vergil *Ecloga* 7, 29 *Saetosi caput hoc apri tibi, Delia, parvus / et ramosa Micon vivacis cornua cervi.* – 93: *Trivia*: einer der drei Aspekte der Artemis (Diana). – 106: *Cydonia: mala Cydonia,* Quitten, wurden zuerst bei der Stadt Cydonia, auf Kreta, kultiviert. Angehörend dem Genus *Pyrus* der Ordnung *Rosacea* war die Quitte (auch *malum Cotoneum* genannt) bei Griechen und Römern als Abwehrmittel gegen den bösen Blick bekannt: viele Gottheiten sind mit einer Quitte in der Hand dargestellt. Die Quitte figurierte bei griechischen Hochzeitszeremonien; vielleicht ist daher des Jünglings Erwähnung gerade dieser Frucht eine Anspielung auf ernstere Absichten. – 108: Die im Dickicht gezogenen Netze müssen zum Trocknen aufgehängt werden. „Vertraut nicht dem Monde", d. h., kehrt ins Haus zurück; Nachtluft und Mondlicht galten als ungesund. – 113 f.: Diese Verse sind besonders schön und bildhaft. – 115: *exul ago*: intransitives *ago* (ohne Adverb oder dgl.) ist recht selten. Vielleicht wäre *agor* zu lesen, unter Weglassung des *et*, wobei allerdings der Binnenreim *agor-meditor* sowie der (Beinahe-) Endreim *amores* einen unerwünschten Leoninus ergeben würde. – 125: Donau: er verspricht ihnen also doch die Heimkehr.

Peter Luder (um 1410–nach 1474)

Der zeitlich erste humanistische Dichter Deutschlands wurde zu Kislau in Franken geboren, studierte in Italien und wurde dann wandernder Lehrer der Poesie an den Universitäten Heidelberg, Erfurt, Leipzig und Krakau; später trat er in österreichische Staatsdienste. Sein allen Ausschweifungen ergebener Lebenswandel erregte viel Ärgernis. Von seinen Gedichten, die noch formale Rauheiten zeigen, sind nur wenige erhalten.

Philipp Melanchthon (Schwarzerd, 1497–1560)

Der überragenden Bedeutung des großen Reformators kann eine kurze Skizze nicht gerecht werden. Nachdem er sechs Jahre als Student und Lehrer in Tübingen verbracht hatte, berief ihn 1518 der Kurfürst von Sachsen als Professor des Griechischen nach Wittenberg. Damit wurde Wittenberg die Schule der Nation und Melanchthon der *praeceptor Germaniae*. Unter seinem Einfluß verdrängte der Geist der Renaissance die Scholastik aus der Universität. Seine griechischen Vorlesungen inspirierten Luther zum Griechischstudium.

Über die führende Rolle Melanchthons in der Reformation kann hier nicht gehandelt werden. Sein klares Denken, verbunden mit höchster Eleganz seines lateinischen Stils, machte ihn zum Federführer der Bewegung. Dennoch sah sich der milde und gütige Mann immer wieder in theologische Zänkereien hineingerissen und, nach Luthers Tod, sogar gehässigen Anfeindungen von protestantischer Seite ausgesetzt. Darüber hinaus aber inspirierte er einen ganzen Kreis von jungen Gelehrten und Dichtern; und wenn auch in seinen Werken, die im *Corpus Reformatorum* 28 Bände füllen, seine eigene Poesie nur wenig Raum einnimmt, so ist doch das relativ Wenige von hoher Vollendung der Form und Tiefe des Inhalts.

In seinen poetischen Werken finden sich auch zahlreiche Übersetzungen aus dem Griechischen, besonders aus der *Anthologia Graeca*.

Die Rohrfeder

Vgl. Erasmus' Epigramm an Wilhelm Nesen. Dieses hübsche Epigramm datiert von 1523.

Über die Mondfinsternis am 28. Oktober 1547

18: Die Zyklopen, deren bekanntester Polyphem war, wurden schließlich von Apollo vernichtet. – 19 ff.: Siehe *Odyssee* 20, 345 ff. – 29 ff.: Dies ist eigentlich die Beschreibung einer Sonnenfinsternis. – 34: Atlas' Enkel: Merkur (Hermes), Sohn der Maja, der Tochter des Atlas. – 38: Stoiker: es war der berühmte stoische Lehrer Poseidonios, der die Astrologie in Rom heimisch machte.

Es ist eigenartig, wie dies Gedicht selbst einen Melanchthon noch tief im mittelalterlichen Vorzeichenglauben befangen zeigt.

An einen Verteidiger des Zölibats

Der Berg Ida in Phrygien war der Magna Mater oder Mater Deorum, der mit Astarte gleichgesetzten Cybele, heilig. Ihre Priester entmannten sich (siehe Catulls *Atthis*), was sie aber nicht hinderte, ein zuchtloses Leben zu führen und insbesondere sich der passiven Päderastie hinzugeben (nähere Beschreibung in Apuleius, *Metamorphosen*).

Paul Melissus Schede (1539–1602)

Der vielseitig begabte Mann stammte aus Franken und war ein Schüler des berühmten Stigel in Jena. In Wien zum poeta laureatus gekrönt, wurde er schließlich Bibliothekar in Heidelberg, nachdem er auch in Frankreich gelebt hatte. Seine Dichtungen zeigen große Formgewandtheit, sind aber weitgehend höfischer Schmeichelei gewidmet, die er an den Kaiser und andere Monarchen, insbesondere an Königin Elisabeth von England, richtete. Besonders die an diese gerichteten Ergüsse überschreiten die Grenze zum ungewollt Komischen. Er schrieb auch Französisch, übersetzte Gedichte des Clément Marot und verfaßte gereimte deutsche Psalmen. Er stand in Verbindung mit Sprachgelehrten und mit Martin Opitz; Zincgrefs Opitzausgabe von 1624 enthält 5 deutsche Gedichte von ihm. Auch als Musiker und Komponist war er tätig. Man kann ihn, wenn auch mit Abstand, bald nach den führenden lateinischen Dichtern seiner Zeit nennen.

An Janus Gruter über Jana Smetia, die er Phlogilla nennt

Jan Gruter, Herausgeber der berühmten Gedichtsammlungen *Delitiae Poetarum Germanorum*, ebenso *D. P. Gallorum* und *Italorum* (1612) beherzigte obige Empfehlung und heiratete die junge Dame. Sein wirklicher Name war Gruyter; er war ein bedeutender Gelehrter, der mehrere Klassiker herausgab und sich um die Epigraphik verdient machte. Er dichtete selbst lateinisch und stand mit den meisten Dichtern seiner Zeit in freundschaftlichem Briefwechsel.

Melissus ist sein Vorhaben, große Dichtung zu schreiben, nie ganz geglückt, obwohl es ihm an Selbstgefühl nicht mangelte. Auch in diesem Gedicht besteht eine leicht komisch wirkende Diskrepanz zwischen der klassischen Form der Ode und dem prosaischen Inhalt.

An die Dichter Italiens, Frankreichs und Spaniens

6: aonisch: Aonia war der alte Name Böotiens; dort befand sich nahe des den Musen heiligen Helikon-Berges der Hippokrene-Quell, den der Hufschlag des Pegasus dem Felsen hatte entspringen lassen. –

Hinsichtlich des späten Beginnes des Lateinstudiums sowie des stolzen Selbstgefühls der deutschen Humanisten, die trotz dieses Handikaps den Dichtern romanischer Länder nicht nachzustehen glaubten, vgl. u. a. Hessus, *An die Nachwelt*, Vers 80–88.

Jakob Micyllus (Moltzer, 1503–1558)

Der hochbegabte Jüngling bezog schon mit 15 Jahren die Universität. In Erfurt war er ein führendes Mitglied des dortigen Humanistenkreises, befreundet mit Camerarius und Lehrer des Lotichius. 1527 wurde er Rektor in Frankfurt a. M.; er starb als Professor in Heidelberg. Er hinterließ eine umfangreiche Sammlung von Gedichten, darunter zahlreiche auf Griechisch, war Verfasser einer berühmten Metrik, von Kommentaren zu Homer, Martial, Ovid, Lucan, Euripides u. a., auch übersetzte er Tacitus ins Deutsche. Er war als Lehrer und Freund eine höchst anziehende Persönlichkeit.

Über die Kürze des Lebens

1: Vgl. Heraklits Ausspruch: „Man kann nicht zweimal in denselben Fluß steigen." – 5 f.: Vgl. Catull *soles occidere et redire possunt / nobis cum semel occidit brevis lux / nox est perpetua una dormienda.*

Für Eusebius Micyllus

Micyllus schrieb Epitaphien auch auf seine Söhne Hieronymus (15 Wochen), Caspar (15 Monate), seine Töchter Lucretia (8 Jahre) und Catherina (12 Jahre). Seine Frau, Gertrud, starb 1548 im Alter von 40 Jahren.

Johannes Murmellius (1480–1517)

Er stammte aus Roermond in Holland und besuchte die Schule zu De-
venter, wo er unter Hegius' Einfluß zum Humanismus kam. Zweimal
wirkte er erfolgreich in Münster; als er dann Rektor zu Alkmaar wurde,
verlor er seine ganze Habe durch Plünderung im Zuge der Geldernschen
Wirren. Schließlich wurde er Rektor seiner früheren Schule in Deven-
ter, starb aber bald darauf – wie überliefert wird, an Gift, das ihm ein
literarischer Gegner beibringen ließ; denn trotz der Lauterkeit und
Frömmigkeit seiner Gesinnung hatte es ihm weder in Münster noch daheim an Feinden gefehlt. – Außer einigen Marienliedern verfaßte er
Elegien und Eklogen philosophisch-didaktischen Inhalts sowie eine Reihe
paränetischer Gedichte an den nachmaligen Kaiser Karl V.

Der Bücherfreund. An Heinrich Morlage

Heinrich Morlage, Kanonikus zu Münster, hatte eine Bibliothek, die
schon 1490 von Hermann von dem Busche bewundert wurde. – Dies ist
ein typisches Gelehrtengedicht: die Begeisterung über die Buchdruck-
kunst ist echt und tief empfunden (vgl. hierzu Sebastian Brant), aber
der Ausdruck ist vielfach prosaisch, und es wird ein Übermaß nicht
immer treffender Vergleiche aus der Antike an den Haaren herbeigezogen.
So gründete zwar Asinius Pollio die erste öffentliche Bibliothek Roms;
T. Pomponius Atticus, Ciceros hochgebildeter Freund und Bankier,
ließ Handschriften in großer Zahl abschreiben; Pamphilus „Martyr" aus
Berytus, ein christlicher Gelehrter, der die Bibliothek des Origenes aus-
baute, wurde (nach Eusebius) 309 als Märtyrer enthauptet. Ptolemaios II.
Philadelphos (285–246) ließ nach der (heute nicht mehr geglaubten) Le-
gende den Pentateuch durch 72 jüdische Gelehrte ins Griechische über-
setzen (daher „Septuaginta", was eigentlich „septuaginta duo" lauten
sollte) – aber das hat mit dem Buch- und Bibliothekswesen kaum mehr
zu tun. Peisistratos, Tyrann von Athen (gest. 528 v. Chr.), soll nach
einer jetzt ebenfalls bestrittenen Überlieferung eine Homerredaktion
haben vornehmen lassen. Daß aber der Ruhm Caesars, des Lucullus und
der anderen hier genannten auf Literaturförderung beruhe, ist wohl
recht übertrieben. Pedantisch ist auch die Aufzählung von Kostbarkei-
ten des Altertums, die zu Murmellius' Zeit nicht mehr aktuell waren:
etwa die Tische aus Citrusholz, der aus Kolchis importierte Fasan u.
dgl. Auf die Hälfte seines Umfanges reduziert, wäre dies allzu gelehrte
Gedicht besser.

Ermahnung an Erzherzog Karl

Dieses und das folgende Gedicht entstammen einer 1515 verfaßten Sammlung von Gedichten, genannt *Caroleia*. Sie war an den fünfzehnjährigen Erzherzog Karl von Österreich, den nachmaligen Kaiser Karl V., gerichtet, der damals die Herrschaft über die Niederlande angetreten und am 23. Januar 1515 seine „joyeuse entrée" (blijde intocht) in Leuwen gehalten hatte. Ohne besondere poetische Meriten zu besitzen, illustrieren diese Gedichte die charakteristische Freimütigkeit der frühen Humanisten, die vor gekrönten Häuptern noch nicht in kriechender Demut erstarben, sondern auch sie in ihr pädagogisches Streben einbezogen.

An denselben

Ganz im Stil des Horaz, an den einzelne Wendungen anklingen, wird hier das stoische Ideal römischer Prägung ohne Beimischung christlicher Moral verkündet.

Janus Pannonius (1433–1472)

Janus Pannonius, wie sich Johann von Schemnitz (János Csezmeczey) nannte, war ein Neffe des Kardinals János Vitez (1408–1472), der als erster dem Humanismus der Frührenaissance den Zugang nach Ungarn eröffnete. Pannonius studierte 17 Jahre lang unter dem berühmten Guarini in Verona, brachte es zu höchster Vollkommenheit in Latein wie in Griechisch und wurde schließlich Bischof von Fünfkirchen. In eine Verschwörung gegen König Matthias verwickelt, flüchtete er nach Agram (Zagreb) und starb dort. Kriegswirren ließen den ungarischen Humanismus nach vielversprechendem Beginn nicht weiterblühen. Pannonius, der mit gleichem Recht von Ungarn, Kroaten und Deutschen als Landsmann betrachtet wird (und ebenso zurecht als Wahlitaliener), blieb der bedeutendste lateinische Dichter Ungarns.

Elegie 12. An den Schlaf, als er nicht schlafen konnte

Dieses Gedicht umfaßt, ließe man den Refrain einige Male weg, ungefähr 100 Verse; es ähnelt also den damals in der italienischen Renaissancedichtung beliebten Hekatonsticha. Wahrscheinlich stammt es aus der Anfangszeit seiner im folgenden Gedicht beschriebenen Krankheit.

   Man sollte fast annehmen, daß Pannonius das schöne Gedicht des Statius *An den Schlaf* nicht kannte; Statius drückt in 19 Zeilen ergreifend und zeitlos das aus, was hier unter einem Wust vertrackter Gelehrsamkeit erstickt wird. Den Vergleich mit dem noch heute unterschätzten Statius kann Pannonius also nicht aushalten; trotzdem ist dieses Gedicht von Interesse. Wer dächte beim Lesen von Vers 15 bis 20, mit ihrem grotesken Realismus (besonders den langnasigen Ungeheuern) nicht an Gemälde von Hieronymus Bosch oder Breughel? Hier mischt sich Mittelalterliches mit der „neuen Gelehrsamkeit".

Gewissenhaft werden in Vers 31 bis 38 die Schlafmittel der damaligen Pharmakopöe aufgezählt, wiederum gefolgt von klassischen Anspielungen die, der Sitte der Zeit entsprechend, möglichst „getarnt" werden (er wird nicht „Griechen und Trojaner" sagen, wenn es entlegenere Namen wie „Pelasger und Phrygier" gibt). Hübsch aber, und nicht der Originalität entbehrend, sind die Versprechungen, mit denen er (95 ff.) den Schlaf locken will.

1: Schon bei Homer erwähntes sagenhaftes, in Nebel und Dunkel gehülltes Land im unbekannten Norden. – 4: *Pasithea*: eine der drei Grazien (Chariten), auch als „Aglaia" bekannt. – 24: Murmeltier: *Glis* ist zwar strenggenommen die Haselmaus, aber das zur Ordnung Nagetiere *(Glires)* und Familie Eichhörnchen *(Sciurina)* gehörende Murmeltier *(Arctomys marmota L.)* ist ebenfalls ein Winterschläfer. – 27: *Endymion*: ein schöner Jüngling, dem Zeus (entweder auf eigenen Wunsch oder auf Verlangen Selenes) ewige Jugend und beliebig langen Schlaf verlieh; daher das Sprichwort *Endymionis somnum dormire*. Selene (Luna) besuchte jede Nacht den Schlafenden, was ihn nicht hinderte, mit ihr 50 Kinder zu erzeugen. Es ist das uralte Märchenmotiv vom „schönen Schläfer" (Dornröschen). Die uns überlieferte Endymionlegende hat offenbar mehrere Traditionen verschmolzen; auch gibt es die euhemeristische Erklärung, daß seine Liebschaft mit dem Mond nichts anderes bedeute als Interesse an Astronomie. – 33: Der entsprechende Vers des Originals ist spondeisch. – 35: *Anethum*: *A. graveolens L.*, bekannter als „Dill": der Samen *(semen anethi hortensis)* wurde zu Arzneizwekken gebraucht. – 38: *Mandragora*: diese zur Ordnung der *Solanaceae* gehörende Pflanze *(Mandragora officinarum)* war schon in ältester Zeit als Brech-, Abführ- und Betäubungsmittel bekannt; nach Isidorus und Serapion wurde sie bei Operationen verwendet. Ihre Wurzel (schon von Pythagoras als „anthropomorph" beschrieben) hatte als „Alraune" oder „Galgenmännchen" magische Eigenschaften. – 76: Bezieht sich wahrscheinlich auf die Verlängerung der Nacht, während der Jupiter in der Gestalt Amphitryos mit dessen Gattin Alkmene den Herkules erzeugte. – 83–86: Möglicherweise wird auf die Irrfahrten von Paris und Helena vor Erreichung Trojas angespielt; doch spricht die Überlieferung nur von Zypern und Phönizien, nicht von Kos, und erwähnt auch nicht Juno als treibende Kraft. Diese recht dunklen Verse, die der Ausgabe von 1719 entnommen sind, fehlen in der 1951 zu Zagreb erschienenen Ausgabe von N. Šop, *Janus Pannonius, Pjesme i epigrami: tekst i prijevod*, in der Reihe Hrvatski Latinisti II. – 92: Schwester: etwas gezwungen; im Griechischen sind *Hypnos* (Schlaf) und *Thanatos* (Tod) maskulin, lateinisch *mors* ist feminin. – 104: das zweifache Tor: Wahre Träume kamen durch ein hörnernes, lügnerische durch ein elfenbeinernes Tor (Vergil *Aeneis* 6, 893–896). – 108: *Acidalia*: der Aphrodite heiliger Quell in Böotien, in dem die Grazien badeten. Eigentlich waren die drei Grazien (Homer kennt nur zwei) permanent jungfräulich, weshalb hier die Hingabe an den Schlaf wohl nur metaphorisch zu nehmen ist.

Elegie 13. Klage über seine Kränklichkeit (März 1466)

An diesem, in der Krankheitsschilderung teilweise noch mittelalterlich-realistischen, Gedicht fällt auf, daß der Verfasser, obwohl Bischof, keinerlei christliche Ergebung in sein Los noch auch Jenseitshoffnung an den Tag legt. Vielleicht wirkt aber darum diese Klage, mit ihrer klinisch-detaillierten Schilderung seines jämmerlichen Zustandes, unmittelbarer und ergreifender als sein zweieinhalbmal so langes Gedicht über seine Schlaflosigkeit; auch die mythologischen Anspielungen sind gering an Zahl. – Er lebte noch sechs Jahre.

13: das halbe Tertian: ein Tertianfieber ist ein alle drei Tage wiederkehrender Paroxysmus (*febris intermittens*), so daß ein halbes Tertian alle eineinhalb Tage wiederkam. – 27 f.: Marcus Atilius Regulus, Konsul im Ersten Punischen Krieg, wurde nach anfänglich siegreichem Kampf gefangengenommen und auf Ehrenwort nach Rom entsandt, um über Gefangenenaustausch und Friedensschluß zu verhandeln. Er widerriet beides und kehrte freiwillig nach Karthago zurück; dort wurde er aufs grausamste hingerichtet. Man setzte ihn nach Abschneiden der Augenlider der Mittagssonne aus und warf ihn danach in ein nach Art der „eisernen Jungfrau" mit Eisenspitzen besetztes Faß (um 250 v. Chr.). Siehe Paulus Orosius 4, 10, 1; Livius 18 (Periocha); Cicero, In Pison. 43; Valerius Maximus 9, 2, ext. 1. – 39: Hebe, eine Tochter Jupiters und Junos, war Mundschenkin der Götter, bis sie dieses Amtes enthoben und durch Ganymedes abgelöst wurde. Herkules, nach seinem Tode in den Olymp versetzt, heiratete dort Hebe, was ihn mit Juno, die ihn früher verfolgt hatte, versöhnte. Hebe war die Personifizierung ewigjugendlicher Schönheit; sie wurde in Rom als „Juventus" verehrt.

Willibald Pir(c)kheimer (1470–1530)

Aus einem Nürnberger Patriziergeschlecht stammend, studierte er in Italien, wurde Rat und diplomatischer Vertreter der Stadt im Ausland, auch kommandierte er deren Truppenkontingent und beschrieb seine Kriegserlebnisse. Er ergriff Reuchlins Partei; nach anfänglicher Sympathie für die Reformation wandte er sich von ihr ab. Er übersetzte griechische Werke ins Lateinische; Dürer illustrierte einige seiner Werke; er war an der satirischen Schrift *Eccius dedolatus* beteiligt und verfaßte eine witzige Apologie der Gicht. Pirckheimer wurde der Mittelpunkt eines Kreises bedeutender Humanisten; in seiner Person vereinigte er das Bildungsideal des italienischen mit dem des deutschen Humanismus.

Auf den Tod Dürers

Dürer starb 1528; Pirckheimer folgte ihm zwei Jahre danach. Die enge Freundschaft zwischen dem hochgestellten Patrizier und dem ursprünglich aus dem Handwerkerstand stammenden Künstler ist ein weiterer Beweis für die dem Humanismus zu verdankende Nivellierung der mittelalterlichen Ständescheidung. Pirckheimers formvollendete Elegie trägt das Gepräge echten, unmittelbaren Gefühls.

Elias Reusner (1555–1619)

Der Verfasser, aus Leobschütz in Schlesien stammend, war Professor der Medizin in Jena.

Zur zweiten Eheschließung Friedrich Wilhelms, Herzog von Sachsen

Dies ist ein (glücklicherweise kurzes) Beispiel der Serenissimus-Bedichtung, in der sich beide Reusners gefielen; Nikolaus allerdings mit mehr Geschick. – Im ersten Viertel des Gedichtes wird der nicht ganz neue Gedanke von der Unbeständigkeit Fortunas ausgeführt; dann wird die Verstorbene gepriesen, worauf der besonders hübsche Gedanke der Wiedergutmachung mit Zinsen folgt, der wahrhaft originell ist. Die unvergleichlichen Gaben der hohen Frau werden gerühmt; das Wortgeklingel von *amor* und *amarus* ist wenig originell.

Die Wendung *glykypikros Eros*, bittersüße Liebe, stammt von Sappho.

11: columen: wer dächte hier nicht an Lucilius' *Lucilei columella heic situ' Metrophanes* (Hier liegt Metrophanes, die stützende Säule vom Hause des Lucilius)? – 25–31: In diesen Versen erscheinen: Formen von *amor* viermal, *amarus (amaror, amarities)* viermal, *dulcis* dreimal (nicht zu rechnen *glykypikron* sowie den das Schlafzimmer durchrinnenden Honig).

Nikolaus von Reusner (1545–1602)

Er entstammte einer ursprünglich im östlichen Ungarn und Siebenbürgen ansässigen Familie, die sich dann bei Löwenberg (Schlesien) auf ihren Besitzungen niederließ.

Nikolaus von Reusner aus Leobschütz war ein Rechtsgelehrter und Polyhistor von hohen Graden; Fürsten – darunter Kaiser Maximilian – belohnten ihn für seine panegyrischen Briefe und Gedichte. Der außergewöhnlich begabte Nikolaus bezog schon mit 15 Jahren (1560) die Universität Wittenberg; später wurde er Professor der Rechte in Straßburg und danach in Jena. Kaiser Rudolf II. verlieh ihm 1594 den Erbadel eines *comes Palatinus*.

Auch seine drei Brüder, Elias, Bartholomäus und Jeremias waren angesehene Gelehrte; Elias, der gleichfalls hier vertreten ist, war Professor der Medizin in Jena.

An Joachim Friedrich, Administrator von Magdeburg, Markgraf zu Brandenburg

Der Dichter bietet dem jungen Mann gewissermaßen einen Public-Relations-Vertrag an: subventioniere mich, damit ich dich populär mache; inzwischen eine kurze Talentprobe. – Man beachte, daß der Dichter nicht ins einzelne geht; mit verändertem Namen könnte das Gedicht wohl auf jeden Serenissimus passen. Darum wird ja auch am Schluß detaillierte Behandlung angekündigt. Der Gedanke, daß der Dichter seinem Mäzen ewigen Ruhm garantieren werde, war ein Gemeinplatz der Renaissance; Filelfo und viele andere geben solche Versprechen *(non ingratus ero)*.

Reusner variiert den Ausdruck dieses Gedankens in den vielen Gedichten, die er an eine große Zahl von Fürstlichkeiten richtete. An den König von Dänemark:

> . . . vatis sit tibi cura tui:
> sic meliore tuas celebrabit carmine laudes
> nec nos immemores esse querere tui.

An denselben:

> Tu modo laetus ades, tu vires suffice laudi.

An einen anderen (ein gut gelungener Vers):

> Quam tribuunt Musae, longum laus durat in aevum.

Joachim Friedrich (1546–1608) war übrigens ein „begabter" junger Mann: schon im Alter von 7 Jahren war er Bischof von Havelberg, zwei Jahre später von Lebus; Administrator von Magdeburg wurde er 1566 (das Gedicht datiert aus diesem Jahr). Später wurde er Kurfürst von Brandenburg und De-facto-Beherrscher von Preußen. Er war ein kluger und erfolgreicher Fürst. Im Jahre 1608 gründete er das Gymnasium zu Joachimsthal, das dann als Joachimsthalsches (später Joachim-Friedrich-)Gymnasium nach Berlin verlegt wurde.

Matthias Ringmann Philesius (1482–1511)

Ein in einem Vogesendorf (vermutlich Reichsfeld) geborener Bauernsohn, studierte er in Freiburg und Heidelberg. Er war ein Schüler Wimpfelings. Auch in Paris hielt er sich auf, wirkte dann in verschiedenen elsässischen Druckereien (nach heutigem Begriff Verlagen) und wurde Lehrer, erst in Colmar, dann in Straßburg. Neben pädagogischen Werken veröffentlichte er die erste Caesarübersetzung. Seine hier wiedergegebene Elegie auf den Wasgau ist ein schönes Dokument der Heimatliebe.

Die Vogesen

Einige lateinische Wendungen zeigen noch mittelalterliches Gepräge, wie z. B. *villanus* (25), was eigentlich Leibeigener bedeutet (franz. *vilain*, engl. *villain*), hier aber = „ländlich" gebraucht wird. Auch *a longe* (27) ist nicht klassisch.

10: Mediomatrisch: nach diesem Stamm soll Metz heißen. Im lateinischen Text verschleiert das ungefüge Wort regelwidrig die Zäsur – 29: *Odilia*: Die heilige Ottilie, gest. um 720, ist die Schutzheilige des Elsaß. Das angeblich von ihr gegründete Kloster Mont-Sainte-Odile – schon in vorchristlicher Zeit eine Kultstätte – ist noch heute ein Wallfahrtsort.

Georg Sabinus (Schüler, 1508–1560)

Geboren in Brandenburg, studierte er in Wittenberg unter Melanchthon. Er verlobte sich mit der erst zwölfjährigen Tochter Melanchthons, Anna, und heiratete sie später (Heirat mit der Tochter seines Professors hat dem Fortkommen eines Studenten nur selten geschadet). Allerdings war die Ehe nicht glücklich, und Anna starb jung.

Sabinus wurde Professor der „Poesie und Beredsamkeit" zu Frankfurt a. d. O. und später der erste Rektor der neugegründeten Universität Königsberg.

Seine im Stil Ovids formvollendeten Elegien sowie sein *Hodoeporicon itineris Italici* zeigen ein frisches, manchmal liebenswürdignaives Talent.

Teufelsspuk (aus Elegie 3)

3: Speyer hieß zur Römerzeit *Augusta Nemetum*, nach dem im belgischen Teil Galliens ansässigen Stamm der Nemeter. – 6: Griechisch σπεῖρα bedeutet Manipel oder Kohorte. – 73: Fließendes Wasser ist ein Hindernis für Teufel und böse Geister.

Als die Bitterkeit theologischer Zänkerei zunahm und sich das Nahen der Religionskriege bedrohlich abzeichnete, warnten viele der humanistischen Dichter vor dem nahenden Unheil. Viele von ihnen appellierten auch an die Fürsten der gesamten Christenheit, sich lieber gegen die Türken zu einigen.

Abschied (aus dem Italienreisebuch)

Zwar ist diese Passage weder hochpoetisch noch frei von Mängeln – Sabinus braucht zwei, noch dazu geborgte Verse (3 und 4), um den einfachen Gedanken „dann sagte ich" auszudrücken; Vers 12 und 13 hinken auch im Original dem schon vorher ausgedrückten Gedanken nach, und die mythologische Gelehrsamkeit von Vers 20 könnten wir gern entbehren –, aber sie enthält doch echtes Gefühl der Dankbarkeit für den geliebten Lehrer, und die Episode mit Annas Sträußchen ist charmant.

Sabinus ging in seinem letzten Lebensjahr als kurbrandenburgischer Gesandter nach Italien; hier aber handelt es sich um eine um 1532 angetretene Reise, in der sich das so oft wiederkehrende Italienerlebnis des Deutschen spiegelt.

19: *Antenor,* ein trojanischer Prinz, entkam der Sage nach unabhängig von Aeneas aus Troja und gründete im Gebiet des Euganerstammes, den er an den Alpenrand verdrängte, die Stadt Padua.

Schuld und Sühne (aus dem Italienreisebuch)

Diese Episode aus Sabinus' Reisetagebuch ist sicherlich nicht erfunden, wohl aber die erbauliche Rede des sterbenden Galans: sie entspricht der Tradition der Delinquentenrede.

23 f.: *pretium* (Preis) und *preces* (Bitten) ähnelten einander im Klang der damaligen Aussprache *prezium* bzw. *prezes*.

Der ganze Vorfall verdeutlicht die Notwendigkeit ausreichender Straßenbeleuchtung; im übrigen ist Sabinus' moralische Entrüstung unfreiwillig komisch.

Venedig (aus dem Italienreisebuch)

29 f.: Dies bezieht sich wohl auf die mit höchster Goldschmiede- und Juwelierskunst verzierte *pala d'oro* des Hochaltars. Byzantinisches Emailwerk auf Goldplatten ist mit Perlen, Rubinen, Saphiren, Smaragden und zahllosen Halbedelsteinen aufs kostbarste geschmückt. Auch der Domschatz umfaßt herrliche Kleinode. – 31 ff.: Mit der Pferdeanekdote hat man Sabinus einen Bären aufgebunden. Diese Bronzepferde, ursprünglich wohl Teil einer antiken Triumphquadriga, wurden nach der Einnahme Konstantinopels durch die Venetianer 1204 von dem Dogen Enrico Dandolo nach Venedig gebracht. Bekanntlich erlebten sie später ein wechselvolles Schicksal.

Elegie 12. An Deutschland

3 f.: Die Vindelici saßen im Gebiet von Augsburg; dort schlug Kaiser Otto die Ungarn in der Schlacht auf dem Lechfeld 955; schon 933 waren sie, wenn auch nicht entscheidend, an der Unstrut besiegt worden. „Hunnen" und „Geten" (24) ebenso wie „skythisch" wird allgemein als Synonym für Asiaten/Türken gebraucht.

Vgl. den Aufruf an die deutschen Fürsten von Michael Helding (S. 202/203 ff.).

Auf seinen Pegasus

Der Kaiser erhob Sabinus in den Adelsstand und verlieh ihm das hier beschriebene Wappen. Sabinus hat in seinen Werken das lateinische Adelspatent, welches u. a. auch eine heraldisch interessante Detailbeschreibung des Wappens enthält, aufgenommen.

Hartmann Schopper (1542–nach 1595)

Über sein Leben ist wenig bekannt. Er lebte in Frankfurt a. M.; sein bedeutendstes Werk, *Reinike,* das mit dem Titel *De admirabili fallacia et astutia vulpeculae Reinikes libros quatuor* 1567 in Frankfurt erschien, widmete er Kaiser Maximilian, unter dem er auch gegen die Türken kämpfte. Neben anderen lateinischen Werken verfaßte er poetische Erklärungen zu Holzschnitten; er war mit Lotichius und Melissus Schede befreundet.

Das Tierepos – basierend auf den Tiermärchen der Antike (Äsop, Phädrus, Avienus) – entwickelte sich zur Gesellschaftssatire, die sich, von Klerikern verfaßt, gegen scheinheilige Geistliche und Höflinge richtete. Die früheste Darstellung dieser Art im deutschen Sprachkreise ist die *Ecbasis captivi* (Entweichung des Gefangenen); sie wurde um 940 (nach abweichender Meinung um 100 Jahre später) von einem Mönch des Klosters St. Aper in Tours in lateinischen Hexametern verfaßt. Der Held ist hier ein Kälbchen, das dem heuchlerischen Wolf entrissen wird; es ist eine allegorische Erzählung mit Einlagen aus Äsop. Im 12. Jahrhundert verfaßte dann der flämische Magister Nivardus seinen *Ysengrimus,* worin der dumme und gefräßige Wolf Isengrim vom Fuchse überlistet wird. Um 1180 schrieb Heinrich der Glîchezaere (Gleißner) eine auf dem französischen sogenannten *Roman de Renart* basierende elsässische Umdichtung; seitdem wurde die Tierfabel, besonders die Geschichten vom Fuchs, im Niederdeutschen heimisch. Der Name Reinike oder Reineke ist die Koseform von Reinhard (aus Reginhard = kühn im Rat).

Grundlage für Schoppers Übertragung war die hochdeutsche Übersetzung (1544) des zu Lübeck 1498 in mittelniederdeutscher Sprache gedruckten, fast 7000 Verse umfassenden *Reynke de vos,* der eine Bearbeitung der wenig älteren niederländischen Prosafassung *Die hystorie van Reynaert die vos* war. Gottscheds hochdeutsche Prosaübertragung, der der niederdeutsche Text beigefügt war, wurde dann zur Grundlage für Goethes Hexameterdichtung (1794).

Die Literatur zu „Reinike" ist sehr umfangreich; hier sei nur verwiesen auf die neueste Zusammenstellung in *Reineke Fuchs.* Das niederdeutsche Epos Reynke de vos von 1498 mit den Holzschnitten des Originals. Übertragen und erläutert von Karl Langosch. Stuttgart 1967 (Reclams UB Nr. 8768–71).

Johannes Schosser (1534–1585)

Auch – nach seinem Geburtsort Amalienruh – Aemilianus genannt. Er war ein Schüler von Georg Sabinus und galt als ein beachtlicher Dichter. Neben Gedichten auf Wappen berühmter Männer – eine damalige Modegattung – trat er mit Gelegenheitsgedichten und Elegien hervor, desgleichen mit biblischen Epen. Seine *Marchias*, eine hohenzollersche Stammsage, hat gute Stellen, leidet aber an übergroßer Länge. Er starb als Professor an der Universität Frankfurt a. d. O.

Das Wappen des Friedrich Dedekind: ein Messer, das Blätter stutzt
Viele Humanisten führten Wappen, wozu man ja nicht adlig zu sein brauchte; das ius insignium schützte allerdings den ausschließlichen Gebrauch der Adelswappen. Eine Abart des Epigramms beschäftigte sich damit (wie hier an wenigen Beispielen gezeigt wird), diese Phantasiewappen freundlich-geistreich zu erläutern. – Dedekind ist in diesem Band mit Auszügen aus dem *Grobianus* vertreten (S. 88/89 ff.).
   Dedekind bedankte sich bei Schosser. Sein Vater habe in der Tat das Messer geschwungen, aber als Metzger. Er, Dedekind, schäme sich seiner niedrigen Abkunft gar nicht und erwarte als ergebenes Lamm selber das Schlachtmesser. Er fügte noch drei Efeublätter hinzu. Dieses Gedicht wurde in Schossers gesammelte Gedichte aufgenommen.

Der Dichter Johannes Secundus: Geflügelter Hirsch, auf einem Buch stehend
Johannes Secundus, siehe S. 378/379 ff.; warum er sich den Hirsch ins Wappen setzte, wissen wir nicht. Sein Familienname war Everard, so daß man eher einen Eber erwartet hätte. – 12: *Zoilus*: bei Martial u. a. generischer Name für einen Neidling.

Ein schlechtes Buch in schönem Einband
Dies muß im Zusammenhang mit Martial 1, 37 gelesen werden, wo von einem goldenen Nachttopf die Rede ist.

Johannes Secundus (Everard, 1511–1536)

Geboren im Haag als Mitglied einer angesehenen Familie – sein Vater, Nikolaus Everard oder Everts, stand bei Kaiser Karl V. in hoher Gunst –, gab Johannes schon als Vierzehnjähriger Proben erstaunlichen Talents in der lateinischen Dichtkunst. In einem frühen Gedicht, *Expostulatio cum Neptuno*, besang er eine Überschwemmungskatastrophe, die in der Provinz Zeeland über siebzig Städte und Dörfer vernichtete – ein Gedicht von hoher Formvollendung, aus dem bereits die skeptische Resignation spricht, die sich in seiner Dichtung mit so viel elementarer Lebenslust paaren sollte. Er studierte die Rechte in Bourges, doch galt sein Interesse der Dichtung wie auch der Malerei und Skulptur. Seine ersten lateinischen Liebesgedichte schrieb er mit 18 Jahren, in Titel und Form des Werkes sich in glücklichster Weise an Properz anlehnend. *Iulia Monobiblos* schlägt echte, ungekünstelte Töne an, und es ist keine Übertreibung, wenn wir behaupten, daß der junge Dichter, der aus tiefstem Empfinden heraus schrieb, mit Properz und Catull auf eine Stufe gestellt zu werden verdient.

Im Jahre 1533 ging er als lateinischer Sekretär des Kardinal-Erzbischofs von Toledo nach Spanien; dort fand er die Kurtisane, die er als ,Neaera' in seinem unsterblichen ,Basia'-Zyklus besingt. Er begleitete den Kaiser (1534) nach Tunis, wurde dann Sekretär des Bischofs von Utrecht und erhielt schließlich den ehrenvollen Ruf als kaiserlicher Sekretär für lateinische Korrespondenz. Auf dem Weg nach Italien, wo sich der Kaiser damals befand, starb er jedoch an einem Fieber zu St. Amand bei Tournay.

Wir besitzen außer seinen bereits genannten Werken seine teils in Versen, teils in Prosa gehaltene Reisebeschreibung – von Brüssel über Mons, Valenciennes, Paris und Orléans nach Bourges, wo er bei Andreas Alciati das Studium der Rechte mit dem der Poesie verband.

Das Werk des Secundus, besonders seine *Basia*, übte schon früh großen Einfluß auf Goethe aus. In Goethes Tagebuch für den 2. November 1776 finden wir ein Gedicht, *An den Geist des Johannes Secundus* (ad manes J. S.):

> Lieber, heiliger, groser Küsser,
> Der du mir's in lechzend athmender
> Glückseeligkeit fast vorgethan hast!
> Wem soll ich's klagen? klagt ich dir's nicht!
> Dir, dessen Lieder wie ein warmes Küssen
> Heilender Kräuter mir unters Herz sich legten,
> Dass es wieder aus dem krampfigen Starren
> Erdetreibens klopfend sich erholte
> Ach wie klag ich dir's, daß meine Lippe blutet,
> Mir gespalten ist, und erbärmlich schmerzet,
> Meine Lippe, die so viel gewohnt ist

Von der Liebe süsstem Glück zu schwellen
Und, wie eine goldne Himmelspforte,
Lallende Seeligkeit aus und einzustammeln.
Gesprungen ist sie! Nicht vom Biss der Holden,
Die, in voller ringsumfangender Liebe,
mehr mögt' haben von mir, und mögte mich Ganzen
Ganz erküssen, und fressen, und was sie könnte!
Nicht gesprungen weil nach ihrem Hauche
Meine Lippen unheilige Lüfte entweihten.
Ach gesprungen weil mich, öden, kalten,
Über beizenden Reif, der Herbstwind anpackt.
Und da ist Traubensaft, und der Saft der Bienen,
An meines Heerdes treuem Feuer vereinigt,
Der soll mir helfen! Wahrlich er hilft nicht
Denn von der Liebe alles heilendem
Gift Balsam ist kein Tröpfgen drunter.

d 2 Nov 76
G.

Dieses Gedicht erschien später, auf 17 Zeilen reduziert, abgewandelt
und abgeschwächt, ab 1789 unter dem Titel *Liebebedürfnis* an verschiedenen Stellen in Goethes Werken; 1827 wurde es schließlich de-
finitiv in *Vermischte Gedichte, Zweite Abteilung* eingereiht; allerdings ist in dieser Fassung die ursprüngliche Herkunft aus *Basium 8*
kaum mehr zu erkennen. Wie stark aber dieses Gedicht Goethe beschäftigt hat, mag daraus ersehen werden, daß er in *Maximen und
Reflexionen* notiert: „,Vis superba formae.' Ein schönes Wort von Johannes Secundus." Ohne Zweifel hat dieser Vers in den folgenden Zeilen (461 f.) der 1807 verfaßten *Pandora* seinen Niederschlag gefunden:

Nun sage mir, Vater, wer gab der Gestalt
Die einzige furchtbar entschiedne Gewalt?

In seinem Tagebuch vom 6. und 7. August 1816 verzeichnet Goethe
als „Deutsche Dichter in lateinischer Sprache" Celtis, Eobanus Hessus,
Georg Sabinus und Balde, fügt aber in seinen im folgenden Jahr er-
schienenen *Schriften zur Literatur* Johannes Secundus hinzu. Ob der
Dichter, der ja gebürtiger Niederländer war, füglich dem deutschen
Kulturkreis zuzuzählen sei, war jedenfalls für Goethe nicht zweifel-
haft: gehörten die Niederlande doch damals zum Heiligen Römischen
Reich Karls des V.

Basium 2

9: *Lyaeus*: ein Beiname des Bacchus.

Basium 4

Küsse mit Honig verglichen: siehe u. a. *Anthologia Graeca* 5, 32; mit Nektar: 5, 305, ebenso 12, 133.

Basium 8

33: Im Original *Dionen*. Dione war eigentlich die Mutter der Venus, doch gebrauchen die Dichter (z. B. Homer und Vergil) ihren Namen oft als Synonym für Aphrodite/Venus.

Daß die Wirkung des 8. Basium schon damals stark war, mag man aus dem folgenden Hochzeitsgedicht ersehen, das Friedrich Taubmann zur Hochzeit von Paul Melissus Schede verfaßte. Natürlich ist dies reimklingelnde Gedicht in keiner Weise mit dem des Secundus zu vergleichen, doch muß man ihm zugute halten, daß es ein Hochzeitsscherz war; für die Gebildeten der Zeit war die parodistische Absicht sicherlich erkennbar.

> *Super nuptiis Chrysalisci et Pasicompsae,*
> *sive Pauli Melissi et Aemiliae Jordanae*
> *Heidelbergae celebratis*
>
> Nexu tenaciori,
> gestu procaciori,
> lusu tenelliori,
> festiviore ritu.
> iucundiore risu,
> fecundiore nisu
> haerescat, insolescat,
> vegescat et vigescat,
> succrescat et virescat
> corpusque mensque vestra.
>   dic, Chrysalisce, dic dum:
> mea compta Pasicompsa,
> ocelle blandicelle,
> puella virginella,
> venerilla pumililla,
> da te mihi tuumque
> pectusculum venustum,

femurculum tenellum
labellulumque bellum,
eburneum labellum,
argenteum labellum,
corallinum labellum ...

Übersetzt – soweit dies möglich ist – sei nur der Anfang:

Mit festerem Umfangen / mit lüsternem Verlangen / mit zärtlichem Getändel / mit lustigem Gebändel / mit Lachen, Scherz und Freude / sollt aneinander beide / ihr eng gepreßt erglühen / in Liebe euch versprühen / an Leib und Seel erblühen.

    Sag du dann, Chrysaliscus: / meine schmucke Pasicompse / mein Äugelchen du feines / mein Jüngferchen du reines / mein Venuslein du kleines / gib dich mir hin und gib mir / dein Brüstchen her, mein Kleinchen / und deine zarten Beinchen / und deine hübschen Lippen / die elfenbeinern Lippen / die silberblanken Lippen / korallenroten Lippen / usw.

Friedrich Taubmann (1565–1613), ist er hier auch nur mit einer Entgleisung vertreten, war doch ein ausgezeichneter Gelehrter, der u. a. Vergil und Plautus bearbeitete, und verfaßte auch recht gute Gedichte. Obwohl er beim Kurfürsten von Sachsen als „kurtzweiliger Rath" die Rolle eines gelehrten Spaßmachers spielte – seine witzigen, wenngleich im Stile der Zeit oft grobschlächtigen Aussprüche und Scherze in lateinischer wie auch in deutscher Sprache wurden mehrfach unter dem Titel *Taubmanniana* gesammelt herausgegeben –, machte er sich um den Humanismus verdient. Zuletzt war er Professor der Dichtkunst und der schönen Wissenschaften zu Wittenberg.

Basium 9

Die Verse 17–20 sind natürlich auch sensu obscoeno zu verstehen. – 31: „Ausreißerin" – *fugitivus* war ein entlaufener Sklave. – Die zwei letzten Zeilen sind ein hübsches Beispiel von parà prosdokían statt des erwarteten „wenn du's *nicht* wiedertust."

Basium 10

12 f.: Der Gedanke, daß durch den Kuß die Seelen der Liebenden ineinanderfließen, findet sich schon früh, z. B. in einem Gedicht Platons (*Anthologia Graeca* 5, 78) und bei Kallimachos (ebd. 12, 73). Das letztgenannte Gedicht lag wohl dem in Aulus Gellius (19, 9, 10)

zitierten, etwas ungelenken Epigramm des römischen Dichters Q. Luta-
tius Catulus (*cos.* 102; *ob.* 87) zugrunde. – 10 f.: „Kußmäler": vgl.
auch Ovid, *Amores* 3, 14, 34; ebenso Heine, *Edith Schwanenhals.* –
Über das Wachgeküßtwerden im Halbschlaf vgl. Properz 2, 15, 7 f.
Da jedoch die Grundsituationen der erotischen Dichtung sich durch die
Jahrtausende nur unwesentlich verändert haben, wäre es pedantisch,
jeder Parallele nachzugehen; Johannes Secundus war jedenfalls mit der
seinem Zeitalter bekannten klassischen Dichtung so gut bekannt, daß
absichtliche oder unbeabsichtigte Anklänge an Klassisches nicht über-
raschen.

Basium 12

Der Einfluß mehrerer Gedichte Martials ist unverkennbar; das *ite
hinc, ite procul* ist in Ovids *Amores* zu finden. Der in der letzten
Zeile enthaltene Gedanke wurde auch von John Owen ausgedrückt; er
steht in charmantem und unerwartetem Gegensatz zu der von vielen
klassischen Dichtern beteuerten Meinung, daß, solange des Dichters
Leben ‚keusch‘ sei, sein Werk es nicht zu sein brauche. – Auch hier
hat Johannes Secundus an sich ältere Motive in glücklichster Weise originell behandelt.

Basium 13

Siehe Anmerkung zu Basium 10, 12 f. Plutarch (*Cato* 8) zitiert Catos
Ausspruch „Die Seele des Verliebten wohnt in einem fremden Körper".
Siehe auch Macrob. *Sat.* 2, 2, 15 sowie Tasso, *Gerus. lib.* 16, 19. Trotz-
dem gewinnt Secundus auch diesem Motiv eine originelle Wendung ab.

   11: Der Dichter sagt „rudert", doch wurde Charons Nachen mit
dem *contus,* der Ruderstange, angetrieben, wie die *punts* auf der
Themse oder die „Stocherkähne" auf dem Neckar.

Basium 14

7: *pertundam tunicas* etc. fast wörtlich nach Catull 32. 10 f. *supinus /
pertundo tunicamque palliumque.* – 13: Das *molli mollior anseris me-
dulla* klingt gleichfalls an Catull 28 an ... *mollior cuniculi capillo
vel anseris medullula* etc.

Johann Stigel (1515–1562)

Schon früh zeigte er hohe Begabung, als er in Leipzig und Wittenberg studierte; Kaiser Karl IV. krönte ihn in Regensburg zum poeta laureatus, noch ehe er, erst 27 Jahre alt, zu Wittenberg den Magistergrad erworben hatte. Er wurde dann Professor in Jena und war mit Luther und Melanchthon eng befreundet. „Von seinen Lebensumständen bemercket man noch, daß er sich iederzeit in ziemlicher Bedürfnis befunden habe, aber dennoch dabey vergnügt gewesen sey" (Zedler). Die meisten seiner Dichtungen sind religiösen Inhalts; recht rührend ist seine schlichte, von ihm selbst verfaßte, Grabschrift:

> Hic ego Stigelius iaceo. Quis curat? Ut omnis
> negligat hoc mundus, scit tamen ipse Deus.

Hier lieg ich, Stigel, begraben. Wen kümmert das? Wenn auch die ganze
   Welt sich daran nicht kehrt,   Gott ist es dennoch bekannt.

Der 23. Psalm
Wörtliche Übersetzung aus dem Hebräischen

Der Herr ist mein Hirte; mir wird nichts mangeln.
Auf grünen Weiden läßt Er mich lagern; Er führt mich zu den Wassern des Ausruhens (wo man Ruhe findet).
Er erfrischt meine Seele; Er führt mich auf dem Pfad der Gerechtigkeit um seines Namens willen.
Wenn ich auch gehe durchs finstere Tal, werde ich kein Übel fürchten, denn Du bist mit mir; Dein Stock (Keule gegen Raubtiere) und Hirtenstab trösten mich.
Richten wirst Du vor mir einen Tisch in der Gegenwart meiner Feinde; gesalbt hast Du mit Öl mein Haupt, mein Becher ist übervoll.
Wahrlich, Güte und Gnade werden mir folgen alle Tage meines Lebens; und wohnen werde ich im Hause des Herrn für lange Zeiten.

Die letzten Worte, *orech jamim*, bedeuten nicht: „auf ewig", sondern beziehen sich auf lange Lebensdauer.

Die Psalmen wurden sehr häufig in klassische Versmaße übertragen, u. a. auch von Micyllus. In der Tat eignet sich der bekannte Parallelismus membrorum des hebräischen Textes vortrefflich zur Wiedergabe in elegischen Distichen. Dennoch braucht Stigel gegenüber den 55 Worten des Psalmisten 256, um ungefähr dasselbe schwächer, vergröbert und mit reichlicher „Wattierung" zu sagen. Nichts steht im Original

von solchem Füllsel wie Vers 2 bis 4; 8 bis 10, u. a. m. Der mehrfache
Versschluß *euntem* wirkt schülerhaft; *militiae* (16) ist Stigels Erfindung,
aber keine Verbesserung. Der Schlußvers des Psalms – 12 Worte im Original – wird von Stigel zu Vers 31 bis 38 ausgewalzt; von ihm ist auch
die platte Ermahnung *discite, mortales*.

Wie unmöglich die Aufgabe des Umformens der Psalmen in klassische
Distichen ist, beweist der nachstehende Versuch des Jakob Latomus ju-
nior. In seinen *Psalmi Davidis triginta . . . in carmen conversi* (Basel
1555) verkündet er in der Vorrede, er werde sich eng an den Text halten; allerdings werde er sich nicht um die ‚Hebraicae veritates‘ (also
Erkundung des Urtextes) kümmern, da diese Interpretationen einander widersprächen, es ja aber nur eine Wahrheit gebe, weshalb er sich
an den Text halten wolle, den ‚omnibus in templis orthodoxa agnoscit
ecclesia‘. Dann (nachdem er den 23. Psalm irrtümlich als 22. numeriert
hat) dichtet er – bedeutend glatter, gefälliger und „lateinischer" als
Stigel – wie folgt:

Dominus regit me

Quo mihi tot frustra curae sumuntur inanes?
    cur capiunt tantos pectora nostra metus?
me siquidem Domini bonitas pascitque regitque,
    illius assidue sedula cura sumus.
dumque reget, deerit nostris nil usibus umquam,
    suppetet et rerum copia larga satis.
nam me pascendum felicibus intulit arvis,
    laeta ubi carpentem graminis herba iuvet.
propter aquae rivum, qui vires haustus anhelas
    instauret, caram me quasi pascit ovem.   10
forte animus noster miseris erroribus actus
    ceperat a Domino devius ire suo.
ille sed amissis errantem reddidit oris
    et male conceptum vertere iussit iter.
quin me iustitiae qua ducit semita flexit,
    nominis immensi pro ratione sui.
ergo per infestas, et mortis imagine tristes,
    si me contingat tendere forte vias,
nulla pericla timens gradiar, pater optime, quando
    tu mihi servator, tu mihi pastor ades.   20
nam pastoralis tua me pia virga coercet,
    ne, quo non deceat pergere, forte ferar,

> per loca praecipiti ne peccem lubrica lapsu,
> innitor baculo sustineorque tuo.
> quid? mihi quod mensas epulis instruxeris, hostes
> quas videant, visis invideantque bonis?
> insuper et caput hoc pingui perfundis olivo,
> et tuus exhilarat quam mea corda calix?
> nec dubito tua quin pietas, dum vita manebit,
> perque vias mihi erit perque pericla comes.   30
> caelicolum donec tribuas mihi templa subire,
> et tecum longos posse habitare dies.

Eine elegante Variation über ein Thema – aber nicht mehr. Der Hauptnachdruck wird auf die Vermeidung des *error*, d. h. der Ketzerei, gelegt, und der ganze Tenor des Psalms ist völlig verfremdet. Er braucht 203 Worte; von der schlichten Größe des Originals weisen sie aber nichts auf.

In Vers 15 teilt Stigel den Übersetzungsfehler mit anderen: *b'gej zalmovet* heißt lediglich „finstere Schlucht" im Wortsinne; wie in dunklen Schluchten wilde Tiere dem Schaf auflauern, so könnten den Psalmisten Feinde überfallen. Von Tod ist hier keine Rede. In Vers 29 ist *addo quod* recht hölzern, und hat er sich bis hierhin noch einigermaßen an den Text gehalten, so beginnen jetzt, bis zum Ende, geschwätzige Phrasen, die vom Wortlaut und Geist des schönen Psalms abweichen. Stigel war glücklicher in seinen eigenen, von echter Religiosität erfüllten, frommen Gedichten.

Die keuschen Mönche

Diese Geschichte (erschienen bei Stigel 1553) findet sich in Jörg Wickrams *Rollwagenbüchlein* (Nr. 94), 1554: Ein mönch wolt ein sattel heimlich und verborgen in das kloster tragen; den verraten die stegreif.

Übersetzt ins Lateinische von Hulsbusch, *Sylva* (1568): *Monachus volebat deferre ephippium in coenobium, quem accusant pedes.* – Ferner: Hans Sachs, *Der münich mit dem satel* (1552), in der Flamweis Wolframs. J. Schreiber, *Der münich mit dem Esel*, Meisterlied in der Hagelweis Hülzings. Frischlin, *Facetiae* (1602), *De castitate monachorum.*

15: *Recondere* kann sowohl „bedecken" wie auch „zurückbringen" bedeuten; doch die in Vers 6 gegebene Charakterisierung des Alten macht es wahrscheinlicher, daß er das Unternehmen schützen und nicht vereiteln will.

Aus *Ein feste Burg ist unser Gott*

Für seine Umdichtung der 3. Strophe von Martin Luthers *Ein feste Burg* ... benutzt Stigel den von humanistischen Gelehrten selten gebrauchten Akzentvers mit Reim.

An Eustachius Stemmdorffer

Der Sage nach tanzten die wilden Tiere zu Orpheus' Leier. – Dies Gedicht illustriert die Überschwenglichkeit gegenseitigen Gelehrtenlobes; die Polemik verfällt dementsprechend in das andere Extrem.

Distichon

Bei dieser noch aus dem frühen Mittelalter stammenden Spielerei verbindet man: *vinitor amputat vites falce, vox intrat aures sono* etc.

An die Geliebte

Auf Nachahmung dieses Wortgeklingels, hinter dem der Sinn völlig zurücktritt, sei verzichtet.

Auf Francesco Stancaro, einen italienischen Gotteslästerer und Feind Christi

F. Stancarus (1501–1574) war ein aus Mantua gebürtiger Theologe und Hebraist, der in Polen die reformierte Religion propagierte; später dozierte er in Königsberg, wo er mit Osiander in eine scharfe Kontroverse über die göttliche bzw. menschliche Natur Christi geriet. Heftig angefeindet, ging er wieder nach Polen, danach nach Ungarn (Siebenbürgen), wo er viele Anhänger fand. Er wurde von allen protestantischen Sekten angegriffen und des Arianismus beschuldigt; seinerseits veröffentlichte er Polemiken gegen Calvin u. a. Sein Einfluß blieb noch bis ins 18. Jh. spürbar. Stigel teilte offenbar seine Ansichten nicht und ließ sich, im Stil des damaligen Grobianismus, die Gelegenheit zu dem naheliegenden Wortwitz über Stancarus' Namen nicht entgehen.

Justus Vulteius (1528–1575)

Er studierte in Straßburg, Leipzig, Wittenberg, Zürich und wohl auch Ingolstadt, reiste danach in verschiedenen Ländern und wurde nach mehreren anderen Lehrämtern schließlich Professor für Hebräisch in Marburg. Außer religiösen Gedichten nahm er auch zu Fragen des Tages Stellung; er war ein begeisterter Anhänger der Reformation, verteidigte aber gleichzeitig die Poesie gegen ihre Verächter, deren nicht wenige in den Reihen des Protestantismus zu finden waren.

Depression

Diese geradezu klinische Schilderung eines Depressivzustandes, den man heute wohl als Angstneurose charakterisieren würde, sollte diejenigen widerlegen, die behaupten, daß die neulateinische Poesie Deutschlands die unvermittelte Ich-Aussage nicht kenne. Man beachte übrigens, wie der Dichter immer wieder neue Synonyme für „Depression" zu finden weiß.

Jakob Wimpfeling (1450–1528)

Wimpfeling, der sich auch Wympheling und anders schrieb, studierte Jura und Theologie, lehrte seit den siebziger Jahren in Heidelberg und wurde dort 1498 Professor der Poesie. Im Jahre 1500 ging er nach Straßburg, ab 1515 lebte er in Schlettstadt. Obwohl er kirchliche Mißstände in einer 1520 an den Papst gerichteten Beschwerdeschrift *(Gravamina)* kritisierte und mit Luther sympathisierte, blieb er doch bei dem alten Glauben. Vielfach trat er für den deutschen Charakter des Elsaß ein, was eine Fehde mit dem in Straßburg wirkenden Thomas Murner verursachte. Er schrieb die erste Geschichte Deutschlands und verfaßte pädagogische Schriften sowie eine lateinische Komödie *Stilpho*. Wimpfeling war von großer Frömmigkeit (er war Prediger in Speyer gewesen) und verfaßte u. a. Gedichte auf die hl. Jungfrau. Sein pädagogisch-humanistischer Einfluß war groß, seine poetische Begabung dagegen mittelmäßig.

An den großmächtigen und erlauchten Herrn und Fürsten, Eberhard

Das Gedicht ist recht banal, was den Inhalt betrifft, und ungelenk in der Form; manche Stellen sind aus antiken Dichtern eingeflickt. Es besitzt jedoch kulturhistorisches Interesse, z. B. wo auf Fehden und Raubritter Bezug genommen wird.

3: Der „neue Glaube" kann natürlich nicht die Reformation sein, da das Gedicht 1495 erschien. – Akademie: gemeint ist die 1477 gegründete Universität Tübingen (das Wort *universitas* paßt ebensowenig in den lateinischen Hexameter wie „Universität" in den deutschen). – 18: Rösser. Wimpfeling gebraucht das volkssprachliche *caballus* statt *equus*. – 20: Vulkan = Feuer. – 84: *ab arbore rupit* (vom Baum bricht) ist ein Germanismus.

NACHWORT

Die Wiederentdeckung und Wiederbelebung der Antike durch die Renaissance brachte eine Rückkehr zu den besten Mustern der Vergangenheit mit sich. Die lateinische Sprache war zwar die Sprache der Kirche und, da höhere Bildung allein durch kirchlich beherrschte Schulen und Universitäten vermittelt wurde, die literarische und wissenschaftliche Sprache aller Gebildeten geblieben, doch war die Sprache sehr weitgehend entartet. Dies lag nicht so sehr an den in Theologie, Philosophie oder Verwaltung benötigten Neubildungen (deren ja das Latein zu allen Zeiten fähig war), sondern vielmehr daran, daß Gefälligkeit und Eleganz des Stils sowie grammatikalische Korrektheit völlig vernachlässigt wurden. Die Schriftsteller und Dichter der Antike las man lediglich, insofern sie christliche Heilswahrheiten zu bestätigen schienen: den Poeten, die ja einerseits Unwahrheiten behaupteten und andererseits als frivole Sittenverderber erschienen, stand man mit größter Reserve gegenüber. Die Folge war eine Verrohung der Sprache, das Eindringen unlateinischer Wendungen, wie sie, wenngleich in parodierter Form, aus den *Dunkelmännerbriefen* oder humanistischen Schülergesprächen ersichtlich sind – etwa denen des Paul Schneevogel (Niavis).

Die völlige Korruption klassischer Metra sei anhand der folgenden kurzen Proben illustriert (falsche Längen und Kürzen durch ‾ bzw. ˘ gekennzeichnet):

Cod. Bernensis 358, 10. Jahrhundert:

> Quisquis amas, sacram, lectōr, addiscere legem,
> hunc nostri studii librum percurre legendo.
> repperies facile, quicquid cognoscere malis.
> florea cunctagerit, pratā vīrentia gestat,
> pascit amantĕs oves, sincera animalia Christi,
> ostendit patriam celsam regnumque Potentis,
> Tartareos ignes et tristia non finienda.

en ibi Christus adest regnum conferre beatis,
impiis e contra / horrenda sŭpplicia confert.
sublimīs animā, conscende ad regia coeli,
impiger adcurrē, careas ne praemia regni
et picei fontīs horrendas despice flammas.

Passio S. Mavricii et sociorum versifice composita („Leonini-
scher" Binnenreim), Cod. Bernensis 702, 11. bis 12. Jahrhundert:

Dum cohibere parat Gallos, quos conglomerarat,
ne variae gentes varias habeant quoque mentes,
mutua iurando sibi foedera Disque litando
consociare manus iubet agmina Maximianus.
cetera turba litat nec foedera nec sacra vitat:
hoc Thebaea putat legio scelus; ergo refutat.
centum ter geminis vicibus duo milia trinis
nec non ter deni quadrupliciterque noveni
Christi sacra colunt; ideo sacra Dis dare nolunt.
hi simul Octodorum fugiunt, ubi tura Deorum
altera pars adolet, iurans quod cedere nollet . . .

Das Erdbeben von 1222 (Histor. Jahrb. d. Görres-Ges. 1922,
S. 102 f.):

Viginti duo currebant et mille ducenti
    tempore quo quassā terraque mota fuit.
Decembri mensē, Domini quoque nativitate,
    hora sextena cepit adesse tremor.
Brisia tota ferē iacuit sub mole ruinae,
    dōmus et turres castra vŭlsāque iacent.

Ein kirchenpolitisches Gedicht (14. Jh., ebd., S. 294 ff.):

Nunc utinam sacri mihi pāteat fons eliconis,
    dulcius ut valeam promere metra sonis.
Musa, fer auxilium, qui metrum non bene novi . . . (!)
opilionis opē rabies insana recedat,
    ne pecŭs mundanum raptor iniquus edat . . .
    gratus eris Domino, si sua (*statt:* eius) iussa facis . . .

Selbst wo einzelne Dichter antike Form leidlich korrekt handhaben (vgl. Raby, *Secular Latin Poetry*, Oxford 1957), sind sie inhaltlich im Geiste mittelalterlichen Denkens befangen. Der kunstvoll gereimte sogenannte Leoninische Hexameter (manchmal mit End- und Binnenreimen) und ähnliche Künsteleien beherrschten das Bild.

Es ist eine alte, ebenso zählebige wie unrichtige Behauptung, die Renaissance und der Humanismus hätten durch Rückkehr zu einem starren Ciceronianismus die organische Entwicklung des Lateins abgeschnitten und es aus einer lebendigen zu einer „toten" Sprache gemacht. Aber in welcher Richtung hätte sich dieses immer mehr der Korruption verfallende Idiom denn weiterentwickeln sollen? Seit fast tausend Jahren waren ja aus dem Vulgärlatein die romanischen Sprachen entstanden; für eine neue „lingua franca" boten die bereits erstarkten Nationalsprachen keinen Raum mehr. Und was ist eigentlich eine „lebendige", was eine „tote" Sprache? Ist eine „lebende" Sprache ein Idiom mit einem Wortschatz von vielleicht hundert Ausdrücken, wie sie ein Stamm von Urwaldwilden sprechen mag – oder ist es eine als kulturelle Gegebenheit unter uns fortwirkende Sprache – das Gefäß europäischen Erbes? Leugnet man das „Leben" einer Sprache, in der alle jene schrieben, die Europas Gedankenwelt formten: More, Kepler, Kopernikus, Newton, Bacon, Linné, Vesalius, Grotius, Pufendorf, Descartes, Leibniz, Hobbes und unzählige andere? Ist eine Sprache „tot", in der noch heute – oder vielmehr wiederum heute – originelle Dichtung verfaßt wird? Sie besteht nicht aus einem frigiden Mosaik erborgter Wendungen: große Dichter wie Pascoli und Paoli gießen neuen Wein in alte Schläuche.

Man unterscheidet vielfach zwischen der humanistischen Periode im eigentlichen Sinne, die bis etwa 1500 datiert wird, und der darauffolgenden Gelehrtendichtung, die mit einer nicht allzu glücklichen Prägung als „Neulateinisch" bezeichnet wird. Dieser Unterschied ist jedoch schwer zu definieren, denn während echter Humanistengeist manchmal noch im 17. Jahrhundert florierte (man denke an die großen lateinischen Dichter der

Niederlande), ergriff andere im Zuge der Reformation die religiöse Unduldsamkeit, welche durchaus die Negation humanistischen Geistes ist. In diesem Sinne wäre die Grenze, will man sie überhaupt fixieren, etwa mit dem Schmalkaldischen Krieg zu ziehen. Doch bedeutete auch dieses Erstarren der Fronten keineswegs das Ende aller Dichtung im humanistischen Geiste. Erst der Dreißigjährige Krieg brachte die lateinische Muse gänzlich zum Schweigen; was wir danach an lateinischer Dichtung in Deutschland finden, ist, von wenigen Ausnahmen abgesehen, mittelmäßiges Schulmeistertum.

Im 14. Jahrhundert drang von Italien her die „neue Gelehrsamkeit" in Deutschland ein. Sie verkündete die Freiheit der Persönlichkeit, wissenschaftliche Kritik an allem bisher fromm Geglaubten und vor allem Verehrung des Schönen. Es war eine der herrlichsten Leistungen der von Italien ausstrahlenden Renaissance, daß man in der Kunst wie in der Poesie die Schönheit wiederentdeckte. So wie die Kirche nicht mehr der ausschließliche Auftraggeber für bildende Kunst und Architektur war, so hörte auch die Dichtkunst auf, das Vehikel immer derselben sakralen Ergüsse zu sein. Der höchstpersönliche Ausdruck eigenen Fühlens, wie er natürlich am meisten in erotischer Lyrik zum Ausdruck kam, verband sich mit einem neuen Naturgefühl. Wenn die Hirten- und Schäfergedichte eines Baptista Mantuanus überall Eklogen inspirierten, so war dies noch keineswegs die manierierte Schäferei des Barocks, sondern eine Neuentdeckung der freien Natur. Zu allen Fragen des Tages nahm die Humanisten-Dichtung Stellung: allerdings zeigte sich das von der Reformation nicht erfaßte dichterische Schrifttum Italiens weltaufgeschlossener und weitherziger als die bald dem Gezänk religiöser Unduldsamkeit verfallenden Dichter-Humanisten Deutschlands.

Auch in Deutschland war im 14. Jahrhundert der Bedarf nach höherer Bildung gestiegen: fünf neue Universitäten – vom Landesherrn mit päpstlichem Privileg gegründet – wurden errichtet. War deren Gesicht noch weitgehend klerikal-scholastisch, so begann die überspitzte Subtilität der orthodoxen Scholastik Widerspruch zu erwecken. Wenn allmählich Lehrstühle für Poesie errichtet wurden, so ist Poesie hier fast ein Synonym für humanistische Gelehrsamkeit. Die ersten Vertreter der neuen Poesie müssen sich noch vom mittelalterlichen Latein freikämpfen: oft genug finden wir in ihren nach klassischer Form strebenden Werken Rückfälle in sprachliche und metrische Barbarismen des Mittelalters. Einer der ersten Humanisten war der in Basel und Straßburg wirkende Sebastian Brant, ein Gelehrter von großer Vielseitigkeit, dessen *Narrenschiff* nicht nur gesellschaftskritisch bedeutsam war: früh hatte er die revolutionären Möglichkeiten der Buchdruckerkunst erkannt, und er bemühte sich, Wort und Bild zu einer Einheit zu gestalten. Drucker wie Amerbach in Basel und Bergmann von Olpe in Straßburg waren gleichzeitig Verleger, die sich von Gelehrten wie Brant, Heynlin, Wimpfeling beraten ließen und sich entscheidende Verdienste um die Verbreitung neuen Wissens erwarben.

In Straßburg wirkten (unter vielen anderen) Wimpfeling, der Arzt Muling und der hochbegabte Drucker, Lehrer und Dichter Matthias Ringmann. Es war ein Hauptanliegen vieler dieser Humanisten, den Schulunterricht (der – o tempi passati! – mit dem Lateinunterricht noch identisch war) zu reformieren, veraltete Grammatiken des Mittelalters durch moderne, systematische Werke zu ersetzen, aber zugleich die Klassiker in deutscher Übersetzung einem weiteren Publikum zugänglich zu machen. Das Interesse an deutscher Vorgeschichte, verbunden mit dem Wunsch, historische Beweise für die Deutschlandzugehörigkeit Lothringens und des Elsaß zu erbringen, führte zum Beginn deutscher Geschichtsschreibung und Altertumsforschung.

Eng verbunden mit Straßburg war das benachbarte Schlettstadt (Sélestat), das zwar keine Universität besaß, wohl aber eine Stadtschule, die durch hochberühmte Gelehrte wie Gebwiler geleitet wurde. Beatus Rhenanus, dem die moderne Philologie wertvolles, von ihm gedrucktes, aber im Manuskript jetzt verlorenes Material verdankt, lebte in Schlettstadt; dort schrieb er über deutsche Vorgeschichte. Auch Wimpfeling verbrachte hier seine letzten Jahre.

Untrennbar verbunden mit den Namen Nürnberg und Augsburg sind die Familie Pirckheimer, besonders Willibald, bzw. Konrad Peutinger (dessen Name schon durch die *tabula Peutingeriana*, die einzige uns überlieferte römische Landkarte, bekannt ist). Unter den vielen Nürnberger Gelehrten wäre Hartmann Schedel zu nennen, der Verfasser der lateinisch und deutsch erschienenen *Weltchronik* (1493).

Viele Gelehrte studierten oder lehrten in Köln, doch machte sich hier eine Reaktion gegen die humanistischen Neuerer geltend, die sich schließlich um die Person des Ortwin Gratius sammelte und zu den berühmten *Dunkelmännerbriefen* Anlaß gab. Aber auch in Köln wirkten Humanisten, die von vielen anderen Universitäten bekannt sind: die Wanderlust der frühen Humanisten, verbunden mit der Einsprachigkeit Europas, bewirkte, daß uns dieselben großen Namen allenthalben begegnen.

In Erfurt erschienen an der 1392 gegründeten Universität wandernde Dichter, unter ihnen als größter Conrad Celtis. Sein Schüler wurde Conradus Mutianus Rufus (Conrad Muth aus Gotha), später Mittelpunkt des „Mutianischen Ordens", des ersten, für die Entwicklung der humanistischen Dichtung von entscheidender Bedeutung gewordenen Dichterkreises. Um ihn versammelten sich die glänzendsten deutschen Dichter lateinischer Sprache, darunter Eobanus Hessus und Euricius Cordus; dort wirkten Crotus Rubeanus, der Freund Huttens, und später Jakob Micyllus und Joachim Camerarius, die ihrerseits berühmte Schüler hatten.

Die Frühgeschichte der 1477 gegründeten Universität Tübingen steht im Zeichen von Johannes Nauclerus und besonders von – gleichfalls ein Bauernsohn – Heinrich Bebel. Seine pädagogischen, auf Verbesserung des geschriebenen und gesprochenen Lateins gerichteten Schriften waren ebenso bedeutsam wie seine Sammlung deutscher Sprichwörter; sein *Liber facetiarum*, derbe Volksschwänke in lateinischer Sprache, ist noch heute kulturhistorisch interessant. Auch Wanderpoeten wie Luder und Karoch wirkten kürzere Zeit in Tübingen. Reuchlin, der sich häufig in Tübingen aufhielt, übernahm 1522 dort eine Professur; schon vor ihm war Melanchthon als Magister dort tätig gewesen – ein akademischer Grad, den die Universität heute wieder aufleben läßt. Mit Tübingen, ebenso wie mit Heidelberg, blieben seitdem die glanzvollsten Namen des deutschen Humanismus verbunden.

Conrad Celtis, der unermüdliche Missionar, nahm entscheidenden Einfluß auf die Entwicklung der neugegründeten Universität Ingolstadt; sein Nachfolger auf dem Lehrstuhl für Poesie und Rhetorik, Jakob Locher, sah sich schweren Angriffen ausgesetzt, weil antike Poesie als gottlos und sittenzersetzend angesehen wurde. Immer wieder mußten Humanisten Apologien gegen solch törichte Vorwürfe veröffentlichen: bemerkenswert ist die Verteidigungsschrift des Leipzigers Matthias Lupinus *Quaestio de poetis a re publica minime pellendis* (1500).

Auch in Leipzig lehrte Celtis. Um die Säuberung des Lateins machte sich der Chemnitzer Paul Schneevogel-Niavis verdient; besonders seine Schülergespräche sind voll köstlichen Humors und gleichzeitig sittengeschichtlich interessant.

In Wien, wo der Humanismus anfänglich, wie zu erwarten, auf Widerstand stieß, war eine entscheidende Tat das von Conrad Celtis mit Begünstigung des Kaisers gestiftete Collegium poetarum et mathematicorum, welches, die orthodoxen Fakultäten gleichsam umgehend, Poesie, Rhetorik und Philosophie sowie – eine uns überraschende Verbindung – Mathematik lehren sollte. Das Collegium besaß gleichfalls die ihm von Celtis übertragene Befugnis, poetae laureati zu ernennen. Gleichzeitig stiftete Celtis nach dem Vorbild früherer, von ihm errichteter „Clubs" die Sodalitas literaria Danubiana, der sich nicht nur Gelehrte, sondern viele Mitglieder des niederen Klerus und der mittleren Beamtenschaft anschlossen. Hier entstand der heute ja leider weitgehend abgestorbene Typ des „gebildeten Laien", der, ohne Fachgelehrter zu sein, klassische Studien liebte, betrieb und förderte.

Von Erfurt strahlte der „Mutianische Orden" außer nach Leipzig nach dem nahe gelegenen Wittenberg aus. An Fehden fehlte es freilich nicht, wobei besonders auf den Streit zwischen

dem älteren Dichter Thiloninus Philhymnus und dem ihn in
gröbster Weise abkanzelnden Cordus verwiesen sei.

Es formte sich in Wittenberg ein weiterer Dichterkreis, in dem
vor allem Melanchthons Schwiegersohn, Georg Sabinus, sowie
der religiöse Dichter Johannes Stigel bemerkenswert sind. Ein
anderer, aus der Schweiz stammender Dichter, Simon Lemnius,
zog sich aus belanglosem Anlaß die Todfeindschaft Luthers zu
und mußte um sein Leben fliehen.

Diesem Kreis entsproß nicht nur der „Jüngere Wittenberger
Dichterkreis", sondern auch die von den Schülern des Sabinus
gebildete preußische Dichterschule. Hier sind bemerkenswert
Johannes Schosser und Felix Fi(e)dler.

Wie alle Humanisten, war auch Sabinus von Universität zu
Universität gezogen; nach einem Aufenthalt in Königsberg ging
er nach Frankfurt an der Oder, wo so bedeutende Dichter wie
Johannes Bocer und Michael Haslob wirkten.

Hier ins einzelne zu gehen, würde die Nennung unzähliger
Namen erfordern.

Was an lateinischer Dichtung vor der Renaissance existierte,
basierte hauptsächlich, wie die Dichtung der modernen Sprachen, auf Rhythmus und Reim; nun aber kamen die klassischen,
auf Silbenlänge und -kürze basierenden, Metra wieder zur Gel-
tung.

Es seien die schönen Kirchenhymnen oder die einzigartigen
Gedichte der fahrenden Scholaren (die sogenannte Goliarden-
dichtung, von der die *Carmina Burana*, darunter die Lieder des
Archipoeta, wohl die bekanntesten sind) keineswegs herabge-
setzt. Aber diese akzentuierende Dichtung in lateinischer Sprache
war bereits zu Ende. Die Zeit war nicht mehr fähig, diese Hym-
nen zu produzieren, so wenig wie wir heute gotische Kathe-
dralen bauen könnten. Auch waren am Ende des 14. Jahrhunderts Italienisch, Französisch und Englisch weit genug entwik-
kelt, um Dichtung in der Landessprache fortzusetzen. Dennoch
wandte sich auch in diesen Ländern jeder, der die Begeisterung
für die wiedererstandene Antike teilte – es war dies eine enthu-

siastische Liebe, wie wir sie uns kaum vorstellen können – den Versmaßen der Antike zu. Petrarca glaubte seinen Ruhm durch sein lateinisches Afrika-Epos, nicht durch seine italienischen Gedichte, gesichert; Dante schrieb lateinische Gedichte (die besser sind als seine lateinische Prosa). Die zahllosen lateinischen Dichter der italienischen Renaissance schufen Dichtungen, die, wenn man das Vorurteil gegen „Epigonentum" einmal beiseite stellt, manchmal den besten Werken der Antike ebenbürtig sind.

Sehr stark waren nicht nur die lateinischen Dichter Italiens, sondern ebenso – und das ist vielleicht erstaunlich – Gelehrte im Ausland davon überzeugt, daß wiederum, wie im Altertum, ein hochkultiviertes Italien von Barbarenlanden umgeben sei. Petrarca schreibt: „Rhetoren und Dichter möge man außerhalb Italiens nicht suchen", obwohl er in bezug auf Frankreich zugibt: „Ich kann es nicht leugnen, daß die Franzosen von allen Barbaren noch die zahmsten sind."

Als Kaiser Karl IV. im Jahre 1355 Zanobi da Strada in Pisa zum poeta laureatus krönte, schrieb Petrarca: „Unseren Freund Coenobius, einen Gelehrten und Jünger der lateinischen Muse, hat jüngst Barbarenlorbeer gekrönt; ja, ein deutscher Preisrichter – es ist zum Staunen! – hat sich nicht entblödet, über unsere Talente ein Urteil abzugeben." Boccaccio wiederum bezeichnete die Spanier als „halbe Barbaren und Wilde".

Als Campanius im Jahre 1471 Regensburg verließ, schrieb er folgendes grobe Verslein:

> Unfruchtbar Deutschland, sieh Campanius' Rücken, betrachte, barbarisches Land, seinen bloßen Hintern. Möge der Tag, an dem ich dich wiedersehen muß, mein letzter sein.

Die kulturelle Unterlegenheit der Nichtitaliener war ja eine Tatsache, doch es ist für unsere Begriffe erstaunlich, wie freimütig sie zugegeben wurde. Celtis hofft geradezu, daß die „barbarische" deutsche Sprache verschwinden möge; Johann von Schemnitz (Janus Pannonius), von Italien nach Ungarn zurückgekehrt, seufzt:

Im latinischen Land hab ich beß'res Latein
wohl geschrieben,
doch im barbarischen Land klingt jetzt
barbarisch mein Lied.

Manchmal wurde allerdings die den italienischen Gelehrten entgegengebrachte Verehrung erschüttert. Marinus de Fregeno, Doktor der Theologie, verkaufte im Jahre 1464 Indulgenzen in Skandinavien und Norddeutschland. Dem Beispiel Poggios folgend, entwendete er gleichzeitig Manuskripte aus den Bibliotheken. In Lübeck aber wurde er erwischt und mußte das Gestohlene zurückgeben. Es heißt (Kantzow, *Pomerania*): „Darum wo er kham, gink er allein in die libreyen, som wolte er studiren, und was er guts fand, das nham er gantz wegk, oder schneit es aus den büchern, und verbarg es unter dem rock, und stalls so wegk, und nachdem man auff inen als des papsts legaten sollicher dieberey keinen argwohn hatte, ist mans nicht ehe gewahr geworden, sonder do er wegk ist gewessen."

Im letzten Viertel des 15. Jahrhunderts drang dann der Humanismus auch in Deutschland ein, nicht ohne in scholastisch ausgerichteten Universitäten, besonders Köln und Wien, auf heftigen Widerstand zu stoßen. In Männern wie Erasmus, Rudolf Agricola, Reuchlin verkörperte sich die Zeitenwende, und Celtis, der erste deutsche Humanist, beginnt mit dem Eifer eines Missionars durch Gründungen von Humanisten-„Clubs", poetischen Sozietäten, sein Bildungsprogramm in die Tat umzusetzen. Der Kaiser begann, den dichterischen Lorbeer zu verleihen. Schon 1314 war ein früher Humanist, Mussato, in Padua vom Bischof und Rektor der Universität zum poeta laureatus gekrönt worden, und 1341 erhielt Petrarca den Lorbeerkranz in Rom vom dortigen Senat. Danach aber verlieh der Kaiser diese Würde: So krönte 1442 Kaiser Friedrich III. Aeneas Sylvius Piccolomini in Frankfurt und im selben Jahr, zu Nürnberg, Conrad Celtis. Dieser erhielt seinerseits das Recht, diese Würde zu verleihen; er gab es an die Universität Wien weiter. Auch andere Rektoren durften jetzt Poeten krönen und sie sogar zu kaiserlichen Pfalzgrafen ernennen (siehe hierzu J. Eberle, *Poeta laureatus – Dichterkrönungen,* und derselbe, *Dichterkrönungen,* in: Stuttgarter Zeitung, 4. 1. und 22. 1. 1964). Auch Hutten, Frischlin, Taubmann und Opitz (1625) erhielten diese

Die Insignien des Poeta Laureatus: Zepter mit Reichsadler, Ring, Barett, Siegel, Lorbeerkranz mit Reichsadler, flankiert von Apollo und Minerva. Holzschnitt von Hans Burgkmair in: Celtis, Rhapsodia, laudes et victoria de Boemannis, 1505. Dazu Überschrift: Wir, der Kaiser, haben Konrad diesen Lorbeer als Auszeichnung für Dichter verliehen, auf daß er Heldentaten besingen möge und mit ihm fromme Dichter nach Verdienst kröne, indem er dies an Unserer Statt tut.

Ehrung, der letztgenannte als erster Dichter in deutscher Sprache. Ein Kuriosum ist fernerhin, daß noch im 18. Jahrhundert Schubart, der später eingekerkerte Poet, aus Wien den kaiserlichen Dichterlorbeer empfing.

In einer Art Niemandsland befinden sich die lateinisch schreibenden deutschen Dichter des 16. und 17. Jahrhunderts: einem Niemandsland, das gelegentlich von Germanisten oder Latinisten kurz besucht wird, ohne daß indessen dieses zugegebenermaßen sehr ausgedehnte Gebiet schon gründlich durchgeackert wäre. Diese deutschen Dichter in lateinischer Sprache haben sich gewissermaßen zwischen die Stühle der Literaturen gesetzt; der lateinischen Literatur, die man fälschlicherweise mit dem Ablauf des Mittelalters beendet glaubt, werden sie im allgemeinen ebensowenig zugerechnet wie der deutschen. Im Gegenteil: zahlreiche, besonders ältere Literaturgeschichten betrachten die Entwicklung deutscher Prosa und Poesie als eine Art nationalen Befreiungskampfes vom welschen Joche. Wo die lateinische Dichtung dieser Zeit erwähnt wird, tut man sie gemeinhin mit Phrasen wie „Epigonentum" oder „schwächliche, der Originalität entbehrende Nachahmungen" ab. Und doch ist diese neulateinische Poesie deutscher Humanisten des Studiums wert. Insbesondere brachten diese Dichter nach dem Verfall auch der mittelhochdeutschen Dichtung im späten Mittelalter ein neues Element in die kaum erst wieder entstehende deutsche Dichtkunst hinein: die freiwillige strenge Gebundenheit der äußeren Form (und inhaltlich eine Kristallisierung nationalen und religiösen Gefühls). Die Entwicklung der deutschen Poesie, darf man getrost behaupten, geht vom höfischen Minnesang nicht über die zu leblosen Machwerken und Künsteleien herabgesunkenen Reimereien der Meistersinger, sondern von Celtis, Cordus, Hessus über Heinsius zu Opitz und Fleming.

Natürlich bestand im deutschen Schrifttum kein totales Vakuum, am wenigsten in der Prosa; die Poesie aber belohnt im allgemeinen nur den Antiquar, dem Archaisches gefällt. Schöne Volkslieder gab es zwar, aber diese sind selten datierbar; weshalb denn auch der Vorwurf, das Latein habe Bodenständiges „verdrängt", nicht haltbar ist. In Italien z. B. florierte im 16. Jahrhundert lateinische Dichtung neben italienischer; in Frankreich waren Dichter der Pléiade zweisprachig; in England war noch im 17. Jahrhundert Miltons lateinische Dichtung die Vorstufe zu seinem Meisterwerk. Übrigens starb lateinische Dichtung in der allerdings sprachlich eng verwandten italienischen Literatur nie ganz aus: die lateinischen Dichtungen Pascolis (gest. 1912) zog Wilamowitz sogar „seinem archaisierenden Italienisch" vor. Entwicklung einer Literatur kann jedenfalls durch patriotische Entrüstung ebensowenig beschleunigt werden wie das Reifen einer Frucht. Herder, der dem Latein gegenüber eine zwiespältige Haltung hatte (noch vor dem Zeitalter der Romantik erweckte er ja den Nationalismus), schrieb, noch im Rückblick entrüstet (*Von deutscher Art und Kunst,* 1767):

> „Man gehe die besten Schriftsteller der Zeit [17. Jh.] durch, entweder römisch oder akademisch Latein ist ihre Mundart; die Muttersprache wird als eine Mundart der Mütter, der Weiber und der Ungelehrten angesehen. Ist's nicht eine wahre Schande dieser Zeit, daß es große und schönlateinische Schriftsteller dieser Zeit gibt, die in ihrer Sprache Barbaren waren?..."

Das Latein, schreibt er (in: *Das Latein als Band der Nationen*), möge ein Werkzeug der Gelehrsamkeit bleiben,

> „aber die eigentliche Sprache des Geschmacks, der Künste, der Schönheit muß sie nicht werden; nicht einer Nation die Originalschriftsteller in ihrer eigenen Mundart rauben, nicht die Ehre sich anmaßen, auf dem Throne der Dichtkunst zu thronen und die Sprache der Poeten zu werden..."

– und dies zu einer Zeit, da in Deutschland lateinische Literatur schon gänzlich verdrängt war!

Durch einen bloßen Willensakt wird keine Literatur geschaffen. Man erinnere sich der bis in die vierziger Jahre des vorigen Jahrhunderts dauernden Debatte der amerikanischen Intellektuellen, ob es eine amerikanische Nationalliteratur gebe oder geben solle; der Streit wurde entschieden, nicht durch patriotischen Mehrheitsbeschluß, sondern durch das Auftreten von Schriftstellern wie Bret Harte und Mark Twain. Und als Opitz und die Männer um ihn unter dem Einfluß von Heinsius das

neue Form- und Stilgefühl, vermittelt durch die straffe Zucht
des lateinischen Verses, sich zu eigen gemacht hatten, erließen
sie die Gründungsmanifeste der teutschen Musa – und zwar in
lateinischer Sprache (*Aristarchus, Sive de contemptu linguae
teutonicae*, 1618)! Zincgref, der Opitz' Gedichte zusammen mit
22 eigenen und 29 anderer herausgab (1624), fand überschweng-
liche Worte für die neue Schule. Er schrieb (auf ein Bild von
Opitz):

In effigiem (Opitii)

... Hactenus incultam pubes Germanica credens
    linguam hanc externos est venerata sonos,
quisquiliasque suo peregrinas praetulit auro;
    ergo peregrinus credidit omnis idem.
unicus ast patriam sermonis honore tuetur
    Opitius nostrae gloria prima lyrae.
nil mihi vobiscum, impuro qui lingitis ore
    Romani faeces relliquiasque meri.
cedite, dicam ipsis, Romani, cedite, Grai:
    Germanus qui vos exsuperabit adest. [1]

Dieses Gedicht ist weitgehend an bekannte Verse der Antike
angelehnt. Daß die stolze Absage auf Lateinisch erfolgt, ist immerhin bemerkenswert. In deutschen Versen dagegen feiert
Isaac Habrecht, „der Artzenei Doctor", diesen Aufbruch:

Vberreime, an die Teutsche Musa

Nun, Teutsche Musa, tritt herfür,
laß kecklich deine stimm erklingen,
warumb woltestu förchten dir,
in deiner Mutter sprach zu singen?

1. Bisher hielt die deutsche Jugend die eigene Sprache für roh und betete
ausländisches Getöne an; fremden Kram zog sie dem eigenen Gold vor;
drum glaubten auch alle Ausländer dasselbe. Als einziger aber verteidigt
unser Vaterland, dadurch daß er dessen Sprache ehrt, Opitz, der erste Ruhm
unserer Leier. Hinweg mit euch, die ihr unreinen Mundes den Bodensatz
vom Wein des Römers leckt. Weichet, ich verkünde es ihnen, ihr Römer,
weichet, Griechen: ein Deutscher, der euch übertrifft, ist da.

Meint man, Teutschlandt sey ohne sinnen?
Soll dann der Grichen pracht,
oder die römisch macht
der Poetrei Kleinodt allein gewinnen?

Immerhin zeigte „der Poetrei Kleinodt" in deutscher Sprache noch manche Schwächen, besonders wenn man die lapidarische Prägnanz selbst durchschnittlicher lateinischer Dichtung mit ihrer Übersetzung in langatmig-klappernde und verkrampft gereimte deutsche Alexandriner vergleicht. Hier folgen einige Übersetzungen von Opitz: sie sind nicht immer als Übersetzungen gekennzeichnet, was ja dem Brauch der Zeit, die Übersetzung als schöpferische Handlung eigenen Rechtes betrachtete, entsprach (auch Lessing gab nicht immer seine Quellen an).

Übersetzung aus *Anthologia Graeca 2*:

Τὴν γραῦν

Moschus anum sapiens effert ducitque puellam:
    tota simul vetula dos moriente manet.
laus Moscho, solus quoniam me iudice novit
    quaeque ineunda uxor quaeque adeunda bona.

Opitz:

Mosch ließ sein altes Weib begraben nach belieben
vnd nahm ein junges Mensch: das Heurath Gut ist blieben.
Nun, Mosch ist lobenswerth, er weiß es beydes wol,
wo gut zu schlaffen ist, und wo man erben sol.

Unbekannter Verfasser:

Infelix Dido nulli bene nupta marito:
    hoc pereunte fugis, hoc fugiente peris.

Opitz:

Dir, Dido, wird kein Mann der Wolfahrt auff dich zeucht,
du fleuchst da jener stirbt, du stirbst da dieser fleucht.

John Owen:
Problema ad physicos, de basiis

Si nihil ad suavem spectarent basia gustum,
oscula cur solo semper ab ore damus?

Opitz (ohne Quellenangabe):

Epigramma an die Naturkündigen

Wann nicht das Küssen was zum schmacken helffen kündt,
ey warumb küssen wir dann immer auff den Mundt?

Muretus:
Margaridi

Cum pluit et radios Phoebus cum subtrahit orbi,
tum sane maestus quilibet esse solet:
ne mirere igitur si sim, mea Margari, tristis:
ecce pluo lacrimas; tu mihi Phoebus abes.

Opitz:

Epigramma aus dem Mureto

Wenn nicht die Sonne scheint, und wann uns trifft der Regen,
fleucht alle Fröligkeit, Hertz, Muth und Sinn sich legen.
Mein Lieb, sey nicht bestürtzt, daß ich solch Trauren führ,
ich regne selbst, und du, o Sonn, bist nicht bey mir.

John Owen:

Vestivit nudum cur omnia praeter Amorem?
quo nudus magis est, hoc minus alget amor.

Opitz (ohne Quelle):

Warumb wird Amor bloß von Mahlern fürgestallt?
Je nackter ist die Lieb, je minder ist sie kalt.

Muretus (versus correlativi seu reticulati):

> Caesar, amor, testudo; movet, delenit, inescat;
> fletum, elegos, aures; sanguine, melle, sonis.

Opitz:

Die Sonn, der Pfeil, der Wind, verbrennt, verwundt, weht hin,
mit Feuer, schärfe, sturm, mein Augen, Hertze, Sinn.

Bartholomäus Corderius Lepidus:

> Mentitur caecum quisquis depinxit Amorem,
> debuerat surdum pingere si poterat.
> uror enim quoties et vocem spernit et aestus,
> sed licet abscondar, me ferit: ille videt.

Opitz (ohne Quelle):

An den Cupidinem

> O Du Gott der süßen Schmertzen,
> warumb daß man dich so blindt
> vberal gemahlet findt?
> Es geht schwer ein meinem Hertzen,
> nun du seyest ohn Gesicht,
> ich kans aber glauben nicht.
> Sichstu nicht, wie kanstu wissen,
> wo dein Pfeil hinfliegen soll?
> Blinde sehen sonst nicht wohl,
> du kanst fein gerade schießen.

Friedrich Taubmann:

> Pectoris o facies pingi si possit ut oris!
> pulchrior hac forsan nulla tabella foret.

Opitz (ohne Quelle):

Vber der Liebsten Bildnuß

So ist mein Lieb gestallt, so ist jhr Angesicht,
Jhr Halß, jhr roter Mund, vnd jhrer Augen Liecht,
Vnd wan der Mahler köndt abbilden jhre Sinnen,
Nichts schöners würde man auff Erden finden können.

Auch die ersten deutschen, nach Quantität zu messenden Hexameter, in denen sich Brandmüller im Jahre 1621 versuchte, lassen noch einiges zu wünschen übrig:

Jupiter an Mnemosyne

Also wo nach langem den Teutschen käme von unsern
Töchtern ein anmut, jhre aller Zierde gemäße
vollkommne, und immer wortreichere Zunge zu üben.
Ihnen es unmüglich nie wäre, mit heiliger Hilffe
fürohin alle deren spitzfindige Künste, Gedichte
vnd wercke auffs schärfste zu bringen in eigene Sprache.

Wie ungelenk die deutsche Dichtersprache noch war, zeigt Weckherlins geradezu erbärmliche Nachbildung von Johannes Secundus' Basium II:

Gleichwie das Epheu, grün den baum jung oder alt,
   gleichwie die liebend-gaile Reben
   den Pfal und auch sich selbs umgeben:
so lieb und halt mich hoch wie ich dich lieb und halt
   mit lieb und lusts-gewalt.
Ich weiß nicht was, wo, wie, indem ich understützelet
mit meinem deinen mund, mich kützelet und kritzelet.

Hier soll und kann keine noch so kondensierte Geschichte des deutschen Humanismus versucht werden. Es sei lediglich das poetische Schaffen dieser Gelehrten, die sich bald den Namen „Philologen" beilegten, betrachtet. Beschäftigung mit den zum Teil erst kürzlich wiederentdeckten Schriftstellern und Dichtern des

Altertums regte zur Nachahmung an, und ein jeder dichtete. Die Gesetze lateinischer Metrik wurden wiederentdeckt (jahrhundertelang hatte man Terenz für einen Prosaschriftsteller gehalten, und Eobanus Hessus erzählt uns, daß er anfänglich nicht einmal die Existenz metrischer Regeln gekannt habe), und eine neulateinische poetische Literatur von gewaltigem Umfang entwickelt sich. Es waren nicht nur Philologen vom Fach, sondern auch Ärzte, Advokaten, Beamte, Kleriker – kurz die gesamte damalige Intelligenzia, die sich der lateinischen Dichtkunst hingab. Dieses enorme, zum Teil in schwer zugänglichen Büchern oder Manuskripten enthaltene Material zu sichten, ist eine gewaltige Aufgabe und bildete das Lebenswerk großer Gelehrter wie Karl Hartfelder und Georg Ellinger.

Charakteristisch für die soziale Bedeutung der lateinischen Dichtkunst des 16. Jahrhunderts war, daß sie in einer bisher streng ständisch geschlossenen Gesellschaft nunmehr dem Talent, kam es auch aus niedrigstem Stande, Aufstiegsmöglichkeiten bot. Ein Beispiel dafür sind Hessus und Cordus, deren Eltern den untersten Klassen angehörten. Die Universitäten errichteten Lehrstühle für Poesie – oft in seltsamen Verbindungen wie Poesie, Rhetorik und Mathematik. Auch Professoren der Poesie und der Rechte gab es; und die Universalität der Sprache brachte es mit sich, daß Professoren und Studenten in Ungarn oder in Frankreich, Polen oder Holland lehren und lernen konnten. Es bestand Universalität der Wissenschaften: was erschien, war sofort allen Gebildeten, gleichviel welcher Landessprache, zugänglich. Der Wissenschaftler, dem heutzutage der Engpaß des Übersetzungszwanges allzuvieles verschließt, wird dies zu würdigen wissen; vermieden auch wurde die Tragik, die heute vielfach darin besteht, daß poetisches Genie, welches sich in einer peripheren Muttersprache äußert, ungehört verhallt.

Goethe sagte, daß „der Deutsche sich treu bleibt, und wenn er auch mit fremden Zungen spricht". Er sagte dies speziell in bezug auf diese Latein schreibenden Dichter. Es wäre interessant zu untersuchen, wodurch sich diese deutschen Dichter von gleichfalls lateinisch dichtenden Zeitgenossen anderer Länder unterscheiden.

Was zunächst ins Auge fällt, ist die relative Seltenheit unmittelbarer Liebesdichtung, sowie eine mit der herannahenden Reformation zusammenhängende Neigung zum Religiösen und zu religiöser Polemik. Es ist wohl kaum so, daß, wie Ellinger sagt, der Grund für die Vernachlässigung der erotischen Dichtung „in dem ganzen harten männischen Charakter jenes Zeitalters" liege; es ist wahrscheinlicher, daß man wohlbestallten Professoren, Pastoren und Schulmeistern solche frivolen Dichtungen verübelt haben würde. Immerhin fehlt es an Liebespoesie, und zwar von hohem Werte, keineswegs. Übrigens wird nicht jedermann Ellingers Teilung von Liebespoesie und ehelicher Dichtung billigen, denn Liebe und Ehe schließen einander nicht immer und unbedingt aus. Die Knabenliebe allerdings, wie sie in Italien gelegentlich wieder besungen wurde, blieb streng verboten. Euricius Cordus (Epigramme I, 66) lehnt es einmal ausdrücklich ab, den „formosus Alexis" zu besingen.

Daß die Humanisten sich mit religiösen Fragen beschäftigen, ist vielfach von ihrem Nationalgefühl kaum zu trennen. Das der Reformation vorausgehende Unbehagen über kirchliche Korruption, sowie insbesondere die finanzielle Ausbeutung Deutschlands durch Peterspfennig und Indulgenz, äußerte sich in vielen Gedichten, die diese Dichter geradezu zu Wegbereitern der Reformation machten. Andererseits verursachten Luthers Intransigenz, sein dem Geiste des Humanismus durchaus nicht aufgeschlossenes Wesen und schließlich die Errichtung einer neuen, puritanisch eingestellten Kirche vielen der Humanisten die schwerste Enttäuschung. Betrübt und angewidert von religiösem Zank und Unduldsamkeit, zogen sich viele von dieser Auseinandersetzung zurück, soweit sie konnten. Die Wiederbelebung der Antike mit der Wiederentdeckung des Menschen wurde durch Reformation und Gegenreformation, durch Bauernkriege sowie durch politische und religiöse Wirren aller Art fast zum Erliegen gebracht. Nicht umsonst behandeln sehr viele dieser Dichter immer wieder den Vorwurf einer durch inneren Zwist entkräfteten Germania, die fast wehrlos dem Angriff der Türken ausgesetzt sei. Immer wieder werden der Kaiser und die Fürsten von den Dichtern aufgefordert, inneren Zwist beiseite zu stellen und den Türken (die soeben Ungarn überrannt hatten) Einhalt zu gebieten.

Jede nur denkbare Dichtungsart wurde gepflegt, darunter auch solche, die uns heute nichts mehr bedeuten. Es blühte das Epos, das didaktische Gedicht, die poetische Reisebeschreibung, Wahlsprüche, Wappen und Rätsel in Gedichtform, daneben natürlich Elegie, Hirtendichtung und Gelegenheitsdichtung jeder Art. Es wurde früh geheiratet, man erzeugte viele Kinder, von denen nur wenige am Leben blieben, und man starb jung. Dies gab Anlaß zu unzähligen Hochzeitsgedichten, Glückwunsch- und Kondolenzpoesien und Nachrufen. Man gratulierte gelehrten Freunden zur Veröffentlichung von Büchern, zur Erlangung von Lehrstühlen. Man schrieb sich poetische Briefe aller Art. Wenn das Wort „Gelegenheitsdichtung" einen schlechten Klang hat, so bedenke man, daß immerhin u. a. Horazens *carmen saeculare* auch ein Gelegenheitsgedicht war. Was kann in einem Hochzeitsgedicht schon Neues gesagt werden außer Lobpreis der Braut, des Bräutigams und außer Hoffnung auf Kindersegen? Gerade dies aber war ein Ansporn zur Originalität. Es galt immer neue Wendungen zu finden und Altbekanntes witzig zu variieren. Man bedichtete Potentaten aller Art – aus naheliegenden Gründen: denn wenn der hohe Herr auch meist kein Latein verstand, so zeigte er sich doch erkenntlich.

Lobgedichte auf Städte und Landschaften zeugen von echter Liebe zur Heimat und sind für uns außerdem heute noch kulturhistorisch interessant. Auch das Epos wurde gepflegt, und wenn auch kein lateinischer Dichter des deutschen Kulturkreises Petrarcas *Africa* erreichte, so besitzen wir doch sehr respektable Werke dieser Art, die leider zur Wiedergabe in der vorliegenden Sammlung zu lang sind.

Zeitkritik und Gesellschaftssatire hatten genügend Stoff: die Verrohung der Sitten, der Grobianismus im täglichen Umgang wie auch in der Polemik, Trunksucht, Krieg und Raub waren ein geeignetes Ziel der Satire oder Gegenstand bitterer Klage.

Immerhin nahm man von bestehender deutscher Volkserzählung soweit Kenntnis, daß z. B. die Tierfabel von Reineke Fuchs in lateinisches Gewand gekleidet wurde. Besonders gepflegt wurde das Epigramm, das gleichfalls sehr oft zeitgenössische Mißstände anvisierte, in dem sich aber auch viel Witz und Humor spiegelte.

Uns stört an vielen Gedichten dieser Zeit ein Übermaß an mythologischer Gelehrsamkeit, wodurch der spätere Barockstil wahrscheinlich beeinflußt wurde. Es entspringt aber diese Vorliebe für Mythologie dem Bestreben, neben souveräner Beherrschung der Sprache auch Kenntnis der Antike zu zeigen. Es wandte sich diese Dichtung ja ausschließlich an Gebildete.

Die vorliegende Auswahl steht vielen Angriffen gegenüber fast wehrlos da. Was man an jeder Anthologie kritisieren kann, nämlich, daß Wesentliches und Repräsentatives fehle, trifft natürlich zu. Teils konnten wichtige Werke wichtiger Dichter nicht gebracht werden, einfach weil sie zu lang sind und sich zur auszugsweisen Wiedergabe nicht eignen. Sodann ist es unmöglich, aus einer Zahl von vielleicht tausend Dichtern mit voluminöser Produktion alles, was gut ist, herauszuziehen. Derjenige, der sich in diese Literatur vertieft, erkennt zu seinem Erstaunen nicht nur, daß vieles minderen Wertes ist (das versteht sich), sondern daß überraschend viel Gutes in diesen verstaubten Bänden noch schläft. Hinzu kommt, daß die straffe Form und der nach antikem Vorbild geschliffene, sich manchmal recht eng an dieses anlehnende Vers selbst schwächliches Material stützt und trägt.

Übrigens hat sich die vorliegende Sammlung nicht auf Spitzenleistungen beschränkt. Es ist ein Fehler vieler Anthologien, daß sie nicht ein getreues Bild einer Zeit vermitteln, sondern nur Höchstleistungen aufnehmen. Dabei bestimmt sich das Bild einer literarischen Epoche doch auch weitgehend durch ihr Mittelmaß. Es wurden hier daher auch schwächere, aber den Zeitgeschmack charakterisierende Gedichte aufgenommen. Immerhin wurde den anerkannt Großen mehr Raum gewährt. Der Leser urteile selbst, ob das Urteil Wrights (*The Love Poems of Joannes Secundus*, New York 1930) zutrifft, wenn er von einem „level of skilful mediocrity" spricht und fortfährt: „The Germans are good craftsmen, but they have very little to say." Er spricht von „placid monotony of this German plain", Lotichius, Cordus, Sabinus werden nicht erwähnt, und von Eobanus Hessus scheint er nur die Stadtbeschreibung Nürnbergs zu kennen; daß Hutten schließlich doch einiges zu sagen hatte, findet gleichfalls keine Erwähnung. Vielleicht wird der Leser doch zu dem Schluß kommen, daß hier echte Dichter – und unter ihnen große – echtes und eigenstes Empfinden ausdrücken, und das mit einer Eleganz, deren ihre Muttersprache noch nicht fähig war.

Die Übersetzung hat versucht, sich eng an das Original zu halten, ohne zu archaisieren. Die lateinische Orthographie wurde modernisiert, offensichtliche Druckfehler verbessert, Konjekturen des Übersetzers nur dort eingesetzt, wo ein fehlerfreier Text nicht vorlag.

Von Angabe aus der antiken Dichtung geborgter oder an sie anklingender Stellen wurde im allgemeinen abgesehen, da dieses ein Vielfaches des verfügbaren Raumes erfordert hätte. Aus dem gleichen Grunde wurden Biographien auf ein absolutes Minimum reduziert; die meisten Lebensläufe finden sich in der unten erwähnten Sekundärliteratur oder in Jöchers (Adelung) *Allgemeinem Gelehrten-Lexikon.* Manche Dichter dagegen wären gänzlich verschollen, hätte Jan Gruters einzigartige Sammlung mit einigen Versen nicht auch wenigstens ihren Namen bewahrt.

Harry C. Schnur

LITERATUR

Eine vortreffliche, das ganze Gebiet der neulateinischen Literatur umfassende Bibliographie veröffentlichte der führende Kenner der Materie J. Ijsewijn, *De studie van de neolatijnse letterkunde: resultaten en opgaven.* In: Handelingen XVII der Koninlijke Zuidnederlandse Maatschappij voor Taal – en Letterkunde en Geschiedenis, Brüssel 1963, und *De studie van de neolatijnse letterkunde: bibliografisch supplement.* In: Handelingen XIX der vorerwähnten Gesellschaft, Brüssel 1965.

DARSTELLUNGEN

P. A. Budik, *Leben und Wirken der vorzüglichsten lateinischen Dichter des XV.-XVIII. Jahrhunderts.* Wien 1828.

R. J. Clements, *Picta Poesis, Renaissance Emblem Books.* Rom 1960.

K. O. Conrady, *Lateinische Dichtungstradition und deutsche Lyrik des 17. Jahrhunderts.* Bonn 1961.

H. Drewinc, *Vier Gestalten aus dem Zeitalter des Humanismus.* St. Gallen 1946. Behandelt werden: Johann Müller (Regiomontanus), Konrad Bickel (Celtis), Desiderius Erasmus, Ulrich von Hutten.

Du Cange, *Glossarium ad scriptores mediae et infimae Latinitatis.* 3 Bde., 1678; neu hrsg. von L. Favre, 10 Bde. Niort 1883–88.

G. Ellinger, *Deutsche Lyriker des sechzehnten Jahrhunderts.* Berlin 1893, in: Lateinische Litteraturdenkmäler des XV. und XVI. Jahrhunderts.

Ders., *Melanchthon.* Berlin 1902.

Ders., *Geschichte der neulateinischen Literatur Deutschlands im sechzehnten Jahrhundert.* 3 Bde. Berlin 1929–33. Das wertvolle Werk blieb unvollendet, da Ellinger als „Nichtarier" Schreibverbot erhielt; er kam im Krieg um, und das gesamte von ihm gesammelte bibliographische Material ist verloren.

Ders. und B. Ristow, *Neulateinische Dichtung Deutschlands im 16. Jahrhundert.* In: Merker-Stammler, Reallexikon der deutschen Literaturgeschichte. Bd. 2. Berlin ²1965, S. 620–645.

L. G. Gyraldus, *De poetis nostrorum temporum* [1551]. Hrsg. von K. Wotke. Berlin 1894, in: Lateinische Litteraturdenkmäler des XV. und XVI. Jahrhunderts.

A. Schöne, *Emblematik und Drama im Zeitalter des Barock.* München 1964, in: Reallexikon zur deutschen Kunstgeschichte.

A. Schröter, *Beiträge zur Geschichte der neulateinischen Poesie Deutschlands und Hollands*. Berlin 1909. Enthält u. a. Biographisches über Celtis, Lotichius, Sabinus.

W. Stammler, *Die deutsche Dichtung von der Mystik zum Barock*. Stuttgart ²1950.

TEXTE

G. Ellinger, *Deutsche Lyriker des sechzehnten Jahrhunderts*. Berlin 1893, in: Lateinische Litteraturdenkmäler des XV. und XVI. Jahrhunderts.

J. Gruter, *Delitiae poetarum Germanorum*. Frankfurt a. M. 1609 ff. Das unersetzliche Sammelwerk.

H. Rupprich (Hrsg.), *Humanismus und Renaissance in den deutschen Städten und an den Universitäten*. Leipzig 1935. (Deutsche Literatur in Entwicklungsreihen)

Jacob Balde, *Opera*. Köln 1660.

Varia Sebastiani Brant carmina. Basel 1498.

Symbolorum & emblematum . . . centuriae, collecta a Ioachimo Camerario medico. Nürnberg ²1590.

Georgii Carolidae a Carlsberga Farrago Symbolica, o. O. u. J.

Konrad Celtes, *Fünf Bücher Epigramme*. Hrsg. von K. Hartfelder. Berlin 1881.

L. Foster, *Selections from Conrad Celtis*. Cambridge 1948.

Conradus Celtis, *Opuscula*. Hrsg. von K. Adel. Leipzig 1966.

Euricius Cordus, *Epigrammata* [1520]. Hrsg. von K. Krause. Berlin 1892, in: Lateinische Litteraturdenkmäler des XV. und XVI. Jahrhunderts.

Opera Poetica Euricii Cordi Simesusii. Frankfurt a. M. 1564.

Desiderii Erasmi Roterodami opera omnia. Hrsg. von J. Clericus. 10 Bde. Leiden 1703–06 (anastat. Nachdruck London 1962).

The poems of Desiderius Erasmus. Hrsg. von C. Reedijk. Leiden 1956.

Ioannis Fabricii Montani poemata. Tiguri [Zürich] apud Gesneros fratres 1556.

Danielis Heinsii Poemata. Hrsg. von Nikolaus Heinsius. Leiden 1640.

Helii Eobani Hessi Heroidum libri tres. Hagenau 1532.

Operum Helii Eobani Hessi Farragines Duae. Halle 1539.

Vlrichi Hutteni equitis Germani opera poetica. Basel 1538.

Ioannis Lauterbachii Lobaucensis Hexapolitani, e Germanis Lusatii, poetae laureati, Epigrammatum libri VI. Frankfurt (Oder) 1562.

Ioannes Lorichius Hadamarius, *Aenigmatum Libri III*. o. O. 1545.

Poemata Petri Lotichii Solitariensis. Leipzig 1563.

Petri Lotichii Secundi Poemata Omnia. Hrsg. von F. T. Friedemann. Leipzig 1840, in: Bibliotheca Scriptorum ac Poetarum Latinorum Aetatis Recentioris.

Jacob Micyllus, *Sylvarum libri V.* Frankfurt a. M. 1564.

D. Reichling, *Ausgewählte Gedichte von Johannes Murmellius.* Beilage zum Programm des Kgl. Gymnasiums zu Heiligenstadt 1881.

Delitiae poetarum Hungarorum. Frankfurt a. M. 1619.

Jani Pannoni opera. Utrecht 1784.

Georgii Sabini poemata. Straßburg 1544.

Poemata Ioannis Schosseri Aemiliani. Leipzig 1560.

Ioannes Nicolai Secundus, *Basia.* Hrsg. von G. Ellinger. Berlin 1899.

F. A. Wright, *The Love Poems of Joannes Secundus.* New York 1930.

Poematum Ioannis Stigelii libri IX. Jena 1569–72.

INHALT

Inhalt

Inhalt

Inhalt 517

Inhalt